JN436912

서울법대시대

서울법대시대

내가 본 서울대 반세기

펴낸곳 서울대학교출판문화원
펴낸이 오연천
지은이 최종고

초판 1쇄 인쇄 2013년 4월 5일
초판 1쇄 발행 2013년 4월 10일

출판등록 제15-3호
주소 서울시 관악구 관악로 1 우편번호 151-742
대표전화 02-880-5252
팩스 02-888-4148
마케팅팀 02-889-4424, 02-880-7995
이메일 snubook@snu.ac.kr
홈페이지 www.snupress.com
영문홈페이지 eng.snupress.com

ISBN 978-89-521-1411-2 03300

내가 본
서울대
반세기

서울법대 시대

최종고 지음

서울대학교출판문화원

머리말

정년퇴임이 얼마 남지 않았다. 1981년 1월에 전임강사로 발령받아 32년간 몸담아 온 평생직장인 서울법대를 떠나게 된다. 학생 시절부터 치면 반세기를 머문 곳이다. 그토록 오래 정들었던 서울법대를 증언하는 기록을 하나 남겨야 할 책임이 있다는 것을 느꼈다. 사실 서울법대에 관한 한 나만큼 재직 시에 학교의 역사에 관심을 두고 이래저래 참여한 교수도 드물 것이다. 역사학과 관련된 법사상사학(法思想史學)이 전공이라 자의 반 타의 반으로 법대의 역사에 관한 논의와 편찬에 참여해 왔다. 『서울대학교 40년사』의 편찬에도 참여하였고, 『서울법대 100년사』(2004)에는 일부 집필을 맡기도 하였다.

이 책은 물론 서울법대의 공식적 정사도 아니요 그렇다고 흔히 얘기하는 야사(野史)도 아니다. 내가 대학사를 연구하고 체험한 것을 진솔하게 적되 관찰과 체험의 범위로 한정한다는 의미에서 사적인 기록이다. 그래서 뒷부분에서는 더욱 개인적인 얘기를 서술할 수 있었다. '서울법대시대'라는 제목은 2000년대 로스쿨로 바뀌기까지를 염두에 둔 제목이고, 부제 '내가 본 서울대 반세기'는 1960년대 대학생 시절부터 지금까지의 시기를 가리키는 말이다. 눈으로 본 것만이 아니라 연구랄까 관찰을 통해 얻은 지식으로 쓴 부분도 있음은 말할 필요가 없다. 눈으로 본다고 다 아는 것이 아니고, 깨달음을 갖고 보아야 보이는 것이다. 그렇지만 개인이 보고 느끼는 것이 한계가 있음은 너무나 당연하다. 이러한 개인적 증언이 쌓여 역사학이 되는 것이라 믿는다.

평소 대학사에 관심이 많아 외국에 가서도 그곳 대학사에 관련된 것들을 즐겨 읽었다. 게르버(Hans Gerber) 교수와 마아틴(Bernd Martin) 교수가 쓴 『프라이부르크대학사』(*Geschichte der Universität Freiburg*)와 하버드대의 서들랜드(Arthur E. Sutherland) 교수가 쓴 『하버드법대사』(*The Law at Harvard*)를 흥미 있게 읽었다. 특히 대학사에서 인물의 중요성, 일종의 학자사(Wissenschaftsgeschichte)에 관심을 두게 되었다. 그래서 오래전부터 그런 유의 책을 내 이름으로 하나 내고 싶었다. 학자로서 자신이 평생을 몸담고 산 곳의 역사를 기록해 두는 것만큼 책임 있고 의미 있는 일이 어디 또 있겠는가. 그렇지만 현실적으로 보면, 특히 우리나라에서는 자신이 몸담고 있는 직장에 대해 쓴다는 것이 일종의 터부로 되어 있다. 무엇보다 선후배 동료와 지인들을 다치거나 불편하게 하지 않을까 하는 염려 때문이다. 사실 이 문제는 작은 문제가 아니며, 그런 면에서 알고도 다하지 못할 말이 있다. 인생에는 분명 그런 면이 있다. 이 책도 예외가 될 수 없다. 그러나 일부는 비밀과 침묵에 부쳐 두더라도 보다 대의를 위해서는 기록을 남겨 두어야 한다고 믿는다.

이와 관련하여 두 가지를 지적하고 싶다. 평소에 기억사와 구술사의 중요성을 절감해 왔다. 2000년에 한국인물전기학회(Korean

Biographical Society)를 창립하여 운영해 오면서 역사란 결국 인간이 만드는 것이며, 문헌과 기록이라는 것도 결국 인간에게서 나온다는 사실을 절감하고 있다. 2012년부터 맡은 서울대학교대학원동창회 회장직으로 새로 시작한 '대학사포럼'도 매월 이런 취지에서 담론의 장으로 끌어가고 있다.

이 책에 기록한 필자의 체험과 기억이 모두 맞고 정확하다고 말할 수는 없을 것이다. 그렇지만 진실로 믿는 것만을 적었다고 자부한다. 그래야만 동료, 후배들이 진실한 것으로 인용해 주고, 역사의 사료가 될 것이기 때문이다. 사실 역사의식인지 노파심인지 모르겠으나 후배 교수들이나 학생들은 역사를 너무 모르고, 모든 것을 자기가 처음 시작하는 것처럼 자신만만해 하는 것처럼 보인다. 그들을 걱정하다가 생각하니 그 책임은 역사를 기록으로 남겨 주지 않은 선배들에게 있다는 생각이 들었다. 그것이 이 책을 쓰게 된 주된 이유이다.

아무리 개인적 체험과 증언이라 하나 혼자 한 것이 아니라 대학 안팎의 선배, 동료와 학생, 그리고 동창들 사이에서 이루어진 것이다. 이른바 사료가 있어야 얘기가 되는데, 앞에서 말한 대로 『서울법대 100년사』 발간에 참여하였고, 그 과정에서 고 김증한 교수, 고 배재식 교수, 현승종 위원장, 이상혁 전 동창회장, 박병호 교수, 황적인 교수 등 여러 선후배 인사로부터의 가르침이 컸다. 필자의 이 작은 기록이 서울대학교의 역사와 한국학술사에 의미 있는 하나의 자료가 되기를 기원한다.

필자가 기억하는 선배 교수들 가운데 사회학자 고 김채윤 교수는 생전에 나를 만나기만 하면 "최 선생, 나하고 서울대 야사 하나 써야지." 하고 말씀하셨다. 건강 사정으로 그것을 못하고 돌아가셨다. 이 서툰 책이 자그마한 약속 이행이 될 수 있을는지…. 인생은 가도 서울대학교라는 제도는 영원할 것이기에 누구나 진지해질 수밖에 없다. 책을 만드는 과정에 도움을 준 후배 한인섭 교수와 로스쿨생 강태승 군에게도 감사한다.

2013년 1월 10일
연구실에서 관악산을 바라보며
최종고

차례

머리말 4

Prelude
내가 본 서울대 캠퍼스 13

서울법대는 언제 시작되었나?
법관양성소 43 | 경성제국대학 48

서울대학교의 설립
서울법대사의 사료 65 | '경성대학'과 서울대학교 67
서울대학교의 건학정신 75 | 『교수회의록』과 『대한민국 건국10년지』 78
유진오의 증언 85 | 김증한의 기록 97

전쟁 속의 서울대학교
전쟁의 발발과 대학 109 | 전시연합대학과 가교사 118
대학의 상처 128 | 난리 속의 학문 131
교수진 139 | 학생생활 140

1950년대: 복구기

전후의 복구 153 | 이강석 부정입학 반대사건 157
「자유부인」 논쟁 162 | 학생생활과 법대문화 165

1960년대: 혁명기

4·19 학생혁명 171 | 학생운동의 출발 176
5·16과 서울법대 185 | 사법대학원의 실험 190
서울법대의 성장 193 | 서울법대 학생운동 197
동숭동 법대문화 211 | 창경원 쌍쌍파티 218
서울여대 난입사건 219

1970년대: 유신기

관악캠퍼스에로 227 | 유기천 교수 사건 233
전태일 사건과 조영래 244 | 최종길 교수 사건 253
반유신 투쟁 257

1980년대: 민주화기

관악생활의 정착 265 | 안갯속의 '서울의 봄' 269
새 법대시대 272 | 학생생활과 법대문화 276
'육법당' 이후의 법과 정치 282

1990년대

법학도서관과 법학연구소 291 | 귀중문서실 298
서울법대 학생회와 여학생회 303 | 학회활동 317

서울법대에서 로스쿨로

'로스쿨'은 어디서? 323 | 가족 분위기에서 회사 분위기로 328
학생들의 변화 332 | 연속이냐 단절이냐? 334
서울대학교의 법인화 337

서울법대동창회

법대동창회의 출발 343 | 법대동창회의 활동 347 | 장학사업 351
『낙산회보』와 '자랑스런 서울법대인' 352 | 동창문집 353

나의 체험, 나의 증언

나의 법대생 시절 359 | 대학원과 독일 유학 367
발령 수난 375 | 기억나는 타 대학 교수들 377
내가 본 선배 교수들 393 | '법과 윤리' 강의 438
학내 보직과 해외활동 443 | 저술과 취미생활 455
환갑기념 460 | 원로교수의 처신 470

생각나는 일, 명심할 일

학자의 두 타입 475 | 서울대 역사관의 건립을 위해 477
『대학신문』의 회상 481 | 서울대 아카데미즘과 출판 487

이준 동상 세우던 날 492 | 내가 심은 백목련 495
'귀중문서실'에서 법대 역사관으로 499
'괴테와 다산과 법' 전시회 503 | 나의 연구실과 장서 506
서울대학교대학원동창회 513 | 정년을 맞으며 523

Epilogue

'서울법대시대'를 되돌아보며 531

부록

서울법대 교수와 한국 법학 537
'서울법대 역사관'의 의의와 과제 550
서울법대의 문학전통 562
'민족의 대학'과 '세계의 대학' 사이에서 578
황병기 교수와의 대화: 법학적 사고방식과 음악의 관계 581
교양교육과 동서 고전 587
인간과 법: 철학적·실천적 문제 597
젠더법학회 심포지엄 축사 619
서울법대 역사관 특별기획전시회 623
민족이 밀어주는 학문연구의 보람 628

찾아보기 635

Prelude

내가 본 서울대 캠퍼스

동숭동의 추억

내가 동숭동 서울대 캠퍼스를 처음 본 것은 1966년 1월, 대구 경북고 3학년생으로 서울대에 입시를 치러 올라온 때였다. 추운 겨울이라 법대 교정에 모닥불을 피워 놓고 왁싸왁싸 외치며 자기 학교를 응원하러 온 학생들의 함성에 나는 정신을 못 차리고 긴장하여, 캠퍼스를 자세히 돌아볼 겨를도 없이 입시장으로 들어갔다가 이내 고향 집으로 내려갔다.

그해 3월 입학식에 참석 차 본부 운동장에 모였을 때 비로소 서울대 캠퍼스가 눈에 들어왔다. 일제 강점기 경성제대로서 출발한 적갈색 벽돌건물의 본부와 문리대 겸 대학원 건물, 그리고 중앙도서관이 전통과 권위를 말해 주는 듯하고, 대학로 건너 의과대학과 대학병원에는 고목들과 히포크라테스 동상이 서 있었다.

그 사이를 흐르는 대학천은 '라 세느'라는 별칭이 더 어울렸고, 교문 앞 다리도 '미라보다리'라 불렸다. 봄의 계절과 함께 노란 개나리가 축대를 덮어 운치 있게 보였다. 교정에는 커다란 마로니에

연건캠퍼스의 마로니에 나무(2007, 저자 그림)

나무가 서 있고, 그 앞에 상당히 높은 시계탑이 하나 서 있었다. 교복에 교모까지 쓰고 다니면 사람들이 모두 나를 쳐다봐 주는 것 같이 느껴졌다.

문리대와 담을 끼고 '구름다리'를 넘으면 법대인데, 앞에는 국립과학연구소가 있고 길 건너편에는 미술대학이 있었다. 법대 교문은 대학로 쪽으로 옮기기 전에는 이화장(梨花壯)으로 들어가는 골목길 안에 있었다. 그 앞에는 '법대문방구'가 있어 법학 교재와 문필구를 팔았는데, 놀랍게도 법대가 떠난 40년이 지난 지금도 그대로 남아 있다. 얼마 전 일부러 한번 들러 보았는데 초등학생 문방구와 장난감을 팔고 있었다. 법대 졸업생들이 가끔 들른다고 주인이 말하였다. 서울대 사대 부속초등학교가 들어선 옛 법대 교정 한 모퉁이에 '법대교정 유적지'라고 쓰인 석판만 하나 서 있었다.

사실 법대 교정은 단조로웠다. 교문으로 들어오면 오른쪽으로 강의동이 있고, 왼쪽으로 법학도서관이 있었다. 학생들은 대부분이 두 건물을 왕래하며 하루 종일 생활하였다. 중간에 조그마한 마당이 있고, 학장실이 있는 본관 앞에는 항상 지프 한 대가 서 있었다. 학장과 교수들이 공동으로 사용하는 것으로 보였다. 강의동 앞 정원에는 4·19 때 희생된 박동훈 군의 추모비가 서 있었다. 그 옆에는 구내 이발관이 있었고, 구내 다방에는 늘 몇몇 학생이 난롯가에 둘러앉아 다방 아줌마와 잡담을 하고 있었다. 후일 아줌마의 딸이 법대생과 결혼했다는 소문이 들렸다.

학생들의 생활 근거지는 도서관이었다. 아침에 가방을 책상에

동숭동 교정의 법률도서관 앞 분수대에 선 정의의 여신상(1960년대)

갖다 놓고는 하루 종일 강의실로 뛰어다녔다. 서로 좋은 위치의 자리를 차지하려고 싸움도 벌어졌다. 신문지로 가리고 웃통을 훌렁 벗고 있기도 하고, 발 고린내가 코를 찌르기도 하였다. 갑갑해서 밖으로 나가면 앞에 '정의의 여신상'이라고 부르는 분수대가 있었는데, 물이 나오지 않아 가끔 학생들이 분수대로 들어가 정의의 여신상을 껴안으면, 반드시 "너 강간해?" 하는 누군가가 있었다. 그리고 평행봉이 하나 서 있었는데, 책을 보다가 지친 몸을 평행봉에, 운동이라기보다, 그냥 맥없이 매달고 있었다. 참으로 갑갑한 세월이라 느껴졌다. 그러나 지나고 보니 그때가 즐거웠던 시절처럼 그립다. 그런 독자적인 법대 캠퍼스를 버리고 관악으로 옮겨 종합화하자 한동안 더욱 그런 그리움으로 젖어 있었다.

나는 재학 시절에 나온 이숭녕 교수의 『대학가의 파수병』이란 수필집을 근자에 다시 꺼내어 읽었다. 나도 또 하나의 서울대 파수병이 되고 싶다는 심리가 작용했고, 지난날이 그리워지기도 해서였다. 이 교수의 강의를 몰래 들어가 듣던 기억도 새롭다. 이 책에 이런 구절이 나온다.

누가 내게 서울서 어느 길을 걷고 싶으냐고 묻는다면 서슴지 않고 교문 앞의 대학가라고 대답할 것이다. 봄이면 개나리꽃이 개천가를 따라 부드럽게 노란 빛으로 수놓는다. 첫 여름이면 플라타너스 가로수가 울창한 이 길은 그래도 아카데미가의 풍경을 상징하는 듯 그윽한 맛이 감도는데 가끔 여길 걸으면 명상이 나를 어디론가 이끌고만 가는 것 같다. 플라타너스의 잎이 지는 가을은 더욱 그러하다. 교정의 라일락은 봄이면 개나리와 어울려 아름답고, 가을 은행나무가 노란 잎이 될 무렵에는 나는 항상 보는 정경이지만 몇 번이고 감탄하는 것이다. … 연구실에서 지치면 길 건너 학림다방에 들른다. 학생들이 꽉 차 앉아 있는 틈을 비비고 끼어든다. 단골이 된 김 마담에 레지들, 그리고 학생들과 환담하는 것도 즐거운 일과다.[1]

한 서울대인은 1970년대 대학로를 이렇게 묘사하였다.

맞다. 이 거리는 세속의 거리가 아니다. 학문에 일생을 바친 노 교수의 사색이 있고, 진리를 찾아 헤매는 젊음의 열정이 있고, 낭만이 있고, 연정이 있고, 고뇌가 서려 있는 거리다. 그래서 누군가는 이 대학로에 들어서면 알 수 없는 냄새에 취한다고 했다. 그 냄새란 환각이겠지만, 굳이 말한다면 아마 대학의 냄새일 것이다.[2]

사실 대학로는 1926년 일제 강점기 경성제국대학 본과가 이곳

---

1 이숭녕, 『대학가의 파수병』, 민중서관, 1968, 37쪽.

2 김동선, 『사랑하는 나의 대학』, 테멘, 1981, 6쪽.

에 들어서면서 근대적 학문의 요람이 된 곳이다. 대학이란 단순히 강의실만 있는 것이 아니라 인간 집단, 젊은이들의 생활공간으로 대학문화가 생성되는 장소이다. 춘원 이광수가 영문학을 공부했고, 대학식당에서 모윤숙과 안호상을 선보게 하여 결혼시킨 곳도 이곳이다. 4·19 학생혁명의 진원지도 여기라 하여 기념비가 세워져 있다.

나는 법대생이기 때문에 법대 앞의 대학로 '낙산다방'에 자주 갔다. 아무튼 나에게 동숭동은 대학생의 장소요 관악은 교수의 장소이다. 이상한 것은 교수의 장소가 더 긴 기간임에도 동숭동 학생 시절의 추억이 더 많이 떠오른다는 사실이다.

1975년에 관악으로 이전하고 동숭동은 대학로라는 이름은 남았지만, 아파트들이 들어섰고 극장과 음식점들로 채워졌다. 옛 운동장에도 모두 건물들이 들어섰고, 교수관사들이 서 있던 아늑한 골목길은 번잡한 식당가로 변하였다. 우리는 이 모든 것을 잊어버리고 관악에서 새 살림을 시작하였다. 『서울대학교 60년사』(2006)에 보면 이전해 온 후에도 연건캠퍼스를 처리하는 문제가 매우 복잡했음을 알 수 있다. 문리대 졸업생들은 옛 캠퍼스가 사라지는 것이 아쉬워 국립도서관을 유치하려 노력하기도 하였고, 의과대학이 확장 사용하려고 총장에게 신청하기도 하였다.[3] 그러나 결국 매각되고, 지금은 본부 건물이 문화예술진흥원에서 직영하는 '예

3 자세히는 서울대학교50년사편찬위원회 편, 『서울대학교 50년사』, 서울대학교, 2006, 95-97쪽 참조.

술가의 집'으로 이용되는 외에는 모두 철거되었다. 유적기념비만 하나 서 있고, 대학로발전위원회(이사장 박웅)가 조직되어 있다.

동숭동 뒷골목 교수관사에 살던 이희승(1896-1989) 교수는 여전히 그곳에 살다 돌아가셨다. 정든 대학을 멀리 떠나보내고 울적한 심정을 경성제대 동창 변정규(1919-1993)와 '학림다방'에서 함께 달래며 이런 시를 쓰셨다.

동숭동 캠퍼스는
조각조각 부서지고
즐비한 호화주택
위풍이 으리으리
반백 년 학문의 전당
그 바람에 날렸다.
한 그루 마로니에
십수 그루 은행나무
그 언제 그 밑에서
철학 하던 시절이여
변화가 진보만이랴
전통 잃은 고아도

몰골 변한 낙산 위엔
아파트가 진을 치고
낭만 서린 대학가엔

공해 연기 자욱하이
이것이 진정한 현대를
잘도 상징함인지

변정규 선생

정확히 언제 쓰신지는 모르지만 허전하다 못해 원망스런 심정을 다소 냉소적으로까지 솔직히 담으셨다. 이 시는 아무 데도 발표되지 않고 친구 변정규가 간직해 왔다. 변정규는 법대가 부산으로 피난 갔을 때 강의를 계속하도록 사무실을 빌려 준 바로 그 주인공이다. 나는 이런 고마운 동문이 있었구나 늘 생각해 왔는데, 역시 친구 이희승과의 우정을 지키며 교육과 철학에도 관심을 둔 훌륭한 분이었다. 기본에 교양이 깔린 것, 그것이 경성제대 예과교육의 좋은 전통이었다고 생각된다.

변정규는 경성제대 법학과를 졸업하고 군수를 지낸 후 해방 후 농림부 농정국장을 지냈다. 그 후 충주비료 이사와 감사를 지냈다. 아들 셋이 모두 서울대 문리대 화학과 출신이다. 8회인 변종화(1930-1993)는 미국 로웰 대학 교수가 되었고, 13회인 변종서는 서강대 교수와 부총장을 지냈다. 20회인 변종홍은 KIST 교수를 지냈다. 대를 이은 동숭동 문리대 가족인데, 나는 특히 고인이 된 장남 변종화 박사를 잊을 수 없다. 내가 1988년 하버드 대학에 visiting scholar로 한 학기 머물 때 주변의 유길준에 관한 발자취를 함께 찾아다닌 일이 있다. 이미 유길준의 재미 행적에 관한 논문을 발표한 바 있는 그는 매우 박식하고 진지하게 유길준을 연구하고 있어 나는 깊은 감동을 하였다. 그런 얘기를 나의 책 『하버드 스토리』(고려원, 1989)에 적기도 하였다. 2남 변종서 박사는 부친이 간직해 온 일석의 이 시를 동창 모임인 '동숭클럽'에 갖고 나와 알렸다. 나도 이 '동숭클럽65'의 뉴스레터를 하나 받아 이 시의 존재를 알게 되었고, 이 책에 수록하는 것이다. 하마터면 사라졌을 이 시는 동숭동 캠퍼스의 마지막 마음을 담은 중요한 사료이다. 작가 일석은 말할 필요도 없고, 그것을 간직해 온 변 박사 일가도 훌륭하다. 훌륭한 가계에서 훌륭한 학자들이 나온다는 것을 서울대 동숭동 캠퍼스의 얘기를 쓰면서 다시 반추하게 된다.

이런 기분을 찾아 나도 대학로의 다방을 찾아보았다. 법대 앞의 '낙산다방'은 없어지고, 문리대 앞의 '학림다방'만 남아 있다. 창가에 앉아 커피를 한 잔 시켜 놓고 시 한 편을 적어 보았다.[4]

학림다방에서

매달 모이는 인물전기학회 가다
옛 생각나 들른 학림다방

커피 한 잔 시켜 혼자 마시며
옛 추억 이리저리 더듬어 보니

---

4 최종고, 「대학로 회상」, 『서라벌문예』 제20호, 2011년 11·12월호, 16-22쪽.

낙서투성이 낡은 탁자
음악도 옛 선율인데

바뀐 것은 주인공 인간들
그들은 모두 어디로 갔나?
60년대 부르짖던 데모대의 함성
그것들은 다 어디로 사라졌나?

분노의 거리는 유행의 거리로
젊음이 허락하는 범위에서
얼마나 인생은 전진 혹은 후퇴하는가?

이희승, 이숭녕, 송욱 선생님들
저승에도 학림다방은 있는가요?
지상에서 가장 아름다운 곳은 대학
學林六賢의 새 신화는 언제 올까요? (2011. 11. 25)

참 대학가도 많이 변하였다. 서울대 옛 자리에는 마로니에 나무와 본부 건물만 서 있고, 서울대유적지 동판만 서 있다. 2011년 5월 혜화역 입구에 타고르(R. Tagore) 동상이 섰다. 옛 경성제대 건물이 1926년에 서면서부터 대학가의 상징이 된 후 90년 가까운 세월 동안 이곳은 이렇게 세계화의 표지로 바뀐 것이다. 나는 일부러 느린 걸음으로 이곳저곳을 돌아보며 상념에 젖었다.

관악으로의 종합화

서울대 종합화에 대하여는 1960년대 후반 재학 중 『대학신문』에서 많이 들었다. 낙산에 지하철을 뚫어 교통을 해결하고 동숭동, 연건동 일대를 서울대가 차지한다는 얘기도 들렸다. 나중에 알고 보니 이것이 1965년의 '유기천 총장 안'이었는데, 청와대까지 올라가 보류되었다. 그 후 수원으로 간다느니 과천으로 간다느니 하는 루머가 들리더니, 1970년 어느 날 갑자기 박정희 대통령이 관악산의 골프장에 가 본 후 그곳으로 정했다는 뉴스가 나왔다. 이로써 일사불란하게 관악 산록에로의 이전이 진행되었다. 지금 같으면 이러쿵저러쿵 말도 많았겠지만 대통령의 뜻이 법이던 시대였다. 이전 작업을 실행한 한심석 총장이 쓴 회고록 『관악을 바라보며』에 다음과 같이 기록되어 있다.

> 1967년 11월 6일에 있었던 청와대 회의에서 서울대종합화계획이 10개년 사업으로 확정되고 서울 근교에 광활한 메인 캠퍼스 부지를 선정토록 결정한 후 캠퍼스 후보지로서 서울 근교 여러 곳을 물색하다가 결국 1970년 3월 16일에 박 대통령에 의해 현 관악캠퍼스 부지가 결정되었다. 캠퍼스 부지 면적은 전 관악골프클럽 소유 97만 4백90평과 사유지 8만 3천8백51평, 산림청 소유 1만 7천4백60평을 합친 1백7만 1천1평의 건설부지와 이와 인접한 관악산 남서면 일대의 서울대연습림 514만 6천2백91평을 합친 6백21만 8천92평이란 방대한 면적이 서울대의 캠퍼스 부지로 사용케 되어 세계적으로도 드문 광활한 캠퍼

스라고 하겠다.[5]

나는 1970년 봄 대학원생으로 관악의 종합캠퍼스 기공식 때 박수부대로 동원되었다. 박 대통령께서 직접 발파를 하러 오시니 학생들은 모두 참석하라는 지시였다. 그때는 시내버스가 신림 사거리까지만 운행하였다. 거기서 내려 신림 계곡을 따라 한 시간가량 장사진으로 좁은 길을 걸어 들어가는데, 옆에는 계곡물이 희뿌연 바위들 틈으로 철철 흘러내리고 있다. 나는 고향 상주에서 초등학교 시절 용흥사라는 절에 소풍 갔을 때 보았던 산의 계곡으로 들어가는 기분이 들어 도무지 대학이 어떻게 이런 곳으로 들어올 수 있는지 상상이 가지 않았다. 말로는 박정희 대통령이 이곳에 골프 치러 왔다가 위치가 좋아 단번에 낙점했다는데, 숨은 이유는 학생들이 데모를 해도 산속이라 쉽게 시내 진출을 못하도록 하는 데 있다는 루머가 돌았다.

새 캠퍼스의 공사 현장에 다다르니 저 멀리 높다란 등성이에 식장을 설치하고 내외 귀빈들이 앉아 있었다. 대통령은 원래 체구가 작아서인지 보이지도 않았다. 그가 발파할 때 다이너마이트 굉음과 함께 오색 연기가 하늘로 피어올랐다.

그 후 2년의 공사 끝에 1975년 봄 관악으로 이사하였다. 와서 보니 새로 지은 아파트 같은 규격의 새 건물의 캠퍼스가 무척 낯

5 한심석, 『관악을 바라보며』, 일조각, 1981, 330-331쪽.

설게 느껴졌다. 독일의 보쿰(Bochum) 대학의 건물 양식을 본 땄다는 얘기도 들렸다. 공대까지 이곳으로 오니 엄청나게 큰 캠퍼스인데, 지하철에서 오는 거리가 멀어 셔틀버스를 이용하게 한다는 설명이었다. 그리고 교직원의 출퇴근을 위한 버스가 수십 대 운영되었다. 동숭동에서는 아무 때나 출입하던 교수들도 이제는 모두 정시에 버스를 이용해야 하였다. 1975년 무렵에는 자가운전을 하는 교수들이 거의 없었다. 교직원의 퇴근 버스가 일제히 떠난 교정은 유령이 나올듯한 암흑천지였다.

종합화이다 보니 법대는 동숭동에서 갖던 독자 캠퍼스를 잃어버리고 제10동, 그것도 가운데 일부만 사용하는 축소 지향의 여건이었다. 괜히 이전해 왔다는 불평도 나왔다. 곧 법대는 따로 건물을 지어 나가야겠다는 얘기가 나오고, 노천극장 옆 잔디밭에 로(Law) 빌딩을 짓겠다고 눈독을 들였다. 그러나 그것이 쉬운 일은 아니었다.

그럴 때 김택수(1926-1983) 전 동창회장께서 법학도서관을 지어 주겠다는 낭보가 왔다. 법대는 이전을 예상하면서 교문 가까운 아래쪽을 택하여 '국산(菊山)법학도서관'(국산은 김택수 회장의 호)을 신축하였다. 1983년에 준공하고 이와 때를 맞추어 현재의 15동 강의동을 건축하였다. 이렇게 하여 법대는 캠퍼스 위쪽에 있다가 아래쪽으로 이전해 온 것이다. 지금도 기억나는 것은 그때 관악산에서 내려오는 물줄기가 법학도서관 뒤로 내려와 흥건하게 고여 있었는데, 현재는 건물들로 모두 덮여 알 수 없게 되었다. 지금도 땅속에 지하수로 흐르고 있을 것이다. 그때는 맑아서 식수로 떠먹기도 했는데….

아무튼 새 캠퍼스는 아직 틀이 잡히지 않은 때였고, 나무들도 새로 심어 엉성하였다. 지금 법대에서 정문으로 가는 길목, 4·19탑이 서 있는 아래로 플라타너스들이 많이 서 있었다. 정문에서 들어와 100미터 지점에 길 한복판에 커다란 느티나무 고목이 한 그루 서 있었다. 옛 자하동의 동구 나무였다 한다. 그런데 학생들의 데모와 경찰의 최루탄으로 시들시들 죽어 가서 결국 베어야 하였다. 너무 아쉬워 그것을 미대에서 목각으로 만들어 지금 교수회관 로비에 서 있다. 이런 사연을 아는 사람은 많지 않을 것이다.

철제 교문도 '국립서울대학교'를 상징하는 ㄱㅅㄷ의 합성 로고 철제 아치가 그로테스크하다느니 설왕설래하였다. 아무튼 이 교문을 두고 학생과 경찰의 대치 광경이 전 세계 텔레비전과 언론에 나가니 세계적으로 유명한 교문 이미지의 하나가 되었다. 그 앞에 지금도 소나무 몇 그루가 서 있는데, 40년 동안 그 수난을 겪으면서 죽지 않았지만 자세히 보면 그루 수도 줄었고, 어쩐지 측은하게 보인다. 그것도 하나의 독야청청(獨也靑靑)인가?

사회학과의 김채윤 교수는 1975년 10월 제1회 '대학축전'에 부쳐 이런 글을 쓰셨다.

> 이제 우리의 관악산은 머지않아 밀림으로 화할 것이다. 거기에는 호랑이도 늑대도 더러 생겨날 것이다. 그리하여 밤늦도록 공부한 후 으슥한 오솔길을 걸어 내려오다가 맹수를 만나게 되는 경우도 있을 것이다. 그런 경우 겁에 질려 주저앉아 울고만 있다가 끝내는 虎患을 당

하는 일이 있어서는 아니 될 것이다. 앞으로의 서울대학교 학생은 맨 주먹으로 호랑이를 때려잡는 체력과 담력을 갖추어야 할 것이다.[6]

관악캠퍼스에 호랑이가 나타난 일은 없었지만, 어쩐지 김 교수의 빗나간 예언(?)은 오늘날에도 유효한 교훈같이 들린다.

교수생활은 기본적으로 단조롭다. 아침에 출근하여 강의 없는 시간은 연구실에서 읽고 쓰다 퇴근하는 것이다. 나는 낙성대 후문으로 출근하다 시를 하나 썼다.

출근길

낙성대 지하철 내려 연구실까지
국수봉 산책길 따라 출근하며

바라보는 관악산 연주대
반쯤 구름에 가려
한 폭의 동양화로 붙박인다

어찌 자연의 동양화뿐이랴
내 마음의 心象圖

---

6 김채윤, 『선정만필』, 모은글, 1994, 90쪽.

온갖 世俗知로 휘덮인
서울대 캠퍼스
그 위에 구름인지 안개인지
언제나 희뿌옇게 가려 있어

조금만 더 오르면
청명한 봉우리와 하늘이 있건만

"진리는 나의 빛"(Veritas Lux Mea)
염불처럼 되뇌면서도

언제나 개운찮게 뒤엉킨
세속의 지식
관악산 봉우리 아침마다 보며
처연한 實存知에 목마르다 (1999. 11. 23)

나는 운전을 하지 않기 때문에 버스와 전철을 타고 캠퍼스를 많이 걸어 다녔다. 그래서 이런 시상들을 글로 담아 놓은 것들이 많이 있다.

자하연에서

관악캠퍼스는 시간이 흐를수록 나무가 우거지고 꽃이 풍성해져 갔다. 법대에서 인문대로 올라가는 길 오른쪽에 아담한 자하연(紫霞淵)이란 연못이 있다. 원래 이곳은 자하동이라 했다는데, 다행히 1960년대 사진이 있어 그때의 풍경을 알 수 있다.[7] 자하(紫霞) 신위(申緯, 1769-1847)가 이곳에 살았다 한다. 이를 기념하여 인문대 이태진 학장의 제의로 아담한 신위 조각상을 세웠다. 거기에는 자하의 「개울남쪽」(溪南)이란 시가 새겨져 있다.

개울 앞 여린 보리 파릇파릇 돋고
도랑 뒤 살구꽃 듬성듬성 피었네
자하동서 자운암 오르는 길에
호랑나비 누른 벌이 날아다니네

자하는 1769년생이니 괴테와 20년 후배이고, 다산과는 7년 후배이다. 아무튼 이런 선비, 문인, 학자들이 산 18세기의 학문과 예술은 종합적이었고, 19세기 이후 점점 전문화되어 오늘날 대학은

7 이 사진은 원래 2012년 11월 서울시립미술관에서 개최된 사진전에 나온 것으로 '관악산 성주암에서 본 자하동'이다. 1960년대에 마을 초가집들이 있고 골프장이 있는 것으로 보아 1960년대 후반이나 1970년대 초반으로 보인다. 불과 반세기 이전의 이런 모습에서 오늘의 서울대가 들어섰다니 놀랍기만 하다(2012년 11월 20일 '제4회 대학사포럼'에서 송기호 교수가 처음 소개).

관악산 성주암에서 바라본 옛 자하동 마을(현 서울대 자리) (2012년 11월 서울시 사진전)

헤아릴 수 없이 많은 학과와 전공으로 분산되어 있다. 그래서 흔히 '전문가바보'(Fachidiot)라는 말도 들린다. 나는 동서양의 동시대인 괴테와 다산을 비교하여 『괴테와 다산, 통하다』(추수밭, 2007)라는 책을 낸 바 있기 때문에[8] 자하연 옆을 지날 때마다 학문의 통섭, 학자의 교류 같은 생각을 많이 한다. 선비학자가 살던 조선조의 자하동과 오늘날 교수, 학생들이 사는 서울대 사이에 같은 점과 다른 점은 무엇일까?. 그리고 나는 세월이 지나 이곳에 어떤

8 이장무 전 총장이 이 책을 대학생들이 방학 중에 읽을 책으로 추천하여 화제가 된 일도 있다.

흔적으로 남을까?

아무튼 자하연이 내 연구실 가까이 있는 것이 매우 행복하고, 그러면서 나 자신의 학문과 인생을 18세기 지성들과 비교하여 생각하는 때가 많다. 시를 하나 썼다. 그리고 어느 날 스케치도 해 보았다. 자그마한 분수가 내 마음의 심지를 끝없이 분출케 한다.

자하연에서
—자하 신위 선생께

선생이 살구꽃 핀 자하동에서
호랑나비 보며 자운암에 이를 때

독일에선 괴테 선생이
바이마르 일름(Ilm) 강변을 거닐었고,
다산은 강진에서 유배 중
저항적 학문을 쌓고 있었지요.

그걸 아셨나요? 자하 선생,
학문이란 원래 자연과 떨어질 수 없어

"학문의 通涉" 운운하기 전에 원래 하나,
지식에 무슨 인문, 사회 담이 있나요?

18세기 그때는 그때, 21세기 나는
서울대 교수랍시고 무얼 얼마 아는가?

알량한 법학자의 世俗知
그것만 무기로 살아도 되는가?

선생은 선비, 나는 교수
교수는 선비와 달라도 되는가?

자하연, 서울대 작은 연못이
천길만길 深淵으로 밀어 넣는구나. (2011. 7. 9)

자하연에서 인문대와 중앙도서관 사이를 걸어 올라가면 에코캠퍼스(Eco-Campus)를 가꾼 정성으로 각종 수목을 감상할 수 있다. 그러나 자연만 완상하는 것으로 그치는 것이 아니라 80년대의 대학사와 정치사를 실감케 하는 민주열사들의 추모비들이 즐비하게 서 있다. 한두 개가 아니어서 '민주화의 길'이란 안내 표지까지 서 있다. 거기에는 이렇게 적혀 있다.

우리 서울대인들은 '진리는 나의 빛'을 가슴에 새기고, 사회정의의 실현에 앞장서 왔다. 칠흑 같은 어둠의 시절, 서울대인들은 진리와 양심의 부름에 따라 민주화운동에 투신했다. 많은 동문이 학교를 떠나야 했고, 고문과 옥살이의 고난을 치러야 했다. 엄혹한 독재에 항거하여

자하 신위 동상이 선 자하연 풍경(2012, 저자 그림)

목숨을 바친 동문이 이르러서는 슬픔과 안타까움을 금할 수 없다. 관악교정에는 길모퉁이마다 4·19 기념탑을 비롯하여 민주 제단에 헌신한 동문을 기리는 추모비들이 서 있다. 6월 항쟁 20주년을 맞이하여, 서울대학교에서는 민주화를 향한 서울대인들의 열정과 희생정신을 잇고자 '민주화의 길'을 조성하기로 뜻을 모았다. 그 길을 따라 기념물을 순례하면서 민주화운동의 역사와 희생의 의미를 새겨 보자. 과거의 경험은 현재의 기억을 통해서만 미래를 비추는 거울이 된다.

2009년 11월 3일 서울대학교

이들 민주열사가 산화하는 현장에 나도 몇 번 서 있었다. 아크로폴리스광장에 수천 명의 학생이 운집하여 성토하는 가운데, 학생회관에서 온몸에 불을 붙인 학생이 뛰어내리는 광경도 목도하였다. 도서관에서도 투신하는 학생이 있어 건물마다 옥상에 철망을 치기도 하였다.

관악캠퍼스는 처음에 학생들이 몇 명이라도 모여 앉을 수 없도록 의도적으로 의자나 공간을 만들지 않았다. 아크로폴리스에서 자꾸 모이니까 못 앉게 하려고 일부러 가시 돋인 장미를 여기저기 심었다. 화가 난 학생들이 맨손으로 피를 철철 흘리며 그것들을 뽑아내는 광경도 보았다. 데모할 때 경찰에게 던질 돌멩이 같은 것이 필요한데, 보도블록을 깨뜨려 사용하였다. 그래서 보도블록 자체를 없애려고 시멘트로 싹 발라 버렸다. 정말 블록을 깨는 학생들 옆에 가면 교수들도 무슨 변을 당할지 겁이 나기도 하였다.

매일같이 학생데모에 경찰이 뿌린 최루탄으로 눈을 뜰 수 없었다. 김증한 교수(대학원장 역임)는 해방 후 서울대 전체에서 첫 강의를 한 교수로 유명하다. 이 어르신이 1985년 정년퇴임하실 때 "봄마다 피는 꽃을 눈이 매워 감상할 수 없어 가슴 아팠다"는 말씀을 남기신 기억도 난다. 매일 비가 오기를 기다린다고 어느 총장인가 한 말이 신문에 특필되기도 하였다. 교문에 들어서면 운동장 앞에 '천하지장군' 장승이 상당히 오랫동안 서 있었다. 대학은 풀뿌리 민주주의로 질주하는 동안 고급문화에 대한 책임과는 점점 거리가 멀어져 가고 있었다. 이것이 한국 대학이 치르어야 할

대가와 희생이었다.

이런 시절, 군정반대와 민주화의 시대가 지나고 2000년대가 되니 대학은 다시 고즈넉할 정도로 조용해졌다. 언제 그랬느냐는 듯…. 학생들은 매년 바뀐다. 대학은 바뀌지 않는 것 같으면서도 바뀐다.

원로교수로서

이런 동요의 세월이 지나고 1990년대부터 다시 평온의 날이 찾아왔다. 어느 날 아크로폴리스광장에 서서 다소 쓸쓸한 느낌을 시 하나에 적었다. 『대학신문』에 낼까 하다 그만두었다.

석양의 아크로에서

청계천 새 물이 열린 가을
관악의 아크로에 서 있노라니,
1970년대 새 캠퍼스 기공식에
박수부대로 동원돼 왔던 대학원생.

80년대 보직교수로 본부 4층에서
분신자살 '열사'들을 목도하던 기억.

아크로 잔디밭에 일부러 심은 가시장미
거칠게 뻗던 피의 손들은 어디로 갔나?

데모와 최루탄도 80년대로 끝,
21세기 도서관에는 취직공부들로 초췌한데.

아, 이 젊음들과 함께 지낸
나의 관악 30년은 무엇이며,
한국사회, 우리 대학은 얼마나 나아갔나?

늦더라도 조금씩 갈 길을 제대로 왔나?
오히려 잘못된 방향으로 달려왔나?

속절없는 학생들은 매년 바뀌어도
어딘가 아련한 함성이 부르는 듯해

맥 놓고 상념에 잠긴 노 교수 머리 위에
샛노란 은행잎 하나 떨어진다. (2005. 10. 20)

그러고 또 6년이 지났다. 이제 이른바 원로교수라고 남들이 보는 눈도 그렇고 나도 내가 해야 할 일이 따로 있다는 생각을 한다. 학교 보직에서 해방되어 나 자신의 연구를 주로 해외 학회와 외국 강의에 연결하며 살았다. 학장에게 나는 법대 '대사' 노릇이나 하

저자의 연구실에서 내려다본 규장각(2005, 저자 그림)

겠다 하였다.

법대는 20세기와 함께 법대 시대가 끝나고 이른바 로스쿨 시대로 들어섰다. 이것은 법학에서는 대단히 큰 변화이다. 나는 이런 변화를 직접 체험하면서, 그러면서도 주로 관찰하는 입장에 서게 되었다. 서울대학교도 법인화라는 큰 변화를 겪었다. 이런 변화를 누군가 적어 두어야 한다는 생각에서 이 글을 쓰는 것이다.

나는 전공이 법사상사라 꼬리에 역사 사(史)자가 들어가니 어찌 보면 역사가이다. 그래서 역사에 대한 관심이 많고 무엇보다도 사물이나 사건을 글로 적어 두어야 한다는 일종의 강박관념을 갖고 있다. 인간의 기억, 적어도 나의 기억은 너무나 허약하다는 것을 안다. 그래서 늘 노트와 작은 카메라를 주머니에 넣고 다닌다. 법대 재학 시절에 한 교수로부터 배운 교훈이 마음속에 살아 있다. 인간은 역사에 관해 세 타입이 있다. 역사를 창조하는 인간, 역사를 기록하는 인간, 역사를 망각하는 인간. 나는 역사를 창조할 능력은 없지만 기록하는 인간은 되려고 한다. 역사를 망각하기는 너무 쉽다.

2011년 초 서울대문예동호회의 신년 모임에 나가 이런 시를 읽었다. 아마도 서울대 생활의 전형적 표현일 것 같다.

관악사계(冠岳四季)

3월 신학기 시작과 함께
개나리에서 철쭉까지 지고 나면
허벅지게 피는 서양해당화
꽃향기에 취한 서울대인.

7, 8월 여름방학에도
자하연 수양버들 짙푸르고
느티나무 위 매미 소리
계절수업 다시 붐비는 캠퍼스.

9월 들어 코스모스 학기
규장각 앞 샛노란 은행잎

서울법대는
언제 시작되었나?

다음의 서술은 서울대와 법대의 역사를 내가 직접 경험한 것만 아니라 읽고 듣고 남기고 싶은 것들을 약술한 것이다. 자세한 서술은 서울대 20년사, 30년사, 50년사, 60년사 등에서 볼 수 있으나 되도록 그곳에서 볼 수 없는 이면사를 담아 보려 한다.

법관양성소

현재의 서울대학교는 1946년 8월 22일 미군정법령 제102호 〈국립서울대학교설립에 관한 법령〉에 의해 9개의 단과대학과 대학원을 갖춘 종합대학교로 설립된 것으로 알려져 있다. 그래서 1946년을 개교 원년으로 삼고, 10월 15일을 개교일로 기념하고 있다. 왜 10월 15일이 개교기념일인지는 불분명하다.

서울대학교 총동창회를 중심으로 '서울대학교 뿌리찾기운동'이 전개되어 서울대의 개교를 1895년 법관양성소의 개소에서 기원하는 것으로 추진한 바 있다.[1] 서울대학교는 1945년 일제 통치로부터의 해방을 맞으며 당시 존재하던 9개의 전문학교와 1개의 대학(경성대학)이 합쳐져 서울대학교가 탄생한 것으로 알려져 왔

1 자세히는 임광수 엮음, 『정통과 정체성』, 삶과 꿈, 2009와 박명규 외, 『서울대학교 개교 연구』, 연구보고서, 프린트판, 2010 참조.

다. 9개의 전문학교란 1895년에 설립된 법관양성소를 이어온 경성법학전문학교, 1895년에 설립된 한성사범학교를 이어온 경성사범학교와 경성여자사범학교, 1899년에 설립된 의학교를 이어온 경성의학전문학교, 1904년에 설립된 농상공학교를 이은 수원농림학교와 경성공업학교 및 경성광산전문학교를 말한다. 1924년에 개교한 경성제국대학은 1945년 해방과 함께 경성대학으로 바뀌었는데, 1년을 채 넘기지 못하고 서울대학교로 병합된 것이다.

그렇지만 경성대학이 존재했기 때문에 법적으로 서울대학교가 경성제국대학의 후신이 아니라 구한말 법관양성소로부터 내려오는 '법통'이 단절 없이 연결되었다고 설명된다.[2] 서울대학교 총동창회(회장 임광수)는 2009년 3월에 이장무 총장에게 개교 원년의 재조정을 공식적으로 건의하여, 이 총장은 2009년 5월 6일 법관양성소 개소일에 맞추어 새 개교 원년을 선포할 것으로 전망되었다. 그러나 몇몇 젊은 국사학과 교수들이 총장실에 항의하여 개교 원년 재조정은 무산되었다. 그러나 최고심의기구인 평의원회는 1895년을 '개학' 원년, 1946년을 '개교' 원년으로 정하였다.[3] 실은 '개학'이나 '개교'는 같은 뜻이라 생각한다.

다른 분야보다 대학의 역사는 정치사와 무관할 수는 없지만, 학문의 연속성이 중요하므로 서울대학교 역사 속에 경성제대의

---

2 이상혁, 「서울대학교 개교 원년은 1895년」, 임광수 엮음, 『정통과 정체성』, 삶과 꿈, 2009, 28쪽.

3 박명규 외, 앞의 연구보고서 참조.

역사는 포함되어야 한다고 생각한다. 지금까지 『서울대학교 20년사』, 『서울대학교 30년사』, 『서울대학교 40년사』, 『서울대학교 50년사』, 『서울대학교 60년사』에는 경성제대에 관한 서술이 '전사'로만 약술되어 있고, 경성제대 도서를 그대로 물려받아 현재도 '구관도서'라 하여 이용하는 도서관에서 발간한 『서울대학교 도서관사』에도 경성제대 도서관에 관하여는 전혀 언급이 없다. 그래서 인지 수년 전 경성제대 시절의 학술사에 관한 연구를 몇 교수들과 공동연구하겠다고 연구비를 신청했는데 받아들여지지 않았다.

2010년 5월 6일부터 서울법대 역사관에서는 '법관양성소의 법학교육'이란 특별전시가 1년간 열렸다. 법관양성소는 1895년 5월 6일 당시 법부독판 서광범이 주청하여 고종의 윤허를 받아 광화문에 설립되었다. 이에 대하여는 연구논문도 몇 편 나왔고, 『서울대학교 법과대학 100년사』에 잘 정리되어 있다.

교수진을 보면 교관 중에 권병훈은 갓 쓰고 도포를 입었는데, 한문을 가르치면서 『육서심원』(六書尋源)이라는 엄청난 분량의 저술을 하여 중국의 학자 동작빈(董作賓)이 감탄하기도 하였다. 교관 변영만(卞榮晩) 또한 동생 변영태, 변영로와 함께 문재를 떨친 인물이다. 법대의 문학적 전통은 여기서 찾을 수 있지 않나 생각된다.

외국인 교수로는 고종 황제의 법률고문으로 와 있던 로랑 크레마지(Laurent Crémazy)가 『법국율례』(法國律例)라는 프랑스법 강의를 하였다. 나폴레옹이 만든 『민법전』(*Code Civile*)을 한문으로 번역한 것을 교재로 사용했는데, 손수 필사한 이 교과서들이 수십 권 법대도서관에 내려와 지금은 법대 역사관에 전시되어 있다. 크

광화문 우측에 자리한 법관양성소와 고종, 서광범 대신 및 교관들의 모습(서울법대 역사관 전시도록)

레마지는 관립법어학교의 우등생 5명을 개인 교수하여 법관양성소 교수로 키운 공을 세우기도 하였다.[4]

졸업생으로는 제1회의 이준과 함태영이 유명하다. 함태영은 구한말에는 판사를 지냈고 일제 강점기에는 목사로 지냈는데, 제1공화국에서 이승만 대통령이 찾아 부통령까지 되었다. 아들 함병춘은 연세대 법철학 교수로 있다가 전두환 대통령의 버마 방문을

4 자세히는 최종고, 『한국의 서양법수용사』, 박영사, 1982, 161-182쪽 참조.

수행하다 랑군에서 북한 테러범들에 의한 폭파로 횡사하였다. 손자 함재봉, 함재학 교수가 가계를 이어 학자로 활동하고 있다.

이준은 졸업 후 검사가 되었는데, 국제법에 관심이 많아 고종 황제에 의해 헤이그 만국평화회의에 밀사로 파견되었다가 장렬한 최후를 마쳤다. 어쩌면 법관양성소 출신 중 가장 훌륭한 인물로 알려져 '자랑스런 법대인'으로 선정되기도 하고, 2012년 4월에는 법대 교정에 동상이 세워지기도 하였다. 나는 동상의 하대 전면에 그의 글에서 "위대한 인물은 반드시 조국을 위하여 생명의 피가 되어야 한다."라는 글귀를 찾아 새겼다. 영어로 "Great person should be the blood of life for his fatherland."라고 번역하여 외국인도 읽게 하였다.

법관양성소는 일본인의 간섭 때문에 폐교되지도 않고 발전되지도 않고 답보상태에 머물렀다. 1911년에 경성전수학교라고 개칭되었다가 1916년에는 경성법학전문학교로 바뀌었다. 법관양성소에서 비롯되는 법학교, 경성법학전문학교의 국립 법학교육의 전통과는 별도로 사립학교의 법학교육도 있었다. 1905년 이용익(李容翊)에 의해 설립된 보성전문학교는 1911년 사립학교규칙에 따라 세브란스, 숭실, 이화전문학교와 함께 전문학교라는 이름을 박탈하고 '각종 학교'로 격하되었다. 1911년부터 천도교 총본부에서 경영권을 맡았다가 1945년에 이르러 고려대학교로 발전하였다.

법관양성소에서 경성법학전문학교에 이르러 해방 후 서울대학교가 서기까지 법학을 공부한 졸업자는 모두 1,641명에 이르렀다. 이런 전통이 있었지만, 경성제국대학이 설립되어 법학을 본격적으로 교육한다는 것이었다. 경성제대에는 일본인 학생 외에 한국인도 입학시켰는데, 법문학부의 법학과 출신만 보면 1926년부터 1945년까지 18회, 714명을 졸업시켰고, 그중 342명이 한국인이었다.

경성제국대학

설립

1919년 3·1 독립만세운동이 전국적으로 확산하고 이를 계기로 조선총독부의 통치 방식은 무단정치에서 이른바 문화정치로 바뀌었다. 그해 사이토(齊藤實) 총독이 부임하면서 재빨리 조선총독부 관제를 개정하여 총독이 문무의 권한을 동시에 갖는 제도와 헌병경찰제도가 폐지되었다. 1920년 1월에 동경제대 교수 몇 명이 조선(경성) 및 만주(여순 또는 대련)에 대학을 설립할 것을 총리대신, 문부대신 및 조선총독과 관동도독부 장관에게 건의서로 제출하였다.

중의원에서는 법학자 출신인 호즈미 노부시게(穗積陳重) 의원이 마치 독일이 알자스 로렌 지방을 통치하기 위해 슈트라스부르크(Strassburg) 대학을 설립했듯이 조선식민지를 통치하기 위해 제국대학을 설립할 필요가 있다고 역설하였다.[5]

5 이충우, 『경성제국대학』, 지식산업사, 2013; 최종고, 『한국법학사』, 1995, 447쪽.

이 무렵 1920년 6월 23일에는 한국에서 합방조약에 반대하여 사임한 전 참정대신 한규설, 전 독립협회 부회장 이상재 등이 중심이 되어 조선교육회가 조직되었고, 같은 해 11월 이상재는 3·1운동의 민족대표자의 한 사람인 이승훈 등 47명과 발의하여 민립대학기성회준비회를 조직하였다. 1923년 3월 종로 중앙청년회관(YMCA)에서 개최된 조선민립대학기성회 창립총회에는 여자 4명을 포함하여 5,000명의 유지인사가 참석하였다. 국내외로 모금운동도 전개하고 노력했지만 뜻대로 성과는 이루지 못하였다. 민립대학운동의 실패는 일본의 방해도 있었지만, 내부적으로 지도자와 간부들의 실천력 부족과 운동주체와 추진과정에 대한 불신, 한국인이 경제적 빈곤과 외형적 조직에만 치중하고, 구체적 계획과 실천방안이 결여되었다는 것 등이 원인이었다. 시기적으로 사회주의 운동의 전개로 민족주의 운동이 위축되던 시기이기도 하였다.[6]

어쨌든 이처럼 도도히 민립대학운동이 전개되는 마당에 식민지정책에 의한 관립대학이 선다는 것은 한국인에게는 착잡한 문제였다. 1923년 11월 27일에 총독부는 훈령으로 조선제국대학창설위원회를 설치하였다. 여기서는 늦어도 1926년까지 개교하기로 하고, 명칭을 조선제국대학으로 하느냐 경성제국대학으로 하느냐를 놓고 상당히 많은 시간을 논의하다가 원안대로 조선제국대학

6 노영택, 「민립대학 설립운동 연구」, 『국사관논총』 제11호, 1990, 88-94쪽.

경성제국대학 법문학부 캠퍼스(현재 대학로 마로니에 공원)

으로 낙착하였다. 심의 결과를 가지고 총독부는 대학관제안을 준비하고 내각 법제국에 심사를 받기에 이르렀다. 그런데 법제국에서 대학명에 이의를 제기하여 결국 총독부는 경성제국대학이라 명칭을 수정하여 관제안을 통과시켰다.

1924년 10월 15일 개교식이 거행되었다. 초대장을 받은 이상재가 개교식에 참석하느냐 여부가 주목되었는데, 그는 의관을 갖추고 YMCA 직원들에게 "오늘은 민립대학의 개교식이 있는 날이니 제군도 모두 가자"고 하였다. 의아해하는 직원에게 대답하기를, "그들의 관립 경성제대는 바로 우리 민립대학의 구상이 만들어 준 것이며, 우리 대학의 후신인 것을 모르는가. 경성대학은 후에 우리 대학이 될 걸세."라고 말하였다.[7] 월남은 역시 선각자였다.

7 이충우, 『경성제국대학』, 다락원, 1980, 47쪽.

교육

1926년 3월 15일에 예과 수료식이 거행되었고, 4월 1일 동경제대 교수 핫토리 우노기치(服部宇之吉)가 경성제국대학 총장으로 취임하였다. 칙령 제47호로 법문학부 23강좌, 의학부 12강좌가 규정되었고, 조선총독부령 제30호로 대학규정이 반포되었다. 〈경성제국대학 학부 및 학과 설치에 관한 칙령〉 제31호에 의해 법문학부는 법률학과, 정치학과, 철학과, 사학과, 문학과의 5개 학과로 구성되었다. 5월 1일에 법문학부와 의학부가 개강하였다.

1927년에는 법학과와 정치학과를 통합하여 법학과, 철학과, 사학과, 문학과의 4과로 조정하였고, 1929년 3월 25일에 제1회 졸업생 25명이 배출되었다. 1931년에는 '경성제대 반제동맹사건'이 있었으나 초기의 동지획득 단계에서 실패하여 큰 성과를 거두지 못하였다.[8] 그렇지만 그것이 미친 반향과 의미는 컸다.[9]

경성제국대학의 이념은 '동양문화의 연구'와 '국가를 위한 학문'이었다. 핫토리와 같은 유학 연구의 대가가 총장을 맡은 이유는 조선 유학의 전통에 대응한 교육정책으로 해석된다. 핫토리는 대학에 국가를 위한 학문탐구를 강조하였다. 이러한 총장마저 진보적으로 보일 정도로 식민지 권력은 경성제대를 강력하게 통제하였다. 이것은 일본 본토와는 다른 식민지 대학으로서의 기본 조

---

8 정선이, 『경성제국대학연구』, 문음사, 2002, 136-137쪽.

9 이충우, 『경성제국대학』, 다락원, 1980.

1929년에 지은 경성제국대학 본부 건물은 서울대학교 본부로 사용되다가 현재 '예술가의 집'으로 이용되고 있다(2008, 저자 그림).

건이었다. 총독부는 경성제국대학을 식민통치의 문화적 업적을 식민지 내외에 과시하려는 상징 수단으로 여겼기 때문에 가급적 경성제대가 본토의 정치, 관계, 학계에서도 비중 있게 취급되기를 바라고 있었다. 이에 비해 문부성은 경성제대를 지방교육과 학술의 육성이라는 관점에서 지방대학으로 간주하고 있었다. 문부성은 경성제대도 다른 지방제대와 마찬가지로 법문학부만 아니라 의학, 농학, 이공학 중심으로 개편되기를 기대하였고, 총장 또한 정관계와 연관된 법문학계 인사가 아니라 과학기술정책을 집행하는 실무 능력을 갖춘 인사로 충원되기를 기대하였다. 이런 의도는 1938년 이후에 반영된다.[10]

경성제대의 운영방식은 1938년 이후 크게 변화한다. 1938년

경성법전과 경성제대의 교사와 교수진 및 주요 졸업생(서울법대 역사관 전시도록)

경성제대 교문. 하야미 총장이 걸어 나오고 있고, 그 앞으로 두 번째 학생이 이항녕(전 홍익대 총장), 세 번째 가방 든 학생이 홍진기(전 법무장관)이다(1937).

춘원 이광수 선생과 함께한 경성제대생들의 금강산 여행(1935. 5)

제3차 조선교육령 개정 이후 황민화 교육정책이 실시되었고, 전쟁 수행에 필요한 인력 충당이 최우선에 등장한다. 이 시기 각종 전문학교가 신설되는데, 숙명여자전문학교(1938), 명륜전문학교(1942) 등 인문계 전문학교도 있었지만, 대부분 이공계 전문학교들이었다. 경성제대도 1941년에 이공학부가 설치됨으로써 법문학부와 의학부 중심으로 학교 운영이 달라졌다. 경성제대 이공학부는 법문학부나 의학부보다 커트라인이 높았고, 교수진의 구성이나 연구, 교육, 시설 면에서 손색이 없었다. 그러나 이공학부에서

10 자세히는 정근식·정진성·박명규·정준영·조정우·김미정, 『식민권력과 근대지식: 경성제국대학 연구』, 서울대학교출판문화원, 2011 참조.

행해진 연구의 주제는 전쟁과 관련된 것이 주종이었다.[11]

학풍과 학생문화

경성제대의 학생들은 식민지 조선사회에서 최고의 젊은 지식인들이었다. '친일수재의 양성'으로의 동화와 소극적 저항이 공존하였다. 무엇보다 일본어에 능통하고 학과 성적이 우수함을 요구하였다. 예과에는 일본인 학생들이 본국의 고등학교 문화를 그대로 들여와 학생들의 엘리트 의식이 대학생활의 여러 형태로 표현되었다.

학생들은 사회적·상식적 가치체계로부터 동떨어져 생활하는 것이 그들의 대학생다움을 보여주는 것으로 생각하였다. '사내다움', '근검질박', '씩씩함' 등이 강조되었는데, 이것을 '방칼라식'(反Color式)이라 불렀다. '하이칼라의 반대'라는 뜻인데, 폐의파모(弊衣破帽), 기숙사에서 신입생에 대해 난폭한 환영을 하는 '스톰', '마실 줄도 모르는 술을 퍼 마시고' 나중에는 '박사냐, 대신이냐'는 노래를 소리쳐 부르면서 머리를 길게 하고 찢어진

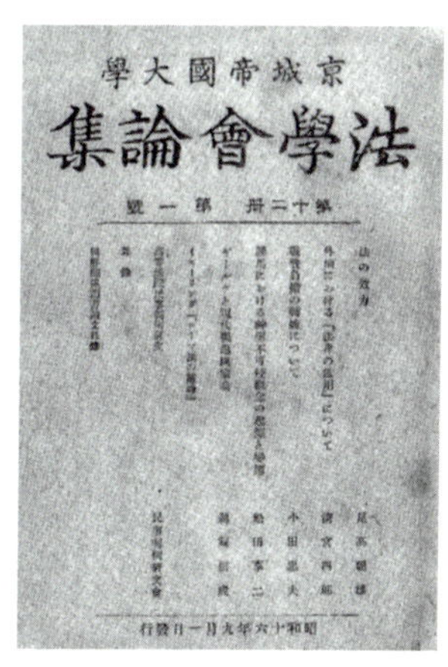

경성제대 법문학부에서 낸 『법학회논집』. 당시 수준 높은 학술지로 평가받았다.

11 이성규, 「이공학부를 중심으로 본 경성제국대학의 식민사적 의미」, 『한국사론』 제42집, 2005, 16-20쪽.

망토를 걸치고 대로를 활보하는 것[12]으로 나타나기도 하였다.

이와 같은 증언을 쓴 유진오(1906-1987)는 경성제대 제1회 졸업생이다. 이런 행동은 주로 일본인 학생들이 했지만, 조선인 학생들도 "쑥스러워 그대로 모방하지는 않았으나 술 마시고 잘난 체하는 기풍만은 싫지 않아서" 한 학기에 한 번씩 열리는 '클라스회'에서 일본인 학생들과 곧잘 어울렸다. 조선인 학생들도 달리는 전차 세우기 내기를 걸어 한 조선인 학생이 선로에 드러눕는다든지, 파출소 앞에서 일본인 순사의 발에 오줌을 싸는 등의 만용적 행동도 표출되었다. 이러한 행동은 한국의 전통문화에서는 볼 수 없는 것이었다. "호랑이 같은 일본인 경찰도 학생에게는 비교적 관대했다."[13] 학생들은 서양 음악과 스포츠를 선호하였다. 1938년에 경성제대 학생과에서 행한 학생생활조사보고에 따르면, 서양 음악을 좋아하는 학생이 87%이고, 일본 음악을 좋아하는 학생은 8%에 지나지 않았다. 운동에서도 테니스를 가장 선호하였고, 서양 영화를 즐겼다.[14] 이 조사를 따르면, 일본인 학생들은 93%가 미혼인데 조선인 학생들은 조혼풍속 때문에 48%가 기혼자였다. 이들은 자유연애 풍조 때문에 번민하면서도 이혼은 못하고 이중생활을 하는 자들도 적지 않았다.[15]

한국인 학생들은 한편으로 엘리트 의식을 가지면서도 동화의

---

12 유진오, 「편편야화」, 『동아일보』, 1974. 3. 20.

13 강성태, 「경성제국대학」, 『중앙일보』 1971. 5. 15.

14 경성제국대학학생과, 『학생생활조사보고』, 1938. 11.

15 강성태, 「경성제국대학」, 『중앙일보』 1971. 5. 20.

지배 세력인 일본에 대해 열등감을 가지고 있었다. 유진오는 증언한다. "경성제대의 교수진은 그만하면 훌륭한 것이었다 할 수 있지만, 경성제대는 일본의 식민지 대학이요, 그 권위의 본거지는 일본이요 동경이었기 때문에… 옛날 유럽의 학자나 예술가들이 르네상스의 발상지인 이탈리아를 갔다 와야 몸의 때가 떨어진 것처럼 느끼듯이… 또는 당나라 현장이 서역을 찾고 의상이나 원효가 당나라를 찾은 것에 비할 수 있었다."[16] 이러한 이중구조의 엘리트 의식 때문인지 유진오도 일본의 본토에 가서 모모 유명 인사들을 직접 방문하여 대담을 나누고 돌아온다.[17]

조선인 학생들이 우세한 일본문화에의 동화의 장에서 저항적 하위문화를 얼마나 이룰 수 있었던가? '內鮮共學'의 지식인 집단이라고 단순히 '內鮮一體'로 통할 수는 없었다. 이런 면을 보아서도 경성제대에 대한 연구는 더욱 필요하다.

유산

근년에 서울대학교에서도 경성제국대학에 대한 학문적 연구에 관심이 기울여지고 있다. 서울대학교 박물관에서는 경성제대 교수가 제작 소장했던 사진 슬라이드전을 개최하였다. 2009년 규장각

16 유진오, 「편편야화」, 『동아일보』, 1974. 4. 1.

17 유진오, 『구름 위의 만상』, 일조각, 1966; 최종고, 「유진오」, 『한국의 법학자』, 서울대학교출판부, 2007, 142-188쪽.

한국연구원에서 심포지엄이 있었고, 사회과학연구원에서도 학술연구발표회가 있었다. 그 결과가 『식민권력과 근대지식: 경성제국대학연구』(서울대학교출판문화원, 2011)로 나왔다. 법과대학에서는 '역사관'을 설립하면서 처음으로 경성제대 시기를 설정하여 오다카 도모오(尾高朝雄), 후나다 교지(船田享二)와 같은 교수들의 사진과 관계 자료를 전시하였다.

2012년 2월 10-12일 교토에서 '제국과 고등교육'이란 심포지엄이 있었는데 한국 측에서는 전경수·김창록·정긍식 교수가 참여하여 발표하였다.[18] 일본의 학자들은 물론 대만의 학자들도 제국대학의 연구를 계속하여 발표하는 것을 보고 느끼는 바가 많았다. 서울대는 그간 지속해서 대학사를 연구하는 구심체가 없었기 때문이다.

도서관

일제하의 경성제대 도서관이 법학 관계 도서를 잘 갖추었다는 정평이 있다. 특히 경성제대의 로마법 담당 교수인 후나다 교지(船田享二)가 도서관장을 지내면서 법학 서적을 거의 완벽에 가까울 정도로 갖추려고 노력하였다. 일제가 중국을 침략하여, 특히 산둥반도(山東半島)에 정착시킨 독일 식민지의 장서를 전쟁 배상금 대신

18 「서울대학교에서의 경성제대 법학의 유산」, 최종고 엮음, 『경성제국대학연구자료집』, 서울대학교 법대 역사관, 2012, 4-22쪽.

받아서 경성제대의 도서관에 넣었다는 사실도 주목된다. 그리하여 서울대 중앙도서관의 법학 관계 장서를 보면 서양의 어느 대학 도서관 못지않게 풍부한 고서와 희귀본들로 차 있다. 서양의 법학자들이 본교를 방문하여 이런 서적이 어떻게 여기에 왔는지 놀라곤 한다. 다만 이러한 보고(寶庫)를 학생들이나 연구자들이 얼마나 이용하고 있는가 하는 의문이 들 때가 있다.[19]

• 크니이프(Ferdinand Kniep) 장서

서울대학교 구관장서 중에서도 로마법에 관한 장서가 풍부하다는 것은 알려진 사실이다. 그것은 경성제대 도서관장이 로마법 교수 후나다 교지(船田享二)였기 때문이라고 추측할 수 있는데, 더욱 구체적으로는 후나다 교수의 노력에 의해 독일의 저명한 로마법 교수 크니이프(Ferdinand Kniep) 교수의 장서 5,639권을 1937년 3월에 경성제대 도서관에서 구입하여 넣었기 때문이다. 지금도 크니이프 교수의 친필 사인이 적혀 있는 로마법 관계 장서는 외국 학자들도 감탄할 정도로 값진 책들로 평가되고 있다. 크니이프 교수는 가이우스(Gaius) 주석서를 낸 학자인데 어떤 경위로 그의 장서가 입수되었는지 기록된 문서는 남아 있지 않다.

---

19 자세히는 최종고, 「서울대 도서관소장 법학귀중도서의 연구」, 『법사학연구』 제17호, 1996, 281-341쪽 참조.

• **테츠너(Friedrich Tezner) 장서**

1937년 10월에는 오스트리아의 헌법 교수 테츠너(Friedrich Tezner) 교수의 헌법 및 행정법 관계 장서 967권을 경성제대 도서관에 구매하여 넣었다.

• **치텔만(Ernst Zitelmann) 장서**

에른스트 치텔만

독일의 저명한 민법학자인 치텔만(Ernst Zitelmann, 1852-1923) 교수의 민법학 관계 장서 879권을 구매하여 경성제대 도서관에 넣었다. 치텔만은 1852년 8월 7일 독일 슈테틴(Stettin)에서 태어나 괴팅겐 대학, 할레 대학, 본(Bonn) 대학 교수를 역임하고, 1923년 11월 25일 사망한 학자이다. 저서로 『국제사법』(*Internationales Privatrecht*, 2 Bde. 1897-1912), 『세계법의 가능성』(*Die Möglichkeit eines Weltrechts*, 1888) 등이 있다. 독일의 법학사에서도 이름을 빼놓을 수 없는 대법학자의 개인 장서가 서울대학교 도서관에 소장되어 있는 것이다.

2011년 7월 독일 프랑크푸르트 대학에서 세계법철학 및 사회철학회 총회(IVR)가 열렸다. 이 학회의 100주년이 되는 해라고 하여 사진전시회가 곁들여졌는데, 거기에 치텔만이 IVR의 명예회장을 역임했다고 하여 사진이 걸려 있었다. 나는 이 사실을 처음 알기도 했지만, 좋은 기회라고 생각하여 총회석상에서 발언권을 얻어 "치텔만의 장서가 한국의 서울대학교 도서관에 있다는 사실을 아는 학자들은 거의 없겠지만, 900권 가까이 소장하고 있다. 이처럼 세계법학사의 다이내믹스에 의해 우리가 잘 모르는 곳에 귀중자료들이 소장되어 있으니 앞으로 이런 것을 공유하기 위해 자료 네트워크를 만들었으면 좋겠다"고 하였다. 솔직히 서울대학교의 위상을 높이려는 의도가 깔려 있었다. 다행히 학회의 산 증인이요 '살아있는 사전'이라 불리는 미국의 웰만(Carl Wellmann) 전 회장이 좋은 의견이라고 찬성 발언을 해 주어 고마웠다. 이처럼 우리 서울대 도서관은 중요한 자료를 가지고 있다는 사실을 진지하게 생각할 필요가 있다.

서울대학교의
설립

서울법대사의 사료

어떤 역사이든 의지할 자료가 있어야 쓸 수 있다. 사실로서의 역사를 기록으로서의 역사로 충실히 옮기기 위해서는 사료(史料)를 총동원하지 않으면 안 된다. 해방 후 50년 동안 한국사회는 격심한 변화를 겪었기 때문에 기록으로서의 자료를 잘 정리해 두지 못하였다. 6·25와 인구이동, 문서나 기록보다 텔레비전이나 영상에로의 발전은 어느 면에서는 현대사의 기록을 더 어렵게 만드는 요인이 되기도 하였다. 대학사도 예외는 아니라고 할 수 있다.

서울대학교는 그동안 20년사(1966), 30년사(1976), 40년사(1986), 50년사(1996), 60년사(2006)를 편찬해 왔다. 그러면서도 아직 공식적으로 대학교사(大學校史)에 관한 자료를 수집, 보관하는 상설적 교사(校史) 편찬실이 존재하지 않는다. 위의 역사를 편찬하고는 편찬위원회 자체가 해체되고 말았기 때문이다.

법과대학에 관하여도 이러한 상태가 계속되어 내려오다가 1986년에 동창회에서 '서울법대 100년사 자료편찬위원회'를 구성하여 수년간에 걸쳐 법대의 역사에 관한 자료들을 모아 두 권의 자료집으로 발간한 것은 뜻깊은 작업이었다.[1] 이 자료집이 법대 100년사를 기술하는 데에 가장 중요한 기초가 되었음은 말할 필

1 서울법대동창회 편, 『서울법대 100년사 자료집』 I(1987), II(1989).

요가 없다. 이상혁 당시 회장의 헌신적 노력의 결실이었다.

1993년에는 법대에 법학연구관을 건립하면서 '귀중문서실'을 설치하였다. 법대 역사에 관한 자료를 비롯하여 한국법학사의 중요 자료를 수집, 보관하는 이 '귀중문서실'은 한국에서 최초의 법과대학 문서고(Law Faculty Archive)였다. 여기에는 『교수회의록』을 비롯한 공식문서 외에도 법대에서 봉직한 교수들과 동창들에 관한 뜻있는 자료들을 수집, 보관하였다. 이곳의 자료들 또한 법대사의 기술에 중요한 자료가 된다.

법대에서는 아직 공식적인 역사편찬을 못하였고, 그동안 1975년에 김증한 학장의 주도로 『서울법대 30년』을 발간한 이래 그것을 증보하여 1985년에 『서울법대 40년』, 1995년에 『서울법대 50년』이란 약사(略史) 겸 안내서를 발간하였다. 본부에서 발간하는 『서울대학교 40년사』(1986), 『서울대학교 50년사』(1996)에는 최종고가 법대 편의 서술을 담당하였고, 『서울대학교 학문연구 40년』(1987)에는 김철수 교수가, 『서울대학교 학문연구 50년』(인문·사회과학 편, 1996)에는 최병조 교수가 서술한 법학연구사가 실려 있다. 서울법대 동창회는 1996년이 되어서야 공식적인 『서울대학교 법과대학 100년사』를 출간하였다. 그에 앞서 발간한 『서울법대 100년사자료집』 두 권이 더 많은 생생한 자료들을 담고 있다.

이러한 공식적 기록 외에도 몇 가지 뜻깊은 기록들이 있다. 1994년에 서울법대와 법대동창회가 동창 176명의 글을 모아 발간한 『진리는 나의 빛』(경세원), 『하늘이 무너져도 정의를 세우라』(경세원) 두 권에는 동창들의 학창 시절 회고 등 역사적 의의가 있는 글들이 많이 실려 있다.

법대와 인연이 깊었던 유진오의 『양호기』(養虎記)(고려대학교 출판부, 1977)와 김증한의 『한국법학의 증언』(교육과학사, 1989)에도 중요한 역사적 증언들이 포함되어 있다. 다음의 서술은 이러한 자료들을 기본 자료로 하면서 『법대학보』, 『대학신문』, *Fides*, 각 학회보, 그리고 동창들의 증언 등을 망라한 것이다. 대학은 다른 기관과 달라 학문공동체, 정신공동체이기 때문에 단순한 제도가 아니라 가능하면 정신과 생활의 배경까지 다면적으로 서술되어야 한다.

'경성대학'과 서울대학교

흔히 서울법대라 부르는, 정확히 말하여 서울대학교 법과대학은 해방 이전의 전사(前史)도 복잡하지만, 해방 후의 탄생도 복잡한 과정을 거쳤다. 말할 필요도 없이 한국의 현대사 자체가 험난한 역사였고, 국립대학교로서 그 출발에서부터 민족사와 함께 고난을 나누는 멍에를 벗어날 수 없었던 것이다. 그런 가운데 제도와 정신의 통합을 잘 이루어 오늘날의 서울법대로 정착할 수 있었던 것은 다행스러운 일이다.

1945년 8월 15일 해방과 함께 식민지 정책으로 세웠던 '경성제국대학'(京城帝國大學)이란 교명이 내려졌다. 교문의 간판에 제국

(帝國)이란 두 글자를 종이로 가려 사용한 것은 당시의 경황없는 사정을 말해 준다. 주재황, 이명선, 김수경 등 연구실에 있던 한국인 조교와 교직원들로 '경성대학자치위원회'가 결성되었다. 1945년 9월 10일에 법문학부, 이공학부 3학년과 의학부 4학년 졸업자에 대한 졸업식이 거행되었다. 이로써 경성제국대학은 법문학부 18회, 의학부 17회, 이공학부 3회의 졸업생을 배출함으로써 20년간의 막을 내렸다. 총졸업생 가운데 한국인은 모두 810명에 이르렀다.[2]

그해 9월 8일 미군이 진주하면서 9월 19일 대학의 행정사무가 미군정청으로 이관되었다. 미군정청은 교명을 '서울대학'으로 개칭하고 총장에 해군 소령 크로프츠(Alfred Crofts)를 임명하였다. 이에 관한 법령적 기초는 10월 16일 자 군정청 법령 제15호였다. 법령에는 '서울대학'으로 개칭한다고 공포되었지만, 당시 서울보다는 경성(京城)이라는 지역 명칭이 입에 익어 사용되어 왔기 때문에 '경성대학'(京城大學)으로 통칭하였다.

미군정청은 한국의 교육 실정에 어두웠기 때문에 한국인들의 의견에 의존할 수밖에 없었다. 군정청학무국장 육군 대위 라커드(Earl N. Lockard)는 당시 일본고시 사법과에 합격하고 검사로 있다가 해방 직전 총독부 학무국장을 맡고 있던 엄상섭(嚴祥燮)을 통해 오천석(吳天錫)과 접촉하였다.[3] 오천석은 미국 컬럼비아(Columbia)

2 서울대학교50년사편찬위원회 편, 『서울대학교 50년사』, 서울대학교, 1996, 6쪽.

3 엄상섭에 관하여는 최종고, 「한국형법의 초안자 엄상섭」, 『한국의 법률가』, 서울대

대학에서 교육학으로 박사학위를 받고 귀국하여 10년간 보성전문학교에서 교수로 있다가 이를 계기로 한국교육계의 지도자 7명을 추천하여 9월 22일 '한국교육위원회'를 구성하였다. 12월 19일에는 미군정청 학무국장에 한국인 유억겸(兪億兼)이 임명되었다. 학무국은 1946년 3월 29일 군정청 문교부로 승격되어 초대 문교부장에 유억겸, 차장에 오천석이 취임하였다. 한국교육위원회의 공식적 성격은 자문기관이었으나 실제로는 교육의 전 분야에 걸쳐 중요한 문제를 심의 결정하였다.

한편 군정청 학무국은 1945년 11월 23일 교육계와 학계의 100명을 초청하여 '조선교육심의회'를 구성하였다. 이 단체는 자유주의와 반공이념, 그리고 온건한 민족주의를 표방하였다. 이곳을 중심으로 형성된 교육주도세력은 미군정청 정책수행의 기본 방향을 지원해 주었다. 이 심의회는 주로 새로운 교육이념과 교육제도의 정립 문제를 심의하였다. 여기서 교육이념으로 민주주의와 민족주의에 기초한 홍익인간(弘益人間)의 이념이 채택되었다. 그리고 교육제도로서 종래의 소학과 중학의 이원제를 폐지하고 미국의 학제를 모방한 6·3·3·4제로 일원화(一元化)하기로 결정하였다. 미국의 민주주의 교육철학자 듀이(John Dewey)의 교육철학이 크게 뒷받침되었다. 문교부는 이러한 기본 작업을 마치고 고등교육기관의 설치를 위한 작업을 개시하였다. 당시에는 경성제국대

학교출판부, 2007, 335-356쪽 참고.

서울대학교로 통합 개교한 연건동 캠퍼스(1946)

학과 몇 개의 전문학교들이 있는 상태였다. 이러한 상황에서 모두 한국인으로 교수를 충원하는 일은 쉽지 않았고, 모두가 시간을 요구하는 일이었다. 문교부 차장 오천석은 서울 시내와 근교에 있는 관공립 및 전문교육기관들을 통합하여 8개 단과대학으로 만들고 그 위에 대학원을 두는 대규모 종합대학을 세우려고 구상하였다. 그리고 대학의 자주성과 학문의 자유를 보장하기 위해 최종 정책 결정기관으로 민간인으로 구성되는 이사회를 두기로 하였다. 이것이 이른바 〈국립서울대학안〉, 약칭 〈국대안〉(國大案)이라는 것이었다.

1946년 7월 13일 군정청 문교부장 유억겸과 미군인 문교부장 피틴거(Aubrey O. Pittinger) 중령은 출입기자단과의 회견석상에서 국대안의 추진계획을 처음으로 발표하였다. 이 안은 경성제국대학의 후신인 경성대학과 일제 강점기에 설립된 각종 전문학교를 통합하고 그 통괄기관으로 하나의 이사회를 두고 그 아래에 총장과 부총장을 두어 운영해 나간다는 내용이었다. 단과대학으로는 문리과대학, 법과대학, 상과대학, 사범대학, 예술대학, 공과대학, 의과대학, 치과대학, 농과대학, 그리고 그 위에 대학원을 둔다는 것이었다.

경성제대와 많이 다른 새로운 국립대학안에 대한 이러한 발표가 있자 여론이 분분해지고 일부 교직원과 학생들이 반대운동을 펴기 시작하였다. 7월 31일에는 조선교육자협회와 전문대학교수단 연합회가 전국교육자대회를 열고 국대안의 철회를 요구하였다. 반대운동이 본격화되는 가운데 문교부에서는 8월 27일 법령 제102호로 〈국립서울대학교 설립에 관한 법령〉을 공포하였다. 이 법령에서는 기존의 경성경제전문학교, 경성법학전문학교, 경성의학전문학교 등 10개교를 국립서울대학교로 흡수하고, 국립서울대학교 안에 문리과대학, 법과대학, 상과대학 등 9개 단과대학과 대학원을 설치하도록 하였다. 또 이사회는 문교부장과 총장 및 각 대학 1명의 이사로 총 12명으로 구성하고, 군정 기간에는 잠정적으로 한국인, 미국인 문교부 차장과 고등교육국장 등 총 6명으로 구성되는 임시이사회를 두도록 하였다. 총장도 군정 기간에는 군정장관이 임명하도록 하였다. 문교부는 9월 개학을 대비하여 곧 총장과 학장들을 내정하였다. 이때 내정된 총장은 안스테드(Harry Bidwell Ansted) 대위였다. 그리고 대학원장에는 윤일선, 문리과대학장에는 이태규, 법과대학장에는 고병국, 상과대학장에는 이인기, 사범대학장에는 장리욱이 정해졌다.

이렇게 문교부가 국대안을 강행하자 반대운동도 광범하게 전개되었다. 반대는 교수나 학생들의 의견을 수렴하여 나온 안이 아니라 몇몇 군정청 교육관료에 의해 일방적으로 기안되고 임명되었다는 데에 초점을 두고 있었다. 중요한 교육 문제를 결정하기로 한 교육위원회나 교육심의회에서 국대안을 발의한 적도 없었다. 당시 전문학교의 하나였던 '법정전문학교'(法政專門學校)가 미군정의 요구를 받아들이지 않았다고 해서 1946년 3월 25일 폐교조치를 당하였다. 이 폐교조치는 8·15 직후 법정전문학교를 재건하기 위해 조선공산당의 이론가 중의 하나인 정태식(鄭泰植)이 강사로 출강하고 있었다는 데에도 이유가 있었다. 이 폐교조치로 4월 1일부터 며칠간 각종 전문학교가 동맹휴교에 들어갔다. 4월 10일에는 서울민주학원 공동투쟁위원회가 결성되고, 4월 17일에는 경성대학을 비롯한 서울의 각 전문대학의 50여 명의 교수가 전문대학교수단 연합회를 발족하여 군정청의 조치에 항의하였다. 그러나 미군정과 친밀한 관계를 유지하고 있던 한국민주당이 운영하는 『동아일보』는 1946년 9월 10일 자 논설을 통해 국대안을 지지하였다.[4]

찬반론이 엇갈리는 어수선한 분위기 속에서 1946년 9월 11-18일 사이에 서울대학교의 첫 등록이 실시되었다. 전체 취학예정인 8,200여 명의 학생 가운데 등록한 학생은 약 5,000명, 그리고 미등록자는 3,000여 명에 이르렀다. 학교 당국은 등록에 이어 곧 개학하여 9월 18일에 8개 대학이 개교하였다. 이날 제일 첫 시간에 강의한 교수가 법과대학의 김증한 교수였다. 10월 10일에는 상

4 『동아일보』, 1946. 9. 10.

과대학이, 14일에는 의과대학이 개교하였다.

비록 개교는 했으나 좌익계열의 정치세력이 국대안파동에 개입하면서 사태는 걷잡을 수 없이 복잡하게 전개되었다. 국대안을 반대하는 학생들은 수업거부운동을 펴기 시작하여 수업이 제대로 이루어지지 못했던 것이다. 이러한 와중에 11월 4일 좌익계열의 '민주주의 민족전선'에서 국대안에 대한 4개 항의 해결책을 제시하면서 새로운 국면을 맞게 되었다. 4개 항이란 1) 관료이사회의 철폐, 2) 교수 및 학생 자치의 승인, 3) 미국인 총장의 사임, 4) 조선인 문교부 책임자의 인책사퇴 등이었다. 이에 이어 12월 10일에는 문리대가 비슷한 요지의 요구 조건들을 내걸면서 동맹휴학에 들어갔고, 연달아 법대생들과 상대생들도 맹휴를 단행하였다. 미군정 당국은 이에 대해 18일 이들 대학에 휴교령을 내리고 다음해 2월 3일 등교를 명하여 만약 전부 등교하지 않으면 9월 신입생 모집 시까지 폐교하겠다는 강경한 입장을 발표하였다. 그러면서 문교부는 교육개혁을 새로 입안하겠다는 입장을 밝혔지만 뚜렷한 해결책이 제시되지 못하였다. 1947년 2월 3일 개학날 등교하지 않으면 퇴학처분을 하겠다는 학교 당국의 언명에도 3개 대학의 학생들은 각각 학생대회를 열어 요구 조건의 관철을 위해 계속 투쟁할 것을 결의하였다. 이를 계기로 법대와 상대 외에 다른 단과대학에서도 국대안의 철폐를 주장하면서 학생들은 맹휴에 돌입하였다. 그리고 이 맹휴 파동은 중고등학교에까지 파급되었다. 서울뿐만 아니라 대구, 부산 등 지방의 중고등학교에서도 맹휴가 전개되었다.

한편 서울대학교에서는 2월 9일 학생들이 학업을 계속하면서 요구 조건을 관철하자는 주장도 나왔다. 그리하여 각 단과대학 대표들이 모여 서울대학교 건설학생회를 조직하고 맹휴는 학원적화를 기도하는 정치적 의도가 담긴 것이라고 주장하였다. 이러한 상황 속에서 2월 13일 미군정청 장관 러취(Lerch)는 특명으로 법령 제102호의 일부를 개정하여 이사회를 한국인만으로 구성하고 행정당국자는 관여할 수 없게 하였다. 이것은 국대안파동에 대한 해결책의 제시로서 수습의 실마리를 잡게 하였다. 수도경찰청장 장택상은 학생들의 맹휴가 남조선 노동당의 지령과 선동에 의한 것이라고 밝히고, 서울대 당국의 요청으로 학내에까지 경찰들이 진입하여 학생들의 소요를 진압하기도 하였다. 이러한 사태에 직면하여 서울대 교수들은 국대안 건의서를 제출하고 서울대학교의 9개 대학 학장회의에서는 러취 군정청 장관과 해결책을 논의하였다. 이러한 상황 변화로 맹휴 학생들도 3월 1일부터 국대안 폐지가 아닌 국대안 시정을 요구하면서 맹휴를 중지하고 등교하기로 결의하였다.

서울대학교가 국립종합대학교로 개교하면서 최고정책결성기관으로 '국립서울대학교이사회'가 구성되었다. 이사회는 문교부장, 총장 및 각 단과대학에 1명씩 비례로 문교부의 추천으로 입법의원(立法議院)의 동의를 얻어 군정청 장관이 임명한 이사들로 구성되었다. 이처럼 민선 이사회를 둔 목적은 대학자치와 학문의 자유를 정치로부터 중립적으로 보장하기 위한 것이었다. 그런데 이사회가 조직될 때까지 임시조치로 문교부 간부직 6명으로 임시이

사회를 구성한 것이 반대에 부딪혔다. 이에 1947년 5월 6일 〈국립서울대학교 설치령〉을 개정하여 새로 이사회가 구성되었다. 그 구성은 문교부장, 이춘호, 유재성, 이용훈, 최규동, 서광설(서재원 변호사의 부친), 안동원, 이의식(이석희 법대동창회장의 부친), 인종서 등 9명이었다. 서울대는 이처럼 처음부터 이사회를 중심으로 운영해 나가려고 하였고, 그것을 대학자치의 기초로 삼으려 하였는데, 후일 시간이 지나면서 제대로 운영되지 못하였다.

법령의 개정에 의해 아무튼 새 이사진은 6월 13일 맹휴로 제적된 학생들을 무조건 복교시키기로 하였다. 8월 6일에는 초대 한국인 총장으로 이춘호를 선출하였다. 이러한 과정을 거치면서 1년여에 걸쳤던 국대안파동은 비로소 수습되고 국립서울대학교가 자리를 잡게 되었다. 이렇게 보면 서울대학교는 민족의 해방과 함께 민족대학으로서 민족 전체의 환호 속에서 출발하지 못하고 미군정과 한국민, 좌우 이데올로기의 갈등 속에서 어려운 출발을 했던 것이다.

서울대학교의 건학정신

1946년 조선교육심의회에서 홍익인간(弘益人間)을 교육이념으로 채택하고 교육법 제1조에도 이 이념이 명문으로 규정되었다. 서울대학교의 건학이념도 당시 교육계가 공감하고 있던 민주주의와

서울대학교 마크. 동숭동 캠퍼스 정문에 붙어 있었다.

민족주의에 토대를 둔 홍익인간을 지향한 교육이념에 뿌리를 두고 있었다. 〈국립서울대학교 설립에 관한 법령〉의 제1조에는 "본령은 조선국민에게 우수한 고등교육시설을 제공하고 활용케 하여서 조선청년으로 하여금 개인으로서의 조선인 자신 및 현대사회의 국민으로서의 조선인민의 향상을 위하여 그 시설로부터 발생하는 온갖 이익과 기회를 적의 이용케 함으로써 목적함"이라 하여 고등교육을 통해 인격의 계발과 민주시민으로서의 자질 향상에 목적을 두고 있음을 밝혔다. 또한 이러한 서울대학교의 건학이념은 '진리는 나의 빛'(VERITAS LUX MEA)이라는 라틴어로 된 표어로 구현되었다. 다소 추상적으로 느껴지긴 하지만 서울대학교의 이념이 진리탐구에 있음을 확실히 보여주는 것이었다.[5]

법과대학은 1922년 4월에 설립된 경성법학전문학교와 1926년 4월에 설립된 경성제국대학 법문학부가 통합되어 출발하였다. 경성법학전문학교는 1944년 일제(日帝)의 문과계통 폐지정책에 의

5 라틴어로 된 서울대학교 마크는 1980년대에 들어 학내의 비판적인 여론에 부딪혔다. 한글로 바꾸자는 의견이 강력히 대두되었고, 본부에서도 상징연구위원회까지 구성하여 보고서를 내도록 하였다. 그러나 그 후 김수환 추기경이 서울대 초청강연에서 서울대의 'VERITAS LUX MEA'라는 표어는 세계에 자랑할 만한 좋은 것이라 격찬하여 그 논란이 잠잠해졌던 것으로 기억한다.

하여 폐교되었으나 해방 후 1945년 11월 다시 개교하였다. 국립 서울대학교의 창건에 따라 경성대학 법문학부 법학과와 통합하여 법과대학으로 새 출발을 하게 된 것이다. 처음에는 법학과 단일 학과였는데 1948년 가을학기부터 행정학과를 분리 독립시켜 2개 학과를 갖게 되었다. 초대 학장으로는 경성법학전문학교의 교장인 고병국 교수가 1946년 10월 22일 취임하였다. 그는 동경제대를 졸업한 조용하면서도 전형적인 학자형이었고, 법관양성소로부터 경성법전을 거쳐 서울법대로 면면히 계승되는 상징적 인사(人事)였다.

학사행정제도를 보면, 구 경성대학의 예과제도는 1946년 신입생 모집 이후 폐지되었고, 전문학교에서 통합 개편된 법대, 상대, 의대 등도 전문학교의 개편 형태로서 전문부가 부설되었지만 1946년 신입생 모집 이후 폐지되었다. 또 구 경성대학의 학생이 그 일부를 이루었던 법대와 공대에는 구 학제인 3년제 전문과정이 병설되었다. 이러한 복합학제는 1946년으로 신입생이 졸업하는 1949년까지 계속되었다. 한편 4년 대학 학부과정을 마치고 계속 학문을 연구하려는 학생을 위해 수업연한 2년 이상의 대학원 과정이 설치되었다. 개설된 학과는 국어학, 영어학, 철학, 국사학, 법학, 정치학 등 32개 학과였다.

입학자 선발고사는 필기시험 성적, 신체검사서, 이력서, 종전의 학업성적, 구두시험성적, 성행(性行) 평가 등으로 이루어졌는데, 필기시험은 필수과목과 선택과목으로 구분되었다. 필수과목은 국어, 수학, 영어, 사회생활이었고, 선택과목은 각 대학에 따라 달랐다. 입학 경쟁률은 높은 편이었고 1947년 법대는 18대 1의 기록을 나타내었다. 이때부터 입학 지원 경향은 법학과 경제학 방면에 몰리고 있었다. 서울대의 최초 입학식은 1946년 9월 18일 등록을 마친 학생들이 참석한 가운데 각 단과대학에서 거행되었다. 그러나 이 입학식은 국대안 반대파동의 진통 끝에 이루어진 일부 학생들만의 입학식이었다.

한편 서울대 최초 졸업식은 1947년 7월 11일 안스테드 총장의 주재로 거행되었다. 제1회 졸업생을 배출한 대학은 문리과대학, 법과대학, 상과대학, 의과대학, 공과대학의 5개 대학이었고, 졸업생은 모두 215명이었다. 이들에게는 문학사, 법학사, 이학사, 상학사 등 학사학위가 수여되었다. 대학원 졸업자에게도 문학석사, 법학석사, 이학석사, 이학석사, 경제학석사, 의학석사 등 여섯 종류가 1949년부터 수여되었다. 초창기에는 정규 박사학위의 수여는 없었고, 이승만 대통령과 맥아더(Douglas McArthur), 하지(John R. Hodge)에게 명예법학박사 학위가 수여되었다.

『교수회의록』과 『대한민국 건국10년지』

이상으로 서울대학교와 법과대학의 개교 경위를 대충 살펴보았는데, 모든 역사에는 표면에 드러나는 것 외에 그 이면사라는 것이 있다. 서울법대사에 대해서도 당시와 그 후에 기록된 자료와 증언들이 있어 이 기회에 살펴보는 것도 의의가 있을 것이다. 그동안 법대사가 제대로 정리되지 않았기 때문에 관련된 기록이나 자료가 있어도 관심을 기울이지 않았고, 또 잘못되었거나 과장된 서술이 있어도 시정할 겨를없이 흘러왔기 때문이다.

현재 서울법대 역사관에 보관되어 있는 자료 가운데 1949년 9월 1일 교수회의부터 1954년 6월 14일까지의 『교수회의록』 다섯 분책(分冊)을 한 책(冊)으로 묶어 철해 놓은 것이 있다. 물론 그때 당시의 학장이나 교무과장 교수가 손수 쓴 원본이다. 교수회의록이라는 것이 그때의 특별한 문제를 논의하고, 일반적인 사항은 굳이 기록해 두지 않았기 때문에 특별한 얘기를 끌어낼 것은 별로 없다. 그렇지만 당시의 회의록을 보면 적어도 어느 교수들이 참석하여 어떤 논의를 했다는 것을 알 수 있다. 대체로 일별해 보면 학도호국단 등 당시의 현안 문제 등이 거론되었으나 국대안 문제 같은 것은 가라앉은 이후라서 특별한 논점들은 볼 수 없다. 오히려 흥미 있는 것은 좌우 이념의 차이와 6·25 전쟁으로 인해 지금은 볼 수 없고 이름마저 생소한 당시 교수들이 함께 회의하고 지냈다는 사실 자체이다.

이것과는 별도로 주목되는 자료로 『대한민국 건국10년지』(1956)에 실린 다음과 같은 기록이 있다. 반세기가 지난 오늘날 서울법대사를 보는 기본적인 시각을 정립하는 데에 참고될 것 같아 살펴본다.

해방 후 우리 대학의 역사는 피투성이의 투쟁으로부터 시작하지 않으면 아니 되었던 것이다. 당시의 애국적 대학관계자들에게 있어서는 해방이 그저 포괄적이요 어떻게 보면 한날 개념적인 느낌까지 주는 '학문의 자유의 만회'에만 있지 아니하고 더욱 절실한 것, 더욱 현실적인 과제로서의 '진리탐구를 위한 상아탑으로서의 대학에 대한 절대적 자유 내지 자치의 확립'이라는 여건으로부터 그 의미를 찾고자 하였던 것이다. 그것은 왜제(倭帝)가 강요한 학문의 노예화로부터의 탈피는 물론이나 그들의 비교육적 교육방법의 구사(驅使)로서 거의 만성화되다시피 된 진리 아닌 것에 대한 타협 내지 유화(宥和)로부터의 절연(絶緣)을 전제로 하지 않을 수 없었던 것이니 우리나라 대학의 창건을 학문과 예술과 그 밖의 모든 것을 오직 한날 정치적 수단으로 삼으려던 좌경학생들 및 그 선동자들로부터 대학과 그 이념의 수호라는 과업으로부터 출발하지 않으면 아니 되었던 것이다. 이 사실은 그러나 앞으로 영원토록 번영을 이룰 우리 대학교육의 정초(定礎)를 위하여 대서특필하며 경하할 일이기도 하였던 것이다.[6]

이것이 당시 해방 후 대학이 처했던 상황을 요약하여 설명하고 있는 기록이라 생각되는데, 이러한 어려운 사정 속에서 출발한 서울대학교는 어떠했던가?

이와 같은 소란 속에서 난산(難産)한 국립서울대학교는 1946년 10월

6 대한민국건국10년지간행회 편, 『대한민국 건국10년지』, 대한민국건국10년지간행회, 1956, 432쪽.

에는 역사적 개교식을 거행하고 수업 개시와 더불어 머지않아 정상적 발전의 궤도를 순조로이 달리게 되었던 것이니 한국대학교육의 금일(今日)은 한결같이 이 국대안을 둘러싼 이념적 대립과 그 시련 속에서 붕아되었다고 해도 과언이 아닐 것이다. 후일 교육법의 제정으로 인하여 확립된 학제(學制)를 비롯하여 그 안에 규정된 대학교육의 이념들은 국대안이 차지한 이와 같은 이념적 승리의 결과일 것이기 때문이다. 국대안의 출발이 이처럼 난산이 되었다고는 하되 정상적 수업을 시작한 서울대학교와 때를 같이하여 연희, 고려, 동국, 성균관, 중앙, 이화여자, 숙명여자 대학 등도 구각을 벗어나 눈부신 발전을 위한 기초적 재편이 완료되었다. 왜정시대의 이른바 조선인 교육기관이요 불온분자(不穩分子)들의 온상이라고까지 지목되어 오던 사학들이 일제히 자유의 대기(大氣) 속에서 사학(私學) 본연의 전통을 발휘하여 신(新)교육사조에 선편(先鞭)을 가하는 듯 그 내용과 체질을 갖추게 된 것은 오랜 동절(冬節)의 인종(忍從) 끝에 만발한 봄날의 꽃처럼 땅의 장래를 희망에 넘치게 하였던 것이니 이것이야말로 한국대학교육의 르네상스를 구가하는 소이(所以)가 아닐 수 없었던 것이다. 그러나 민주정부 수립 후 다사다난하였던 국내외정세는 더욱이 여순(麗順)반란사건을 계기로 평온화되어 가던 학원을 다시금 긴장 속에 몰아넣지 않을 수 없게 하였던 것이다. 초대 문교부 장관 안호상에 의하여 취해진 모든 학원 내 단체의 해산과 이에 뒤이은 학도호국단 조직 등은 당시의 국내정세의 단적인 표현이라 할 수 있을 것이다. 여기에 대해서는 후일 다시 사가(史家)의 손으로 그 공과(功過)가 기록될 것이지만 대학 내 단체활동을 독일식 모니즘(Monism)에 의하여 규격화하였다는 점에 대해서는 식자(識者)들의 논란을 면치 못하게 하였던 것이다. 왜냐하면 대학 본래의 이념에 비추어 어떠한 형태이든 간에 교수 학생들을 포함하여 대학의 모든 학내활동에 제약을 가하거나 일률적인 형식주의를 강요함은 그것이 정상적인 대학교육진흥의 방법이 아닐 것이기 때문이다.[7]

그런데 이 기록에는 다행히 당시의 법학계에 대해 다음과 같은 서술이 있어 서울법대의 역사 서술에도 자료적 단서가 된다.

해방 후 일반은 생각하기를 종래에 시행되어 오던 일본법전은 곧 폐지되고 한국식인 법전이 머지않아 나오리라고 오해하고 있었고, 이에 따라 거의 전부의 출판사가 법학 서적의 출간을 거부하고 있었는데, 이러한 몰이해한 태도로 말미암아 법학계가 입은 타격은 막대한 바 있었다. 그런데 타면에 있어서 고려대학교에는 유진오를 중심으로 많은 젊은 법학자들이 집중되어 전임 교수만으로써도 법학의 전 과목을 강의할 수 있는 우수한 교수진을 구성하였으며 이러한 교수진과 출판사 조문사(朝文社, 현 陽文社)와의 사이에 『법정총서』 전 30권의 출판이 예약되자 법학계는 급작스럽게 활기를 띠게 되었다. 그 후 다른 출판사에서도 법학 서적의 간행이 계획되었으며 이리하여 출판사 사이에 집필자 경쟁전이 벌어지게 되었고 이러한 자극을 받아 교수들의 연구

7 대한민국건국10년지간행회 편, 『대한민국 건국10년지』, 대한민국건국10년지간행회, 432-433쪽.

도 많은 진전을 보게 되었다.

반면에 서울대학교 법과대학은 고병국이 초대 학장으로 취임하여 기초확립에 전력을 다하였으나 이 대학에는 좌익계열에 속하는 자들이 많이 교수로 채용되었던 관계로 분란이 그칠 줄 몰랐고, 이로 말미암아 교수의 출입이 심하였으며 학장도 3, 4차 갈리는 혼란상을 이루고 있었다.

6·25 사변이 일어나고 고려대학은 대구에, 법과대학은 부산에 피난하게 되자 좌익 교수의 월북으로 인하여 일시 진공상태에 빠진 법과대학은 부산에 피난 중이라는 조건을 이용하여 교수진 강화(强化)에 전력했으며, 이리하여 오늘날 한국법학계를 담당하는 거의 전부의 법학자들은 법과대학과 고려대학의 양교에 균등하게 나뉘게 되었다.

한국법학계의 현황을 개관해 보면 우선 눈에 띄는 것은 학문의 연구주제가 결여되고 있다는 점이다. 그리고 이러한 결과를 초래한 근본원인으로서는 한국정부가 너무도 법을 경시하고 있다는 것과 그리고 아직 육법(六法)의 전부가 개편되지 않았다는 것을 들 수 있다. 육법중에서 그대로 헌법만은 정부수립과 동시에 제정되었으므로 이 분야만은 약간 성황을 이루고 있다고 보아도 무방하다. 특히 정부조직의 문제에 관하여 유진오, 한태연, 박일경 등이 발표한 견해는 현하의 우리로서는 최선의 것이 될는지도 모른다. 해양주권선에 관한 국제법상의 연구발표가 이한기, 이건호, 황산덕 등에 의하여 행하여졌으나 상대가 외국학자인 만큼 이것은 아무런 반응도 일으키지 못하였다. 작년부터 새로 제정된 형법, 형사소송법에 관하여 약간의 논의가 있었으며, 금년에 이르러 민법 초안이 국회에 회부되어 역시 이 방면에서도 약간의 견해 발표가 있었다. 그러나 오늘날 우리나라 법학계 중에서도 가장 부진 상태에 빠져있는 부문은 민법, 형법, 상법, 노동법의 분야이며, 그 원인은 민생이 전란으로 말미암아 안정되어 있지 않은 탓이므로 이 방면에서의 획기적인 성과를 기대하는 것은 당분간은 불가능하리라고 생각된다.[8]

좌익계열에 속하는 교수들로 분란이 그칠 줄 몰랐다는 서울법대의 초기 역사를 오늘날 우리는 얼마나 기억하고 있으며, 어떻게 소화해야 할 것인가? 어쩌면 이것은 서울법대사 초창기의 혼미한 측면이요 민족사의 아픔과 함께하는 장(章)으로 기억하고 싶지 않은 대목일는지도 모른다. 그러나 역사는 모른다고 망각되는 것이 아니고, 알 수 있는 만큼이라도 정확하게 규명되어야 한다. 해방 후 반세기를 맞으면서도 아직 민족통일을 이루지 못하고 있는 오늘날 이 부분에 관한 얘기를 한다는 것이 자못 쉽지 않다는 것을 모르는 바 아니나, 가능한 범위 안에서만이라도 정리해 두어야 다음 세대에 역사의 망각을 전해 주지 않을 것이다. 제1회 졸업생으로 당시 조교를 하였던 김홍수(전 변협회장)의 다음과 같은 증언은 당시의 분위기를 짐작케 한다.

1946년 7월경 국대안이 발표되었다. 많은 학생과 교수들이 반대했으

8 대한민국건국10년지간행회 편, 『대한민국 건국10년지』, 대한민국건국10년지간행회, 1956, 278쪽.

나, 경성대학 법학과는 경성법학전문학교(법전)와 합쳐져 국립서울대학이 되었으므로 법학과 학생은 당시 법전 교사와 청량리 산중턱의 초라한 교사로 등교하게 되었다. 초대 법대학장에는 당시 법전교장이었던 고병국 교수가 취임했다. 국대안에 반대하던 경성대학 법학과 교수들은 유진오 교수를 법대학장으로 하면 우리도 협력하겠다고 제의했으나, 이미 늦었다(고병국 교수의 말). 법학과 교수들은 한 사람도 예외 없이 전부 사임하고 당시 법전에 근무 중이었던 고병국, 유기천, 박관숙 교수가 학교를 도맡게 되었다. 다만 법학과 조교이던 김증한, 고광림 씨만이 강단에 서게 되었는데, 이 시점에서는 법학교육계가 유진오 산맥과 고병국 산맥으로 나누어졌다.[9]

이러한 배경을 가장 신빙성 있게 증언해 줄 인물로 다음에서 유진오와 김증한의 기록들을 살펴보기로 한다.

유진오의 증언

많은 사람이 또한 유진오와 서울법대의 관계에 대해 의문스럽게 생각할 것이다. 자신의 모교이기도 한 서울법대에 초창기부터 강

9 김홍수, 「대학 시절 회상」, 『진리는 나의 빛』, 경세원, 1994, 87쪽.

의를 나오면서 도와준 유진오가 서울대학교와 서울법대에 대해 가진 생각과 관계는 어떠했을까? 마침 현민(玄民) 자신이 적어 놓은 회고록이 있어 이를 통해 그동안 잘 알려지지 아니한 서울대학교의 초기 역사를 재조명해 보는 것도 의의 있을 것이다.

유진오는 1929년 경성제대 법문학부 법학과를 우수한 성적으로 졸업하고 이어서 1933년 3월까지 형법학교수 하나무라(花村美樹)의 조수로 있었다. 그러는 동안 1931년 4월부터 1년간은 경성제대 예과에서 '법학통론'을 강의하기도 하였다. 보성전문학교에 강사로 나간 것은 1932년 4월부터였는데, 여기서 1년간 시간강사로 있다가 이듬해 1933년 4월에 보성전문에 전임강사가 되었고, 1936년 4월에 그곳 교수가 되었다. 1944년 총독부에 의해 보성전문학교가 경성척식경제전문학교(京城拓植經濟專門學校)로 강제 개편된 이후에도 계속 그곳에 교수로 머물러 있었다. 후일 현민의 친일(親日)에 대한 얘기도 있지만, 이 점에서 본다면 일단 관학(官學)으로서의 경성제대에서는 한국인으로서 교수의 기회가 없으니 보전(普專)이 택할 수 있는 최선의 길이었다고 할 수 있었다. 그러자니 자연히 '고대인'(高大人)으로 되어 갔고, 서울대와의 관계는 이면적(裏面的)으로만 연결되었을 뿐이다.[10]

앞서 살펴본 대로 해방 조선의 신교육을 총지휘하던 군정청 학무국은 처음 라커드(E. L. Lockard)를 책임자로 하고 급한 대로 김

10 유진오에 대하여는 최종고, 「현민 유진오」, 『한국의 법학자』, 서울대학교출판부, 1989, 41-95쪽 참고.

경성대학 법문학부 졸업기념(1946. 7. 3). 중앙에 안스테드 총장과 하지 중장 등 미군정청 고위인사들의 모습이 보인다.

성수, 현상윤, 백낙준, 김활란, 최규남 등 교육계의 원로들로 '한국교육위원회'를 조직하여 관계사무를 처리하였다. 1945년 11월이 되자 이병도, 백남운, 윤일선, 조백현, 유진오 등 학계의 대표 15-16명으로 '미국교육원조 한국위원회'(Korean Council on Education Aid from America)를 조직하여 교육 부문에 대한 미국으로부터의 원조 문제를 심의케 하였다. 11월 중순에 '교육심의회'가 발족하면서 본격적으로 활동이 시작되었다. 12월에는 학무국장 유억겸, 동부장 오천석이 임명되었고, '교육심의회'는 우리나라 교육계, 학계의 지도적 인사를 총망라한 방대한 기구였을 뿐만 아니라 회합이 잦았다. 다음 해 3월까지 분과위원회가 105회, 전체회의가 20회나 열렸다. 또 여기에는 안재홍, 김준연, 최두선, 이극로, 조병옥, 장면, 장덕수, 백남운 등 그 후 다른 방면으로 나가거나 좌익에 가담한 인사들도 포함되어 있어, 사상의 차이를 초월하여 거족적인 의견을 반영할 수 있는 기관이었다.

고등교육분과위원회에서는 종전의 단위제도를 버리고 학점제도를 채택하기로 하였고, 〈대학령〉과 〈학위령〉 초안을 만들었는데, 그것은 백낙준(미), 안호상(독), 이인수(영), 정석해(불) 제씨의 각국 제도에 관한 이야기를 듣고 유진오가 기초를 담당하였다. 그 밖에 교육이념[弘益人間], 교육제도[6·6·4제] 등의 결정도 여기서 이루어졌다. 이 대목에서 '경성대학의 문제'가 중요한 과제로 등장했는데, 유진오는 이에 대해 이렇게 적고 있다.

> 경성대학 문제에 관해서는 백낙준 씨가 나를 찾아왔던 다음 다음날인 10월 3일에 주재황, 이명선, 김수경 등 해방 당시 연구실에 있던 사람들로 조직된 「대학자치위원회」 사람들이 보전(普專)으로 나를 찾아와서 내가 본격적으로 관여하게 되었던 것이다. 경성대학의 재건도 우선 교수진을 편성하는 일부터 착수하였음은 물론인데, 보전과 달라서 경성대학의 일은 주인 없는 학교에 새로 주인을 만들어 내는 일이라서 처음부터 용이치 않을 것이 예상은 되었지만, 백남운 씨의 거취문제로 한층 복잡해졌던 것이다. 백남운 씨는 그때 재빠르게 좌익계 사람들을 규합해서 '학술원'과 '신민당'의 두 단체(두 단체가 다 현재의 학술원, 신민당과는 무관)를 결성해 가지고 한쪽의 지도자로 군림하고 있었지만, 박극채 씨가 주도하는 공산당계의 「과학자동맹」과는 달리 미군정과 충분히 협력할 수 있는 위치에 있었고, 그런 까닭에 나는 신생

경성대학 법문학부에는 반드시 그를 참가시킬 필요가 있는 것으로 판단하여 수차 그를 만나 절충한 결과 그도 참가할 의사가 있는 것을 확인하고 「대학자치」를 관철할 것을 조건으로 그의 협력을 약속받았던 것인데, 그러한 내용을 모르는 미국인(크로프츠 소령)은 뜬소문만 듣고 백씨를 과대평가하여 경성대학 법문학부 교수진 편성의 전권을 그에게 맡길 것 같은 말을 흘림으로써 문제를 복잡하게 만들었던 것이다. 그러나저러나 11월 중순까지 백낙준, 백남운, 이병도, 조윤제, 유진오 5인의 손으로 법문학부 교수 인선을 하는 데까지 끌어간 것은 일단 성공이었다. 인선의 기준을 과거의 실적에 두다가 보니 일정 하 보전 교수로서 경성대학 법문학부로 옮기게 된 사람이 유진오, 서재원, 윤행중, 박극채, 안호상, 손진태의 6인이나 되었다. 6인 중 나는 임시 겸임이므로 문제가 되지 않으나 오랫동안 경험을 쌓은 교수를 일시에 다수 잃는다는 것은 보전으로서는 큰 타격이 아닐 수 없었다. 그러나 나와 같이 인촌께 특별한 부탁을 받고 보전에 머무르는 사람을 빼놓고는 교수들이 경성대학으로 옮겨가는 것을 막거나 나무랄 수는 없는 것이 그때의 실정이었다. 보전은 사립이요 전문학교인 데 대하여 경성대학은 국립이요 당시 우리나라 유일의 대학이었으니 규모에 있어서나 권위에 있어서나 피차 비교가 안 되도록 큰 격차가 있었기 때문이다.[11]

---

11 유진오, 『양호기』, 고려대학교출판부, 1977, 170-171쪽.

서울대학교가 설립됨으로써 타 대학에 미친 영향을 잘 증언해 주고 있다. 어쨌건 2개월이나 걸쳐 11월 말에야 겨우 교수진의 편성을 끝마친 경성대학은 이번에는 총장임명 문제로 더 큰 파동을 겪어야 하였다. 이에 대하여는 서울대학교 교사(校史)에도 반영되지 않은 이면(裏面)의 이야기가 있고, 그것이 뜻하는 바가 크기 때문에 유진오의 회고를 좀 더 자세히 살펴보기로 한다.

경성대학 총장임명 문제가 당시 사회의 이목을 크게 끌게 된 까닭은 경성대학은 그때 국내 유일의 대학이어서 경성대학 총장을 누구로 하느냐 하는 문제는 바로 이 나라 학문과 교육의 최고상징을 누구로 하느냐 하는 것이 될 뿐 아니라 그 임명절차의 여하는 바로 이른바 대학자치의 문제와 직결되는 것이기 때문이었다. 그때 군정 학무국장 고문이던 인촌(仁村)은 어느 날 교육심의회 고등교육 분과위원회의 회의가 끝난 후 경성대학 총장에는 누구를 임명하였으면 좋겠느냐고 나의 의견을 물었다. 학무국장 고문으로서 적임자 한 사람을 추천하여야 할 입장에 있었던 것 같다. 그러면서 "최남선 씨가 가장 적임인데 이일 저일로 시비가 많아 추천할 수 없으니 아깝다"는 뜻의 말을 하였다. 그 말을 받아 나는 홍명희 씨가 어떻겠느냐고 대답하였다. 홍명희 씨는 본래 좌익계이고 그 후 결국 월북한 사람이지만 성격상 공정한 학자 타이프의 인물이라고 나는 생각하고 있었기 때문이다. 홍명희 씨의 이름을 들먹이면서도 나는 인촌의 반응이 어떨는지 확신을 할 수 없었는데, 뜻밖에 인촌은 무릎을 치면서 "아 그거 좋구먼. 그러기에 일은 여러 사람한테 물어보아야 하는 거야." 하고 찬성하였다.

인촌의 이러한 사고방식이 통하는 세상이었더라면 이 나라의 좌우투쟁은 좀 더 양상이 달라졌을 것이다. 홍씨의 경성대학 총장을 저지한 것은 우익이나 군정이 아니라 당시의 좌익이었던 것이다. 홍명희안에 인촌의 찬성을 얻은 나는 '대학자치' 문제에도 비교적 낙관을 할 수 있었는데, 이것도 저것도 다 깨고 만 것은 소아병적으로 날뛰던 당시의 급진 좌익들이었다. 그들은 일을 순리로 해결하려 하지 않고 모든 것을 당장에 자기들 일파의 수중에 넣으려고 날뛰었기 때문에 결국은 미군을 따라 한국에 왔던 일개 미군 군목(軍牧)을 경성대학 총장의 자리에 앉히는 결과를 가져왔던 것이다.[12]

유진오의 회고에 따르면, 홍명희를 총장으로 앉힌다는 안은 유진오, 백낙준, 백남운, 조윤제가 모인 자리에서도 합의되었고 법문학부 교수회에서도 별다른 이의가 없이 채택되었다. 그런데 갑자기 총장은 경성대학의 '대학총회'에서 추천해야 한다는 주장이 튀어 나왔다. 그것은 물론 외부의 지령을 받은 급진파 학생들이 들고 나온 주장이었으나 문제가 심각하게 된 것은 의학부 교수들의 대부분과 이공학부 교수의 거의 전원이 뭣도 모르고 그 주장에 동조하고 나섰기 때문이었다. 학생들의 주장은 교수(조교수 포함), 학생(조수 포함), 졸업생의 대표가 한자리에 모여 '대학총회'를 구성해서 그곳에서 총장 추천뿐만 아니라 대학의 모든 중요 문제를

12 유진오, 『양호기』, 고려대학교출판부, 1997, 174-175쪽.

의결하자는 것이었다. 이러한 상황 전개에 대해 유진오는 소상히 적었는데, 참으로 당시의 숨 가쁜 상황을 잘 증언해 주고 있다.

그러한 일은 혁명의 소용돌이 속에서나 있을 수 있을까, 평화 시의 대학자치와는 인연이 없는 이야기였다. 당시의 경성대학 교수 중 외부에까지 알려져 있는 좌익교수는 백남운, 박극채, 윤행중 등이었는데, 이들도 참석한 법문학부 교수회에서 이 안을 단호하게 거부한 것은 당연한 일이었다. 그러나 대학자치가 무엇인지 모르면서 덮어놓고 급진적 주장만 따라가는 의학부나 이공학부 교수들의 경우는 이야기가 달랐다. 학생들의 주장에 동조하는 그들은 끝판에 가서는 「대학총회」의 개최를 법문학부 교수회에 일방적으로 통고해 오는 사태에까지 이르렀다. 그렇게 되고 보니 법문학부 교수회도 그것을 그냥 내버려둘 수는 없어서 이에 대표를 참석시키기는 하되, 나가서도 법문학부 교수 대표는 대학자치란 「교수회에 의한 자치」이므로 총장 후보는 교수회만이 할 수 있는 권한이라는 주장을 고수할 것, 만일 이 주장이 관철되지 않고 대학총회가 총장 후보를 선출하게 되는 경우에는 법문학부 교수 대표는 퇴장할 것을 결의하고, 백남운, 조윤제, 유진오 외 2인(이희승, 윤행중의 2인이었던 것 같다)을 법문학부 교수대표로 선정하였다. 나도 그래서 그 「대학총회」에 나가기는 하였으나 그것은 예상한 대로 우민정치(愚民政治) 또는 폭민정치(暴民政治)라고 부를 수밖에 없는 난장판이었다. 학생, 졸업생, 조수, 수부 등 누가 누군지 얼굴도 알 수 없는 사람들까지 2백 명 정도나 모여서 무슨 이야기가 나오든지 덮어놓고 표결만 하자고 덤벼들었다. 민주주의란 다수결 위에 비로소 성립되는 것이기는 하지만, 다수결을 할 수 있기 위해서는 먼저 참석자의 자격부터 결정하여야 하는 것이 아닌가. 나는 한마디도 발언하지 않고 앉아 있다가 중도에 퇴장하고 말았다. 그러나 그날 밤 백남운 씨가 찾아와서 「대학총회」 대신 각 학부마다 교수, 학생, 졸업생 및 직원(조교수, 조수, 부수, 강사 등)의 대표 5명씩을 뽑아 도합 60명으로 전학대의원회(全學代 議員會)를 열겠는데, 그에 앞서 전학합동교수회(全學合同教授會)를 열고 대학자치와 총장 후보 문제를 미리 논의하겠으니 꼭 참석해 달라 제의하였다. 급진파들이 일보 후퇴한 것으로 판단하고 이튿날(12월 10일) 나는 전학합동교수회에 나갔다. 이공학부의 도모 교수 등 여전히 폭론을 주장하는 사람이 있기는 하였지만, 교수들은 역시 대학총회에 모였던 사람들과는 달라서, 「대학자치란 교수회에 의한 자치」라는 법문학부 교수회의 결정을 전적으로 받아들임으로써 대의원회에 임하는 교수들의 태도만은 거의 통일될 수 있었다. 전학대의원회는 그날 오후 5시나 되어 의학부 계단교실에서 열렸는데 이번에는 전날의 대학총회 때와는 달라서 제법 질서가 잡힌 가운데 회의가 진행되었다. 사회는 백남운, 졸업생 대표 중에는 이강국(李康國)군의 얼굴이 보였다. 그러나 학생 등 급진파들의 주장은 여기에서도 전날 「대학총회」 때의 주장과 조금도 다름이 없었다. 대학자치란 교수회에 의한 자치이기 때문에 총장 후보의 선출은 교수회만이 할 수 있는 것이라는 법문학부 교수 대표의 말을 전적으로 무시하고, 총장 후보를 그 자리에서 선출하자는 것이었다. 걸핏하면 '표결'을 외치는 태도도 전날과 다름없었다. 전학합동교수회에서 이 문제에 대한 교수측의 태도는 이미 합의를 본 것이니, 급진파의 주장에 대해 교수들과 나서서 대학자치를 옹호해 주었으면 좋겠는데 법문학부 대표만 빼놓고 그들은 꿀 먹은 벙어리였다. 여기서 패퇴(敗退)하면 대학자치는 무너지는 것이고, 군정청에 대하여 대학자치를 치켜들고 싸울 수도 없게 되는 것임을 그들은 아는지 모르는지, 형세가 그렇게 되고 보니 나는 고군분투(孤軍奮鬪)로 싸우지 않을 수 없었다. 나의 주장이 관철 안 되면 자리를 차고 일어서서 경성대학에서는 손을 뗄 작정이었으니 나 혼자만이라도 최후까지 물고 늘어지는 수밖에 없었다. 그렇게 해 논쟁은 날이 캄캄해질 때까지 두 시간 이상이나 계속되었는데 그러는 동안에 급진파들은 왜 토론을 종결시키지 않고 한없이 끄느냐고 사회를 보는 백남운 씨에게 대들기도 하였다. 그러자 그때까지 침묵을 지키고 있던 이강국 군이 일어섰다. 여태까지 여러분의 토론을 귀 기울여 들었는데 자기 판단으로는 법문학부 교수단의 주장이 옳다는 것이었다.「여러분이 지금껏 총장 후보를 이 대의원에서 선출하자 주장한 것은 결국 교수회를 불신하기 때문인데, 토론을 들어 보니 현 법문학부 교수단은 진보적이며 양심적이어서 그러한 교수단이라면 불신할 이유가 없다. '대학자치는 교수회에 의한 자치'라는 주장은 옳은 것이니까, 오늘 이 자리에서는 총장 후보를 선출하기는 하되 그것은 정식 선출의 권한을 가진 교수회에 참고자료로 제출함에 그치는 것이 좋겠다」는 것이었다.「양심적이고 진보적인」 교수회인 만큼 우리가 오늘 이곳에서 선출하는 총장 후보는 반드시 교수회에서 정식 후보로 받아들여질 것이라는 것이었다. 이군의 말이 끝나자마자, 그때까지 그렇게 맹렬하게 나의 말에 맞서던 젊은 사람들 틈에서 일제히「옳소!」하는 함성과 함께 찬성의 박수가 터졌다. 어이가 없었다. 공산계열과 맞서서 논쟁을 펴는 것도 나로서는 그때가 처음 경험이었거니와, 공산주의자라는 것은 꼭두각시 모양으로 상부의 지령대로 움직이는 사람들이라는 것을 목도한 것도 그때가 처음이었다. 나는 여전히 그 자리에서 총장 후보를 선출한다는 데는 반대하였으나 교수회의 「참고자료」를 삼기 위한 것이라는 데까지 반대할 이유는 없어서 잠자코 있었는데, 그때 벌써 누군가가 총장 후보는 구두 공천으로 하자고 동의를 냈다. 나는 그 동의의 가부를 미처 판단 못해서 「구두 공천이면 먼저 호명된 사람에게 부당하게 유리할 것 아닌가」 생각하고 있었는데, 이번에는 누군가가 인수(人數)를 제한하지 말고 차제에 경성대학 총장이 됨직한 인물을 얼마든지 구두 공천해서 이름을 칠판에 모두 써놓고 그중에서 적임자를 골라 투표하도록 하자 하였다. 그러자 또 누군가가 후보를 한 사람만 뽑으면 교수회나 군정청에 대해 우리의 의사를 강요하는 것 같으니 후보자는 세 사람을 뽑기로 하자 하였다. 나는 그들의 빨리 돌아가는 머리에 탄복하였다. 그러나 그러면서도 일차 투표로 세 사람을 뽑는다면 경우에 따라서는 우스운 결과가 되는 수도 있겠는데 하고 걱정하고 있었는데, 그때 벌써 또 누군가가 바로 내가 걱정하던 점을 지적하면서, 한 번 투표에 한 사람씩을 뽑아, 세 번의 투표로 제1, 제2, 제3 후보를 뽑자 하였다. 정말로 일사천리의 의사진행이었다. 이 모든 동의와 개의(改議)는 불과 2, 3분 동안에 전격적으로 이루어져서 다른 사람들은 미처 시비장단을 생각해 볼 여유조차 없었다. 실은 이러한 선거방법은 후보전원을 다수파가 독점하는 연기투표제(連記投票制)와 마찬가지로 폐단을 갖는 것인데, 선거제도의 전문가로 자처하는 나조차 미처 그 생각을 못하고 도리어 그럴듯한 방법이라 생각하고 있었던 것이다. 그러자 누가 「홍명희!」 하고 또 재빠르게 부르짖었다. 법문학부 교수회에서 내정하고 있는 후보의 이름을 그들의 입으로 맨 먼저 구두 공천한 것이다. 그리하여 다음 14명의 이름이 다음다음 칠판 위에 적혀 나갔다. 홍명희, 김규식, 박문규, 백남운, 도상록, 유진오, 김정진, 김성수, 이강국, 김태준, 최용달, 여운형, 정한경, 안재홍 이 열네 개의 이름은 모두 급진파의 입에서 튀어나온 것이었지만, 그때 일반적인 인기투표를 해 본다 하더라도 경성대학 총장 후보로 그 밖의 이름은 나오기 어려울 정도로 각 방면의 인물을 망라한 것이었다. 제1회 투표로 들어갔다. 김태준 38표, 홍명희 5표, 나머지는 산표(散票)의 결과가 나왔다. 홍명희 씨의 5표는 법문학부 교수들의 표일 것이니, 홍씨를 맨 처음 구두 추천한 사람의 표는 어디로 간 것인가. 제2회 투표로 들어갔다. 이번에는 홍명희 씨의 표가 올라가려니 했던 나의 예상은 빗나가고 이번에는 박문규 군이 38표로 제2후보로 당선되고, 홍씨는 여전히 단 5표에 머물렀다. 어리석은 나는 그제야 속은 것을 깨닫고 분노가 치밀었다. 이것이 무슨 장난이냐! 민주주의의 형식을 도용한 사기극! 제3회 투표에는 이강국 38표, 홍명희 씨는 여전히 5표. 밤 9시나 되어 전학대의원회는 산회하고 교수들은 총장관사에서 다시 합동교수회를 열었으나 아무도 발언하는 사람이 없었다. 어려운 여건하에서 어떻게든지 달성하려던 대학자치의 확립과 조선인 총장임명의 꿈은 이렇게 해서 자취도 없이 사라지고, 대신 군목(軍牧)으로 와 있던 「안스테드」가 군정청에 의해 일방적으로 임명되었는데, 그러고 보면 그때 대학자치를 파괴하고 미국인 총장을 불러들인 책임은 누가 져야 한다 해야 할 것인지?"[13]

당시 좌우대립 속에서 좌익의 운동이 어떠했는지를 잘 증언해 주는 기록이다. 『서울대학교 50년사』에는 "국대안이 나오기 전에 미군정은 경성대학 총장에 한국민주당의 김준연(金俊淵)을 임명하고자 하였지만, 김준연은 이를 거부하였다. 따라서 미군정은 국립서울대학교의 총장에 미군을 임명했던 것이다."[14]라고만 기록하고 있다. 그러나 더 자세한 이면적 사연을 유진오가 기록으로 남겼다는 것은 다행이 아닐 수 없다. 서울대가 처음부터 한국인의 손에 넘어온 대학자치의 확립과 한국인 총장을 스스로 놓치고 미국인 총장을 맞게 된 경위를 자세히 설명해 준다. 유진오는 이것을 "All or Nothing의 좌익" 때문이라고 보았다. 아무튼 처음 시작부터 아쉬움과 불안함이 베인 서울대학교 초기사의 이면이다.

김증한의 기록

"서울대학교의 역사는 맹휴(盟休)로 시작되었다."[15] 이것은 김증

13 유진오, 『양호기』, 고려대학교출판부, 1997, 175-181쪽.

14 서울대학교50년사편찬위원회 편, 『서울대학교 50년사』, 서울대학교, 1996, 26쪽.

15 김증한, 「서울대 18년사를 훑어본다」, 『대학신문』, 1964. 10. 12; 김증한, 『한국법학의 증언』, 교육과학사, 1989, 208쪽.

한 교수의 표현이다. 김증한은 1946년 서울대학교에서 첫 강의를 시작한 전임강사로 출발하여 1985년에 정년퇴임할 때까지 서울법대에 교수로 재직한 증인이다. 1988년 그가 작고한 후 출간된 『한국법학의 증언』에는 서울법대의 역사에 관한 글이 다수 수록되어 있다. 역사적 가치가 큰 이 글들을 중심으로 서울법대의 초기 역사를 더듬어 보면, 국대안 발표가 나던 당시 법대의 분위기를 이렇게 적고 있다.

> 이것이 발표되자 법과의 교수들은 매일 같이 모여서 이야기를 하는 것이었다. 나는 교수가 아니었기 때문에 거기에 끼지는 않았다. 매일 같이 모여서 이야기한 결과는 법과교수들이 총사퇴한다는 것이었다. 후에 다시 법대교수로 돌아왔다가 나중에 대법원 판사까지 지낸 주재황 교수도 그중의 하나이었다. 그러나 김갑수 씨(후에 대법관)나 서재원 씨는 그분들과 진퇴를 함께한 것은 아니고 사직하였다.[16]

김증한의 기록 역시 이 부분에 대하여는 그렇게 자세하지 않기 때문에 당시의 내막을 정확히 전달해 주지는 못하는 것 같다. 그렇지만 교수진 사이에도 이데올로기 문제로 사퇴한 분과 그것과 관련이 없이 사퇴한 분이 있었다는 사실을 증언해 주고 있다. 그러나 당시 국대안 반대운동에 가담한 주재황의 설명은 좀 다르다.

---

16 김증한, 「서울대 37년의 회고」, 『한국법학의 증언』, 교육과학사, 1989, 223쪽.

당시 경성대학 법학교수들은 대부분 경성제대를 포함한 일본 관립대학 출신이었는데, 그들은 일본식 대학관념과 너무도 다른 미국식 국립대학관념에 저항을 느꼈다. 나는 경성제대에서 공부하고 아리즈미(有泉亨) 교수의 지도로 대학에 남게 되었는데, 내 머릿속에는 일본식 교수상이 철저하게 박혀 있었다. 경성제대 법학교수들은 연구가 주(主)였고 가르치는 것은 부(副)였다. 연구실에 매일 밤 11시까지 연구하면서 강의는 4월 1일부터 시작해야 하는데 '5월 1일 개강함'이라고 써 붙이는 교수도 있고, 학교에는 나와 있으면서도 '휴강'하는 교수도 있었다. 학생들도 휴강공고를 보고는 아무 말 없이 도서관으로 가서 공부했다. 교수들은 일주일에 두 시간만 가르치면 되었다. 이처럼 연구에 몰두하는 교수들을 보고 나는 '학문이란 저런 것이다'는 생각을 하고 있었다. 그런데 미군정에서 발표한 국대안에 보니 교수는 12시간을 의무적으로 가르쳐야 한다고 되어 있고, 연구보다 교육을 중점적으로 생각하는 것이 분명하게 보여 뭔가 잘못되었다고 생각하였다. 일반적으로 국대안 반대는 좌익교수들이 앞장선 것처럼 알려졌는데, 그들이 그것을 이용하려 했던 것은 사실이었는지 모르나 원래 국대안에 대한 거부는 이런 데에 근본취지가 있었던 것이다. 물론 법학과 교수들이 교수회의를 해서 공식적으로 총사퇴를 결의한 것도 아니고 이러한 분위기 속에서 저마다 찬동하여 다들 그만두겠다고 한 것이다.[17]

---

17 주재황 변호사와 1992년 9월 16일 오후 3시, 동대문 합동변호사 사무실에서 대담.

한심석 총장과 환담하는 김증한 학장(1974)

그의 증언처럼 당시 지식인에게 여러 가지 심층적 이유가 있었겠지만, 이를 뒷받침할 만한 기록은 아무것도 없다. 『서울대학교 40년사』에는 다음과 같은 대목이 있어 주목된다.

해방 직후 대학이 당면한 가장 큰 문제는 교수 요원의 충원 문제였다. … 미국정청에서는 교육관계인사로 구성된 한국교육위원회의 건의에 따라 경성대학의 학부 부장과 관립전문학교 교장을 임명하였는데 서울대학의 교수진은 이들 각 부장과 교장을 중심으로 구성되었다. 경성대학의 경우 법문학부는 일제치하에서 국학을 연구하던 한국인의 학회였던 진단학회(震檀學會)의 구성원들이 교수진의 주축을 이루었고… 경성대학의 법문학부장에 백낙준 박사, 공학부장에 이태규 박사, 의학부장에 윤일선 박사, 예과부장에 현상윤 씨가 임명되었다. 1946년 8월 서울대학이 설립됨에 따라 종래의 교수진은 재구성되었다. 전신학교 교직원은 모두 사임을 하고, 국립서울대학교 교직원으로 재임명되는 형식을 취하여야 하였다. 이러한 조치는 일부 교수들의 불만을 사기도 하였다. 그러나 서울대학의 설립을 둘러싸고 발생한 소위 국대안파동은 더욱 많은 교수의 반대사태를 초래하였고, 반대 교수들은 국립대학에 근무할 의사가 없음을 통고하고 대학을 떠나기도 하였다. 국대안 반대 교수들의 사직은 결과적으로 교수요원 부족을 더욱 악화시켰고 6·25 이후까지 그러한 사정은 계속되었다.[18]

공식적 교사(校史)이기에 표현이 절약적으로 될 수밖에 없지만, 좀 더 이 부분에 관한 서술이 보강되었으면 하는 아쉬움이 있다.[19] 국대안 반대의 분위기와 당시 법대의 사정을 김증한 교수는 다음과 같이 기록하고 있다.

학생들은 이때 '법대교수들의 총사퇴결의'부터 국대안반대투쟁을 전개한 것이다. 우선 그 첫 표현으로서 등록거부운동으로 나왔다. 각 대학 학장이 임명되고 등록마감 일자, 개강 일자가 여러 번 공고되었지만 학생들은 등록을 하지 않고 버티었던 것이다. 국대안을 반대하는

---

18 서울대학교40년사편찬위원회 편, 『서울대학교 40년사』, 서울대학교, 1986, 35-36쪽.

19 서울대학교50년사편찬위원회 편, 『서울대학교 50년사』, 서울대학교, 1996, 12-16쪽이 그 경과를 다소 기록하고 있다.

이유는, 국대안은 미국사람이 한국을 자기네 식민지화하려는 야망에서 나온 것이라고 하는 것이었다. 이 이유가 과연 타당한 것이냐도 아리송한 것이지만 학생들은 그 신종 종합대학교라는 것이 어떤 것인지 궁금하기도 하였으리라. 등록 거부도 한 달가량 끌다가 9월 하순에는 그럭저럭 등록을 마쳤다. 그래서 국립서울대학교의 최초의 강의는 9월 28일(월) 오전 9시 정각에 법대 김증한에 의해 감행되었다. 그리고 법대가 강의를 해 나가니까 다른 대학들도 이어서 강의를 하게 되었다. 법대가 강의를 제일 먼저 시작한 것은 잘한 일이라고 할 수 있겠지만, 맹휴도 제일 먼저 시작하였다.[20]

서울법대에서 제일 먼저 국대안 반대를 시작하였고, 또한 그런 가운데서도 맨 먼저 강의를 시작했다는 사실은 어느 정도 알려져 있다. 법대생들의 맹휴의 전말에 대하여 김증한은 이렇게 적고 있다.

일자는 하필이면 그해 11월 7일이었다. 교사는 시조사(時兆社) 뒤 구 법전학사(法專學舍)를 쓰게 되었는데, 본건물 앞에 별동으로 붉은 벽돌의 강당이 있었다. 내 연구실은 마침 2층 남단이어서 강당이 바로 눈 아래로 내려다보이는 방이었기 때문에 학생들의 동정을 누구보다도 먼저 알 수 있었다. 11월 7일에 학생총회가 열렸는데 교수는 들어오지 못하게 해서 들어가지 못했다. 학생들의 불평요인은 학교가 멀

20 김증한, 『한국법학의 증언』, 교육과학사, 1989, 223-224쪽.

어서 힘들게 학교까지 와 보아도 강사의 대부분이 휴강인 형편이니 이 조건을 개선해 달라는 것이었다. 그 당시에는 동대문에서 청량리까지 전차가 있었지만 여러 시간을 기다려야 했거나 나는 걸어서 다녔다. 학생들의 그러한 말은 사실이었다. 법대에서 강의가 제대로 되는 것은 고병국 학장의 「민법총칙」 정도이고, 김증한의 「서양법제사」와 「대륙법」, 유기천의 「영미법」, 박관숙의 「국제법」 따위는 법률과목이기도 하지만 기본 과목이 아니었다. 원희득의 체육, 현수길의 영어는 강의는 충실히 되었지만 법률과목이 아니다. 그 밖에 조림행이 민법을, 장석만이 헌법을 강의했었지만 일찍 그만두었다. 그러고서는 민법(민복기, 장경근), 형법(김형근), 형사소송법(배정현), 국제사법(Fraenkel) 등 대부분의 법률 기본 과목들이 시간강사에 의존하고 있었던 것이 사실이다. 다행히 11월 7일의 맹휴결의는 1주 동안의 시한부 맹휴를 결의였다.[21]

김증한은 해방 후 서울대학교의 시작과 함께 발령받았는데, 당시 대변혁의 시기에도 법대에서는 얼마나 '아카데믹'한 분위기로 출발했는지를 이렇게 회고하고 있다.

내가 서울대에서 연구생활을 시작한 것은 1946년 3월 1일 경성대학 법문학부 법학과 조수로 된 때부터였다. 조수는 형법연구실 조수였다. 마침 재종숙이신 김성진 박사께서 의대 교수로 의대 병원 구내에

21 김증한, 위의 책, 224-225쪽.

살고 계셨기 때문에 식사는 거기 가서 하고 기거는 연구실에서 하였다. 연구실은 동부연구실 2층 27호였다. 그때는 연구실 2층까지도 세면대에 물도 잘 나오고 화장실도 깨끗해서 어지간한 호텔만큼이나 깨끗했다. 그렇게 때문에 연구실 생활에 조금도 불편을 느끼지 않았다. 집에 가서 자지 않고 연구실에 기거한 것은 노상에서 공연히 시간을 낭비하는 일 없이 일분이라도 더 공부하고 싶은 욕심에서였다. 또 일인(日人)들과 공학(共學)이 없던 구(舊) 경성제대를 다닌 사람으로서 머리는 확실히 한국 학생이 일인(日人) 학생보다 우수한 만큼 일본보다 나은 업적을 올려야겠다고 생각했기 때문이다. 형법연구실에는 영어, 독일어의 형법잡지가 주위의 서가에 가득 차 있었고, 형법문헌의 카드박스가 있었다. 카드박스라는 것은 일정시대에 각국 정기간행물이 도착하면 모두가 개개의 논문을 카드로 2매씩 쳐서 하나는 사항별로, 하나는 인명별로 배열하였던 것이다. 따라서 「미수론」에 관해서 어떤 문헌이 있는가를 알아보려면 사항별 카드를 찾으면 되고, 리스트(F. Liszt)가 쓴 논문이 있는가를 알아보려면 인명별 카드를 찾아보면 된다. 국립서울대학교가 되어서 법과대학이 청량리의 구 법전학사에서 강의를 하고 구 법문학부 건물을 문리과대학에서 찾지 못하였다. 형법책은 빈딩(K. Binding)이나 비르크마이어(Birkmeyer)라 하는 소위 객관주의 학자들의 책을 먼저 열심히 읽었다. 그것은 우리가 대학 다닐 때에는 마끼노(牧野英一) 이하 주관주의 쪽을 많이 해 왔기 때문이다. 그런가 하면 케니(Kenny)의 *Outline of English Criminal Law* 따위도 흥미롭게 읽었다. 또 겔다트(Geldart)의 *Elements of English Law*도 읽었고, 예링(R. Jhering)의 *Der Kampf ums Recht*도 읽었다. 강의는 형법 강의는 충실히 듣는 한편 불어와 라틴어 강의도 들었다. 누가 시켜서 하는 것이 아닌 만큼 더욱 벅차고 기뻤다. 그런데 이러한 생활을 중단시킨 것이 바로 국대안이다. 즉 1946년 8월 22일 군정법령 제102호로 「국립서울대학교 설치에 관한 법령」이 공포된 것이다.[22]

이처럼 김증한 교수의 증언을 통해 서울법대는 혼란스러운 가운데서도 진지한 법학 아카데미즘을 출발시키고 있었음을 알 수 있다.

22 김증한, 위의 책, 208쪽.

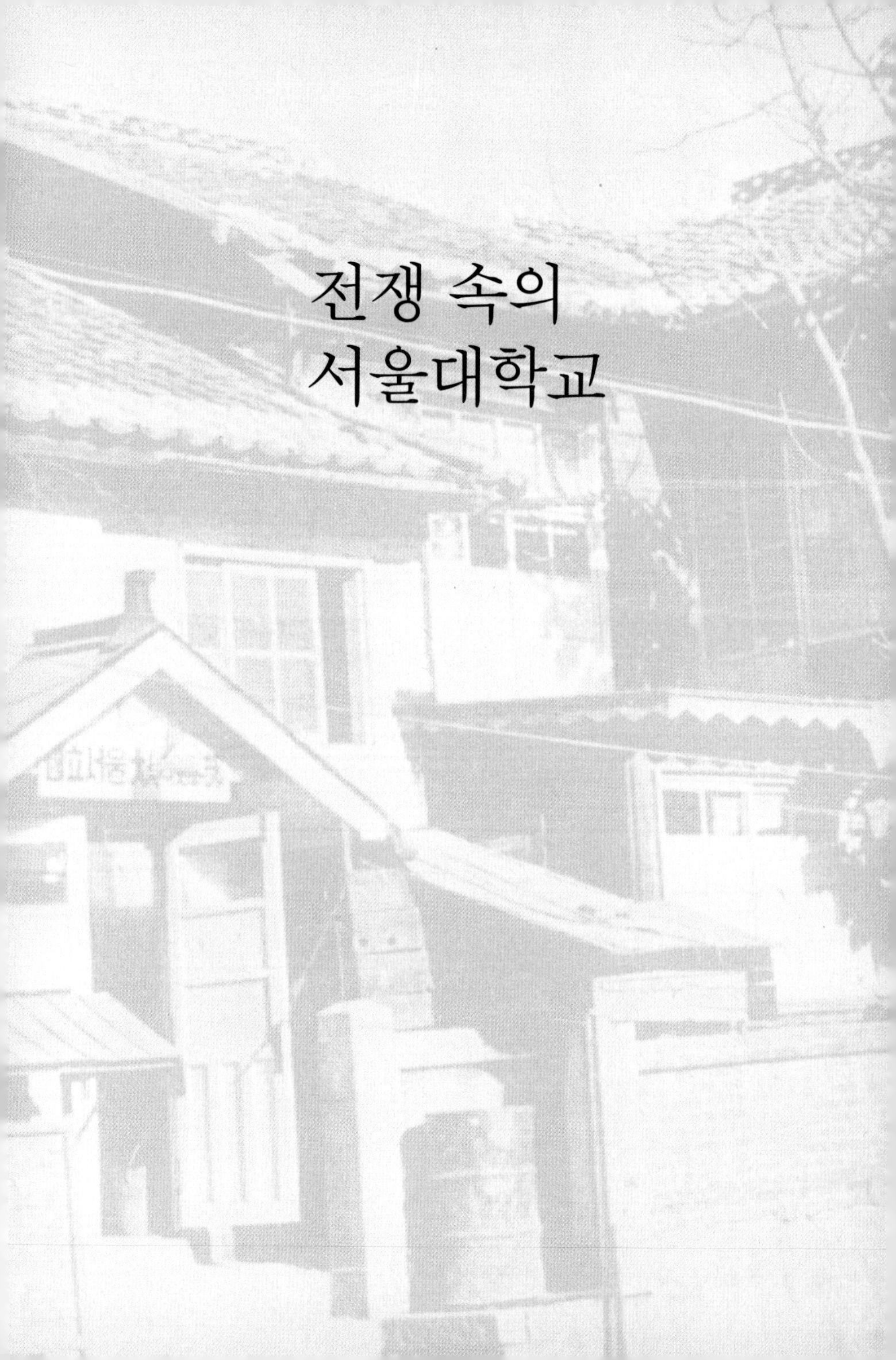

전쟁 속의 서울대학교

전쟁의 발발과 대학

새로 발족한 서울법대도 시간이 지남에 따라 안정을 찾으며 나날이 충실한 법학교육의 기초를 다져 나가고 있었다. 무엇보다도 진통을 겪으며 동숭동에 경성제대가 쓰던 강의실을 확보할 수 있었기 때문에 정상적인 수업이 가능하였다. 그러나 강의실을 두고 법대와 문리대 사이의 분쟁 불씨는 완전히 해소되지 못하여 3년 동안 서로 고통을 겪어야 하였다. 강당과 그 옆의 강의실, 의대의 교실, 수의학부의 시체해부실, 사대 공작실 등에 흩어져 강의해야 했던 법대의 행정은 셋방살이와 같았다. 그러던 중 바로 이웃에 자리하고 있던 경성고등공업학교가 옮겨 가면서 1949년 2월 방학 중에 그곳으로 법대를 옮기게 되었다. 물론 법대 단독으로 모든 건물을 쓰는 것이 아니라 미술대, 문리대와 공동 사용이었다. 그러나 교수들의 연구실도 문리대 교수들이 독점하고 있던 동부 연구실과 서부 연구실 중에서 여기저기 9개를 얻어 셋방살이하던 것을 이제는 한 곳으로 모을 수 있게 되었다. 이 모든 행정을 책임지고 정리한다는 사명으로 부임한 학장이 학생처장에서 법대학장으로 온 사학과 이선근 교수였다. 방학 중이었므로 학생들의 반대는 없었다.

그러나 경성제대 법문학부의 정통성을 법과대학이 계승하지 못하고, 신생 문리대가 '대학의 대학'이라는 자부심을 키워 나가는 새로운 모습을 방관해야 하는 계기가 된 이 교사 이전은 당시

전쟁 중의 서울대학교 본부(1952, 부산)

법대생으로서는 패자의 씁쓸함을 느끼지 않을 수 없는 사건이었다. 당시 학생회는 좌우익 투쟁에서 승리한 우익 학생들이 또다시 정치지도자가 양분된 것처럼 분열되어 있어 조직적인 저항이 약화되어 이런 일이 쉽게 마무리된 것이 아닌가 추측되기도 한다. 이선근 학장이 1950년 봄에 육군 정훈감으로 가고 진승록 당시 고시원장이 학장서리로 부임하였다. 이때의 어수선한 분위기를 김홍수(1회, 전 대한변협회장)는 다음과 같이 적고 있다.

> 진승록 씨는 학장서리로 임명되자마자 우리 조교들을 학장실로 불렀다. 그때 법대교사는 청량리가 아니라 동숭동 그 경성대학 자리 남쪽

구 광업전문학교 자리에 옮겨와 있었다. 교사 2층에 자리한 학장실에서 처음으로 진승록 씨를 만났다. 진승록 씨는 6명의 조교에게 다짜고짜로 "당신들 사표 내시오."라고 했다. 이유를 물으니 "당신들을 교수 T. O.로 채용되었으니 교수채용 때까지의 조건부 조교발령이다. 즉시 사표를 내시오."라고 하였다. 이때 김영주가 "공무원 발령에 조건부 발령이 어디 있습니까?"라고 말하고 우리들은 나왔다. 그 길로 중앙도서관에 있던 김증한 전임강사의 연구실을 가 논의 끝에 요로에 진정서를 내기로 하고 진정서를 만들어 대통령 비서실, 국무총리 비서실, 법무부 장관, 문교부 장관 등을 방문했다.

대통령 비서실에서는 민복기 비서관, 국무총리(신성모) 비서관실에서 전봉덕 비서실장, 법무부에서는 홍진기 법무국장을 만났는데 이분들이 모두 동문이어서 우리들을 위로하고 고무했다. 그러나 진승록 학장서리의 태도는 불변이었다. 당시 서울대 총장 최규동 씨의 신임이 두터웠던 것 같았던 진씨는 우리들이 교수 T. O.로 채용되었으니 자기 마음에 드는 사람을 교수로 채용할 수가 없어 조급했던 모양이다. 낭설이겠지만 깡패를 동원한다는 풍문까지 들리고 날이 갈수록 형세는 우리에게 불리하게 돌아갔다. 나는 마찰이 싫고 또 이런 분위기에서 공부가 되지 않겠다고 판단하고 사법관시보를 지망했다.

진승록 파동이 없었다면 나중에 어떻게 되었을는지는 몰라도 나는 학교에 계속 머물렀을 것이다. 사법관시보 응모기간이 훨씬 지났지만 법무부 법무과에 찾아가 김병화(전 법무차관) 씨가 과장으로 있어, 기간이 지난 지원서를 받아 주었다. 사법관시보 발령은 그해 6월 초에 났는데 곧 6·25가 터졌다.

진승록 씨는 그 후 끝끝내 학장 발령을 받지 못했고 학장서리로 물러났다. 조교들 중 김영주는 외무부로, 김도창은 법제처로, 유경린은 공군으로, 이근식은 연희대학으로 가고, 서돈각만은 그대로 조교 자리를 지켰다.[1]

아무튼 새 교사를 마련하여 1년 동안 지나고 뜻밖에 6·25 전쟁을 맞게 되었다. 전쟁의 발발을 예측한 사람은 아무도 없었지만 법대도 뜻밖의 사태에 아무런 준비가 없었다. 6월 25일은 일요일이었고, 다음 날 아침 법대에 김증한 교수의 '서양법제사' 강의가 있었다. 학생들은 몇 명 나오지 않았지만 멀리서 들려오는 포성을 들으며 김 교수는 강의를 계속하였다. 그날 아침에 등교한 당시 학도호국단 법대 단장이던 학생 김치선(5회, 전 학장)은 다음과 같이 당시를 회고하고 있다.

6월 26일(월) 아침 일찍 법대에 나왔더니 진승록 학장서리께서 어젯밤을 학교에서 지냈다고 하시면서 북괴의 남침이 발생했다고 하셨다. 시간은 9시 30분경인데 1학년에 입학한 어린 학생들이 강의를 듣기 위해서 학교에 왔지만 교직원들도 한 사람도 출근치 않고, 당시 서무과장 김박길 선생만 보였다. 나는 곧 진 학장님께 문교부에 가서 동정을 보고 온다고 하고 1학년생 서모 군을 데리고 중앙청까지 단숨에 달려갔다. 매우 놀랄 수밖에 없는 상황이었다. 중앙청 정문은 활짝 열

1 김홍수, 「대학시절 회상」, 『진리는 나의 빛』, 경세원, 1994, 91-92쪽.

려 있고, 수위도 한 사람 없고, 북한의 프로펠러 비행기가 하나 중앙청 상공을 돌면서 전단을 뿌리고 있지 않겠는가. 나는 별관에 위치한 문교부로 가서 보니 중앙청 북편 효자동 길에는 일선에서 후송하는 듯한 국군 트럭들이 바쁘게 달리고 있다. 백색 가운을 입은 의대생과 간호원들이 트럭에 타고 의정부 쪽으로 달리고 있었다. 한 사람 두 사람씩 우리 상임위원 학생들이 학도호국단 사무국으로 모여들기 시작했다. 약 20명의 각 대학 학도대장들과 회의를 했다. 아무도 전세상황, 또는 우리 정부대책, 또는 학생대책 등에 관하여 알고 있는 것이 없었다. 모두 놀란 표정, 그리고 국민에 대한 정부와 군대의 배신감 등에 침통할 뿐이었다. 시간은 오후 1시경, 김 국장도 어디로인지 사라지고 말았다. 의장인 내 자신 크고 무거운 불행과 격랑이 닥치는 듯 느꼈다. 나는 엄숙한 지시를 했다. "여러 대장들은 즉시 소속 대학으로 가서 등교한 학생들을 보호하고 정부의 지시를 기다리시오." 이 한마디로 폐회한 다음 나는 곧 을지로 입구, 당시 육군 정훈감실로 달려갔다. 우리 법대 학장서리를 지낸 바 있는 이선근 선생이 정훈감이었기 때문이다. 내가 정훈감실을 노크한 때에 정훈감은 긴급 회의 중이라고 했다. 나는 약 1시간쯤 기다린 듯한데, 정훈감 이 선생님이 문을 열고 나와서 내 손목을 잡고 눈물을 글썽하시면서 "김군, 모든 학생들을 빨리 한강을 건너가도록 하시오."라고 말했다. 나는 물었다. "선생님과 정훈감실은 어떻게 합니까?" "우리는 전방으로 이동한다." 이 말씀 한마디 남기고 문을 닫고 들어갔다. 이때에 정훈감실도 남쪽으로 피난을 했고 정부의 모든 기관, 행정부, 입법부, 사법부가 한강다리를 건너 대전 쪽으로 피난했다. 26일 오후 4시 나는 이승만 대통령의 녹

음테이프를 통한 “모든 시민은 안심하여 각자 자기 직장을 지키시오. 곧 UN군이 우리를 도우러 올 것입니다.”라는 터무니없는 라디오 방송을 들으면서, 헌병이 가로막는 한강다리를 건너 노량진으로 건너왔다. 비참한 국군 후퇴 병사들을 목격하면서 안양에 도착하여 여관에서 한잠 자다가 새벽 2시경 한강교 폭파하는 폭음에 깨어 수원을 향했다. 정부와 국군이 국민에 대한 배신을 했던 사실, 잊을 수 없다.[2]

이렇게 하여 경황없이 교수는 교수대로, 학생은 학생대로 기약 없이 피난길에 나서지 않을 수 없었다. 당시 3학년 학생 정희채(6회, 전 국회의원, 전 시립대 총장)도 다음과 같이 회상하고 있다.

6·25가 터진 것은 3학년 1학기 때이다. 그 당시 나는 원남동 어느 집에서 가정교사를 하고 있었는데 6월 27일 귀향을 하려고 서울역에 달려갔으나 이미 기차는 끊어졌고 그날 밤 포성이 점점 가까워져 불안에 떨던 동네 주민들과 함께 주인집 지하실에서 밤을 새웠다. 포성이 더욱 가까워지더니 새벽녘에 탱크 소리가 요란해서 나가 보았는데 인공기를 펄럭이며 들이닥치고 있는 북괴의 탱크들이 아닌가. 더욱 기막힌 일은 날이 채 밝기도 전에 이미 동원된 연도에서 많은 주민들이 ‘인민공화국 만세’를 부르고 있지 않는가. 30일이던가 박재철 군과 나는 한태연 선생님을 자택으로 찾아뵈었더니 선생님도 미처 피난을 못하시고 계셨다. 안방에서 이불을 뒤집어쓰다시피 하여 청취한 일본의

---

2 김치선, 「초기법대 비망록」, 『진리는 나의 빛』, 경세원, 1993, 118-120쪽.

방송에서 유엔의 개입을 알게 되었다. 선생님은 이 전쟁은 반드시 인민군이 패배로 끝날 테니 경거망동하지 말고 행동거지를 각별히 조심하라고 타이르시는 것이었다.[3]

전쟁의 경황 중에도 법대생은 교수를 찾았다는 사실, 교수는 학생에게 적절한 교훈과 당부를 주었음을 확인하게 된다.

6·25의 발발은 교수나 학생이나 당황을 넘어 공포에 휩싸여 학교 수업도 중단된 채 우왕좌왕 피난의 수라장이 되었다. 교수회의를 하여 대책을 강구할 경황도 없었고, 학생들과 교수들은 뿔뿔이 흩어져 남쪽으로 피난 가기에 바빴다. 유진오는 그런 경황없는 피난을 「서울탈출기」라 하여 글로 적어 후일 발표했는데, 그중 한 구절을 살펴보면 다음과 같다.

이제는 피난민도 가고 만 것이거니 하였다. 그러자 부슬부슬 내리는 가는 빗소리를 뚫고 질주하는 자동차의 엔진 소리가 요란스레 들려오기 시작하였다. 처음에는 심상하게 생각하였으나 똑같은 소리가 30분 이상이나 계속되는 동안에 아차! 하는 생각이 들었다. 나의 예감은 적중된 것이었다. 노량진 앞 큰길 위에 전속력을 내어 달리는 자동차의 헤드라이트가 한없이 뒤를 이어 번쩍거리는 것이다. 전속력을 내어 달리는 자동차, 특히 군용 자동차의 폭음을 그때처럼 처참하게 느껴본 적은 없다(그 후 이 공포증은 계속되어 지금도 나는 트럭 소리를 들으

3 정희채, 「법대시절을 회상한다」, 『진리는 나의 빛』, 1993, 154-155쪽.

면 기분이 좋지 못하다).

별별 환상이 다 머리를 지나간다. 서울을 떠나는 대한민국! 저 한없이 열을 지어 질주하는 자동차 속에는 경제 요인도 군인도 경찰도 무기도 물자도 중요서류도 모두 들어 있으리라. 그러자 끝없는 적막감, 절망감이 내 가슴을 사로잡는다. 어둠과 비를 뚫고 뛰어나가, 질주하는 자동차를 가로막아서라도 보고 싶은 충동을 느꼈다. 그러나 그것도 안 될 말이고 보매, 나는 묵묵히 어둠 속에 서서 황망한 폭음과 휘황한 불빛을 바라볼 뿐이었다. 그런 채로 또한 30분 지났을까 한 때에 자동차의 폭음은 뚝 끊어졌다. 헤드라이트의 불빛도 없어졌다. 나의 주위에는 전과 같은 어둠이 있을 뿐, 고요한 빗소리를 누르고 북쪽에서 들려오는 대포 소리만 점점 더 치열해진다.

절망의 발길을 옮겨 도로 잠자던 방으로 돌아오니, 매부는 여전히 곤하게 잠을 자고 있었다. 깜박거리는 등잔불을 향해 묵묵히 앉아 있노라니, 죽고 싶었다. 당장에 죽어 없어지면, 그만 모든 것이 편할 것 아닌가?

별안간 천지를 뒤흔드는 대폭음이 들려왔다. 집이 기둥째 벽째 흔들흔들 한다. 한강철교를 폭파했구나! 나는 직감으로 그렇게 생각하였다. 그러자 연이어 두 번째의 폭발성. 그러나 그까짓 소리쯤은 인제는 무섭지도 아무렇지도 않았다.[4]

4 유진오, 「서울탈출기」, 『수난의 90일』, 1950에 수록 후 『젊음이 깃 칠 때』, 1978, 334쪽.

유기천 교수의 예를 보면, 6·25의 소식을 듣고 학교에 나와 보니 이미 텅 빈 공간뿐이어서 노량진에 있는 어머니와 동생을 데리고 피난하려고 나섰다. 한강을 건너 어머니를 만났으나 도저히 같이 떠날 수 없어 동생에게 맡기고 혼자서 피난대열에 휩쓸려 안성까지 내려갔다. 거기에서 우연히 법대생을 만나 그 집에서 식사를 한 끼 얻어먹고 다시 떠났다. 대전에 이르러 간신히 그곳에서 기차를 타고 부산에 도착했다. 그곳에서 미국 번역사 노릇부터 시작하여 생활대책을 세웠다.[5] 그런 가운데서도 유 학장서리는 법대의 학적부, 학생명부, 성적부 등 중요 서류를 국방부의 도움을 받아 무사히 부산까지 싣고 갈 수 있었다.

한편 미처 피난을 가지 못하고 서울에 남은 사람들은 적치하(敵治下)에서 어려운 생활을 해야 하였다. '한국법제사'를 강의했던 김성칠 교수는 후일 『역사 앞에서』라는 책으로 출간되어 유명해진 그의 일기장에 1950년 10월 3일 자 일기를 다음과 같이 적고 있다.

> 예상했던 바와 같이 학교는 UN군이 쓸 테니 모든 교사(校舍)를 비워 달라는 명령이 내리었다. 일인들이 그네들의 식민정책의 일환으로 세워진 이 학교는 엄연히 우리 땅에 서 있었지만 조선 사람 학생의 비율은 5대 1로 그 존재가 희미하였고, 많은 젊은 청년이 원한에 사무친

5 구기동 자택에서의 회고 인터뷰(1995); 최종고, 『자유와 정의의 지성 유기천』, 한들, 2006.

눈으로 이 교사를 흘겨볼 뿐, 현해탄을 건너고 압록강을 넘어서지 아니할 수 없었으며, 8·15 직후 잠시 동안 편향적인 자치위원회가 날치었으나 이미 미군이 진주하여 이 교사를 쓰게 되었고, 이듬해 봄에 미군이 옮아가고 경성대학으로 새로운 발족을 보았으나 군정 당국의 우매한 문교정책과 모든 기회를 이용하여 마지않는 좌익계열의 파괴적인 투쟁전술이 주합하여 잠잠하던 학원에 때아닌 국대 선풍이 일어나서 오랫동안 혼란의 실마리가 풀리지 아니하였고, 그렇듯한 불안의 공기가 미처 가셔지기도 전에 6·25 사변으로 말미암아 인민군이 들고 뒤미처 이른바 시 인민위원회가 소개하여 오고 이들이 함께 도망하여 가자마자 뒷수습할 시간도 없이 아디 미제8군사령부로 쓰이게 된 것이다. 가엾다, 이 땅 학원의 기구한 운명이여.[6]

어쨌든 정부와 함께 대학, 교수, 학생 모두 대구, 부산으로 피난 내려가야 하였다.

전시연합대학과 가교사

이렇게 전쟁으로 대한민국의 모든 행정과 시설이 부산에 집결된

6 김성칠, 『역사 앞에서』, 창작과비평사, 1993, 237쪽.

상황에서 1951년 2월부터 '전시연합대학'(戰時聯合大學)이란 이름으로 서울에 있던 대학들이 공동 강의를 실시하게 하였다. 처음에는 강의실도 마련하지 못해 한 양조장집을 빌려 일주일간 강의를 하다가 경성제대 2회 졸업생인 변정규(卞廷奎) 동창의 사무실과 뒷마루에서 실시하였다.

그해 12월 18일에 서울을 탈출하여 23일에 부산에 닿은 김성칠 교수는 1951년 3월 4일 자 일기를 다음과 같이 적고 있다.

> 오전 중에는 툇마루에 나가서 한나절 햇볕을 쬐고 오후엔 아직도 부기가 가시지 않은 얼굴 그대로 법대의 강의에 나갔다. 남하한 후 처음의 강의이므로 몸이 아프다고 쉬기엔 내 마음이 허락지 않았다. 재판소 앞 변(卞)씨의 법률사무소 방 한 칸을 빌려서 학생 스무나믄 명이 그 툇마루에까지 넘칠 지경이고 그리고 이 우리들의 교실의 한구석엔 너댓 살 먹어 보이는 아기가 낮잠을 자고 있었다. 이렇듯 가열(苛烈)한 현실 속에서도 이러한 학문적 분위기를 가질 수 있는 것이 여간 다행한 일이 아니며, 또 제군은 아무리 비통한 현실 속에 처하여도 그 현실의 힘에 짓눌리기만 하지 말고 이성적인 눈으로 현실을 볼 수 있는 젊은 학도로서의 긍지를 가져야 한다는 것이 그 가열한 현실, 비통한 사태를 표현함이 좀 지나쳤는지 학생들이 이 구석 저 구석에서 훌쩍거리기 시작하여 나 자신 자꾸만 목이 메었다.[7]

7 김성칠, 위의 책, 314쪽. 여기에서의 변씨는 변정규로 판명되었다.

전시 하의 서울대학교 기관장 회의(1952, 부산)

이처럼 눈물겨운 어려움을 겪었다. 공설운동장에 있는 대신동 전차 종점에서 구덕 수원지 쪽으로 긴 담을 끼고 올라가다 왼쪽 계단 위에 법대의 가교사를 건축하였다. 대지 360평에 천막을 덮은 225평의 가교사에는 전시 중에 전국으로 흩어진 학생들이 그래도 배움을 찾아 뿔뿔이 모여들었다. 전쟁에 희생된 학생들도 있어 1951년 9월 등록한 학생 수는 법대 전체가 203명에 불과하였다. 법대 재학생 수가 1,015명이었으니 5분의 1밖에는 되지 않았다. 좁은 마당에서 법대생 전원(다만 종군하여 못 나오는 학생들도 많았지만)이 매일 만나게 되니 자연이 학생운동을 다시 시작하게 되었다. 당시 학생과장이던 김증한 교수의 지원으로 법과대학 학도호국단 단칙을 개정하여 학생회장(학도호국단 단칙에 의하면 운영위원장)을 전 법대생의 직접선거에 의해 선출하게 되었다. 학생회장직선제는 법대에서 처음으로 시작한 것인데 다른 대학들도 모두 법대의 예를 따랐다. 노융희(6회, 서울대 환경대학원 교수)는 "그나마 부산 지역에 근무하는 군경들이 많아지면서 박은 말뚝 위에 판자를 고정한 우동 가게 의자에 앉은 학생들로 꽉 찬 교실은 온통 국방색이었다."고 적고 있다.[8] 학생들은 이 가교사에서 몇 안 되는 동기들끼리 학창 생활을 보내고 있었다. 그런 가운데에서도 형사법학회인 '이리스반'(Iris)이 조직되어 토론회도 가졌고, 경남도청 앞 '새집' 다방 안채인 한 법대 동문의 집에서는 고등고시와 판검사 특임시험 준비를 하는 학구열도 대단하였다.

경황없이 부산에 내려온 교수들은 직장도 없이 생활대책을 위해 부직을 찾아 나선 분들도 있어 학생들은 『대학신문』을 통해 "교수는 교단으로 돌아오소서"라는 호소문을 내기도 하였다. 그 일절을 보면, "전시이니 어느 정도 생활의 혼란은 각오하지 않을 수 없습니다. 그러나 우리들 학도는 장래를 위하여 이렇게 혼란한 시기일수록 더욱 정신을 가다듬어 학업에 전념해야 할 것입니다. 그래서 우리는 온갖 어려움을 무릅쓰고 강의를 들으러 나가는 것이나, 교수님들은 부직장 혹은 군에 종사하여 휴강이 그 반(半)입니다. 이래 가지고는 아무리 분발하여도 노력이 허사가 되어 버립니다. 선생님들은 하루바삐 제자와 한국의 미래를 위하여 교단으로 돌아와 주소서."[9] 혼란 시의 난맥을 보여주는 슬픈 광경이었다.

---

8 노융희, 「부기미(附驥尾)의 영광」, 『진리는 나의 빛』, 경세원, 1994, 140쪽.

9 『대학신문』, 1952. 2. 4.

10월 2일 진승록 학장이 사임하고 유기천 교수가 9일 학장서리로 취임하였다. 법대 동창들을 만난 고병국 교수의 모습을 양태희 씨는 이렇게 적었다.

> 남하 시 우리 동창들이 뜻하지 않았던 이향(離鄕)에서 해후의 감격에서 어느 날 부산시 한복판인 국제상사 부근의 한 다방에서 회합을 해 본 일이 있다. 교수석을 상석에 마련하고 정방형으로 여러 동료들이 다 같이 나란히 걸터앉아 잠시 너무도 눈물겨워 침묵이 흘렀다. 선생은 곧 일어나서 말씀하셨다. "내내 잠시도 못 잊었던 여러분 그동안 수고 많이 하셨습니다. 햄릿의 인생에 대한 회의의 표정을 인용할 것은 지금 그다지 필요한 일은 아닙니다마는 "To be or Not to be"의 일부에 비유하자면 "or" 이전의 상태만은 지금의 우리로서는 의심할 수 없는 엄연한 사실이요 또한 앞으로도 견지되어야 할 우리들 자신입니다. 성서에서 가르치시는 믿음과 사랑의 세계, 이것만은 우리의 서로가 오늘 이전도 가지고 왔고 또한 앞으로도 무슨 순풍이 다다르더라도 여러분이 잊지 않는다 하면 우리 민족과 국가의 소원은 성취될 것입니다." 안경을 통한 선생의 육안에는 소리 없는 눈물이 흘렀다.[10]

그러나 서울법대는 유기천 학장의 행정력으로 이러한 어려운

10 양태희, 「고병국론」, 『법대학보』, 1952, 164쪽.

상황에서도 교수진을 확충하면서 강의를 실시해 나갔다. 서울의 동숭동 32번지의 본 교사에서 피난 온 법대는 대신동에 가교사를 마련하였다. 가교사는 대지 360평, 건평 225평이었는데, 가교사의 교문에는 철제 아치를 둥그렇게 세워 라틴어로 'FIAT JUSTITIA, RUAT CAELUM'(하늘이 무너져도 정의는 세워라)이라고 써 붙였다. 전쟁의 혼란 속에서도 정의를 향한 절규가 임시수도의 하늘 아래 서 있었다는 사실은 어떻게 보면 낭만적이고 다소 청승스럽기도 하지만 매우 상징적인 일이라 아니할 수 없다. 이 좌우명은 그 후 서울법대생이 가장 사랑하는 모토가 되어 오늘날까지 내려오고 있다.[11] 유기천 학장서리는 동생의 도움으로 군용 지프를 한 대 사서 수리하여 '법과대학'이란 표지판까지 달고 다녔다. 이것이 백낙준 문교부 장관의 귀에 들어가 표지판만은 떼어 달라고 해서 떼었다.

1952년 1학기에 등록한 학생은 723명(재적 1,716명)이었고, 고병국 학장 이하 14명의 전임교수와 18명의 시간강사, 6명의 사무직원이 있었다. 이러한 곤궁한 처지에서 학생들의 학업생활이 얼마나 어려웠고 학교 행정도 어려웠던가는 짐작하고도 남는다. 박동서(7회, 전 서울대 행정대학원 교수)는 당시의 학생생활을 이렇게 회고한다.

---

11 이상혁 전 동창회장과 필자가 노력하여 현재도 서울법대 역사관 정문 벽에 이 표어를 동판에 새겨 박아 놓았다.

전시 하의 서울법대 교문(1952). 라틴어 아치가 서 있다.

훈련이 끝난 후 대구, 서울, 김포 등에서 근무하다가 28개월 만에 제대하여 1953년 4월에 부산에 와 있던 대학에 복귀했다. 학교에 가서 교무과장을 만나 그간의 경위를 말씀드렸더니 학점만 다 딸 수 있으면 한 학기에 졸업할 수 있다는 말씀이었다. 이 말씀을 듣고 그래도 양심이 있지 어떻게 최소한도 1년을 수학하려고 했었다. 그러나 염색한 군복차림으로 부산 거리를 다니다 동기생을 만나면 그들 중에 요리조리 피하여 군에 가지 않아 벌써 졸업하고 '신사복'을 입고 다니는 것을 보면 혼자 대단히 낙오된 것 같은 생각이 들었다. 그래서 한 학기에 졸업할 수 있다는 교무과장의 말씀에 따르기로 하고 그간 이수하지 못했던 과목의 시험을 치러 무려 한 학기에 100학점을 땄으니 아마 법대 역사상 유일한 경우가 아닌가 싶다.[12]

12 박동서, 「법과대학 전후의 나의 관심사」, 『진리는 나의 빛』, 경세원, 1994, 162쪽.

이러한 혼란 속에서도 학생들은 학도호국단을 통해 국가와 사회에 필요한 활동을 전개하였다. 1951년 7월 10일 거족적인 국민의 반대에도 휴전회담이 개최되었다. 이에 따라 반공포로 교환명단 작성을 위해 법대 1학년생들이 특별 아르바이트로 부산 부민동에 위치한 미군 병참사령부에 차출되어 가기도 하였다. 이 포로 교환 문제가 정치화되었는데, 그것은 유엔군 측에 수용된 포로 중 반수 이상이 본국 소환을 원치 않은 사실이 주원인이었다.[13] 당시 이 활동에 참여한 대의원이었던 학생 김재호(9회, 전 국회의원)는 이렇게 회고한다.

> 포로석방에 이러한 사태가 벌어진 것은 사상 최초의 일이었다. 통상 국제전쟁의 경우에 대부분의 포로들은 귀국을 희망하는 것이었다. 특히 중공 출신 포로들이 본국으로 송환을 거부한 사실이 있었기 때문이다. 10여 일간 우리들은 영문으로 포로명단을 작성, 피난 시절의 형편으로는 큰 돈을 번 셈이다. 그런데 이때 문제가 생겼다. 법대 학도호국단 간부가 우리들이 땀흘려 번 돈을 학도호국단에 기부해야 한다는 억지 소리를 한 것이다. 나를 비롯한 1학년 호국단 대의원들이 이를 강력히 반대, 결국 학생들이 나누어 가졌다. 이때 호국단에의 기부 행위에 반대한 우리 대의원 간부들이 상급 호국단 간부들에게 구타를 당했는데 이 사실을 안 유기천 학장이 대로해서 학원 내에서 폭력은

13 최인훈의 소설 「광장」이 이런 배경에서 탄생된다. 자세히는 최종고, 『이승만과 메논, 그리고 모윤숙』, 기파랑, 2012, 311-322쪽 참조.

금물이라면서 상급 호국단 간부들을 질책했다.[14]

1952년 8월 20일 유기천 학장이 미국으로 유학하는 바람에 고병국 교수가 다시 제4대 학장으로 취임하였다. 고병국 학장은 1년가량 부산 피난 시절을 마무리하고 서울로 환도한 후에도 1957년 6월까지 재임하였다. 이렇게 얽히고설킨 고난의 피난 생활을 겪으면서도 '폐허 속에서 쌓은 형설의 공'으로 서울대학교 제7회 졸업식이 1953년 3월 28일 부산시 영성국민학교 강당에서 거행되었다. 가혹한 동란 중에서도 586명의 학사와 24명의 석사, 3명의 박사 학위가 수여되었다. 최규남 총장을 비롯하여 백두진 국무총리, 장면 박사, 브리크 주한대사 등이 참석하였다. 이 졸업식을 보도한 『대학신문』 1953년 3월 31일 자는 이승만 대통령이 보낸 훈시를 다음과 같이 적고 있다.

> 오늘 국립서울대학교 졸업식에 내가 참석지 못하고 몇 마디 글로 졸업하는 학생들에게 축하의 말을 보냅니다. 이 공산난리 가운데 우리 모든 학생과 교수들이 곤란을 이겨 가면서도 오늘의 이만큼이라도 배워서 박사도 나고 또 많은 부분에 학사들이 필업(畢業)하여 민국의 동량이 되겠금 노력하고 발전한 것은 기쁜 일이라 아니 할 수 없습니다. 특히 오늘 졸업생 근 600명 중에 90%가량이 국군사관으로 자원하였다는 보고를 듣고 우리 청년들의 의기가 얼마나 왕성하며 또 이 마음

14 김재호, 「나의 학창시절」, 『진리는 나의 빛』, 경세원, 1994, 183쪽.

이 그대로 우리 모든 한국 청년들이 나라가 없이는 살 수 없다는 결심이 각자 가슴에 깊이 박혀 있는 것인즉 우리 국군이 막강하여 온 세계에서 우리를 칭찬하여 적들이 우리를 무서워하는 마음이 나게 된 것도 다 우리 청년들의 공고한 애국심과 나라 지키자는 굳센 결심에서 오는 것입니다. 내가 오늘 서울대학교 졸업생들에게 치하하며 이 기회에 학교에서 받은 학문이 우리 국민의 지혜가 되고 힘이 되어서 국민의 발전과 국가의 토대를 굳건히 하는 데 더욱 많이 노력해서 우리 전체의 권위를 누리도록 해야 할 것입니다. 국군으로 들어가는 졸업생이나 또는 사회에서 일하게 되는 사람이나 막론하고 오직 우리가 이 싸움에 이겨서 모든 국민이 평화와 통일로 살 수 있도록 바라며 오늘 졸업생들에게 영광과 축복과 대성공이 있기를 부탁합니다.[15]

그리고 동 신문은 졸업식의 분위기를 다음과 같이 묘사하고 있다.

식이 끝나자마자 내 아들을 기다리는 그 어머니, 오빠를 찾는 누나 그리고 휘앙새에게 보내는 추파(秋波)는 봄비에 더욱 연연한 이름 모를 수많은 꽃다발을 주고받는 장면과 더불어 애틋한 주악 속에 이날의 졸업식 광경을 더욱 인상 깊게 하였다.[16]

---

15 『대학신문』, 1953. 3. 31.

16 『대학신문』, 1953. 3. 31.

전쟁 중에서나마 아련한 낭만을 느끼는 것은 시간이 지난 오늘에 읽으니 그런 것일까?

대학의 상처

전쟁의 피해는 국가와 민족의 모든 방면에 걸쳐 있었지만, 대학의 수난 역시 심각하였다. 해방 후 모자랐던 교수 요원을 간신히 채우게 된 상황에서 전쟁이 발발하자 많은 교수가 미처 피난을 가지 못해 서울의 적 치하에 남게 되었다. 또한 상당수의 교직원이 납북되거나 자진하여 월북한 사람도 있었다. 앞서 언급했듯이 법대에서 '한국법제사'를 강의한 김성칠 교수의 일기 『역사 앞에서』는 이 당시의 처절했던 상황을 잘 기록해 두고 있다. 서울에 남아 있다가 인민군 혹은 보안서원에 끌려가 납북된 교수들은 최규동 총장을 비롯하여 치과대학장 이갑수(생리학), 문리과대학장 손진태(사학), 문리대 교수 김국영(중국문학), 김진섭(독문학), 이인영(사학) 등과 상과대학 교수 강정탁(농업정책), 예술대학 교수 윤승욱(조소), 안성교(바이올린)와 사범대학 교수 정순택(수학), 이능식(사학) 등 중견 학자들이었다. 공과대학 김영근(영어) 교수는 자택에서 좌익학생들에게 납치되었고, 사범대학 최경달(체육교육) 교수는 학생자치위원회에 끌려간 후 행방불명되었다. 법대에도 윤동직·주유순·장석만 교수 등이 월북 혹은 납치되어 그 생사를 알 수 없다. 그리고 김성칠 교수는 고향인 영천에 내려갔다가 피살되었다. 피납은 면했지만 적 치하의 서울에서 90일 동안 남아 있던 교수들은 전전긍긍하면서 일부는 본의 아니게 그들에게 협력한 인사도 있었다. 그것은 교수들만이 아니라 학생들의 경우도 마찬가지였다. 그들은 초기에는 단과대학별로 조직된 자치위원회에 참여하였고, 후기에는 적 치하 서울대학교의 교수로서 정식 임명된 이들도 있었다. 대부분 신분의 위협을 받아 피동적으로 참여하였고, 생활의 곤란이 그 이유였다. 적극적으로 협력한 좌익계 교수와 학생들은 국대안반대운동을 하다가 정부수립 후 사상통제가 강화되자 보도연맹에 가입하는 등 조용히 지내다가 전쟁이 발발하자 적극 영합하여 활동하였다. 그들은 서울이 수복될 때 대부분 자진하여 월북하였다.[17]

이러한 복잡한 상황 속에서 서울에 남아 있던 교수들은 대부분 수복 후 학교 당국에 의해 심사대상이 되었다. 이들 교수를 심사하기 위해 심사위원회가 구성되었다. 최규동 총장이 납북되었기 때문에 당시 문교부 고등교육국장 김두헌 박사가 서울대학교 임시관리 책임자로 임명되어 각 단과대학에서 1명씩 차출된 심사위원이 위원회를 구성하고 1950년 10월부터 심사에 착수하였다. 이 위원회에서는 단과대학에서 1차 심사하여 보고하면 그것을 기초로 재차 심사하기로 하였다. 따라서 남하하지 못한 교수들 모두

---

17 서울대학교50년사편찬위원회 편, 『서울대학교 50년사』, 서울대학교, 1996, 52쪽.

가 심사대상에 올라 자술서, 투서 등을 참고하여 심사하였다. 대학본부 위원회에서는 거의 재심 없이 11월에 단과대학의 심사결과를 문교부에 통고하였다. 그에 따르면 교수 163명, 일반직 88명, 고용직 52명, 계 303명이 파면, 권고사직, 정직, 감봉의 징계대상이었는데, 그중 법과대학은 교원 중 파면 5명, 권고사직 1명, 일반직으로 파면 2명, 권고사직 2명, 고용직으로 권고사직 1명, 총계 파면 7명, 권고사직 6명에 이르렀다. 문교부에서 재심한 결과 활동이 현저한 소수에게만 파면처분이 내려졌다. 이것은 서울대학교의 자체 심과 결과보다 훨씬 경미한 것이었다. 그리고 이 조치도 그 후 수차에 걸친 사면조치를 통해 백지화되었다. 학생들의 경우도 단과대학별로 심사가 있었다. 학생들에게 등록원서를 제출하게 하고 거기에 적 치하에서의 행적을 자술하도록 하여 교수들이 심사하였다. 학생들은 대부분 관대하게 처리되었으며, 이때 등록이 허락되지 않고 제적된 학생들도 후에 재입학을 허락하였다. 1951년 11월 당시 서울대학교 교직원 현황을 보면 복무하지 않는 교직원이 115명으로 전체 재적 교직원 388명의 약 3분의 1에 해당하였다. 이 중 군 복무 교직원이 약 70명이었기 때문에 나머지 40여 명은 다른 일에 종사하느라 근무할 수 없었던 것으로 보인다. 그나마도 1946년의 491명, 1950년 6·25 직전의 650명에 비하면 크게 적은 수이다. 그만큼 많은 수의 교직원이 피납, 월북, 군 복무 등의 사정으로 교단을 떠나게 되었고, 그만큼 인적 손실이 컸던 것을 말해 준다. 그런데 궁금한 것은 1951년 11월의 이 통계에 법과대학은 유일하게 포함되지 않은 것으로 나타난다.

주한 미국대사 무쵸(Muchio) 씨에게 명예박사 학위수여(1952)

다른 단과대학들에서는 통계 수치를 밝혔는데 법과대학만 그렇게 하지 않은 이유가 무엇인지 알 수 없다.[18] 동료애로 끝까지 버틴 것일까? 아무튼 '힘 있는 법대'이니 가능했을 것이다.

난리 속의 학문

오늘날의 편안한 여건 속에서 법학을 연구하는 입장에서 지난날 피난 시절의 아픈 역사를 잊어서는 안 될 것이다. 6·25 전쟁사

18 이 통계는 서울대학교50년사편찬위원회 편, 『서울대학교 50년사』, 서울대학교, 1996, 54쪽에 수록.

가 적지 않으나 정작 대학과 관련된 역사 기록은 그리 많지 않다. 『대한민국 건국10년지』에는 6·25 중의 한국교육의 형편을 다음과 같이 서술해 놓았다.

> 이 동란에 처하여 한국 국민이 보여준 확고한 용기와 투지는 교육 면에 있어서도 여실히 반영되어 1953년의 UNESCO 보고서에 기록된 바와 같이 이 나라 교육계, 특히 대학교육의 부면(部面)에 있어서는 확실히 하나의 기적이 행해졌던 것이다. 그 단적인 표현은 임시수도였던 부산을 비롯하여 대구, 인천, 청주, 제주 등등의 각처에서 행해졌던 피난학교의 눈물겨운 수업 광경일 것이다. 산마루턱이를 깎아 교지(校地)를 닦고 판잣집이나 천막으로 만든 교장(校場)에서는 참고 서적조차 변변치 아니한 가운데 그래도 교과과정에 따른 강의가 계속되었으니 이 어려운 때를 당하여 참고 견디어 대학을 지켜 나온 교수제씨와 학생들의 거룩한 정신은 이 땅에 어떠한 형태로든지 교육활동이 계속되는 한 영원히 사라지지 않을 것이라 믿는 바이다. 동란 당시의 문교부 장관이며 현재 연희대학교 총장인 백낙준 박사가 미국에 가서 한국교육계에 대한 원조를 호소한 말 가운데 "우리에게는 미국에서와 같이 굉장한 건물과 시설이 없어도 당장에 시급한 종이와 잉크와 연필이 있으면 그것으로써 저마다의 역량과 지성을 모아 교육활동을 그치는 일이 없을 것입니다."고 한 말을 기억할 것이다.[19]

---

19 대한민국건국10년지간행회 편, 『대한민국 건국10년지』, 대한민국건국10년지간행회, 1956, 433쪽.

전란의 와중에서도 어쩌면 자구책으로 학회의 전열을 가다듬었다는 것은 후세에 자랑할 만한 일이다. 즉 1952년 12월에 부산 피난 중의 서울대학교 법과대학 학장실에서 '한국법학회'가 발기인총회를 열었다. 이 학회는 전국의 법과대학, 각 대학의 법학부에 소속되어 있는 교수, 학생, 그리고 졸업 후 각 직장에서 활약하는 법학사를 회원으로 하는 대규모적인 것이었다. 협회규약의 초안과 총회 준비를 황산덕, 김증한, 이건호, 장경학, 박관숙, 문홍주, 이경호 제씨에게 위촉하고, 이듬해 1953년 11월에 역시 서울법대 학장실에서 총회를 개최하고 규약을 통과시켰다. 회장은 고병국, 평의원은 각 대학에서 뽑은 교수 2인씩이고, 간사는 황산덕(상임), 김증한, 장경학, 감사는 전봉덕, 서정갑이 선출되었다.[20]

또 부산 피난 중에 탄생된 학회로 '대한국제법학회'가 있었다. 1953년 6월에 규약을 초안하고 7월에 L.C.I.함(艦)에서 제1회 총회를 개최하여 규약을 통과하고, 임원을 선출하였다. 회장은 유진오, 부회장은 장경근, 황성수, 이사는 홍진기, 한환진, 배정현, 이건호, 이한기, 박재섭, 황산덕이었고, 간사는 최문경(외무부 정무국장)이었다. 1954년 7월에 서울대학교 법과대학에서 제2회 총회를 개최하고 겸하여 학회지 발간을 계획하였다.[21]

유진오는 부산에 피난 내려온 대학교수들의 실상을 '대한민국교수단'의 결성과 관련하여 이렇게 회고하였다.

20 위의 책, 278쪽.

21 위의 책, 278쪽.

피난지 부산에서 교수들이 제일착으로 한 일은 「대한민국교수단」을 결성한 일이었다. 침략자에 대한 적개심이 불타오른 때문도 있으려니와, 그런 때를 당하고 보니 교육자의 무력을 뼈저리게 느꼈기 때문이었다. 다 같이 피난살이를 해도 공무원이나 실업계에 있는 사람들은 단체 피난의 혜택도 입었고 부산에 와서도 과히 군색스럽지 않은 생활을 하고 있는 데 반하여 교육자들은 버려진 헌신짝 모양으로 아무도 돌보아 주는 사람이 없는 가운데 춥고 배고픈 고난을 혼자 짊어지고 있는 것 같았기 때문이다. 대학교수라면 단체에 가입하는 것을 꺼리는 것이 보통인데, 교수단 결성대회에는 각 대학의 교수들 수백 명이 누구의 권고도 없는 가운데 자발적으로 모여들었다. 뿐만 아니라 교수단 결성에 반대하는 사람도, 이론을 캐 따지는 사람도 없어 그날의 회의는 일사천리로 진행되어 규약이 채택되고 임원이 선출되었다. 내가 단장이 되고 방종현(서울대), 이정규(성균관대), 김기석(서울대) 등이 간부로 뽑혔다. 며칠 뒤 교수단은 토성동 광장에서 시국 강연회를 열었는데 천여 명의 청중이 모였다.[22]

아무리 전시 중이라 하더라도 대학교육이 중단된 채 버려둘 수는 없기 때문에 1952년 2월 말에 '전시연합대학'이 조직되었다. 법적 문제를 따질 것 없이 응급조치로 국내 모든 대학의 교수와 학생들을 한데 모아 대학교육을 재개하려는 노력이었다. 경비

22 유진오, 『양호기』, 고려대학교출판부, 1977, 252쪽.

도 법적인 문제들을 떠나 서울대학교의 예산으로 충당하기로 하였다. 문교부는 유진오를 전시연합대학 학장으로 임명하였다. 유진오는 후일 이렇게 회고한다.[23]

> 나는 곧 서울대 문리대학장이던 방종현 씨를 부학장으로 하고 각 대학의 원로교수들을 모아 전시연합대학 개강에 착수하였다. 강의실로는 우선 부산시청 앞 광복동 들어가는 어귀에 있는 조그만 극장을 쓰기로 하고, 강사로는 윤일선, 이병도 등 원로를 동원하고(물론 나 자신도 강사로 나섰다), 학생들에게는 두 시간 강의만 들으면 한 학점씩 주어 각각 소속대학의 학점으로 통용하게 하여 흩어진 학생들을 주워 모으기 시작하였다. 평시에는 생각도 할 수 없는 엉터리 조치였다. 그러나 전선에서는 밤낮없이 전투가 계속되고, 부산 바닥에는 수백만의 피난민이 들끓어 생지옥을 연상케 하는 판에 대학교육을 재흥하자니 어쩔 수 없는 편법이었다.[24]

그러나 이러한 다급한 상황에서의 긴급구제책에 당장 큰 효과는 나타나지 않았다. 이에 대해 유진오 학장은 후일 이러한 에피소드를 전하고 있다.

> 그러한 편법을 써도 학생들은 잘 모이지 않아 하는 수 없이 나는 방

---

23 유진오, 위의 책, 252쪽.

24 유진오, 위의 책, 253쪽.

종현 씨와 문교부 고등교육국장(김두헌)을 대동하고 경남지구 병사구 사령관 김종원 대령('백두산 호랑이'라 불리던 사람)을 찾아가 수업 중인 대학생에 대한 징집보류를 교섭하였다. 같은 나이 또래의 청년들이 일선에 나가 피를 흘리는 판국에 대학생들에게는 징집을 보류하라는 것은 모순된 일 같지만 나의 요청도 생떼만은 아니었다. 학생들 중에는 자진해 총을 들고 일선으로 나간 사람도 많이 있었지만 총후(銃後)에서 빙빙 도는 사람이 더 많았는데, 그런 학생들을 자격지심에 빠져 쭈뼛거리고 시간을 보내게 하느니보다는 정식으로 징집보류의 특전을 주어 '전시연합대학'으로 모아 가지고 한편으로는 대학교육을 계속하면서 한편으로는 군사훈련을 실시하다가 필요할 때에 일선으로 동원한다면 일거양득이 아니겠느냐는 것이 나의 이론이었다. 나의 제의는 정식으로 제도화까지는 되지 않았지만 군당국의 사실상의 승인을 얻게 되어 뿔뿔이 흩어졌던 대학생들을 긁어모아 대학교육을 재개하는 데에 도움이 되었다. 그리하여 그해 6월 대신동 공설운동장에서 대통령, 부통령[仁村] 입석하에 대규모의 사열식(査閱式)을 거행하였을 때에는 참가한 학생의 수가 천여 명에 도달하였다.[25]

1952년 1월에 법대에 조교수로 부임한 이한기는 6·25 전쟁 발발과 부산에서의 생활을 다음과 같이 생생하게 증언하고 있다.

1950년 2월 나는 트루만 행정부의 순회대사가 되어 한국을 방문한 제

25 유진오, 위의 책, 253-254쪽.

섭(P. Jessup)을 만났다. 1950년 6월 사변이 발발하기 직전 『동국대학신문』 창간호에 「제섭의 국제법사상」을 발표하였으며, 이것이 국제법에 관한 평생 나의 최초의 논문이 되었다. 1950년 6월 25일 사변이 발생한 당일까지도 나는 전쟁의 발생을 모르고 제섭의 『현대국제법』을 번역하고 있었다. 한국사변은 맥아더(D. McArthur) 장군이 말했듯이 "an entirely new war"로서 종래의 전쟁개념으로는 파악하기 어려운 전쟁이었다. 말하자면 국제적 내전이라고 표현하는 것이 적절할지도 모른다. 이 전쟁에서 살아남은 다른 많은 동족들과 마찬가지로 나는 이 선생에서 문자 그대로의 구사의 일생을 얻었다. 전쟁의 참화가 이 민족과의 전쟁보다 동족끼리의 전쟁에서 더욱 크다는 것을 깨달았다. 수없는 죽음의 나락에서 그때까지 기적적으로 살아남은 내가 지금 이렇게 살아남은 것은 신비스러운 일이다. 나는 지금 인생을 덤으로 살고 있는 것이다. 1·4 후퇴 때 가재도구와 서적을 서울에 버려두고 가족은 진주에서 헤어진 채 단신 부산에 피난해 왔다. 전쟁의 상처와 처참한 동족상잔을 목도한 나는 깊은 실의와 절망에 빠졌다. 피난지 부산의 다방에서 The Gloomy Sunday라는 노래를 하루 종일 들으면서 두고 온 처자를 생각하고 눈물을 흘리기도 하였다.[26]

피난지에서의 연구활동은 매우 어려운 여건이었다. 무엇보다도 서적과 자료를 구하는 것이 불가능했으며, 생활 문제를 해결

26 이한기, 『영서당기』, 박영사, 1986, 49-50쪽.

피난 시절 부산에서의 서울법대 강의실(1952). 한 좌석도 빠짐없이 열기에 차 있다.

하기 위해 겸직을 하는 교수들도 많았고 전쟁에 참여했던 교수들도 적지 않았다. 그런 가운데서도 대학이 어느 정도 기능을 하게 되자 외국 학계와의 교류가 시작되었다. 특히 미국으로부터의 교류 지원이 크게 도움을 주었다. 1948년 미국의회에서 〈미국 정보 및 교육교환법〉(Smith-Mundt Act)이 통과되어 미국 국무성인사교류 계획에 의해 한국 교수들의 미국 유학의 길이 열리게 되었다. 1949년도에 제1차 파견이 이루어졌고, 1950년 9·28 수복 후 제2차 파견이 있었다. 제3차로 1953년에 교무처장 김선기 교수가 언어학 연구를 위해 하버드 대학에, 법대 유기천 교수가 형법 연구를 위해 예일 대학에, 사대 고광만 교수가 교육학 연구를 위해 코넬 대학으로 갔다.

교수진

6·25 전쟁으로 서울대 교수 중 몇 분이 사망, 실종되었는지 파악되지 않았지만, 법대만 보더라도 장석만·주유순·이종갑·윤동직·조림행·서재원·백삼출·이진용·김성칠·전학연·이태진 교수의 사망 혹은 실종 소식을 듣거나 월북 혹은 납북의 소식을 들어야 하였다. 실로 큰 손실이었다. 그러면서도 전시 속에서나마 학문의 발전을 위해 새로 교수진을 강화할 수 있었던 것은 참으로 다행이었다. 1951년 1월 8일 자로 이한기, 김기두, 신태환, 황산덕이 전임교수로 채용되었다. 이들에게서 배운 제자이며 후일 서울대학교 행정대학원장을 역임한 노융희는 이렇게 증언한다.

> 이한기 선생이 법대의 전임이 되실 때 김기두, 신태환, 황산덕 선생들도 전임으로 영입되셨다. 동란 중 법대교수 중 월북 또는 납치된 분들의 뒷자리를 메운 것이다. 이분들은 모두 전남대, 동국대, 고려대 등의 전임이었고, 전시연합대학의 강의를 통해 명성을 날리던 분들이다. 이러한 분들을 법대의 전임으로 영입한 30대 초의 유기천 학장서리의 영단에 감탄하지 않을 수 없다. 찰나주의가 판을 치는 사회 분위기 속에서 마비상태에 빠진 대학행정의 혼란을 뚫고 앞날을 위해 새로운 전임을 영입한다는 것은 쉬운 일이 아니었고, 이때에 영입된 4분이 서울법대의 위상을 드높이고 국가발전에 크게 기여하였음을 보아 유 학장님의 통찰력에 박수를 보내지 않을 수 없다. 동란이 끝나고 평온을

되찾았을 때 수복된 서울 본교로 돌아와 한때 성대파(城大派)니 동대파(東大派)니 하는 잡음이 캠퍼스에서 흘러나오고 샤머니즘을 둘러싼 문명론 시비가 있었다고는 하나 이것들은 모두 발전을 위한 진통이었고 침체된 한국 학계의 돌파구를 찾으려는 조짐이었지 결코 유 학장의 통찰력에 넘친 그 당시의 인사결정에 흠집이 가는 문제는 아니라고 믿는다.[27]

이러한 증언처럼 이때 발령받은 네 분의 교수는 법대의 발전과 한국사회를 위해 크게 공헌하였다.

학생생활

전쟁 속에서 학생들은 수업에만 열중할 수 없었고 자발적으로 또는 징집을 받아 전쟁에 참여하였다. 전쟁이 발발하자 학생들은 뿔뿔이 흩어졌지만 1950년 6월 29일에 수원에 집결하여 비상학도대(非常學徒隊)를 조직하였다. 이들은 국방부 정훈국의 지도 아래 맨주먹으로 실전에 참가하기도 하고, 일부는 선전대로서 각 지방에 파견되어 전황보도, 가두선전, 피난민구호, 남하 학도들의 규합

27 노융희, 「스승 기당(箕堂) 선배를 추모하며」, 『삶으로 가르친 큰 스승』(기당 이한기 박사 추모문집), 도서출판 오름, 1996, 74-75쪽.

등에 참여하였다. 충청도 지방에서도 7월 1일 의용학도대를 조직하여 학도병을 모집하고 국민의 사기를 독려하는 활동을 하였다. 그러나 인민군은 그해 7월 중순에 금강(錦江) 방어선을 뚫고 계속 남하하였고, 학도대회는 정부를 따라 대구로 이전하여 대한학도의용대(大韓學徒義勇隊)로 합세하였다. 이곳에서 그들은 빈약하나마 국방부 지도 아래 소정의 훈련을 받고 무장을 갖추고 일선으로 배치되었다. 부산에 직결한 학생들도 학도의용대를 조직하여 대구로부터의 의용대와 합세하여 낙동강 전선에 배치되었다. 그렇게 학생들은 전투원으로 전선에 참가하여 전공을 세우기도 하고 사상자가 나오기도 하였다. 또한 후방에서도 학도치안대, 학도구호대, 학도계몽대 등을 조직하여 위기의 조국을 위해 열심히 활동하였다.

1951년에 들어 전선이 고착화되자 문교부는 학도의용대를 해체하고 학생들을 학원으로 돌려보내 줄 것을 국방부에 요청하였다. 수차에 걸친 협의 끝에 수업이 가능한 후방 지역에 있는 학도의용대원은 전원 복귀하기로 하고 전방 지역과 빨치산 활동 지역에 있는 학생들만 군의 지휘 아래 두기로 하였다. 이리하여 근 1년 동안 학원을 등지고 전쟁에 참여했던 학생들이 일부나마 대학으로 돌아왔다. 그러나 이때부터 학생들에게는 병역(兵役)이라는 문제가 의무와 기피의 착잡한 문제로 남게 되었다.

문교부에서는 학생들의 학업을 보장하기 위해 전시학생인정제(戰時學生認定制)를 실시하고 '전시학생증'이라는 신분보장증명서를 발부하였다. 그리하여 1952년 2학기 전시등록을 완료한 서

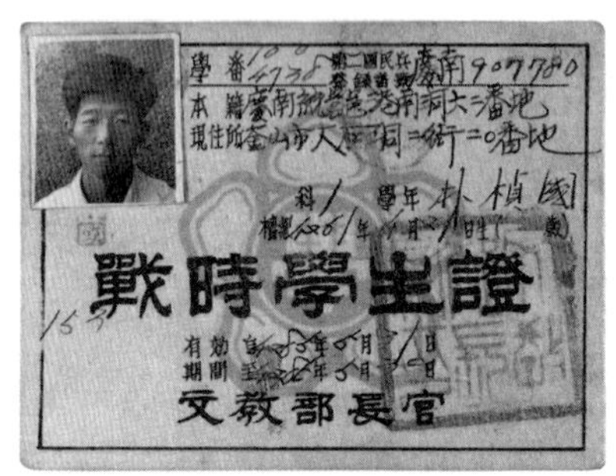

6·25 전쟁 중 문교부 장관이 발급한 전시학생증 (1952)

울대 4,400여 명의 남학생은 징집보류라는 특혜조치를 받았다. 이렇게 징집이 보류되고 재학 중에 훈련을 받은 학생들은 졸업 후 간부후보생시험에 응시할 자격을 얻게 되었다. 1953년 5월 2일에는 제1차 간부후보생 출정식이 부산 충무로 광장에서 거행되었으며, 제2차는 6월 1일, 제3차는 6월 15일에 거행되어 많은 졸업생이 참여하였다. 1952년 여름방학 때부터 학생들은 문명퇴치운동을 전개하였다. 계몽대 학생들은 며칠간의 계몽훈련을 받고 자기 고향으로 돌아가 각 부락에 국문강습반, 공민학교반, 성인반을 개설하고 사회, 역사, 과학을 가르쳤다. 법대에서는 개교 직후 1947년부터 시작한 전국 남녀 중고등학생 웅변대회를 매년 주최하였는데, 부산의 어려운 처지에서도 끊이지 않았다.

당시 서울대학교 학생들은 누구나 다음과 같은 '학생준칙'을 지켜야 하였다.

제1조 본교 각 대학의 학생은 본교 소정의 정복과 정모를 착용하여야 한다.

제2조 본교 각 대학교의 학생은 학도호국단 이외의 회합을 불허하며 정당 또는 사회단체에 가입하거나 활동하는 것을 금한다.

제3조 본교 각 대학의 학생은 요정, 다방, 댄스홀 등의 출입을 엄금

한다.

제4조 본교 각 대학의 학생으로서 전시학생증의 인증을 받은 자는 다음의 각 항에 해당되어야 한다.

1) 학과에 매월 3분지 2 이상 출석하여야 할 것.

2) 교과에 매월 5분지 4 이상 출석하여야 할 것.

3) 소정 기일 내에 등록을 완료하여야 할 것.

4) 매학기 15학점 이상 취득하여야 할 것.

제5조 전시학생증 소지자는 전 항 1), 2) 목에 대한 검인을 매월 말 소속대학 학생과장 및 교련교관으로부터 반드시 날인을 받아야 효력이 발생한다.

제6조 전시학생증 소지자로서 이적(離籍) 또는 제적(除籍) 처분을 받았을 때는 지체 없이 본 전시학생증은 소속대학에 반드시 반환하여야 한다. 고의 또는 과오로 반환치 아니하고 소지할 때에는 의법처단된다.

제7조 전시학생증 소지자로서 휴학을 할 때는 반드시 소정약식「제1호 양식」소속을 완필한 후 전시학생증에 그 사유를 인정받아야 한다.

제8조 본교 각 대학의 학생은 재학 중 징소집연기를 받을 수 있다. 단, 징소집연기는 반드시 본인의 원에 의한다.

제9조 재학 중 징집연기를 받을 수 있는 자는 병역법 제40조에 규정된 자로써 매년 4월 15일까지 소속지구병사구 사령부에 재학 중 징집연기원을 제출하여야 한다. 소집연기원은 전항 이외의 소집연령해당자 전원에게 적용한다.

제10조 본교 각 대학의 학생으로서 명예제대자 현역군인 및 유학생에게는 제8, 제9 항의 소속은 이를 제외한다.[28]

당시 피난 중에 정치파동 등 복잡한 문제가 있었지만 유기천 학장과 김증한 학생과장은 법대생들은 정치 문제에는 일절 간여치 않도록 엄하게 지도하였고, 그 결과 법대에서는 유인물 한 장도 나오지 않았는데, 법대생들은 너무 정치에 문외한이 되었다고 불평이 나오기도 하였다.

전시 하에서 학생들의 공부를 어렵게 만든 것은 읽을 서적의 부족이었다. 1952년 서울에 있던 책 20,000권을 부산으로 가져가 도서관을 열기는 하였지만, 턱없이 모자라는 상태였다. 1953년 5월 11일에는 UNKRA 원조도서 제1차년도분 39,200권이 부산항에 도착하여 서울대에는 12,500권이 분배되었다. 1953년 9월 부산에서의 피난본교가 해체되고 서울로 이전해 왔을 때 많은 책이 문리대, 법대, 박물관 창고 등에 흩어져 있었고, 심지어 일부는 가마니에 넣어진 채 운동장에 내버려져 있기도 하였다. 전쟁 중에 없어진 책의 수는 정확히 알 수 없으나 약 10,000권 정도로 추정되고 있다.[29] 또 오늘날 규장각의 귀중도서 가운데 파손된 부분은 이때의 전쟁으로 인한 것이었다. 그런 가운데서도 1952년 5월 출판위

28 서울대학교 법과대학 동창회 편, 「1993년도 서울대학교 학생요람」, 『서울법대 100년사 자료집』 제2집, 서울대학교 법과대학 동창회, 1989, 103쪽 수록.

29 서울대학교50년사편찬위원회 편, 『서울대학교 50년사』, 서울대학교, 1996, 56쪽.

원회를 구성하고 외국 서적의 번역 출판에 주력하였다. 1952년에는 10권, 1953년에는 19권의 외국 서적이 번역 출판되었다. 이 가운데에는 제섭(Jessup)의 『현대국제법』이 이한기 교수에 의해 번역되어 총서 제1권으로 출간되었고, 켈젠(Hans Kelsen)의 『법과 국가의 일반이론』이 황산덕 교수에 의해 번역 출간되었다. 이런 번역 법학서를 전쟁 중에 법대생들이 읽을 수 있었다는 것은 참으로 다행한 일이었다.

전쟁으로 인해 학생들은 생활에 곤란을 겪었고 피난지에서 학업을 계속하기 위해 많은 학생들이 부직을 찾아야 하였다. 학생들은 공무원, 회사원 등 전문직을 가지면서 학생 신분을 보유하였고, 따라서 강의 출석률은 매우 저조하였다. 당시 『대학신문』 제5호에 실린 기사는 그런 사정을 잘 말해 준다.

> 학생들 중 직장을 가지고 있는 사람은 50-60%에 달한다. 그중 관공서에 서기, 주사급은 수두룩하며, 과장급도 있고, 은행, 회사의 중견사원도 더러 있고, 군인으로는 영관급, 경찰관으로는 총경까지 있다. 기타 신문기자, 악사, 교원, 가두의 책장수, 약장수, 부두노동자, 식당보이까지 있다고 하니 대학이라고 하기보다는 무슨 강습소 같은 인상을 풍겼을 만도 하다. 업종별로 보면 군관계 종사자(현역 및 문관) 20%, 경찰관계 8%, 관공서, 은행, 회사 32%, 미국기관 8%, 부두노동 7%, 개인기업체의 점원 혹은 잡무 종사자 12%, 교사·기자, 악사, 기타 자유직업 13%이다.[30]

문교부는 학생들에 한하여 징집을 보류해 주었는데 취업을 하는 경우가 많다고 하여 돌연 1952년 3월에 각 대학에 직장을 가진 학생들의 취학을 금지하도록 시달하였다. 이러한 조치에 대하여 학생들은 반발하였다. 금지조치에도 학생들은 학업과 생업을 동시에 해결해야만 하였다.

민족이 비상사태로 억눌린 상태에서 여러 가지 얽히고설킨 사건들이 많았지만, 무엇보다도 정치 파동이라는 것이 대학에도 영향을 주지 않을 수 없었다. 김증한은 당시의 사정을 이렇게 회고한다.

> 부산에 있을 때의 학생 문제로서는 정치 파동이 있었다. 유기천 학장과 나(김증한)는 정치 문제에는 학생들이 일절 나서지 않는 방향으로 지도하기로 했다. 그 결과 다른 대학에서는 유인물이 나와서 학생과장들이 경찰서에 호출당하는 예도 많았지만, 법대에서는 유인물이 한 장도 나온 일이 없었다. 내가 너무 강력하게 단속하기 때문에 법대생들은 병신이 되었다고들 불평을 하기도 했다.[31]

부산 피난 시절의 학생 문제의 또 하나는 교련과 군입대 문제였다. 이에 대하여도 김증한은 이렇게 회고하고 있다.

---

30 『대학신문』, 1952. 3. 3.

31 김증한, 『한국법학의 증언』, 교육과학사, 1989, 199쪽.

한기태 군이 학생회장이었을 때 2학기가 되어 학교에 나오니까 일주일 동안 매일 교련이 있다는 것이다. 그것은 하기휴가 동안에 가교사를 선출하였는데 그 공사가 미처 끝나지 않아서 그렇게 했던 것이다. 그러나 학생들은 모처럼 개학이 되었다고 학교에 나왔더니 매일 교련이라는 것이다. 오전에는 뒷산에 가서 교련수업을 받았는데 그 후에 교련에 나가지 않고 돌연히 학생총회를 소집해 가지고 교련을 반대하는 결의를 하려고 했던 모양이다. 나는 깜짝 놀라서 단상에 뛰어올라가서 회의를 주재하고 있는 한군을 강제로 내려오게 하여 회의를 중단시켰다. 군입대관계는 7회 졸업생은 졸업과 동시에 원칙적으로 전원 군에 입대해야 할 것으로 되었다.[32]

금진호(12회, 전 장관, 국회의원) 동창회장도 전쟁으로 말미암은 길었던 대학 시절을 이렇게 회고한다.

1950년 6월 초 당시에도 꽤 경쟁이 치열했던 모교에 그나마 시골 무명의 사립교에서 입학한 감격이 남달라 청운의 뜻을 채 정리해 보기도 전에 민족의 비극이 시작되는 전쟁이 터졌다. 어이없는 국방부의 전황 뉴스에 일희일비(一喜一悲)하는 사이에 6월 28일에는 이미 서울은 인민해방군의 점령지가 되어 버리고 며칠을 연고지인(緣故知人)도 없는 서울 천지를 방황하다가 간신히 남하 길에 오르고 모교가 옮겨간 부산을 눈앞에 둔 대구까지는 갔으나 그곳에서 전혀 예상치 못했

32 김증한, 위의 책, 200쪽.

던 우발된 일로 해서 졸지에 군인으로 전신하게 되었다. 같이 입학한 급우의 다수가 부산의 가교사(假校舍)에서 학업에 열중하고 있을 때 나는 동부로, 중부전선으로 내일 일 기약 못하면서 그래도 나라를 지키는 대의(大義)를 되뇌이면서 만 4년을 덧없이 흘려보내야만 했다. 휴전이 되고 모든 사람이 새로운 상황의 변화를 어떻게 정리해 나가느냐를 생각할 때 감사하게도 예비역 육군대위의 몸으로 학창에 복귀되었다. 지금 와서 생각해도 그때 국방부 인사분야에 근무한 어떤 유능한 청년장교의 발상이었던가? 말하자면 6·25 당시 대학에 재학하다가 군복무에 참여한(?) 장교는 본인의 희망에 따라 학창에 복귀시켜 학업을 계속시키겠다는 생각이다. 우수한 자질과 지식을 갖춘 인재를 군 아닌 그들의 전문분야에서 양성, 활용하는 것이 국가적 장래를 보아 더 유익하고 필요하다는 정책구상이 모든 정부기관이 혼돈을 겪고 있는 군 우선적인 사회 분위기가 팽배하던 그 당시에 어떻게 입안되고 채택되었는지 지금까지도 궁금한 일이다. 국방부 장관 명의의 인사발령원문에 '학창복귀' 제대로 기술되어 있어 고소를 금치 못했다. 즉각 복학등록을 마치니 복학생이라는 타칭(他稱)이 생기고 이것이 이 나라 복학생의 효시라고 할 수 있을 게다.[33]

민족사에서 다시는 있을 수 없는 전쟁의 비극은 대학사에도 가지가지의 사연과 애환을 남기고 역사에 묻히고 말았다. 이 무렵

33 금진호, 「전란 속의 향학열」, 『진리는 나의 빛』, 경세원, 1994, 208-210쪽.

부산 피난 시절의 서울대 도서관과 관장 정광현 교수(1952)

공부한 이하우와 최명이 편집하여 『6·25와 나: 서울법대 58학번 들의 회고담』(까치, 2010)이라는 책을 출간하였다. 여기에는 동기생 38명의 전쟁 회상기가 실려 있다.

1950년대:
복구기

전후의 복구

부산에서의 3년간의 피난 생활을 하고 휴전과 함께 서울로 다시 올라온 서울법대는 1960년 4·19 혁명이 있기까지 7년간 재건의 기초를 다지는 시기를 맞는다. 조용한 성격으로 학자풍의 전형인 고병국 학장의 인솔 아래 한국 법학의 기초를 놓아 갔다. 이 시기는 이승만 대통령 통치 하의 제1공화국이 마지막에 이르는 시기였다. 동숭동의 낙산 아래 법대 캠퍼스는 사법부는 물론 행정부의 각 분야에 지도적 인재를 양성하는 법학교육과 독특한 법대문화의 산실로 자리잡아 갔다. 대학로로 흐르는 '라 세느'라 불리는 개천 오른편에 중앙공업연구소와 인접하여 자리 잡고, 맞은편에는 수의대학이 있고, 미술대학이 법대 구내에 함께 있어 교사의 일부를 같이 사용하였다. 중앙공업연구소와는 공간 문제를 두고 수년간 서로 편치 못한 관계를 유지할 수밖에 없었다. 대학천에 흐르는 물은 당시에도 그리 깨끗하지는 않았지만 옆에 핀 개나리꽃과 함께 대학가의 정취를 북돋아 주었다. 법대의 강의실은 ㄷ자형으로 된 2층의 붉은 벽돌집으로 제7강의실, 제10강의실은 대형 강의실로 이용되었다. 강의실 복도는 나무로 되었으며 오래되어 걸을 때마다 삐걱거리는 소리가 났다. 화장실은 강의동 건물 옆에 재래식으로 된 붉은 벽돌 건물이었고, 그 옆에는 구내 이발소와 다방이 있었다. 학장실, 교수실, 교무과와 학생과는 2층의 시멘콘크리트 건물에 있었다. 그 앞에는 학장과 공용으로 사용하는 지프가 한 대 서 있었다. 물론 다른 교수들이나 학생들의 차는 없었다. 도서관은 아직 별도의 건물을 갖지 못한 상태로 2층에 있었고, 아래층은 미술대에서 사용하였다. 식당은 학장실이 있는 건물 오른쪽에 있는 단층의 판잣집에 있었다. 넓지는 않지만 운동장 한쪽에 링이 하나 있어 학생들이 쉬는 시간에 자주 매달렸고, 농구장이 하나 있었다. 권병일(11회, 지학사 사장)은 당시의 법대 사정에 대해 이렇게 말한다.

> 우리들은 입학조차도 서울의 본교가 아닌 부산의 판자 교사에서 치러야만 했다. 피난살이였다. 부산의 서대신동 구덕 산록에 자리 잡은 판사 교사(당시 총장은 최규남 선생님이셨고, 학장은 고병국 선생님이셨다). 그런 곳에서 수업을 했으니 형편인들 오죽했겠는가. 그래도 우리들은 열심히들 공부했다. 나라가 걱정되고, 앞일이 캄캄했으므로 더욱 그랬는지도 모른다. 오늘에 이르고 보니, 우리 동기생들 중에 나라와 사회에 기여한 일꾼들이 유독 많았던 것도 그때의 어렵던 환경과 무관하지는 않았으리라는 생각이다. 젊을 때의 고생은 사서 한다는 말도 있지만, 그 시절 우리들에게 부닥뜨려졌던 어려운 환경은, 우리들의 삶의 지표에 덧없는 교훈과 채찍을 주었을 것으로 여겨진다. 아무튼 우리는 부산에서 그해 10월 환도하여 2학기부터는 동숭동 캠퍼스에서 수업을 계속할 수 있었으나, 전쟁이 한바탕 휩쓸고 간 탓에 폐허가 되어 있었으므로 서울이라고 해서 부산의 피난살이보다 나을 바는 없었다.[1]

---

1 권병일, 「남겨질 추억」, 『학지』 벽호, 1994, 313쪽.

정상학(14회, 변호사)은 당시 입학한 분위기를 이렇게 회고하여 적고 있다.

> 고등학교 시절 오직 구국의 일념으로 고된 군사훈련을 받으면서 어느덧 대학에 입학하여 자랑스러운 법대맨이 되었다. 서울대 교복과 교모, 거기다 아마 단과대학 배지로는 제일 컸지 싶은 큼직한 법대 배지를 달고 제각기 잘났다고 법대 교정에 모여 보니 자기 학급에서 일등한 녀석이 보통이고 특히 지방에서 온 학생은 대부분이 전교 수석이었다.[2]

1953년 12월 23일에는 제6회 전국 남녀 중고등학생 웅변대회가 어김없이 개최되었다. 1954년 3월 학기부터는 종래 실시하다 동란으로 중단되었던 학수부(學修簿)가 부활하였다. 학생들이 등교하여 스스로 출석부에 도장을 찍는 것이었다. 1955년에 들어서면서 전쟁의 상처도 어느 정도 치유되고 대학행정과 학생생활이 현저히 안정되는 분위기였다. 3월에 행정대학원이 설치되고, 5월에 법대산악회가 발족하였다. 6월 29일에는 법대학예부 주최로 법률토론대회를 개최하였다. 7월 4일에는 학생회에서 당시 국민적 신망을 얻고 있던 신익희 씨를 모시고 '민주주의와 정당정치'라는 강연을 듣기도 하였다. 10월 8일에는 공법학회가 창립되었

---

2 정상학, 「서울법대와 나」, 『진리는 나의 빛』, 경세원, 1994, 216쪽.

다. 11월 5일에는 신구 형법을 비교하는 Iris회의 모의재판이 있었고, 11월 18일에는 제8회 전국 남녀 중고등학생 웅변대회가 개최되었다. 11월 15일에는 김증한·안이준 교수의 지도로 민사법학회가 창립되었다.

1956년 10월 법대 개교 10주년을 기념하여 동창회가 법대본부 건물 앞에 '정의의 종'을 기증하였다. 주인에게 혹사당하던 말이 고비를 풀고 뛰쳐나와 허기에 지쳐 헤매던 끝에 감자 덩굴로 된 줄을 뜯어먹은 것이 종을 울리게 하여 악덕 주인이 처벌받았다는 서양의 전설에 유래한다. 그 후 이 종은 법대의 감시탑으로서 법대생들의 사랑을 받았다. 4·19 혁명이 일어나던 날 아침 성난 포효로 정의의 젊은 사자들을 모았고, 그 대열에서 숨진 박동훈 군의 장례식에 진혼의 조종이 되기도 하였다. 이 종은 관악캠퍼스로 옮겨서 지금도 법대 15동 강의동 앞에 서 있다.

학교 시설은 낡고 강의실은 음침했으나 학생들은 향학열에 불탔다. 학생들은 법대 구내 도서관이 협소하므로 문리대 구내에 있는 중앙도서관을 많이 이용하였다. 그곳에 가면 법대에서 구경하기 어려운 여학생들도 많이 있어 겸사겸사 '구름다리'라 불리는 나무다리를 넘어 본부가 있는 문리대로도 자주 다녔다.

이강석 부정입학 반대사건

비교적 조용한 학원 분위기에서 파문을 불러일으킨 사건은 1957년 봄에 야기되었다. 이승만 대통령의 양자로 입양한 이기붕 국회의장의 장남 이강석(21세) 군이 법대에 특별입학한다는 소식이 공개되고 이를 두고 법대교수진에서는 찬반양론이 제기되었다고 보도되었다. 대학 총장과 학장이 상부로부터 모종의 압력을 받고 있다는 설도 떠돌아 대학의 권위를 위해 참을 수 없다는 움직임이 학생들 사이에 파급되었다. 이와 같은 일부 교수들의 동향은 특히 학교 당국이 교수회에 하등 연락 없이 내용상으로 진행하고 있다는 인상을 주었다.

당시의 학칙에 제56조에 "수강할 실력이 있는 자로서 본 대학교 단과대학의 어떤 교과목에 대하여 청강을 희망할 때에는 학장은 재학생의 수학에 지장이 없는 한 총장의 승인을 얻어 청강생으로 이를 허가한다. 청강생에 관한 세칙은 총장이 따로 정한다."라고 되어 있어 어느 조항에도 사관학교를 중퇴한 이군을 소정의 절차를 거치지 않고 전입학 시킬 수 있는 해당 조항이 없어 청강생이 아닌 정규 입학은 불가능하였다. 이에 대해 본부 교학국장은 "정규 학생으로 입학시키는 것이 아니고 청강생 정도로 허가하자는 것이 다수의 의견인데 아직 결정이 난 것은 아니다."라고 하였다. 이에 대해 법대의 교수들은 입학 서류를 교수회도 거치지 않고 직접 교무과에서 수속 중인 듯하다고 말하고 이러한 조치는 서울법대의 명예와 전통을 위해 묵과할 수 없는 일이라고 하였다. 이러한 사태를 지켜보던 법대학생회에서는 운영위원회를 개최하여 이군의 입학조치가 철회되지 않는다면 동맹휴학을 하겠다고 결의하여 단호히 대처하였다. 당시 학생회운영위원장은 이강혁(전 한국외국어대 총장), 부위원장은 남재희(12회, 전 국회의원, 노동부 장관)였는데, 이 사건의 전개에 대해 남재희가 쓴 「이강석 부정입학과 동맹휴학」이란 회고문이 있다.[3]

이 글과 당시의 신문보도들을 종합해 보면 사건의 경위는 다음과 같다. 이강석의 입학 여부에 관한 학교 측의 해명이 없자 법대에 학생 500여 명은 4월 9일 오전 11시부터 긴급 임시 학생총회를 개최하고 이군의 법대 입학에 대한 석연한 해명을 9일 하오 3시까지 해 줄 것을 학교 측에 요구하는 한편 만일 이군의 입학이 사실이거나 또는 그에 대한 학교 측의 석연한 해명이 없을 경우에는 동맹휴학을 단행할 것을 만장일치로 결의하였다. 그리고 이 요구를 관철하기 위해 5개 항목의 행동강령을 채택하였다. 1) 이상의 문제에 관련된 학생대표의 구속이나 그들에 대한 퇴학 문제가 있을 시는 계속 동맹휴학을 할 것이며, 외부와의 교섭을 일절 중지한다. 2) 요구가 관철될 때까지 학교 출석을 일절 거부한다. 3) 학장이나 교수의 사임이 있을 시는 계속 맹휴를 단행한다. 4) 강의실은 물론 도서관, 이발관, 식당 등을 일절 사용하지 않는다. 5) 학

3 남재희, 「이강석 부정입학과 동맹휴학」, 『진리는 나의 빛』, 경세원, 1994, 257-262쪽.

이승만 대통령 부처와 이기붕 일가. 왼쪽이 이강석 군(1957)

교 측과 절충이 되었을 경우에도 학교 당국의 출석 요청에는 불응하고 학생대표의 정식통고(성명서)가 지상에 보도된 다음에야 각자 행동을 취한다. 한편 서울대학교 총대의원회에서는 학교 당국의 부당한 학사행정을 시정하여 이강석 군의 입학 수속을 취소하라는 결의문을 채택하고 만일 요구 조건이 관철되지 않을 경우에는 2개 단과대학 운영위원장이 총장실에 농성하고 교가를 부르며 투쟁할 것이라는 의사를 표명하였다. 한 학생대표는 이에 대해 "학교 측에서는 시종 확실한 말을 하지 않고 단지 '스페셜 케이스'란 말만 되풀이하기 때문에 부득이 이런 행동으로 표시하게 된 것"이라고 하였다. 그런 가운데 법대 고병국 학장은 임기가 만료되어 사의를 표명하였다는 풍문도 떠돌았다.

한편 윤일선 총장은 담화를 발표하고 이강석 군의 입학 경위를 밝히면서 합법 정당성을 다음과 같이 강조하였다. 1) 본 대학교의 입학과 졸업 등에 관한 사항은 총장의 결정 권한에 속한 것인데, 신중을 기하기 위해 법과대학 교수회의 및 학장회의에서 완전 합의를 보고 입학을 허가한 것이다. 2) 이강석 군에 대한 특별 고려는 타당하다고 생각된다. 종전부터 순국열사의 자녀, 명예제대 군인, 외국인 기타에 대해 특별히 고려한 예가 있으므로 일국의 행정수반이며 또한 일생을 조국 광복을 위해 몸 바쳐 오신 이 대통령의 자제를 국립대학교에서 특별히 고려한다는 것은 당연하다. 3) 총장은 학생의 자격과 학력 등 수학능력을 판단하여 입학을 허가하는 것인데 이강석 군의 경우는 서울대학에 입학할 충분한 자격과 학력을 구비하고 있다.[4] 법대 1,200명 학생은 9일 학생총회의 결의에 의해 이강석 군의 입학 경위에 대한 해명 요구가 이날 하오 3시까지 학교 당국으로부터 나오지 않자 동맹휴학에 돌입하였다. 10일 아침에는 학도호국단 간부만 제외하고 학생 전원이 등교하지 않았다. 그러다가 13일 오후에 학생총회를 개최하고 이강석 군의 입학을 있을 수 있는 일로 강조하고 15일부터 등교할 것을 합의하여 일단락 짓는 것처럼 보였다. 이날 총회에서는 처음 학생대표와 학생 측의 타협안, 즉 이군의 편입학은 학칙상 있을 수 있는 일이며, 앞으로는 이러한 특별고려제도를 인정하지 않고 학생처벌은 일절 고려하지 않는다는 합의안을 가부표결에 부친 결과 출석 575명 중 385명이 부결하여 이군의 편입학을 반대했으나 고병국 학장의 간곡한 호소에 이어 애초의 안을 번안

4 『동아일보』, 1957. 4. 12.

동의하고는 박수로서 가결하고 말았다. 그리하여 이군의 편입학을 반대하는 학생들은 그대로 퇴장하고 말았다.

이처럼 당시 이승만 대통령의 서슬 푸른 권력 아래서 학생들의 반대와 중간에서 난처했던 학교 당국의 학생 행정을 둘러싼 이 사건은 전국의 주목을 받는 일대 센세이션을 불러일으켰으나 다행스럽게도 이강석 군 스스로 물러나는 결과로 매듭짓게 되었다. 이 사건은 정치권력에 저항해 온 법대학생운동사에서 중요한 의미가 있다. 뿐만 아니라 법대교수회의에서도 황산덕·한태연 두 교수는 학생들의 행동을 지지하여 어려움을 겪기도 하였다. 한 교수는 신변 위협을 받고 밤중에 피신하여 충남 공주에 있는 제자 김남진(전 고려대 교수)의 집에 내려가 있기도 하였다.

그해 1957년 6월 5일에 고병국 학장이 퇴임하고 신태환 교수가 제5대 학장에 취임하였다. 법학 전공이 아니지만, 법대의 발전을 위해 1961년 7월 2일까지 재임하면서 교수진의 증원 등 적극 노력하였다.

1953년에 입학하여 1957년까지 동숭동 캠퍼스에서 공부한 제11회 동창들은 입학 30주년을 기념하여 학창 시절을 회고하는 수상집을 발간하였다. 『학지』(鶴志)라는 이름으로 발간한 이 수상집은 단일 동기에서 만든 최초의 동창수상집으로 특별한 의의가 있다. 동기회장 이대순(전 국회의원, 장관, 한남대 총장) 동창은 발간사에서 말하기를 "학은 말할 것도 없이 서울대학교 상징의 새다. 저 구만리 장천을 흰 구름처럼 나는 새와, 우리 11회의 마음[心]을 모은다는 뜻으로 11(十日)과 심(心)자의 합자 지(志), 곧 학같이 고고

한 선비의 시절을 뜻한다."라고 하였다. 환도 후 동숭동 캠퍼스에서 처음 배우기 시작한 이 11회는 국무총리 2명, 감사원장 1명, 국회의원 8명, 장관 9명, 차관 13명, 대사 10명, 국장 이상 24명, 법조계 40명(대법원 대법관 6명), 교육계 32명, 대학교수 19명, 경제계(사장 이상) 55명, 금융계 19명 등으로 쟁쟁한 인재들을 양성하였다. 전쟁 후 동숭동 캠퍼스가 만들어 낸 첫 작품이라 하겠다.

「자유부인」 논쟁

정비석(鄭飛石) 씨의 소설 「자유부인」은 휴전이 성립된 이듬해인 1954년 1월 1일부터 그해 8월 9일까지 『서울신문』에 연재되었던 장편소설이다. 국문학을 전공하는 장태연 교수의 부인인 오선영 여사가 가정생활에 권태를 느끼고 양품점에 나가면서 남편의 제자로부터 댄스를 배우고, 한편 장 교수는 미군 부대의 타이피스트 박은미 양에게 야릇한 감정을 느낀다는 스토리 전개는 그 무렵의 세태 속에서 이내 인기를 모았다. 그런 「자유부인」의 인기를 더욱 부채질한 것은 서울법대 황산덕 교수가 『대학신문』(1954. 3. 1)에 「자유부인」이 대학교수를 모욕하는 소설이라고 다음과 같이 비판한 데 있었다.

(전략) 저는 귀하를 인간적으로나 또는 작품을 통하여서나 전혀 아는

바가 없는 것입니다. 그러나 어찌 된 일인지 요사이 대학에 나가면 이곳저곳에서 귀하를 원망하고 비난하고 저주하는 말소리가 매일같이 들려옵니다. 그래 저도 그 욕설을 방청하는 동안에 자연히 귀하가 쓰신 작품의 스토리까지를 알게 되었습니다. 그만큼 귀하는 지금 대학 관계자들 중에서 어떤 의미로 유명해진 것입니다. 그러나 오늘날 우리나라의 대학교수는 불우한 족속들의 일종이라는 것을 귀하도 모르지는 않을 것입니다. 김모씨(김광연 씨를 가리킨 것)는 「나는 너를 싫어한다」라는 작품으로 유명해졌습니다만 김씨의 작품의 상대자는 당당한 고관이요 날아가는 새도 떨어뜨릴 만한 권세가였습니다. 그러기 때문에 그 작품은 일부 고관에 대한 국민의 반감에 공명하는 바가 되어 이를테면 유명해진 것입니다. 그러나 지금 귀하가 망신을 주고 있는 대학교수는 권력도 돈도 없는 불행한 족속들입니다. 대학교수는 본래 진리탐구에만 적극적이지 권력과 치부에는 소극적인 것입니다. 대학교수에게 권위를 주고 대학교수에게 충분한 생활비와 연구비를 주는 것은 국가와 민족이 해야 할 일입니다. 그러나 지금 우리나라의 대학교수는 우리 국가와 우리 민족으로부터 그러한 은공을 받지 못하고 있습니다. 그러면서도 그들은 일국의 문화건설에 이바지해 보려고 가진 모욕과 불편을 감수하면서 학원을 지키고 있는 것입니다. 세상 사람이 다 부패했지만 나 혼자만은 부패해서는 아니 된다고 스스로를 채찍질하고 있는 것입니다. 이러한 대학교수를 상대로 지금 귀하는 도하(都下) 일류 신문의 연재소설에서 가진 재롱을 다 부려 가면서 모욕하고 있는 것입니다. 귀하는 왜 이러한 무력하고 온순한 족속을 상

내한한 독일 형법학자 벨첼(Hans Welzel) 교수와 황산덕 교수 내외(1967)

대로 그러한 작품을 쓰고 계십니까….[5]

이에 대해 정비석 씨는 『서울신문』(1954. 3. 11)에 황 교수의 글이 문학자를 모욕한 것이라는 뜻의 반박문을 썼고, 이에 대해 황 교수는 첫 번보다 더욱 격렬한 내용의 반박문을 『서울신문』(1954. 3. 13)에 발표하였다. 그러자 변호사 홍순엽 씨가 작가를 변호하는 글을 『서울신문』에 기고했는데, 이 글은 변호라기보다는 두 사람 사이의 논쟁에 대한 판정과 같은 것이었다. 한편 『대학신문』에는 문학작품의 대중성과 예술성을 따지는 백철 씨의 글이 실렸다.[6]

---

5 「창작의 자유 본격 논의된 계기」, 『한국현대사 119대사건』, 월간조선 엮음, 1993, 128쪽.

6 자세히는 구상 편, 『예술과 인생의 시비』, 자유문화사, 1963, 45-53쪽; 손세일 편, 『한국논쟁사』, 청람문화사, 1976을 참조.

이 무렵부터 신문소설의 윤리성과 창작의 자유 문제가 본격적으로 논의되기 시작하였다. 어쨌든 당시 변화하는 세태 속에서나마 '일국의 문화 건설에 이바지해 보려고 가진 모욕과 불편을 감수하면서 학원을 지키는' 대학교수의 권위를 황산덕 교수가 대변해 주었다는 역사적 의의를 남긴다.[7] 황 교수와 정비석 씨는 그 후 인간적으로 매우 친하게 되었다. 황 교수뿐만 아니라 한태연·양호민 교수 등 서울법대 교수의 발언과 기고문들이 당시 사회적으로 지도적 역할을 하였다. 그만큼 이 나라에서 서울법대의 위상은 높았던 것이다.

학생생활과 법대문화

법대생들은 법대문화의 건설을 위하고 학문연구의 발전을 위해 언론의 중요성을 깨닫고 자발적으로 『법대학보』를 창간하였다. 윤종수(변호사) 등 학도호국단 편집부원들이 노력하였다. 『법대학보』 창간호는 1954년 6월 4·6배판 98쪽으로 나왔다. 표지에는 횃불을 든 자유의 여신상을, 그리고 목차 앞면에는 법대 전경과 함께 'FIAT JUSTITIA RUAT CAELUM'(하늘이 무너져도 정의는 행해져

7 자세히는 손세일 편, 『한국논쟁사』, 청람출판사, 1976 참조.

라)이라는 법대의 모토를 박아 실었다. 부산 피난 시절의 가교사 교문에 써 붙였던 이 '법대정신'이 서울에 돌아와서도 계속 연결된 것이다. 본교 최규남 총장의 「정의의 사도들 민족의 태양되리」라는 축사와 이규오 동창회장의 「이 나라 법학계를 찬연히 빛내리」라는 축사를 싣고, 고병국 학장이 역사적 문헌이 될 창간사를 남겼다. 『법대학보』의 창간을 축하하는 하버드 로스쿨의 카우프만(Andrew Kaufmann) 교수의 축하 메시지도 실렸다. 이렇게 발간되던 『법대학보』는 당시 한국의 중요한 법대언론으로 역할을 하고 1960년에 『법대신문』과 함께 *Fides* 지로 통합하였다. '신뢰'를 뜻하는 Fides라는 제호는 유기천 학장이 만든 것이었다.

교수들은 물론 학생들도 전란의 상처를 딛고 새 조국의 건설에 학문연구로 매진한다는 열의에 차 있었다. 당시의 오기평(11회, 전 서강대 교수)은 당시의 학생생활을 이렇게 회고한다.

> 내가 대학에 입학한 1953년도는 여러 모로 들뜬 사회 분위기였다. 전쟁을 겪은 국민답게 허무주의와 낭만은 공존했다. 공부한다는 것에 의미를 부여해 줄 만큼 미래의 비전을 가질 수 있게 하기보다는 오히려 전쟁 기간 중에 홍수처럼 쏟아져 들어온 서구 문물에 대한 호기심과 서구 문화에 대한 동경이 나의 젊음을 충동질하였을 뿐이다. 전쟁의 참담함 속에서 오직 미래지향적인 발상이라면 나라 바깥 세상에 대한 몽롱한 꿈이 있을 뿐이었다. 자연히 학교생활에는 소홀했던 지난날을 돌이켜보면 용서될 수 없는 일이었으나 이해할 수는 있다. 부산에서의 1학년 1학기는 놀기로 작심한 시절이었고, 넓은 판잣집 임

시 강의실 뒤쪽에 앉았다가 창문을 뛰어넘어 강의를 사보타주한 적이 여러 번 있었다. 어느 화창한 초여름날, 또다시 창문을 빠져나가 한없이 좋은 날씨 속에 하루종일 송도 바다를 즐기고 돌아온 날의 일이었다.[8]

김용래(11회, 전 서울시장)는 당시 법대생의 생활과 분위기를 이렇게 묘사하였다.

고전음악과 영화 감상은 그동안 시험공부로 허기진 문화 예술욕구를 채우기 위한 양식이었다. 먼저 부족한 음악 상식을 채우기 위해 종로 2가에 위치한 음악감상실 '돌체다방'에서 매일 둥지를 틀었다. 점심을 굶고 아낀 돈으로 차 한 잔을 시켜놓고 종일 듣고 또 들었던 베토벤, 모차르트, 차이콥스키, 드보르작 등 악성들의 교향곡과 카르멘, 나비부인 같은 오페라의 감미로운 선율이 지금도 그윽이 가슴에 젖어 오는 듯하다. 또한 그 당시 대학생들의 최대 오락이었던 영화 감상도 빼놓을 수 없었다. 안정효의 근작 소설 「헐리우드 키드의 생애」는 그 시절 우리들의 영화에의 열정을 잘 그려내고 있다. 영화 제목과 스토리, 명배우와 명감독, 주제음악 등을 줄줄 외우지 못하면 축에도 끼지 못하던 때였다. 그동안 공부하느라 굶주린 문화적 허기를 한꺼번에 채우느라 매일 밤낮 없이 변두리 싸구려 극장들을 순회하면서 '비 내리는' 조야한 화면 상태의 영화들을 보고 또 보고, 제복, 배우, 감독, 주

---

8 오기평, 「한 훈장의 업보」, 『학지』 벽호, 1994, 145쪽.

서울법대 교문과 법률도서관(1960년대)

제가 등속을 시험공부 때보다 더 열심히 외우던 일이 생생하게 되살아난다. 비비안 리, 오드리 헵번, 그레이스 켈리, 데보라 카, 잉그리드 버그만, 게리 쿠퍼, 알란 랏드, 로버트 테일러, 그레고리 펙, 윌리암 홀덴, 클라크 케이블, 율 브리너 등 순정한 연인들, 그리고 영원한 우상들은 아직도 내 마음속 스크린 위에서 살아 숨 쉬고 있다.[9]

이러한 학생 시절의 체험들은 졸업생들에게 아름다운 추억이 되어 여러 형태의 회상기로 발표되기도 한다.

9 김용래, 「우정의 편지 한 장」, 『학지』 벽호, 1994, 71-72쪽.

1960년대:
혁명기

1960년대는 시작부터 두 번의 혁명으로 시작되었다. 그리고 그것은 학생과 군인에 의해 주도되었으나, 항상 대학이 활동과 뉴스의 진원지가 되었다. 이때의 두 사건은 60년대를 넘어서 한국 대학사와 정치사회사에 가장 중요한 영향을 주었다.

4·19 학생혁명

혁명과 군사통치의 격동으로 일관된 1960년대는 4·19 학생혁명이라는 학원사와 민족사에 뜻깊은 사건으로 기록되었다. 이승만 독재에 항거하는 학생의거의 경과에 관해서는 여러 곳에 서술되어 있지만 서울법대의 역사에서도 중요한 사건이었다. 법대에서는 신태환 학장의 주도 아래 이 해 들어 숙원사업이었던 도서관의 신축공사를 착수하는 사업을 시작하고 있었다. 독립된 도서관 시설이 없어 학생들이 불편을 겪던 법대는 당시 수위실 자리에 3층의 현대식 도서관을 건립하기 위해 기초공사에 착수하고 있었다. 이것은 법대의 기성회가 1억 2,061만 원의 기금을 조성하여 법대에 희사하는 건축사업이었다. 흥미 있는 것은 법대의 기성회가 1958년 3월 20일에 창립되었는데 당시 민의원 의장 이기붕 씨를 기성회 회장으로 선출하고 부회장에 홍진기, 배정현 씨를 선출했던 사실이다. 이강석 군 입학 반대사건이 있었던 얼마 후에 이기붕 씨가 법대의 기성회 회장에 피선되었다는 사실은 흥미롭다.

1960년 4월 19일 당일 법과대학의 분위기가 어떠했는지는 당시 1학년 학생 박대운(19회, 충북대 교수) 동창의 다음과 같은 체험담이 잘 전해 준다.

> 마룻바닥이 삐거덕거리는 붉은 벽돌 건물 강의실과 미술대와 붙어 있던 도서관 사이를 들락거리면서 한 달여 대학생활을 하던 어느 날, 안병욱 교수의 '철학개론' 시간이었다. 선배가 강의실에 들어와서 유인물을 뿌리면서 밖으로 다 나오라고 외쳤다. 안병욱 교수가 "용기있는 자는 나가라"고 하니 학생들이 "와" 하고 좁은 운동장으로 모여들었고, 미대 교실, 도서관에서 학생들을 불러 모았다. 우리들은 종로 5가로 나섰다. 구름다리 건너에 있던 문리대 쪽에서도 학생들이 몰려왔다. 종로 2가 화신백화점 앞을 거쳐 국회의사당 앞에서 농성에 들어갔다. 다시 중앙청으로 해서 경무대 쪽으로 가다가 삼일당에서 멈추어 있으니 총성이 연속으로 경무대 쪽에서 울려 왔다. 오른쪽은 경복궁 담이므로 왼쪽 진명여고 울타리를 넘어 적선동으로 빠졌다. 나는 서울 지리를 몰라서 서울대 교복과 거기에 붙은 서울법대 배지만 보고 따라다녔다. 을지로에서 학교로 돌아간다기에 다른 학생들을 따라 다시 동숭동 학교로 돌아왔다. 점심을 걸렀고 저녁 늦게 신설동 하숙집에 돌아오니 먼지로 온통 뒤덮여 있었다.[1]

---

1 박대운, 「1966년 봄」, 『진리는 나의 빛』, 경세원, 1994, 340쪽.

이렇게 진출한 법대생의 데모대 가운데 희생자가 나왔는데, 그는 1학년 박동훈(朴東薰) 군이었다. 박동훈에 대해 당시 『대학신문』은 다음과 같이 적고 있다.

> 박동훈 군이 대학생이 된 지 스무날도 채 못 되어서다. 4월 19일, 이날은 남달리 정의감이 강했던 박군이 데모대의 선두에서 그들을 이끌고 경무대 앞까지 진출하였다가 경찰의 흉탄에 쓰러짐으로 말미암아 대한민국에 새로운 역사를 창조하도록 한 날이다. 햇병아리 시절의 추억도 못 남긴 채 나라를 위해 젊은 몸을 바친 박군이야말로 역사에 길이 남을 민주투사인 것이다.
>
> 「삼일당」 앞에서 운명의 총알을 맞은 것이 12시 40분, 총탄에 맞아 쓰러진 다른 학생을 어깨에 메고 일어서 나오려는 찰라 날아온 총알은 박군의 왼쪽 어깨에 깊숙이 박혔던 것이다. 박군이 생명을 바쳐서까지 구하려 한 그 학생이 살았는지는 확실히 알 수 없으나 부상당한 사람을 구하려다 희생당한 박군이야말로 얼마나 장한 죽음을 한 것이냐. 친구들은 박군을 메고 무려 5시간이나 병원을 헤매었다. 순화병원, 세브란스의대 부속병원, 수도의대 부속병원 등등… 모두 치료를 할 수 없었는지 하지 않았는지 박군이 메디칼센터에서 수술을 받은 것은 5시 40분이 되어서다. 아무리 고교 시절부터 축구로 단련한 몸이었지만 5시간이나 피를 흘리고도 살 것으로 기대할 수는 없었던 것이다. 박군이 눈을 감은 시간은 밤 11시, 최후의 시간까지 정신만은 맑았다는 것이다. 병실에서 눈물을 흘리고 있는 어머니에게 자꾸만 "미안합니다."라고 말했다는 박군이 부모를 두고 먼저 떠날 때 얼마

나 불효자식 됨을 고통스럽게 여겼으랴. 지하에 있는 박군도 그가 한국의 민주주의를 바로잡았다는 것을 알면 안심하고 잠들 수 있을 것이다. 시내 경복고등학교 박원익 교감의 3남으로 태어난 동훈 군은 6형제 중에서도 독특한 성품을 소유하고 있었다. 부모와 두 형을 섬기고 아우들을 보살피는 데 조금도 빈틈이 없었다는 것이다. 지난번 선거 때에 박군의 가족에게 투표할 권리가 주어지지 않았다는 것을 박군은 알았던 것이다. 병석에 누워서도 그는 어머니를 보고 "어머니는 투표도 못해 보고…." 하면서 못내 섭섭해 하더라는 것이다. 고교 시절에는 성적도 우수할 뿐더러 인망도 있어 클라스에서는 반장으로서 학우들을 대표하여 왔다. 축구부 활동도 맡아 하였고 대대장직도 역임하였다. 법과대학에 매우 우수한 성적으로 합격하고 하늘에 오를듯한 기쁨으로 대학 강의를 처음 듣던 것이 바로 엊그제였는데 이제는 유명을 달리한 박군을 못 잊어 그의 친구들은 모두 침통해 하고 있다. 경기고등학교 동기 동창들은 합심해서 망우리 묘소에 비석을 세우는 일을 추진하고 있다고 들린다. 그의 친우의 하나인 K군이 전하는 말에 의하면 고등학교를 졸업한 이후 제법 담배도 피고 술도 잘 마셔 동료들 간에 고래라는 소리도 들었다는 것이다. 입학시험을 치를 때에 초조해하는 어머니에게 "담배값만 주고 그냥 집에 가세요." 하던 모습이 눈에 선하다는 것이 K군이 목메며 하는 말이다. 박동훈 군의 폭넓은 인품을 다시 대할 수 없게 된 것이 참을 수 없을 정도라는 것이다. 박군의 큰형 동호 군은 세브란스의대 2년, 둘째 형 동석 군은 본교사대 3년에 재학 중이다(주소: 동대문구 신설동 165의 11).[2]

서울대 4·19 공원. 박동훈의 묘비는 왼쪽에서 세 번째(2008, 저자 그림)

법대에서는 순국한 박동훈 군을 추모하기 위해 추모비를 제작하여 법대 정원에 세웠다. 추모비에는 "우리는 모두 고 박동훈 군이 흘린 피 위에 서 있다"라고 새겨져 있다. 이 추모비는 매년 4·19 기념일 때마다 기념행사를 하는 장소가 되었고, 1975년 서울대학교가 관악캠퍼스로 이전한 후에도 서울대 4·19 공원으로 옮겨져 오늘날까지 이르고 있다.

4·19를 치른 신태환 학장이 총장으로 부임하자 6월에 후임 학

---

2 『대학신문』, 1960. 5. 2.

장을 선출해야 하였다. 당시 〈교육공무원법〉에 따르면 학장선출은 총장의 제청에 교수회의 동의를 얻게 되어 있었다. 그래서 윤일선 총장이 마지막으로 법대 교수회의에 직접 참석하여 제청과 동의의 의미를 모두 가지는 투표를 실시하였다. 그 결과 유기천 교수가 황산덕 교수를 한 표 차로 앞서 학장으로 선출되었다. 유 학장은 교수진의 강화와 여러 가지 계획을 실천했는데, 때로는 물의도 일으키고 개인적으로 '새로운 운명'의 길을 가게 되었다.

학생운동의 출발

4·19 혁명으로 이승만 정권을 무너뜨리고 장면 총리 아래 내각책임제의 제2공화국을 수립하게 한 대학생들은 민주주의와 법치주의의 실현을 위해 당시 아직 수준이 높지 않은 민중의 계몽과 사회지도적 역할까지 떠맡게 되었다. 대학마다 계몽대를 조직하여 교통정리를 하고 사회봉사를 하는 모습을 보여주었다. 서울법대도 앞장서 계몽대를 조직하여 다방면으로 활약하였다. 당시 법대 계몽대에서 만든 계몽용 유인물을 보면 그 내용이 다음과 같았다.

> 친애하는 국민 여러분,
>
> ▼ 법을 준수합시다.
>
> 법을 지키는 자는 흥하고,

법을 어기는 자는 망한다.

불법과 무법을 예사로 하던

자유당 독재정권의 말로를 보라.

▼ 민주주의는 곧 법치주의다.

4월 혁명의 궁극의 목적은 한마디로

법치주의=민주주의를 확립·실현케 하는 것이었다.

민주주의를 사랑하는 자는 자유와 인권을 존중하라.

정의를 위장한 불법자를 규탄한다.

서울대학교 법과대학 계몽대[3]

오늘날 보면 다소 유치한 표현 같지만, 법대생으로서 민주주의와 법치주의를 주장한 계몽운동은 역사적 의의를 가진다고 하겠다. 이렇게 학생들의 역할과 책임이 급상승한 가운데 다양한 주장과 의견들이 분출되어 '데모'로 연결되었다. '데모'란 말은 이때 처음 나왔다. 장면 정권은 학생들의 요구를 적절히 수용하지 못하는 가운데 여론으로부터 무능하다는 비판을 받기 시작하였다. 4·19 직후의 당시 법과대학의 학생과장으로서 학생 문제를 직접 담당한 바 있던 배재식 전 학장의 회고에 따르면 4·19 직후에는 학생들이 자기네 힘으로 자유당 정권이 무너졌다고 해서 힘을 과신하여 아무 일이나 학생들이 바로잡겠다고 나서는 풍조가 있었

3 서울법대동창회 편, 『서울법대 100년사 자료집』 II, 1989, 630쪽.

다고 한다. 생활쇄신운동을 벌인 것도 그 예였다. 법대에서도 타대생들과 마찬가지로 매일 모여서 학생총회를 개최했을 뿐만 아니라 아직 민주당 정권이 들어서기도 전에 일부(100여 명) 법대생이 민주당 중진 오모(嗚某) 의원 집 앞에서 항의농성을 한 일도 있었다. 또 한 가지 당시 학생들이 문제 삼고 나왔던 일로는 당시 신태환 학장이 자유당 정권의 제2인자로 지탄의 대상이었던 이기붕 국회의장에게 뇌물을 주었다는 확실치도 않은 사실이 『동아일보』에 미확인 보도된 것을 근거로 신 학장의 해명을 요구하고 나온 일이다. 단지 소문에 불과한 것을 아무런 증거도 없이 무조건 학장을 성토하고 나오는 학생들의 태도가 너무 민망하고 교수의 명예훼손에도 관계되는 일이라 배재식 학생과장은 단호히 학생들을 나무라고 설득하였고, 완강하던 학생들의 태도도 차츰 누그러져 그럭저럭 넘어가게 되었으나 상당한 진통을 겪었다. 그 밖에도 이른바 학생들이 칭하는 '어용교수' 추방 문제, 59년도에 개인적 경력이 문제되어 사직한 바 있는 정인흥 교수의 복직 문제 등으로 당시 법대 강의실 중 가장 큰 제4강의실에는 학생들이 매일같이 모여 토론을 벌였다.

이렇게 4·19 후의 법대도 여느 다른 대학만큼 시끄러웠다. 배재식 전 학장은 7·19 선거에 깊숙이 개입하고 있던 학생들을 계도하기 위해 전국을 순회하던 길에 부산지검에 선거법 위반으로 구속 중이던 학생들을 석방하기 위해 총장 서한을 휴대하고 권오병 검사(후일 법무장관)를 당시 부산지법원장과 함께 만나 공소취하를 얻어내려고 애를 쓰기도 하였다.

학생 중에는 남북통일을 실현하기 위해 남북한 학생회담을 추진하자는 주장도 나왔다. 1960년 11월 1일에는 가칭 '서울대학교 민족통일연맹'의 발기인 대회를 하고, 항간의 억측과 의문 속에 결성을 서둘러 11월 18일 서울대 강단에서 결성대회를 하였다. 회원 약 250명이 참석한 이날 결성대회는 의장단 선출(발기인대회 당시의 의장단이 그대로 유임)에 이어 격려사, 경과보고를 한 다음 이 연맹의 기본 방침을 발표하는 선언문을 채택하고 「전 국민에게 드리는 메시지」, 「이북학도와 동포에게 드리는 메시지」, 「전국 학도에게 드리는 메시지」를 채택하였다. 그리고 대학별로 맹원 5인당 1인으로 대의원을 선출하기로 결의하였다. 이 연맹의 기본 방침은 다음과 같았다.

1. 자유롭고 민주적인 기본 질서 내에서 우리의 모든 활동을 전개한다.
2. 우리는 항상 4월 혁명의 피를 모독하는 집권세력을 예리한 눈으로 주시한다.
3. 잠들고 있는 민족혼을 불러일으켜 민족통일에의 여론을 조성하여 모든 가능한 방법을 이용한다.
4. 공산주의를 배격하는 자세에서 우리 세대의 지도이념을 모색한다.

또 학생들은 허례허식의 타파와 신생활운동을 전개하였다. 연말연시를 맞아 구습을 벗어나지 못하고 여전히 허례허식을 행하는 국민생활을 타파하고자 서울대학교 학생회 산하 '신생활운동대회'가 광화문에 포진하여 연 13일간을 계몽하기도 하였다. 신생활운동대회는 1960년 12월 17일 최문환(문리대), 고승제(상대), 황산덕(법대), 민병태(문리대), 심상황(의대) 교수들을 지도교수로 삼고, 고급공무원 사이에 수수되는 뇌물 왕래를 방지하고 허례 선물의 유행을 막고자 12월 23일부터 각 부 장관댁을 비롯하여 고급공무원댁 문앞에 대기하고 그러한 실태를 상시 적발하여 여론에 고발키로 하였다. 일부 측의 권유와 적극적 제의로 각자의 양식에 호소하여 허례 선물을 접수하고 이를 선처하기로 방법을 바꾸어 크리스마스 전야에 광화문에 텐트를 치고 철야로 시민에게 호소하였다. 그들은 마이크를 동원하여 피 어린 목소리로 4월 정신을 환기하고 자립태세의 확립을 위한 생활 간소화를 호소하였다. 한편으로 각 부처를 방문하여 취지서와 호소문을 배포하며 시내 요소에 부착하기도 하였다. 이들이 크리스마스 밤을 철야 호소하고 있는 텐트에는 그들의 노고에 눈물로 감격을 표하는 아주머니들이 찾아드는가 하면 품팔이 지게꾼이 찾아와 숯불이나 피우라고 주머니를 털어 500환을 놓고 가기도 하였다.[4]

한편 법대학생회는 학생들에게 500환씩을 거두어 농촌구호운동을 전개하였다. 경남 울산군 상북면 능산리를 '서울법대 이상촌'으로 지정하고 동네 입구에 그 푯말을 써 붙였다. 1961년 3월 31일부터 4월 7일 사이에 법대 학생회장 이하우와 간부 3명이 현지를 답사한 끝에 이렇게 결정했는데, 이 부락은 주위가 태백산맥

4 『대학신문』, 1961. 1. 5.

으로 둘러싸인 분지 속의 벽촌으로 52호에 인구가 340명쯤 되었다. 『대학신문』은 이 운동을 '새로운 농촌운동의 기수'라고 부르며 크게 보도하였다. 법대에서는 등록 시에 1인당 500환씩을 거두고 교수와 사무직원들도 돈을 모아 총경비 65만 환으로 백미와 보리 각 10가마, 『원예전서』와 가축 등에 관한 서적과 소 한 마리를 준비하여 임지를 찾았다. 바로 옆 마을은 부흥부 지역사회 개발위원회의 시범 부락으로 되어 대조적인 경쟁을 하는 것처럼 보였다. 더구나 개발추진요원으로 파견되어 있는 분이 법대 선배였기 때문에 일하는 데 도움을 받기도 하였다. 6인으로 구성된 청년회 안의 '서울법대 이상촌 추진위원회'에서 앞으로 옆 마을의 선배와 유대를 맺고 관리하게 될 것이며 15일에 한 번씩 법대에 경과보고 및 법률문제 상담을 하기로 하였다. 대학 측에서는 계속하여 서적 수집운동을 전개하여 학기마다 방문하여 현지 주민과 공동으로 노력하여 복지사회에 진력하기로 하였다.[5] 이러한 농촌계몽활동은 후에도 법대학생운동의 정신적 기초로 작용하였다.

한편 서울대 민족통일연맹을 주동으로 하는 '민족통일 전국학생연맹'(가칭)의 결성준비대회를 전후로 하여 남북통일 논의가 새롭게 대두되었다. 1961년 5월 5일 서울대학교 문리대 구내에서 열린 '민족통일 전국학생연맹'(가칭) 결성준비대회에는 서울대 민통련을 비롯한 17개 대학 대표 50여 명이 참석한 가운데 공동선

---

5 『대학신문』, 1961. 4. 13.

언과 결의문을 채택하였다. 이것은 앞서 5월 3일 법대에서 열린 서울대 민통련 대의원 총회에서 채택된 결의문을 5일 준비대회에 상정하여 채택한 것인데, 서울대 민통련은 1) 빠른 시일 안에 남북학도회담을 개최한다. 2) 남북학도 간의 기자 교류, 학술토론대회, 학술·학문·창작의 교류, 체육대회를 개최한다는 것을 결의하였다. 민족통일 전국학생연맹에서는 남북학생회담의 제의를 적극 지지한다고 하면서 이 회담의 개최를 위해 1) 북한학생 및 당국의 적극적 호응을 환영한다. 2) 남북학생회담 장소는 판문점으로 한다. 3) 회담시일은 5월 이내로 하며 정확한 일자는 대표 선출 이후 결정한다. 4) 민족통일 전국학생연맹은 지역별로 대표를 선출하여 회담준비의 만반 태세를 갖춘다. 5) 정부는 우리 남북학도회담에 임하는 모든 편의를 제공하라고 주장하였다.

이러한 학생들의 결의에 대해 서울대 당국에서는 민통련이 본래의 연구단체성을 떠나 행동단체화하는 데에 우려를 표명하면서 앞으로 민통련을 학생회 산하에 가입시켜 그 활동을 일원화하는 동시에 지도교수단을 구성하여 선도할 방침이며 이에 불응할 때에는 모종의 조치가 있을 것이라고 태도를 밝혔다. 한편 수일 전 모 일간지에 서울대 민통련 지도교수로 기재된 법대 유기천·김증한 교수는 정치활동을 안 한다는 조건부로 구두 응낙을 했다고 밝혔으며, 황산덕 교수는 찾아온 학생들에게 교수지도를 받아야 한다고 말했을 뿐 응낙한 사실이 없다고 해명하였다.[6] 남북학생회담

6 『대학신문』, 1961. 5. 8.

이 현실적으로 현명한 처사냐 또는 북괴에게 선전자료를 제공해 주는 것이냐 두 갈래 의혹을 둘러싸고 사회의 여론이 분분해지자 학생들의 일부에서는 민통련에 대한 신문보도가 마치 서울대학교의 전체 의사를 대변하는 것처럼 오해를 불러일으키고 있다는 지적과 함께 민통련의 주장을 공박하는 여론을 강력히 제기하기도 하였다. 5월 7일에는 서울대학교 사회과학연구회에서 민통련의 남북회담과 통일운동은 무모한 짓이라는 성명을 발표하였다. 그들은 이 성명서에서 "북괴학생들과 협상 운운하는 것은 학생운동에서 벗어난 경거망동"이라고 통렬히 반박하고, 북괴와의 협상은 무모할 뿐 아니라 북괴에게 선전자료를 제공하는 행위이며 차라리 이론체계가 명확하지 않은 학생들보다는 사회언론인들의 교류가 긴급한 일이라고 주장하였다. 이에 대해 서울대 민통련은 8일 「학우들에게 보내는 글」이라는 장문의 성명을 발표하여 일부 신문이 민통련을 공산당과 야합하여 기성세대를 전적으로 불신하는 것 같은 보도를 하는 것을 반박하고 "남북 학생회담은 정치적 협상을 위한 것이 아니라 남북 학생 간의 기자 교류, 학생예술단체, 체육팀의 교류, 학술토론회 등을 학생 자주적으로 준비하기 위한 것"이라고 해명하였다. 이어서 "기어코 북한학생들과 만나서 민족의 노래 도라지와 아리랑을 부르며 통일축제를 열고 시와 춤을 마련할 것"이라고 주장하면서 곧 학생회담 가부 투표를 시행하겠다고 선언하였다. 이렇게 학생사회도 분분해지자 5월 12일 문교부는 경기도청 회의실에서 전국 총학장 회의를 긴급 소집하고 대책을 논의하였다. 이 회의에 참석한 장면 총리는 다음과 같은 훈시를 하였다.

4·19 이후 학생을 영웅대접하고 거족적으로 환영하였다. 근간 학생 사이에 남북회담 운운하는 것을 볼 때 북괴는 이런 것을 노려 분규를 조장하고 사회불안을 조성코자 혈안이 되어 성실해지려는 학생들을 부채질하고 있는 것으로 알고 있다. 학생들은 정치고 외교고 모두 학생이 해야 하는 것처럼 알고 구세대는 물러나야 한다고 주장하고 있는데 나는 이런 학생들의 태도를 두 가지로 보고 있다. 첫째는 좋은 의미로 이 국가의 중요사의 한 모퉁이를 감당한다는 순진하고 소박한 생각에서이리라는 것과 둘째는 나쁜 의미로 북쪽의 지령을 혹은 알고 혹은 모르고 손발이 되어 움직이고 있는 것으로 볼 수 있다. 이런 학생들의 동정을 볼 때 불안을 금할 수 없다. 북한의 학생은 학생이 아니고 공산당이다. 성공 가망이 전혀 없는 것이다. 이런 점에서 여러 총학장들은 애국 국민의 일환으로, 스승으로, 교육공무원의 일원으로서 이런 학생들을 선도하여 책임지고 남북회담을 막아야 한다. 최근 교수들의 지도역량이 부족하다는 소리가 들리고 학생들의 눈치와 기분을 맞춘다는 것은 일반 국민이 알고 있는 사실이다. 이런 것을 지양하고 교직원, 국가공무원으로서 통일문제를 정치적 집단적으로 움직이는 것은 막아 주기 바란다.

한편 이날 문교부 장관도 훈시를 통해 "일부 학생들의 주장은 이해 못 하는 바 아니나 그것이 얼마나 경솔한 짓인가 알고도 남음이 있다"고 밝히고 문교부는 앞으로 이런 혁명을 오만하게 자부하고 탈선하는 학생을 법과 학칙에 의해 가차 없이 처단할 것이라고 경고하였다. 이날 회의에서 일부 학장들은 학생의 남북회담 문제를 학원에만 책임을 전가해서는 안 될 것이라고 주장하였다.[7]

이렇게 세계에 유례를 찾기 어려운 '학생혁명'을 혁명이 아니라 의거라고 하기도 하고, '미완의 혁명'이라고 하기도 하는데,[8] 그곳은 역사가와 민중의 판단에 맡길 수밖에 없다. 그렇지만 대학 현장에서 보고 느낀 것은 이러한 학생운동이 정권도 무너뜨릴 수 있다는 생각이 대학을 '정치화'시킨 후유증은 그 후 오랫동안 계속되었고, 대학이 치른 희생은 엄청나게 컸다는 사실도 병기되어야 할 것이다.

5·16과 서울법대

이처럼 의견이 분분하던 바로 다음날 5·16 '군사혁명'이 발생하였다. 1961년 5월 25일 자 『대학신문』은 '4·19와 5·16은 동일목표'라는 큰 표제를 걸고 '학원의 자유 보장과 민주조국의 유지 희망'이라는 서울대 학생회의 성명서를 보도하였다. 『대학신문』의 보도를 인용하면 다음과 같다.

---

7 『대학신문』, 1961. 5. 15.

8 자세히는 안동일, 『새로운 4·19』, 예지, 2011 참조.

무능과 부패를 통렬히 박차고 젊고 참신한 결의로 반공민주주의의 보루를 쌓아 가는 '국가재건최고회의'의 거족적인 혁명 협조 요청에 따라 범국민적인 생활혁명, 경제사회 정치혁명에 들어선 급박한 역사의 전환점을 맞아 지성의 총본산인 대학에서도 그 여론이 차차 무르익어 가고 있거니와 지난 23일 서울대학교 학생회에서는 각 단대 학생회장 회의를 긴급 소집하고 서울대학교 학생회로서의 결의 및 태도를 천명하는 성명서를 만장일치로 채택하여 이를 '국가재건최고회의' 및 각 기관에 전달함으로써 혁명완수를 위한 학생의 입장을 공식적으로 표명하여 이 거족적 과업에 동참할 것을 흔연히 결의하였다. 이날 하오 3시 총회장 이태섭(공대) 사회로 개회된 동 회의는 혁명이 군의 단독적인 거사와 취합으로 그치는 것이 아니고 조국의 운명을 판가름하는 마지막 시련대 위에서 군이 그 책임을 담당하고 있다는 점에 의견을 일치하고 이러한 혁명에 당하여 대학으로서 태도를 표명하는 것이 국가 전체의 이익에 플러스 되는 것이라는 점에 합의하여 성명서를 발표하기에 이른 것이다. 그날의 혁명이 학생에 의해서 이룩되었음에도 불구하고 정권을 담당할 힘이 모자랐던 것에 다시 구악이 깊은 뿌리를 박고 부패와 무능이 성장하였던 것을 상기시키면서 "굴욕과 빈곤의 욕된 과거사를 벗어나 광명의 새 조국 건설의 창조자로 걸어온 서울대생은 누적된 구악을 제거하려는 혁명과업에 동조하여 적극적인 지지를 아끼지 않는다."[9]

9 『대학신문』, 1961. 5. 25. 계엄령 하의 검열과 통제를 거친 이 기사의 진정성은 물론 검토되어야 한다.

이렇게 전제하고, "가장 민주적인 자유조국의 유지와 학원의 자유화를 갈망하면서 4·19와 5·16 혁명은 동일한 목표를 가져야 한다"고 주장하였다. 또한 같은 날인 23일에는 국가재건최고회의에서 최고의장 고문 6명을 임명하였는데 서울대학교 교수 중에서는 문리대 민병태 교수와 법대 서돈각 교수가 고문으로 지명되었다. 또한 최고회의에서는 기획위원회 분과위원 62명을 추대하였는데 서울대학교에서는 13명이 위원으로 추대되었다. 경제분과위원회(제2회)에는 김준보(농대), 사회분과위원회(제3회)에는 이회영(문리대), 정범모(사대), 이정식(문리대), 박종홍(문리대), 재건기획분과위원회(제4회)에는 이균삼(공대), 김형곤(공대), 황종헌(농대), 한을출(농대), 현신규(농대), 이만갑(문리대), 우병규(문리대), 법률분과위원회(제5회)에는 김증한(법대) 교수가 임명되었다. 학생들은 '5·16 군사혁명' 이후 급속히 변화하는 상황에서 국가재건에 적극 동조하고 참여하는 뜻에서 거국적인 학생운동을 전개하기로 하였다. 6월 30일 서울대 학생회의 법대 이하우 회장, 문리대 회장, 공대 이태섭 회장은 본부 회의실에서 회동하고, 군사혁명을 민족 전체의 혁명으로 이끌어야 한다는 취지 아래 정치적 활동을 떠나 국민을 지도하고 계몽하는 일에 발벗고 나서기로 합의하였다. 이들은 30일 서울 시내 각 종합대학과 단과대학 대표들에게 공식서한을 발송하여 이 국민운동에 합심 총력하여 주기를 호소하였으며, 우선 시내 11개 종합대학교와 22개 단과대학 대표들과 '함춘원'(含春苑) 교수회관에서 회동하여 발기대회를 하기로 하였다. 이 학생운동 단체의 명칭은 '학도국가재건단'(가칭)으로 예정하고 6월 3일

시공관(市公館)에서 결성대회를 하기로 하였다. 한편 6월 8일 오전 10시에는 전국 국공립 사립대학 총학장회의가 서울대 대강당에서 개최되었다. 문교부가 주최하여 전국 66개 대학의 총학장이 모인 이 회의에서 문희석 문교부 장관은 혁명정부의 문교정책을 설명하면서 각 대학의 적극적 협조를 요청하는 한편 대학교육의 당면과제에 관해 2시간 동안 토의하였다. 그리고 총학장들은 혁명정책을 지지하는 다음과 같은 결의문을 채택하였다.

> 부패와 부정의 일로를 달음질치던 과거의 적폐를 일소하고 청신한 새 공화국을 창건하려 하고 있는 이때 우리 전국의 국공사립대학 총학장은 혁명의 그 숭고한 정신과 목적을 높이 찬양하는 동시에 앞으로 진정한 민주공화국의 건설을 위하여 협력할 것과 또 혁명정부의 4대 문교정책, 즉 간접침략의 분쇄, 인간개조, 빈곤타파, 문화혁신 등 우리의 당면한 민족의 교육과업을 지지하여 그 실천에 합심 노력할 것을 이에 결의하는 바이다.[10]

한편 그 이튿날 9일 같은 장소인 서울대 대강당에서는 전국 대학생 대표자회의가 개최되었다. 전국 18개 종합대학 및 43개 단과대학 대표 도합 132명이 참석한 이날 회의에서 문희석 문교부 장관은 훈시를 통해 학원의 정화와 혁명과업의 완수를 요청하고

---

10 『대학신문』, 1961. 6. 12.

학생대표들의 의견을 청취하여 애국적이고 건실한 학풍의 수립을 다짐하였다.[11] 이러한 맥락 속에 당시 서울대 12개 단과대에 산재하고 있는 농촌 관계 학생단체들은 15일에 회의를 갖고 농촌계몽을 포함한 향토개척운동의 획기적 계기를 마련하기 위해 '서울대학교 향토개척연합회'를 발기하는 한편 오는 24일에 결성대회를 하기로 결정하였다. 법대의 '농촌법학회'를 포함하여 각 대학 농촌관계 단체인 이들은 다음과 같은 강령을 채택하였다.

1. 우리는 공정한 학생의 신분으로 향토민을 계몽하고 참신한 민족기풍을 확립코자 한다.
2. 우리는 향토개척운동을 통하여 향토건설사업에 이바지하고자 한다.
3. 우리는 향토개척운동을 통하여 자립경제확립과 생활의욕을 고취시키고자 한다.
4. 우리는 향토개척운동을 통하여 신생활체제 수립과 향토문화 창조에 기여코자 한다.
5. 우리는 향토개척운동을 통하여 혁명정신을 보급 고취코자 한다.[12]

이렇게 60년대에 들어서면서 학생혁명으로 출발하여 대학은 '정치화'되기 시작하였고, 1년 후에 밀어닥친 5·16 군사쿠데타에 대해서도 그것이 내건 명분과 슬로건을 지지했던 것이다. 이러한

11 『대학신문』, 1961. 6. 12.
12 『대학신문』, 1961. 6. 19.

대학의 '정치화'는 이후 70년대, 80년대까지도 군정반대라는 저항의 대학문화로 연결되어 대학을 소용돌이의 진원지로 만들었다.

사법대학원의 실험

1960년대 초반의 가장 큰 업적은 1962년 1월에 사법대학원(司法大學院)을 서울대 부설기관으로 설치한 일이었다. 초대 원장에는 그 설립을 위해 특별히 노력한 유기천 법대학장이 취임하였다. 1962년 4월 2일 고등고시 사법과 제14회 합격자 42명이 입학함으로써 4월에 개교했는데 조진만 대법원장을 비롯하여 미국 대법원장 얼 워렌(Earl Warren)까지 초대되어 참석하였다. 법과대학이 법조교육까지 담당하게 된 점에서 획기적인 시도였다. 유기천을 포함하여 많은 학내외 강사진으로 사법대학원은 제법 잘 운영되어 갔다. 보직도 법과대학에서 겸임하여 유기천 학장이 초대 원장이 되고 배재식 법대 교무과장이 사법대학원의 교무과장을 겸하였다. 교강사의 대부분은 법대교수들이었다.

그러나 시간이 지나면서 유기천이 서울대 총장직에서 물러나고 박정희 대통령과 갈등 관계에 들어서면서 예산 부족과 판사·검사·변호사 자격을 가진 전임교수의 부족과 법조계의 반발과 타대학의 질시로 1970년 12월 말 총 14기 508명의 졸업생을 내고 폐지되고 말았다. 당시 사법대학원의 설립을 못마땅하게 생각하던 법조계에서 1970년 8월에 사법부 내에 독자적으로 사법연수원(司法研修院)을 설립하여 그 결과 사법대학원은 기능을 빼앗기게 되어 속수무책으로 폐지된 것이다. 한국 법조교육의 새 방향을 제시해 준다는 평가를 받고 있던 사법대학원의 갑작스러운 폐지는 여러 가지 아쉬움을 남겼다. 특히 유기천은 외국 연구 체류 중에 사법대학원이 없어지고 사법연수원으로 바뀐 것을 통탄하였다. 그는 다음과 같이 회고하고 있다.

사법대학원에서 유기천 교수의 강의를 듣는 학생들(1964)

> 내가 총장직을 수락한 또 하나의 이유는 사법대학원과 관련이 있다. 나는 사법대학원이 한국의 민주화를 위해 중요한 받침대라고 여겼다. 총장직에서 물러난 다음에도 나는 박 대통령에게 사법대학원을 지속시켜 달라고 필사적으로 간청했다. 불행히도 내가 사임하자마자 박 대통령은 이 교육기관을 서울대 부속에서 사법부 산하로 옮겨 버렸다. 서울대 부속일 때에는 폭넓고 탄탄한 법률기초를 쌓을 수 있었다. 사법부에서는 단지 법을 테크닉만 훈련시키고 있어 지금은 중간에 거치는 훈련소 역할밖에 하지 못하고 있다. 나는 단지 박정희의 농간에 놀아난 것일까? 사법대학원의 운영에 대해서는 적어도 두 가지 의견이 있을 수 있겠다. 그 하나는 독재자에게는 민주주의를 맡길 수 없

다는 의견이다. 민주주의의 받침대 역할을 하게 될 교육기관을 박 대통령이 후원하도록 하는 것은 잘못이라는 것이다. 내 대답은 이렇다. "진보를 이룩하는 데 정해진 틀은 없다. 민주주의로 가는 길은 종종 피와 땀으로 얼룩진다. 인간의 진보는 변증법적 발전으로 이루어진다." 또 다른 의견은 사법대학원과 같은 법률전문 교육기관을 통해 민주화를 이루려는 나의 노력이 결국은 실패했다는 지적이다. 내 소송을 기각했던 수석판사도 바로 그 사법대학원 출신이라는 점을 지적할 수 있을 것이다. 나를 비판하는 사람은 또 당장 필요한 것은 사법대학원이 아니라 법정신에 따라 판결할 참된 용기와 양심을 법관 스스로 발전시키는 일이라고 주장할는지도 모른다. 사실 문제는 법률지식이 아니라 법관의 윤리다. 그렇지만 인간의 양심은 그냥 자라는 것이 아니라고 믿는다. 전반적 지식의 증거와 국가가 추구하는 궁극적인 가치에 대한 심오한 통찰력에 의해 키워지고 다듬어지는 것이다. 한 번 실패했다고 사법대학원의 중요성이 사라지지는 않는다. 얼핏 보아 사법대학원제도는 현재 죽은 것이나 마찬가지이다. 그러나 나는 참으로 믿는다. 때가 되면 사법대학원의 설립이념이 비슷한 교육기관을 통해 되살아날 것을. 단지 지식기능공이 아닌, 민주발전의 가치에 대해 깊이 관심을 두고 있는 참된 법관이라면 그 필요성을 깨달을 것이니까.[13]

13 유기천, 「나와 박정희와 학문의 자유」, 『신동아』, 1988년 8월호, 387쪽.

물론 사법대학원은 법대 4년을 존속시키는 전제 위에 대학원 2년간의 교육이므로 미국식 로스쿨(Law School)과는 같은 것은 아니지만, 후일 법학교육 개선 논의가 나올 때마다 되돌아보게 하는 선구적 실험이었다. 그리고 그것을 일시나마 가능하게 하였던 서울법대와 유기천 교수의 능력을 놀랍게 회상하게 된다.

사법대학원 50주년을 기념하여 출간한 『서울대학교 사법대학원』

2012년은 사법대학원 개설 50주년이 되는 해이다. 4월과 5월에 유기천기념출판재단이 사법대학원 졸업생들을 초청하여 두 차례에 걸쳐 회고 좌담회를 가졌다. 이것이 정리되어 책으로 출판되었다.

서울법대의 성장

1959년 4월 1일에 학칙이 개정되어 1963년부터는 행정학과 졸업생에게는 행정학사(行政學士) 학위를 주게 되어 행정학과의 커리큘럼은 행정학을 많이 포함하게 되었다. 1959년부터는 '행정대학원'이 생기고 신태환 학장이 행정대학원장을 겸했을 뿐만 아니라 이상조 교수가 행정대학원의 교무과장을 맡았다. 이렇게 법대에서 국내 최초의 순수 행정학과가 생겼고, 행정대학원이 법대에서

Fides

출발하게 된 것이다. '미네소타 프로그램'이라 하여 법대 졸업생 중 우수한 젊은 인재를 선발하여 미네소타 대학에서 행정학을 공부하고 돌아와 행정대학원 교수로 임명하였다. 그러나 1961년 행정대학원이 독립된 뒤 법학교수들의 반대로 1962년부터는 행정학과의 교과내용이 법률과목 중심으로 환원되었으며, 1964년 11월의 학칙개정으로 행정학과 졸업생에게도 법학사 학위를 수여하게 되었다.

1960년과 1961년에 정치적 소용돌이가 있었지만, 법대는 이때부터 본격적인 성장을 하였다. 이 무렵 국내적으로 법전편찬사업이 완료되고 있어 민상법의 제정 등에 본교 교수들이 참여하였다. 그리고 언급하였듯이 가장 큰 발전은 1962년 1월에 사법대학원을 설치한 일이었다.

1963년에는 교수와 학생이 함께 논문과 가벼운 글들을 싣는 *Fides*(피데스) 지를 법대학생회 이름으로 발간하였다. 이 저널은 2000년까지 37년간 발간되다가 폐간되었다. 이를 애석하게 여긴 동창들이 법대문우회를 만들어 2012년에 복간하였다. 또 같은 1963년에 비교법연구소를 한국법학연구소(소장 유기천)로 이름을 바꾸고 『법학』(*Seoul Law Journal*) 지를 창간하였다. 오늘날까지 계속 발간되어 오고 있는 이 학술지는 한국 법학의 최고 수준으로 선도적 역할을 하고 있다.

1965년에는 한일회담 반대데모로 전교(全校)가 휴교함에 따라 법대도 일주일간 휴교하였다. 이른바 6·3 학생데모 사태에 대하여는 뒤에 다시 언급한다.

1965년 8월에는 유기천 학장이 서울대 총장이 됨에 따라 제7대 학장에 김기두 교수가 선임되었다. 1966년에는 '한국법학연구소'를 '서울대학교 법학연구소'로 다시 이름을 바꾸고 이한기 교수가 소장이 되었다. 이때부터 법대학장이 연구소 소장을 겸직해오던 관례가 종료되었다. 이 시기의 특색은 해방 전에 교육을 받은 제1세대가 물러나고 해방 후에 교육을 받은 제2세대가 교수와 연구에 종사하기 시작했다는 것이다.[14]

1958년 고병국 교수가 경희대 총장으로 전출하였고, 1959년에 취임했던 방순원 교수가 1961년에 대법원 판사로 전출하였다. 1961년에는 신태환 교수가 부흥부 장관으로, 한태연 교수가 내무장관 고문으로 전출하였다. 그리고 1961년에 취임했던 정일영 교수가 1962년 스위스 대사로 전출하는 등 관계(官界)로의 진출이 많았다.

이렇게 변화가 있자 1958년에 상법에 정희철 교수, 민법에 곽윤직 전임강사, 국제법에 배재식 전임강사를 신규로 채용하였다. 1960년에는 국제사법에 김진 전임강사가, 1961년에는 행정법에 김도창 조교수가, 1962년에는 헌법, 법사상에는 김철수 전임강사가, 경제법에 임원택 조교수가 신규로 채용되었다. 1963년에는 정

14 김철수, 「서울대학교 법학연구 40년」, 『서울대학교 학문연구 40년』, 서울대학교, 1987, 354쪽.

아시아재단으로부터 미국 법학도서를 기증받는 신태환·유기천·서돈각 교수(1964)

치학에 양호민 교수가 채용되었고, 노동법에 김치선 조교수가 취임하였고, 한국법제사에 박병호 전임강사가 채용되었다. 1964년에는 법률도서관학과 영미법 담당으로 이태로 전임강사가 취임하였고, 독일법에 최종길 전임강사, 민사소송법에 이시윤 전임강사가 채용되었다.

한일회담을 둘러싸고 정치교수로 지목되어 1965년에는 양호민 교수가 사임하였고, 1966년에는 황산덕 교수가 사임하였다. 이에 대해 유기천 총장이 꾸민 것이라는 등의 루머가 서울대 주변에 무성하였다. 이에 대해 여기서 자세히 쓸 처지가 못 되지만, 양호민의 글에 보면 유기천에 대한 원망은 전혀 보이지 않는다.[15] 내

15 양호민, 「유기천 선생과 나: '정치교수'의 변」, 『영원한 스승 유기천』, 지학사, 2000, 148-165쪽.

가 본 유기천과 황산덕은 참으로 성격도 다르고 잘 맞지 않은 분들 같았다.[16]

김기선 교수도 성균관대로 이적하였고, 이상조 교수는 문교부 고등교육국장으로 전출하였고, 김도창 교수가 보사부 차관으로 전출하였다. 1968년 8월에는 정광현 교수가 정년으로 퇴임하였고, 김진 교수가 도미하였다. 그 후임으로 1966년에 정치학에 동덕모 조교수가, 행정법에 권태준 전임강사가 채용되었다. 1967년에는 법철학에 전원배 교수가 채용되었고, 1968년에는 대륙법, 경제법에 황적인 조교수가 채용되었다. 1968년에는 권태준 교수가 행정대학원으로 전출하였고, 1970년에는 이시윤 교수가 전출하였다.

서울법대 학생운동

위에서 이미 60년대의 4·19 학생혁명에서 법대가 적극 참여했다고 언급하였듯이, 이러한 기백은 계속되어 60년대 중후반으로 연결되었다. 김증한의 회고대로 5·16 후 몇 해 동안은 학교가 대체로 조용한 편이었다. 그런데 1963년 당시 법대와 같은 구내에 있던 국립공업연구소가 새 건물을 짓는 것이 발단이 되어 동 연구

16 황산덕, 『법과 사회와 국가』, 방문사, 1991, 104-108쪽.

소의 이전을 주장하는 학생들의 시위가 일어났다. 도서관 바로 가까운 곳에서 신축공사를 하게 됨으로써 그 소음이 사법시험을 불과 2, 3주 앞두고 도서관에서 공부하던 학생들을 자극하게 되었고, 급기야 소요가 일게 된 것이었다. 마침 유기천 학장이 유학 중이라 긴급 야간 교수회의가 소집되었고, 이 회의에서는 교수회 명의로 관계 요로에 건의서를 보낼 것이 의결되었다. 정희철 교수와 배재식 교수가 대표로 작성한 건의서를 당시 권중휘 총장과 문교부 장관실로 직접 전달하였다. 그 후 이종우 당시 문교부 장관이 현장에 나와 보고 처음에는 공사가 끝날 때까지 학생들을 강의실에서 공부하게 하면 되지 않느냐는 식의 소극적 태도를 보였으나 결국 법대의 주장을 수용하고 공업연구소의 이전 방안을 연구하기로 하였다. 그런데 공사는 그 후에도 며칠간 계속되어 학생들과 경찰의 대치, 충돌 등이 여전하였다. 이때 법과대학은 경찰의 과잉대응에 대해 강력한 항의를 하였는데 시공회사인 미림(美林)건설이 배재식 교무과장을 고소하는 등 사태가 심각해졌다. 결국 외유 중이던 유 학장이 귀국하여 수습에 나서게 되자 임시 국무회의가 소집되었고, 당시 최고회의 박정희 의장이 공사의 전면 중지와 더 이상의 학생 소요금지를 엄명하는 메모를 내려보냄으로써 겨우 진정되었다. 이즈음의 일로서는 그전까지 낙산 쪽으로 나 있던 법과대학의 교문이 종로 5가 쪽으로 만들어졌다.

64년 한일회담 반대투쟁, 65년 한일협정 비준저지투쟁, 66년 삼성재벌 밀수규탄, 67-68년 부정선거 규탄투쟁 등…. 그러나 전반에는 같은 동숭동이지만 문리대가 주도적 역할을 하였고, 법대

한일굴욕외교를 반대하며 시위에 나선 서울대 법대생들(1964. 3. 24)

는 64년과 65년부터 선봉적 역할을 하였다. 1965년은 법대 역사상 유례가 없을 정도로 학생운동이 빛나는 해였다.[17] 그것은 한국 학생운동사에 빛나는 한 장이 되었으며, 동시에 대중에게 일대 각성을 촉구하며 민족운동의 한 페이지를 장식하였다. 굴욕적 한일협정을 반대하고 궐기함으로써 민족의 자주 정신과 의지를 가슴에 심어 주었다. 5·16 군사쿠데타에 의해 수립된 박정희 군사정권이 일방적으로 강행해 온 한일교섭에는 여러 문제점이 있었는데, 그것을 대학 지성인들이 가장 통렬하게 지적했던 것이다.

1964년 3월 24일 서울문리대 중심으로 시작된 한일회담 반대운동은 1965년에 들어와서는 서울법대가 주도적으로 전개하여

17 자세히는 장명봉, 「1965년의 역사적 의의」, 『진리는 나의 빛』, 경세원, 1994, 435-444쪽 참조.

지켜보던 기동경찰이 모조리 연행해 가기 직전 파고다공원 앞에 스크럼을 짜고 앉은 법대생들(1965. 4. 10)

한일협정 비준반대 서울법대생 시위를 무장경찰이 진압하고 있다(1965. 8. 21).

전국적인 학생운동의 방향타 역할을 하였다. 1965년 4월 3일 일본 동경에서 한일협정이 가조인(假調印)되자 법대생들은 4월 10일 성토대회를 열고 이를 규탄하는 데모를 하였다. 이날 아침 법대생 500여 명은 법률도서관 앞에 모여 '국가존망의 기로에 선 조국을 구하고 국민의 권익을 수호해야겠다는 사명감에서' 매국외교반대성토대회를 개최하였다. 평화선의 철폐를 반대하며 한일협정 가조인을 즉시 파기하고, 미국은 한일회담에 너무 깊이 관여하지 말며, 국민의 의견발표를 억압하려는 정부는 각성하라는 등의 결의문을 채택하였다. 이어 300여 명의 학생들은 스크럼을 짜고 데모에 나서 종로 5가를 거쳐 파고다공원 앞까지 진출하였다. 기동경찰에 의해 저지당해 170여 명이 경찰서에 연행되었다. 이날 법대생들의 4·10 데모는 한일협정 가조인 후 최초의 대학가 데모로서 대학가의 한일회담 반대운동의 도화선이 되었다.

5월 6일 법대 학생회장 선거(직선제)에서 당선된 장명봉(22회, 국민대 명예교수)은 그동안 학원의 자유보장문제, 학생처벌문제 등으로 잠시 접어두었던 한일회담 반대운동을 새로운 차원에서 적극 주도하였다. 새 학생회의 출범 후 첫 한일회담 반대데모가 6월 12일에 있었다. 법률도서관 앞에서 법대생 300여 명이 모여 한일회담 및 한미행정협정에 대한 성토를 벌이고 데모에 나섰다. 법대학생회 주최로 열린 이날 학생총회에서는 '4·10 이후 법대학생운동이 학장과의 투쟁인 듯한 인상을 준 데 대해 우리의 투쟁목표는 어디까지나 대외적 문제(한일회담 반대)에 있었음'을 재천명하고 성토에 들어갔다. 여기서 정부의 한일회담 태도와 한미 행정협정

밀수재벌 성토대회를 연 법대생들(1966. 10. 8). 왼쪽에 학생들을 설득하는 김치선 교수의 모습도 보인다.

에서의 정부의 비주체성에 관해 신랄한 공격을 가하고 '뜻을 관철하기 위해 끝까지 투쟁할 것'을 선언하였다. 성토를 마친 법대생들은 "분쇄하자 매춘외교, 타도하자 매판자본"이라는 플래카드를 들고 데모를 벌였다. 데모대는 이화동 로터리까지 진출했으나 이미 대기하고 있던 경찰기동대에 의해 저지되었다. 선두에서 데모대를 이끌던 장명봉 회장 외 15명이 경찰에 연행되고 나머지 학생들은 일단 학교로 물러섰다.

동대문경찰서에 연행된 학생 중 회장과 임종률(3년, 전 성균관대 교수)은 집회 및 시위에 관한 법률위반혐의로 구속되고 나머지 13명은 즉결심판에 회부되었다. 구속된 장명봉과 임종률은 즉각 기소되어 서대문교도소에 수감되었다. 이를 계기로 14일 오전 11시 법대생 100여 명은 제10강의실에서 학생총회를 열고 굴욕적 한일회담 반대와 호혜평등, 한미행협의 촉구를 위해 같은 장소에서 무기한 단식투쟁에 돌입하였다. 15일에는 단식 학생 수가 120여 명으로 늘어났으며, 단식 사흘째부터 쓰러지기 시작한 학생들은 서울대 보건진료소에 실려 가 링거를 맞고 다시 단식 장소로 돌아왔다. 이렇게 법대생의 단식투쟁이 계속되는 가운데 서울대는 20일 긴급 학장회의를 소집하여 7월 21일부터 8월 20일까지 돌연 방학에 들어갈 것을 공고하였다. 이처럼 조기 방학에 들어갔음에도 법대생들의 단식투쟁은 계속되어 21일 단식 8일째에 접어들면서 졸도한 학생이 158명에 이르렀다.[18]

전국적으로 맹렬한 반대에도 굴욕적인 한일협정이 정식조인되는 22일을 맞았다. 이날 오후 동경에 있는 일본 수상관저에서 한국 측 수석전권대표 이동원(李東元) 외무장관과 일본 측 수석전권대표 시나이(椎名悅三郞) 외상이 협정안에 서명함으로써 조인식은 끝났다. 한일 양국 정부가 14년 동안 끌어온 국교정상화 교섭에 종지부를 찍은 것이다. 다만 남은 것은 국회의 비준동의 절차였다. 이와 함께 한일 양국은 1905년 을사늑약 이래 60년 만에 다시 수교의 문을 열게 되었다.

방학 중에도 줄기찬 단식투쟁을 벌여 온 법대생들은 단식 9일째를 맞은 22일 오후 5시 한일협정이 정식조인되자 단식 200시

---

18 자세히는 신동호, 「200시간 집단단식 최후의 항전」, 〈오늘의 한국정치와 6·3세대〉, 『뉴스메이커』, 1996. 그리고 『서울법대 64동기회의 어제와 오늘』, 1999, 214-221쪽 참조.

법률도서관에서 3선개헌반대 단식농성 중인 법대생들(1969. 9. 3)

간의 기록을 남기고 자진 해산하였다. 이날 끝까지 남아 있던 64명의 단식 학생들은 중계방송을 통해 정식조인의 진행 상황을 숙연한 표정으로 듣고 양국 대표의 마지막 서명이 끝난 것을 확인한 다음 분위기는 더욱 비참해졌다. 조병윤(전 명지대 부총장)이 먼저 이를 깨물어 '민족주체성'과 '호혜평등'이란 혈서를 쓰자 강만수(전 재경원 차관)가 '새 역사 창조'를 썼다. 이렇게 60여 명 전원이 차례차례 혈서를 썼다. 피와 눈물로 얼룩진 이 혈서에는 전 학생회장 서종환, 조영래, 민원기, 이영희, 임도빈, 한정길 등의 이름이 보이는데, 그동안 서종환이 갖고 있다가 현재 서울법대 역사관에 기증 전시되고 있다. 전원이 혈서를 쓰고 나서 눈물을 흘리며 해산식을 가졌다.

이들은 건강진단을 받기 위해 학교 측이 마련한 버스로 서울대 보건진료소로 향하였다. 이로써 6월 14일 오전 11시 단식농성에 들어갔던 법대생들은 22일 오후 7시경 해산할 때까지 200시간의 단식농성을 기록하였다. 그간 단식 참가 학생 총수는 고대생 40여 명을 합쳐 모두 400여 명(황산성 등 여학생 5명 포함)이며, 졸도 학생 수는 연 186명에 달하였고, 기진맥진하여 서울대 보건진료소에서 링거를 맞고 응급 가료한 학생 수는 연 250명이나 되었다. 이렇게 하여 한국 학생운동사상 최장 기록인 법대생들의 단식투쟁은 온 국민에게 '민족주체성 확립'의 경각심을 일깨워 주면서 대단원의 막을 내렸다. 이영희(전 노동부 장관)는 후일 한 언론과의 대담에서 이렇게 회고한다.

> 마치 기독교회의 부흥회와 같았습니다. 이틀 지나니 배고픔도 사라졌고 기운은 빠졌지만 머리는 오히려 맑아졌지요. 단식농성의 목적은 한일협정조인을 반대하는 투쟁 열기를 전국에 확산시키는 것이었지만, 개개인으로서는 민족과 사회의 현실 속에서 엘리트의 삶이 어떠해야 하는가를 고민하고 각오를 다지는 자기 성찰의 한 마당이기도 했습니다.[19]

그러나 이것은 한일협정 반대투쟁의 종언을 고하는 것은 아니었으며, 한일협정 가조인 이후 정조인에 이르기까지의 제1단계

19 신동호, 「200시간 집단 단식 최후의 항전」, 〈오늘의 한국정치와 6·3세대〉, 『서울법대 64동기회의 어제와 오늘』, 1999, 218쪽.

투쟁의 종료를 의미할 뿐이었다. 법대생들의 단식농성 해산 후에는, 한일협정 가조인 이후 한일협정 반대운동의 메카 역할을 해온 서울법대도 이른바 '정치방학'의 정적 속에 파묻히게 되었다.

이처럼 조기 방학으로 대학문이 닫힌 가운데 7월 14일 밤 국회 본회의에서 정부가 제안한 '한일협정 비준동의안'을 야당인 민중당의 결사 저지에도 공화당이 일방적으로 전격 보고, 발의시킨 데 이어 8월 11일 한밤중 국회의 '한일특위'에서 공화당은 이 비준동의안을 변칙적 방법으로 날치기 통과시켰다. 이에 반발하여 민중당 소속 국회의원(61명)이 12일 의원직 총사퇴서를 국회에 제출함으로써 의정사상 최초의 '일당국회'라는 사태가 초래된 상황에서 공화당만의 일당국회는 14일 오후 본회의에서 비준동의안에 대한 단독심의를 강행하여 이를 통과시켰다. 이로써 말썽 많은 한일협정비준안에 대한 국회의 동의절차는 모두 끝나게 되었지만, 그 과정은 여당인 공화당의 일방적이고 독선적인 파행으로 시종하였다.

2개월간에 걸친 '정치방학'이 끝나고 등교한 법대생들은 개학 첫날인 21일 오전 11시 도서관 앞에서 학생회가 주최한 성토대회에 참가하였다. 방학 중 보석으로 출감한 학생회장 장명봉의 사회로 시작된 이 성토대회에 모인 300여 명의 학생은 '비민주적·반민족적 방법으로 일당국회에서 비준안통과를 강행한 것은 민주헌정의 근본이념을 뒤흔드는 행위'라고 규탄하고, '한일협정비준안 일당국회통과 무효'를 선언함과 동시에 앞으로 강력한 비준무효화 투쟁을 벌이겠다고 천명하였다. 이어 법대생들은 데모에 나서 이화동 로터리까지 진출했으나 대기 중이던 경찰기동대와 대치, 최루탄 대 투석의 공방전을 벌이다가 경찰의 기습작전에 말려들어 이화동 골목에서 60여 명이 경찰에 연행되었다. 일단 교내로 철수한 100여 명의 학생은 무참히 얻어맞고 끌려간 학우들 생각에 눈물을 흘리기도 하였다. 한일협정 비준을 규탄하는 법대생들의 이날 성토와 데모를 계기로 대학가는 '정치방학'이 끝난 후 '한일협정 비준무효화'를 외치면서 다시 격동하기 시작하였다.

서울法大生들데모

不正選擧를 糾彈

165名連行

明倫洞에서 警察과衝突

『동아일보』에 보도된 서울법대생들의 데모 기사 (1967. 6. 12)

그리하여 대학가는 '한일협정 비준무효화', '국회해산' 등을 외치는 학생들의 격렬한 성토와 데모로 또다시 열풍의 도가니로 변하였다. 드디어 무장한 군인들이 8월 24일부터 데모 저지에 나섰으며, 곤봉 대신에 총검이 들어섰다. 대학생들이 그들과 맞선 25일 무장한 군인들이 마침내 대학에 투입되었다. 고려대에 난입한 그들은 강의실과 도서관 열람실에도 최루탄을 발사하였으며 남녀 학생들을 마구 구타하고 연행해 갔다. 26일에는 위수령이 발동되었고, 군인들은 데모 학생을 쫓아 때리고 부수고 짓밟았다.[20]

---

20 자세히는 장명봉, 「1965년의 역사적 의미」, 『진리는 나의 빛』, 경세원, 1994, 435-444쪽 참조.

'학원폐쇄조치'도 불사하겠다는 박정희 대통령의 극렬한 데모 저지 성명에 뒤따라 무장군인이 서울에 출동한 긴박한 상황에서 27일 오전 정부는 돌연 신태환 서울대 총장을 해임하고 그 후임에 유기천 법대학장을 임명하였다. 그리고 이날 오후 정부는 대학가의 데모 사태의 책임을 물어 윤천주 문교부 장관을 해임하고, 그 후임에 권오병 법무부 차관을 발령하였다. 새 장관의 부임과 문교부는 데모 학생 엄중처벌과 데모 선동 교수의 명단 제출, 징계 요구 등 계속 강경한 지시를 대학에 내렸다. 각 대학에서는 데모 학생에 대한 징계 선풍이 불고, 또 '정치교수'에 대한 징계 문제로 진통을 겪었다.

법대에서는 이미 개학 첫날인 8월 21일 한일협정 비준무효화 투쟁을 선봉에서 이끌어 오던 학생회장 장명봉을 퇴학시켰다. 이날 오전 유기천 학장은 그가 소집한 긴급 교수회의의 결의를 거쳐 장 회장을 제명처분했는데, 이 징계는 데모 학생의 처벌로는 가장 무거운 첫 사례였다. 이를 계기로 23일 법대생 300여 명이 도서관에서 긴급 학생총회를 열고 학생회장에 대한 퇴학처분을 논의한 뒤 유 학장이 사퇴하고 학생회장을 복적시킬 때까지 24일부터 무기한 동맹휴학에 들어가기로 결의하였다. 이 결의에 따라 법대생들은 24일부터 맹휴에 돌입하였으며, 이 맹휴는 9월 23일까지 약 한 달간 지속되었다. 이 맹휴 주동 혐의로 이영희(3년), 이협(3년), 최기선(2년), 김규칠(3년) 등 4명이 동대문경찰서에 연행되어 조사받았으며, 이미 김규칠을 제외한 나머지 3명은 대학 당국에 의해 제적처분을 받았다. 그리하여 법대에서 제적처분을 받은 학생은

동숭동 교정 합동강의실에서 3선개헌반대 성토대회를 열고 있는 법대생들(1969. 6. 12)

장명봉을 포함하여 모두 4명이 되었다.

교수도 이른바 '정치교수'라는 낙인이 찍혀 황산덕 교수와 김기선 교수(신태환 총장 재임 시 서울대 학생처장)가 '파면'되었다. 징계 사유는 학생데모를 선동했다는 것이었다. 학생처벌에 뒤이은 이러한 교수 파면은 사회에 커다란 파문을 일으키면서 또 다른 차원에서의 새로운 문제를 남겼다. 두 교수의 파면이란 처벌은 우리 사회 전체의 비극이요 법대 입장에서도 커다란 손실이요 충격이었다. 게다가 문교부가 '정치교수'라 하여 강력히 징계를 요구했던 양호민 교수도 자진사퇴하여 법대 교단을 떠나게 되었다.[21]

21 『조선일보』, 1965. 9. 10; 「동아일보」, 1965. 9. 25.

이와 같은 학생처벌과 교수징계의 바람도 지나가고 데모 등 격동의 소용돌이도 지나갈 즈음 9월 22일 오전 법대생들은 법률도서관에서 약 200명이 참석한 가운데 학생총회를 열고 '학생들의 주장을 충분히 고려, 최선을 다하겠다는 학교 당국의 약속'(처벌학생 징계해제와 징계교수 구제 등)을 받아들여 마침내 맹휴를 풀고 23일부터 등교하기로 결의하였다. 8월 24일부터 동맹휴학에 돌입한 지 약 한 달 만에 이를 일단 철회키로 한 것이다. 결국 법대사상 최장의 맹휴는 이렇게 종지부를 찍게 되었다. 막상 맹휴를 풀고 강의실로 돌아왔지만, 법대생들의 마음에는 국가적 이익과 민족적 자주성을 망각하고 한일협정의 조인과 비준을 강행한 박정희 군사정권에 대한 불신이 더해 갔다. 이러한 학생투쟁에 참여한 법대생으로서의 인생 행로에 변화를 가져왔고, 이른바 6·3 세대라 불리며 후일 정계와 사회에서 큰 역할을 하였다. 정대철, 서종환, 정형근, 장석화, 이영희, 안상수, 문희상, 최기선, 홍정표, 조병윤, 황산성, 강창웅, 한정길, 김길환, 이창식, 김구칠, 임종률, 이협 등 이름을 다 거명할 수 없는 이른바 '6·3 세대'의 주인공들이 그들이다. '4·19 세대'를 이어 '6·3 세대'는 법대학생운동의 산물이었다. 한 언론은 이때의 학생운동에 대해 "이 시위를 계기로 출세주의의 요람으로 불리던 서울법대가 변혁운동의 둥지로 탈바꿈한다."라고 적었다.[22]

---

22 『뉴스메이커』, 1994. 1. 20; 강창웅, 「65 학생운동의 출진나팔」, 『서울법대 64동기회의 어제와 오늘』, 1999, 39쪽 인용.

동숭동 법대문화

동숭동 법대 캠퍼스를 회상하는 졸업생들이라면 누구나 훤칠하고 멋있는 법대 정문을 기억할 것이다. 원래 법대의 교문은 동숭로에서 이화동 골목으로 들어가 도서관과 벽돌강의실 사이쯤을 들어가는 데에 있었다. 시멘트 축대에 '서울大學校 法科大學'이라고 새긴 자그만 잿빛 대리석이 박힌 것이 전부였다. 이러한 법대 교문의 초라함을 아쉽게 생각한 법대는 1967년 9월 30일 당시 서울특별시 제1부시장 이기수(법대 7회) 동문과 종로구청장 김만규 씨가 교섭하여 동숭로에 당시 미술대학 입구와 마주보는 위치에 교문을 새로 만들되 역사적인 상징물인 파고다공원의 정문(正門)에 세웠던 돌을 옮겨 사용하기로 하였다. 마침 파고다공원의 보수공사로 석문(石門)이 사용할 필요가 없게 된 상태에 있었던 것이다. 법대로서는 돈 안 들이고 역사적 상징이 담긴 교문을 세울 수 있게 되어 기뻤다. 당시 *Fides*(14권 1호) 지에는 최종길 학생과장의 발표를 인용하여 뒤 표지에 「舊파고다 정문을 옮겨 법대 새 정문을 도서관 앞에 건립」이라는 특별 알림을 실어 기쁨을 나누었다. 이 중후한 모양의 새 교문을 수많은 법대생이 출입했는데, 당시 법대 구내에는 법학연구소, 사법대학원, 행정대학원, 신문대학원의 기관들이 들어 있어서 '서울대학교 법과대학'이란 교패 외에 이들 기관의 간판도 즐비하게 붙어 있어 실로 볼 만하였다. 교문 옆으로는 철책이 둘러 쳐 있었고, 아직도 복개공사를 하지 않

법대 석제 교문 앞에서. 오른쪽 저자 옆으로 이영희, 지성우 동기 동창(1969)

은 '라 세느'가 비록 깨끗한 도랑물은 아니었지만 유유이 흘러 그런대로 운치를 보여주기도 하였다.

이 교문이 역사의 증인이라면 법대에 입학하고 무거운 책가방을 들고 와서 공부하는 법대생들의 모습과 가끔 데모로 교문을 사이에 두고 학생과 경찰이 대치할 때의 광경을 지켜보았을 것이다. 그때만 하더라도 경찰은 대학의 허가가 없으면 대학 안에 들어올 수 없는 것이 불문율로 엄존하였다. 교문을 사이에 두고 온갖 설전이 오가는 광경을 이 석문(石門)은 말없이 지켜보았다. 1975년 관악으로 캠퍼스를 옮길 때 이 교문도 가져와야 한다는 의견이 있었으나 관악에서는 지형상 놓을 필요가 없다는 중론이었다. 후일 1983년 국산(菊山)법학도서관이 건립되고 법과대학 건물이 그 옆으로 이전하여 어느 정도 법대 컴파운드가 형성되면서 다시 동숭동에 두고 온 석문이 생각났다. 가져왔다면 도서관 앞에 기념비처럼 세울 수도 있으련만…. 그러나 이미 이 석문에는 다른 팻말이 붙어 사용되고 있는데 그것을 가져온다는 것은 새삼스런 문제를 야기할 수도 있을 것이고, 이리하여 사연 어린 법대 교문은 동숭동 시절의 아련한 추억의 명

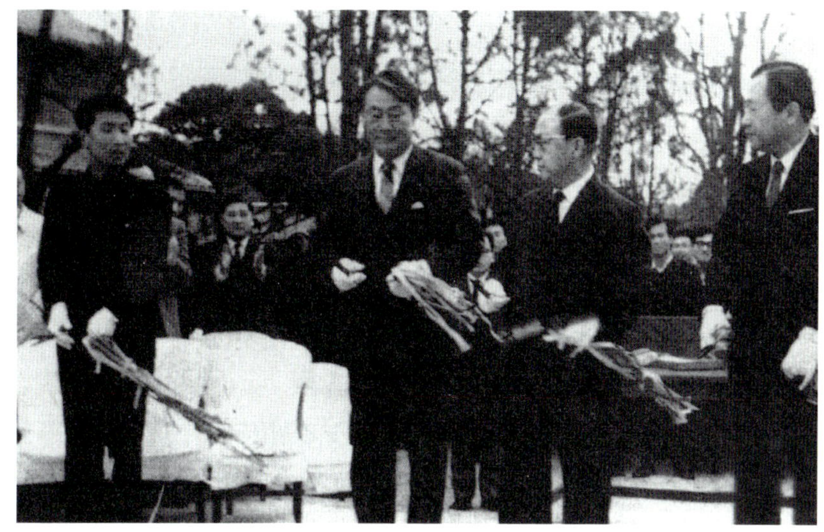

법률도서관 옆 등나무집 개막식에서 테이프를 커팅하고 있는 김택수 동창회장(중앙)과 최문환 총장(왼쪽), 이한기 학장(오른쪽)(1969. 4. 16, 동숭동 캠퍼스)

물로 그곳에 남게 되었다.[23]

솔직히 동숭동의 법대 캠퍼스가 그리 아름답지는 아니하였다. 무엇보다 협소했고 국립공업연구소와의 관계가 불편하였다. 그렇지만 법대만의 캠퍼스를 가졌다는 아늑한 동질성(同質性)의 공간이라는 것이 법대생에게는 자긍(自肯)이요 애착이었다. 그래서 관악에 와서보다도 법대 캠퍼스를 가꾸려고 하는 애교심이 학생들 사이에 더욱 깊었던 것이다. 한 예로 법률도서관 앞에 분수대가

23 지금은 같은 석문(石門)에 '서울대학교 부속초등학교' 간판이 박혀 있다.

있었는데, 그 분수대에는 '정의의 여신상'이 서 있었다. 흰 횟가루 같은 것으로 만든 여인상에 저울도 칼도 제대로 붙어 있지 않고 쳐든 한편 손에서 분수가 나오게 되어 있는데 물이 안 나오는 때가 더 많았다. 물이 나오지 않는 분수는 말라 있었고 황량하게 보였다. 그래서 구둣발로 정의의 여신상에 올라가 애무(?)를 하거나 키스를 하는 학생들도 있었다. 이를 두고 당시 *Fides*에 '정의의 여신상 개조론'이라 하여 다음과 같은 글을 실었다.

> 누구나 다 용케도 잊지 않고 언급하는 것이 도서관 앞 '정의의 여신'의 빈약함이다. 몰골의 흉악함을 논하기 시작해서 육체의 비풍만성을 경쾌하게 텃춰하고서는 논리의 결론으로서 차라리 분수 못에 피래미 새낄 치라는 것이다. 못할 소리지만 여신상에 손때를 묻히고 있는 친구더러 누군가가 강간하지 말라고 소리치니 너나 다음에 윤간하지 말라고 장난했다는 얘기가 정말 경악 불가금(不可禁)이다. 우리는 여기에서 두 가지 점을 생각할 수 있다. 하나는 그것의 시정(是正)을 위한 학교당국의 적극적 노력의 요구이고, 또 하나는 우리의 자세와 양식(良識)의 정비이다.[24]

이렇게 황량하게 보인 '정의의 여신상'도 그 상징성만은 대단하였다. 법대생만 아니라 대학로를 지나가는 사람들은 모두 법대

---

24 「아, 황량한 캠퍼스여, 정의의 여신상 개조론」, *Fides* 16권 1호, 1967, 43쪽.

교정에 서 있는 이 흰 여인상을 바라보고 미묘한 동경심 같은 것을 느꼈다. 그중에 당시 간호대학을 다니던 한 여학생은 이 '정의의 여신상'을 보며 법에 대한 인상을 나름대로 가꾸고 있었다. 이 여학생은 후일 소설가가 되어 법과 정의의 주제를 다룬 소설을 썼다. 여류 작가 송우혜 씨의 「저울과 칼」이 그것이다. 이 작품이 TV 드라마로 만들어졌 때 관악캠퍼스에 와서 정의의 여신상을 찾았지만, 국산법학도서관 정면에 높이 달려 있는 부조(浮彫) 외에는 아무것도 없어 아쉬워하였다. 그러나 이런 인연으로 작가 송우혜는 나의 부탁으로 법대와 동창회에서 낸 동창수상록 『진리는 나의 빛』, 『하늘이 무너져도 정의는 세워라』에 대해 서평을 써서 언론에 싣기도 하였다.[25] 정의의 여신이 만들어 준 인연의 가교(架橋)라 할지.

60년 후반의 법대문화는 절정을 이루었다. 군사정권 아래였지만 아직 유신이 나기 전이라 학교 안의 대학문화는 자율성과 낭만이 있었다. 당시 학생 서클은 다음과 같은 것들이 있었다. 학회평의회 산하에는 각 학회가 소속되어 있었는데 경제학회, 공법학회, 국제법외교학회, 농촌법학회, 법철학회, 사법학회, 사회법학회, 정치행정학회, 형사법학회가 그것이었다. 이들 학회는 평상시에도 활동했지만 '낙산제'에는 저마다 프로그램을 계획하여 성대한 행사를 하였다. 학생회 산하의 서클로는 낙산문학회, 법대연극회,

25 『출판저널』, 1994년 11월호.

태권도반, 역도반(力道班)이 있었다.

이념 및 종교 서클로는 국어운동학회, 동숭(東崇)학회, 지우회(知友會), 피닉스클럽(Phoenix Club), 경제복지회, I. S. A. UNESCO 한국학생회, 기독학생회, 가톨릭학생회, 법불회(法佛會), 원리연구회 등이 있었다. 기독교, 가톨릭, 불교학생회가 연합으로 종교교양강연회를 개최하는 모습도 보였다.

회원 간의 친목단체로는 명우회(明友會), 심우회(心友會), 석두회(碩斗會), 팔우회(八友會), 기라성, 아이비클럽(Ivy Club), 세실(SESIL), 법대산악회가 있었다. 정광현 교수가 이화여대와 인연이 깊어 학생들에게 이화여대생과 '구름다리'를 놓아 준다고 하여 화제가 되기도 하고, 모의재판이나 연극 등에 이대생들이 찬조 출연을 해 주었다. '낙산제' 때는 으레 신촌으로 미팅 교섭을 갔다.

출신고교별 단체로는 일법회(경기고), 경법회(경복고), 계법회(중앙고), 경일법회(경남고), 경맥법회(경북고), 경희법회(서울고), 대법회(대전고), 용법회(용산고), 인법회(인천고 및 제물포고), 제일법회(광주일고), 전법회(전주고), 청조법회(부산고), 오현동창회(제주 오현고) 등이 있었다. 지금은 고등학교의 평준화로 일류 고등학교라는 개념이 희박해졌지만, 당시에는 서울법대에 많은 수의 학생이 입학한 고등학교들만 이름을 내걸고 모임을 할 수 있었다. 또 학생회장 선거가 다가오면 이들 명문 고교 출신들끼리 막후 협상을 하는 풍속도 있었다. 경기고를 꺾기 위해서는 서울고와 경북고가 손잡으면 된다는 등…. 지난날의 추억이다.

법대 언론: *Fides*, 『법대학보』, 『법대신문』 등(서울법대 역사관 전시)

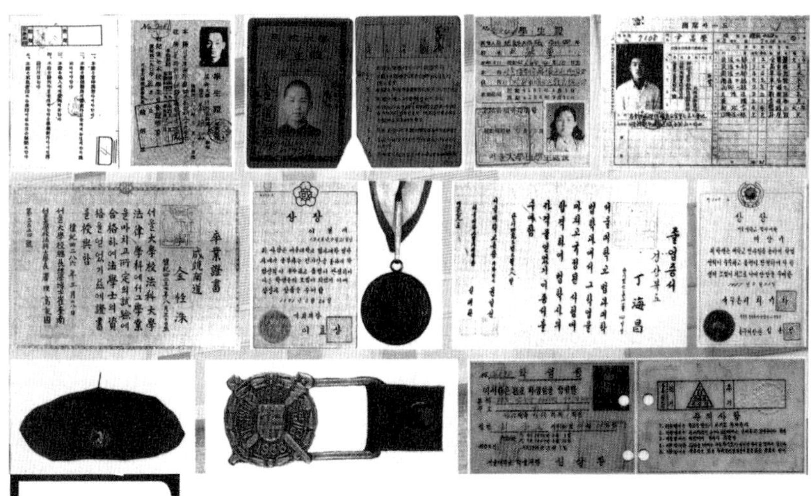

법대 기념품, 교모, 버클, 배지, 졸업장 등(서울법대 역사관 전시). 오른쪽 하단은 저자의 법대 1학년 학생증(1966)

창경원 쌍쌍파티

서울대 학생사 중에 어쩌면 가장 낭만적인 사건은 창경원에서의 서울대 전체와 이화여대 전체의 쌍쌍파티 사건이었다고 하겠다. 1964년 봄, 정정길(전 서울대 행정대학원 교수, 현 한국학중앙연구원장)이 법대 학생회장 겸 서울대 총학생회장을 할 때의 일이다. 법대의 학생과장(현 학생부학장)은 김철수 교수였다. 정 회장은 김 교수와 함께 당시 오성식 창경원장의 허락을 받아내는 데 성공하였다. 법대 졸업생인 오 원장은 유기천 학장과 각별한 사이로 법대가 하는 일이면 어떻게든 도와주려는 인물이었다. 불빛이 환하게 비친 벚꽃나무 아래 서울대생과 이화여대생의 청춘남녀 데이트 광경은 눈부시도록 아름다웠다. 밤이 늦어 나갈 시간이라고 사이렌을 불어도 나갈 줄을 몰랐다. 후일 몇 쌍은 결혼까지 골인하였다. 굳이 사랑의 출발지 창경원에서 결혼식을 올려야 한다고 예식장을 부탁해 와서 오성식 창경원장은 에프터서비스까지 해 주어야 하였다. 후일 유기천교수기념사업출판재단에서 만난 김 교수와 오 원장은 그때를 학생들과 가장 즐거웠던 시절로 회상하였다. 정정길은 동창수상록 『하늘이 무너져도 정의는 세우라』에서 그 외에도 당시 아름다웠던 추억들을 회상하고 있다.[26]

26 정정길, 「힘든 속에서도 폭넓은 경험을 하도록」, 『하늘이 무너져도 정의는 세우라』, 경세원, 1994, 362-372쪽.

서울여대 난입사건

여기에서 60년대 법대생들의 생활상과 분위기를 반영해 주는 또 한 사건을 돌이켜본다. 세칭 서울법대생들의 서울여대 난입사건이라 알려진, 지금 보면 다소 황당하면서도 낭만스러운 추억의 하나이다. 그 사건의 전말을 당시 참여한 학생 황재성(22회)이 동창회지에 기고한 글을 통해 살펴보기로 한다.

> 1967년 10월 어느 날 졸업앨범을 만들기 위한 기념사진 몇 장 마련할 목적으로 학생회 간부들의 아이디어로 태릉 야유회를 전격 기획 발표하고 도서관에서 고시공부에 전념하거나 각자의 일로 다소 비협조적이던 동기생들을 권유하여 오후에 태릉으로 집합시켰다. 참가인원은 오육칠십 명쯤.
>
> 야유회의 필수품인 막걸리로 야외파티가 벌어져 취흥이 도도해지자 나름대로 졸업에 대한 감회와 재학 시절을 회고하는 이야기가 여기저기 이것저것 슬슬 풀려 나오기 시작하였다. 일각에서 학생회장 선거운동 때 상호간에 섭섭했던 감정 중 정리되지 못한 부분을 들추어내어 제법 심각한 소동이 일어났다. 싸우는 놈, 말리는 놈 엉켜 있는데 그따위에 크게 신경 쓰지 않던 황재성 군이 해결사를 자임하고 방향타를 급히 돌리기 위한 아이디어로 서울여대와의 즉석 미팅을 제안하니, 이때가 저녁 6시, 어둑어둑한지라. 시시한 일로 시시하게 다투다가 어색해진 놈이나 말리다가 짜증난 놈이나 쌍수를 들어 환영, 동

의하니 만장일치로 서울여대로 향하였다. 데모꾼 시절의 습관적 자세로 자연스럽게 스크럼을 짜고 "쿠데타가 난동이냐 데모가 난동이냐", "한일회담이 난동이냐 미팅이 난동이냐" 등을 외치면서 우리식 교가를 부르면서 정문을 향해 일사불란하게 행군하였다.

이미 저녁 7시경이 되어 밤이 드리워졌으므로 정문은 닫힌 상태에서 아닌 밤중에 홍두깨 격인 취객사자들의 고성방가 미팅 신청에 정문 수위는 혼절 상태. 불 밝힌 기숙사 창문에는 "웬 때 아닌 밤중에 서울 뻐업대야."라면서 잠옷 바람의 여대생들이 방방 창문으로 내려다보다 누군가가 누군가에게 방문목적이 미팅 신청이라고 대표회담을 제의하였다. 와중에 런닝셔츠 차림의 40대 전후 남자가 자신을 숙직교수라고 밝히고, 협상불가방침을 통보하면서 교내진입을 저지코자 하였으나 "교수 좋아하네."라는 일언으로 묵살하고 마당 진입까지 성공하였다(주거침입죄 기수). 강상훈이나 추광태나 하여튼 목소리 좋은 애가 "창문을 열어다오"를 열창, 여대생들이 제법 호응하는 분위기를 만들었다.

된다 안 된다의 소란 계속 중 서울여대 고황경 학장이 도착. 밤 9시. 여걸풍의 고 학장은 취한 놈들을 제압하고 조용하게 차렷시킨 뒤 일장연설하셨다. "온 나라가 조국근대화의 기치 아래 밤낮없이 각자의 위치에서 열심히 일하고 있는 작금의 상황에서 한국 최고의 엘리트로 기대 높은 서울법대생들이 술이나 마시고 만취한 상태에서 금남의 학문 전당에 난입하다니 이 나라의 장래가 염려스러워 통탄을 금할 수 없노라. 당장 물러가서 본인들의 임무에 충실해 주실 바라나 기왕 내친걸음에 그냥 가시게 할 수는 없고 번영하는 조국 건설을 위한 여러

분의 역할을 진지하게 상담해 줄 고명하신 선생님을 특별히 급히 초청하여 그분이 곧 도착할 시간이니 조금만 기다려서 만나 보시라."

데모꾼 대다수는 대충 순진하여 안병욱 교수님이 오시는 줄 착각하였다. 잘 안 잡히던 몇몇 데모꾼은 내심 못마땅하였다. 고 학장의 일장 연설이 끝나는 순간 육사 헌병 트럭과 공릉파출소 경찰차가 도착하였다. 착검한 헌병들이 우리 일당을 완전포위하고 "주동자 나와."라고 헌병지휘관이 일갈하였다. 쪼다의 심정이 된 취객 미팅 신청자들이 순간 얼어붙어 잠시 조용한 정적이 흘렀다. 주동자라면 주동자인 황재성이 순간 정신을 가다듬고 대열에서 나와 항변하였다. "이 일은 경우에 따라 죄가 될 수 있는 일이겠지만 이따위 일이 뭐가 그리 중대해서 주동자가 따로 있겠는가? 인근에 놀러 왔다가 술에 흥이 더하여 장래 배필일 수 있는 처녀가 집단기숙하는 학교에 젊은 기분으로 즉석 미팅을 신청한 것이지 이게 무슨 국기문란이고 내란이라고 헌병까지 동원하여 총칼을 들이대는가? 우리는 학생이므로 민간신분이니 유무죄 여부라면 경찰에 가서 따져 볼 테니 군은 개입치 말라." 지휘관이 이 말을 납득하고 경찰관에게 인도되는 조건으로 헌병대는 철수하였다. 공릉파출소에 집단수용되었다. 이때 우리의 의거 품위를 손상하며 협상코자 하는 일부가 있었고 그리하여 경찰이 반말을 쓰게 되었다. 이에 "혓바닥이 반쪽이냐."라는 경고성 발언이 나왔다. 성북서에 이송되었다. 공릉파출소장은 수많은 서울법대생에 관해 직상급자인 본서 지휘를 요청하고 크나큰 고통을 면했다. 아침이 되자 이 소식에 접한 학생회 간부 및 미참가 동기생들이 빵, 우유 등을 지참하고 면회 왔다. 성북경찰서장은 우리를 범인취급하지 않고 설렁탕 급식 및 배구 코트에서 운동하도록 배려하여 우리는 배구공 맛을 만끽하였다. 주거침입죄로 고소된 상태인지라 이한기 학장이 고황경 학장 및 그 휘하들과 석방조건을 교섭하였다(그때 들은 풍문으로는 고 학장의 학창시절 이한기 학장이 짝사랑 대상이어서 혹은 그 반대여서 구애에 실패한 학장이 다른 학장에게 직접 사과 또는 직접 용서를 고소취하의 조건으로 제시했다는 설이 있음. 여하튼 두 분은 뒤늦은 통화로 앙금을 풀었을 터). 이리하여 전원 성북서를 의기양양하게 나왔다(주거침입이라면 기숙사에 들어가야 기수가 되는 게 아닐까? 그것이 우리들 법논리 싸움이 되었다).[27]

학생의 취중행동이 군인, 경찰, 교수, 언론을 동원시킨 이대 소동, 어쨌거나 60년대 말까지는 아직 응석과 낭만이 통하던 '거년(去年)의 곡(曲)'(이병주)이다.

나는 1960년대 법대 시절을 생각하면 어느 날 지은 당시의 시 하나가 떠오르곤 한다.

분수

분노는 솟아올랐다
스스로 정수리를 눌리우고,

27 황재성, 「서울여대 난입사건의 전말」, 『서울법대 64동기회의 어제와 오늘』, 1999, 193-194쪽.

또 분노는 솟아올랐다
스스로 정수리를 눌리우고,

데모대의 행렬은
정오를 건너고 있었다. (1969. 5)

혜화동 로터리의 분수는 지금은 흔적도 없이 사라졌다. 그러나 내 마음속에는 뿜어 오르던 그 분수가 여전히 서 있다.

1970년대:
유신기

관악캠퍼스에로

서울대 역사에서 1970년대는 한마디로 동숭동 연건동에서 관악으로 캠퍼스를 옮겨 새로 시작한 획기적인 시기였다. 한 거대한 국립대학을 종합화하여 이전한다는 것은 국가적 사업이었고, 여기에는 박정희 대통령의 결단이 크게 작용하였다.

1966년 11월에 취임한 최문환 총장이 이듬해 1967년 11월 6일 문교부 장관과 함께 청와대에서 서울대학교 종합화안을 보고하였다. 서울대학교는 이미 예산을 책정하여 문교부에 올렸다가 당초 87억 원 규모의 예산액이 60억으로 줄어 있었다. 이날 박 대통령은 계획안의 소규모성을 지적하면서, 계획기간을 10년으로 연장하여 서울대학교를 국제수준으로 발전시킬 수 있는 더 큰 규모의 계획을 수립하도록 지시하였다. 조속한 시일 내에 국무회의 의결을 거쳐 공사를 시행하라고 지시하였다. 서울대는 2개월 만에 '종합10개년계획안'을 수립하였다. 1968년 4월에 서울대학교 종합화가 국가정책으로 확정되고, 7월에 '서울대학교시설확충특별회계법'이 제정되었다. 예상 용지로 먼저 공릉동 공과대학 주변이 검토되었으나 이후 수원 농과대학 주변과 시흥군 안양읍 비산리도 물망에 올랐다. 8월 28일에 권오병 문교부 장관은 태릉 일대로 확정한다고 발표하였다. 육사에서 청와대를 방문 항의하여 이듬해 1969년 1월 27일 전면 백지화하였다. 이후 1969년 11월 초에 박대통령은 홍종철 문교부 장관과 최문환 총장과 함께 관악골프장을 비밀리 답사하였다. 겨울이 지나고 1970년 3월 16일 박 대통령은 관악산 기슭으로 정한다고 발표하였다.[1] 동훈 비서관을 통해 최문환 총장에게 보낸 친서는 다음과 같다.

> 나는 오늘 명산 관악의 기슭에 서울대학교 만년웅비의 터전을 닦기로 작정했다.
> 한강을 굽어보는 언덕에 문화에 유산을 이어받을 사랑스러운 아들딸들에게 진리탐구에 전당을 마련해 주고자 한다. 그리하여 조상의 얼을 되살리며 영광된 조국에 앞날을 가름하고 슬기를 모아 인류공영에 이바지할 영재를 길러 내게 하고자 한다.
> 한 세대의 생존은 유한하나 조국과 생명은 영원한 것. 오늘 우리 세대가 땀 흘려 이룩하는 모든 것이 결코 오늘을 잘 살고자 함이 아니요 이를 내일의 세대 앞에 물려주어 길이 겨레의 영원한 생명을 생동케 하고자 한다.
> 그러기에 교육은 모든 것의 시원이 되며 이는 대학에서 비롯되는 것이라 하겠다. 대학은 또한 정의와 진리의 학문을 지녀야 하고 영재가 배양되어야 하며 대를 이어 위대한 상속자가 배출되어야만 한다. 이를 통하여 우리의 높은 이상을 펴나가게 될 것이니 이제 관악의 기슭을 명문을 통하여 바람직한 상속자들이 면면히 배출되기를 진심으로

---

1 의대 주근원 교수는 『함춘원의 회상』(1983), 428쪽에 1970년 3월 8일 우연히 봉천동에서 박 대통령이 관악골프장에 가는 것을 보았다고 기록하고 있다. 박 대통령은 여러 번 이곳을 방문한 것으로 보인다.

관악캠퍼스 기공식(1971. 4. 2)
(위) 지금의 버들골 잔디 위에 본부석이 설치되었다.
(아래) 박정희 대통령과 한심석 총장

축원하는 것이다.

보람 있는 창업— 타일 조국의 진운을 가름하며 인류문화의 발전에 공헌할 세계의 대학으로 지향하여 서울대학교는 오늘 새 터전에서 새로이 출발하게 된 것이다.

나는 새 터전을 찾아 이미 뜻깊은 머릿돌이 앉을 현지를 야음에도 돌아보고 해를 넘기며 숙고한 끝에 결정지은 것이다. 서울대학교 종합건설 계획의 찬연한 과업이 뜻있는 이들의 정성과 노력으로 빛나게 이루어지기를 바란다.[2]

---

2 이 친서는 국한문 병기인데, 원본은 서울대학교 기록관에 보존되고 있다.

드디어 1971년 4월 2일 기공식이 거행되었다. 그 사이 총장이 최문환에서 한심석으로 바뀌었다. 여기에 참석한 박 대통령은 다음과 같은 축사를 하였다. 민족대학으로서의 사명과 세계적 대학으로서의 발전을 기대하는 심정을 토로하였다.

한심석 총장, 내외 귀빈, 교수 그리고 학생 여러분!
오늘 이곳 명산 관악의 기슭에 우리는 서울대학교 만년웅비의 터전을 닦기 위해 함께 모였습니다.
개화의 여명기로부터 근 1세기 만에 맞이하는 민족중흥의 전환점에 서서 우리는 새삼 다사다난했던 이 나라 현대사의 진운과 부침을 함께해 온 대학의 성장과정에 무량한 감회를 되새겨 보지 않을 수 없습니다.
일찍이 상투를 자르고 신문학을 배우러 다닐 때부터 이미 당대의 선각자들에게는 교육구국의 의지와 정렬이 싹터 있었으며 외세의 반세기 압제 속에서도 우리 교육은 굴함이 없는 전통의 계승을 자부해 왔고, 해방과 전란의 혼돈 속에서도 연면히 이어온 교육의 광맥은 결코 그 빛을 잃지 않았습니다. 그 험난한 역경 속에서도 대학은 민족의 양심과 지성의 원천으로서 겨레의 이상을 밝혔고 조국근대화의 수많은 역군을 길러 내어 10년 성장의 중추적 역할을 담당해 왔습니다. 실로 지난 60년대는 강렬한 교육열과 국민적 투자가 국가발전에 기여할 수 있는 무한한 저력과 가능성을 입증하였습니다.
이제 우리는 커가는 국력의 여유를 교육에 재투자함으로써 과학과 문화에 정신면에 혁신의 신풍을 일으키고, 통일과 중흥을 위해 겨레의 슬기와 힘을 길러 나갈 민족의 대학을 키울 수 있는 새로운 시점에 다다랐다고 생각합니다.

오늘의 이 역사적 기공은 늘어나는 우리 국력의 여유를 반영한 의욕과 자신의 소산이며, 교육한국의 슬기로운 전통을 이어받은 문화적 노력의 집대성이며, 대학의 중흥을 다짐하는 민족적 열망의 결실이라 아니 할 수 없습니다.

오늘날 대학은 현대사회의 변동과 특징을 수용해야 한다는 부단한 제약을 받으면서도 일시적은 충격이나 혼란에 초연하여 먼 민족의 장래를 설계하고 창조와 개척의 힘을 길러 미래의 문을 여는 국가발전의 표상입니다. 그리하여 대학은 영원한 민족의 정신사를 주도하면서 전통과 문명의 계발로서 인류의 평화와 행복에 기여하게 되는 것입니다.

세계 여러 나라의 유서 깊은 대학을 보면 그들은 역사에 발전단계마다 거시적이며 현명한 문제 해결의 기능을 발휘했으며 꾸준히 국가사회의 진로를 밝혀 온 영도적 역할에 충실했던 것을 눈여겨볼 수 있습니다.

이제 서울대학교는 명실공히 한민족 웅비를 선도하는 민족대학으로 성장 발전하여 통일과 중흥 정신적 지주로서 그 막중한 역사적 사명을 다 해야 할 것입니다.

오늘 새로운 터전을 잡는 서울대학교가 앞으로 세계적 대학으로 그 권위를 높여 인격과 지식을 함께 갖춘 국가의 동량을 길러 내고 민족의 이상과 꿈을 구현하는 통일과 중흥의 등불이 되어 줄 것을 당부하는 바입니다.[3]

---

3 주근원, 『함춘원의 회상』, 효문사, 1983, 471-472쪽에서 전재.

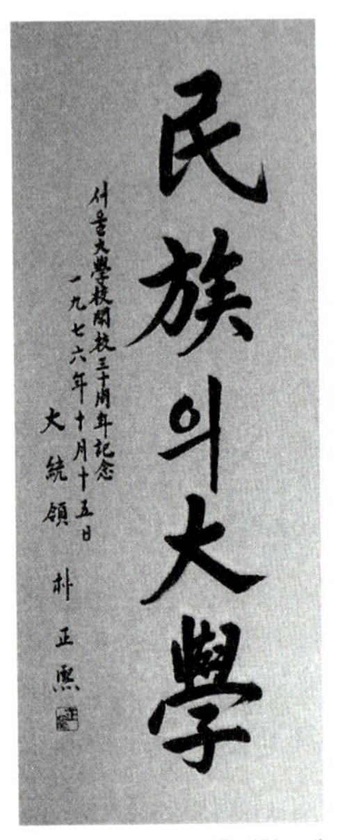

박정희 대통령이 서울대학교에 써 준 휘호(1976)

나는 이 축사 광경을 멀리서 바라보면서 소리도 제대로 듣지 못하였다. 하이라이트는 박 대통령의 다이너마이트 폭파였고, 우리는 손뼉을 치는 것이 전부였다.

캠퍼스의 조경은 "수유인작 완자천개"(雖由人作 宛自天開), 즉 "사람이 만들었으나 하늘이 만든 것처럼" 한국적 전통미를 고려한 친환경적 설계를 지향하였다.[4] 그렇지만 현실적으로 느끼는 것은 천편일률적 아파트 형태로 시멘트 냄새가 난다고들 하였다. 교문에서 신림동 쪽에 세운 파출소가 학생데모를 막기 위한 것으로 크게 지었다고들 하였다. 『서울대학교 60년사』는 "서울대학교 정문 맞은편에 동양에서 크기로 다섯 손가락 안에 든다는 파출소가 위치했기 때문에 캠퍼스 건설 당시의 의도와는 무관하게 학생들은 그 말을 사실로 받아들일 수밖에 없었다."[5]라고 적고 있다.

이렇게 서울대학교 캠퍼스가 이전이 확정되고, 박 대통령은 유신을 단행하였다. 이로 인해 그는 서울대생으로부터 축하를 받기는커녕 비판을 받게 되자 박 대통령은 노여워서 준공식에 참석하

4 『서울대학교 60년사』, 서울대학교, 2006, 99쪽.
5 『서울대학교 60년사』, 2006, 100쪽.

지 아니하였다.[6]

정치적으로 보면, 1970년대는 박정희 대통령의 통치가 유신체제라는 이름으로 최고 절정에 이른 때이다. 그런 정치권력에 대해 가장 위협적인 저항세력은 지식인 집단인 대학이었던 것은 말할 필요도 없다. 대학은 많은 수난을 당하였고, 박 정권도 막바지의 길을 걷고 있었다. 유신획책을 제일 먼저 발설한 유기천 총장이 중앙정보부의 위협을 피해 해외로 망명한 것이 1972년 1월이었고, 박정희 대통령이 김재규에 의해 저격된 1979년 10월이었다. 박정희와 유기천을 비교하면 당시의 정치와 대학, 군부와 지성의 대결을 극명하게 볼 수 있다.[7]

유기천 교수 사건

우리는 앞에서 50년대 또는 60년대 전반부터 유기천 교수가 법대에서 행한 업적을 살펴보았다. 1965년에 서울대 총장직에 취임하

6 주근원, 『함춘원의 회상』, 1983, 433쪽에는 "이런 대역사가 박 대통령의 결단으로 성추되었으나 준공식은 대학생들의 소용돌이로 박 대통령의 노여움을 사게 되어 결국 보지 못하였던 것도 잊을 수 없는 지난 날의 슬픈 기억의 하나이기도 하다." 라고 적고 있다.

7 실은 나는 유기천 총장의 전기 『자유와 정의의 지성 유기천』(한들, 2006)을 저술하였고, 언젠가는 '박정희와 유기천: 칼과 붓의 대결'이라는 책을 내려고 준비 중에 있다.

면서 그에게는 평생의 운명을 좌우하는 전환이 온다. 그는 분명 법학자로서 철두철미 학문을 위한 정열로 차 있는 학자였으나 한편으로 강직한 성격과 소신을 굽히지 않는 원칙주의자로 학생처벌도 교육의 일환이라고 믿었다. 이러한 소신에서 학장으로서 법대생 데모 주동자들을 강경하게 처벌한 것이 박정희 대통령에게는 소란한 서울대 질서를 잡는 총장의 적임자로 맘에 들게 되었다. 1965년 9월 15일 유기천은 제9대 서울대 총장에 취임하였다. 총장 취임 후 이른바 정치교수 파면사건이 있었는데 황산덕·김기선 교수의 파면에 대해 유 총장의 음모라는 풍문이 돌았다. 어쨌든 유 총장은 대학과 사회를 위해 소신대로 어려운 현실을 타개하려고 노력하였다. 그러나 복잡한 정치 상황과 대학의 위상은 그의 꿈을 실현하기에는 너무나 거리가 있었다. 무엇보다 계속되는 학생데모사태는 많은 차질을 가져다 주었다. 이러한 불안한 학원사태 속에서 유 총장은 박 대통령과 직접 접촉을 했는데 그 분위기가 어떠하였는지, 두 사람의 애증 관계가 어떠했는지 유 총장 자신이 이렇게 적고 있다.

> 어느 날 아침 나는 대통령 집무실로 호출됐다. 내가 들어서자마자 대통령은 소리쳤다. "뭘하고 있는 거요? 학생들의 불법적인 행동을 멈추게 하기로 하지 않았소? 그런데 시위는 아직도 계속되고 있단 말이오. 이 문제를 평화적으로 해결할 수 없다면, 군대를 보내 서울대를 점령하여 질서를 회복시킬 수밖에!" 그는 목청껏 소리를 질러 댔다. 나는 그 장광설에 반박하지 않고 골똘히 그를 쳐다보기만 했다. 마침

내 그가 말을 멈추고 내 대답을 기다리는 듯했다. 나는 정말 무척이나 화가 나 있었다. 그의 의도를 읽어 낸 때문이었다. 그의 목적은 나를 자기의 수하(手下)에 넣어 총장을 시켜 놓고 내 이미지를 이용해 덕 좀 보자는 것이었다. 그래서 나는 대답했다. "이제 소리 다 지르셨습니까?" 이런 대답을 그는 상상도 못했을 것이었다. 나는 계속했다. "소리를 다 질렀다면 이제 제가 말씀 드리겠습니다. 서울대에 군대를 보내겠다는 식의 발언은 참을 수가 없습니다. 겨우 몇 주 전에 한 약속을 벌써 잊으셨습니까? 제게 책임을 맡기고 방해하지 않겠다고 하지 않으셨나요? 저는 대학을 돌면서 계획대로 아주 잘 해 내고 있습니다. 자, 군대를 보내고 싶으면 어서 보내 보십시오!" 나도 화가 나 있었기 때문에 목청껏 소리를 질렀다. "저는 약속을 지키지 않는 사람과는 함께 일할 수 없습니다. 총장직을 당장 물러나겠습니다." 이렇게 말하고 나는 대통령 집무실을 나서서 긴 복도를 걸어갔다. 대통령이 나를 죽일지도 모른다는 생각이 얼핏 들었다. 그러나 만일 그렇게 된다면 그는 그 대가로 암살의 위험을 무릅써야 할 것이었다. 20초쯤 지났을까. 나는 뒤쫓아 달려오는 발소리를 들었다. 박 대통령이었다. 그는 내 왼팔을 붙잡으며 말했다. "화나게 해서 미안합니다. 할 말이 있어요. 내 집무실로 돌아갑시다!" "제가 왜 되돌아가야 합니까? 우리의 합의사항을 하나도 이해하지 못하고 있는 것 같은데…." 이런 실랑이를 한동안 벌이다가, 그의 태도가 변해 내 얘기를 진지하게 들어줄 것 같아 보여 나는 집무실로 발길을 돌렸다. 대통령은 솔직히 학원문제는 잘 알지 못한다고 시인했다. 자신은 단순한 군인이기 때문에 전반적인 사태 추이를 파악하지 못하고 있다고도 말했다. 그래서 나는 내

계획을 알려주고 내 활동 상황을 대충 말해 주었다. 그 이후 그는 종을 울려 비서관에게 점심을 준비하라고 일렀다. 나는 선약이 있어 실례해야겠다고 말했으나 그는 '대통령은 다른 어떤 사람보다 우선권이 있다'고 주장하며 함께 식사하자고 고집했다. 식사를 하면서 나는 대통령에게 학원의 자율이 왜 그렇게 중요한가를 충분히 설명하였다. 대통령의 태도는 마치 절친한 친구를 대하는 것처럼 놀랍도록 부드러워져 있었다. 12시 30분쯤 그의 어린 아들 지만 군이 들어와 대통령에게 인사하고 방금 학교에서 돌아왔다고 말했다. 대통령은 아들에게 내게도 인사를 하라고 일렀다. 마치 내가 새로운 가족이라도 된 것처럼, 처음의 긴장된 공기는 순식간에 화기애애한 분위기로 바뀌었다. 오후 3시경까지 나는 정치를 포함한 제반 문제에 대해 대통령과 의견을 나누었다. 나는 계속해서 나머지 단과대학들을 돌아다녔다. 거의 모든 교수들이 국교정상화에 대한 내 의견을 지지해 주었고 그 무렵 국교정상화조약 초안이 국회를 통과하였다. 대학에는 다시 평화가 찾아왔다.[8]

이렇게 기(氣) 싸움을 벌인 끝에 결국 유 총장은 총장직을 사임할 수밖에 없었다. 그래도 법대교수직은 유지하여 강의를 계속할 수 있었다. 1971년 4월 12일, 교련철폐를 요구하는 학생데모가 치열해져 "낙산 기슭은 곤봉세례와 최루탄 연기 속에 피눈물이

8 유기천, 「나와 박정희와 학문의 자유」, 『신동아』, 1988년 8월호, 376쪽.

범벅이 되어 있었다." 이날 130여 명이 청강한 '형법총론' 강의시간에 유기천 교수는 강의실에 들어서자마자 "이 중에 학생 아닌 사람이 있다면 나가라"고 하면서 학생들로 하여금 한 사람 한 사람씩 신분을 확인케 하였다. 무슨 이유에서인지 몰랐던 학생들은 오히려 이상하게 생각되기까지 하였다. 이어서 다음과 같은 말씀을 하였다.

> 여기에 정보원이 있으면 자진해서 나가라. 나는 제자 아닌 그들은 상대하고 싶지도 않다. 그리고 문을 꼭 잠가라. 나는 연 3일 동안 잠을 제대로 자지 못하고 오늘의 상황에서 내가 해야 할 일이 무엇인가를 곰곰이 생각해 보았다. 아예 학교에 나오고 싶지도 않았으나 사랑하는 제자에게만은 나의 의사를 밝히는 것이 스승의 도리라고 생각해서 학교에 나왔다. 나는 지금 형법을 강의할 필요를 느끼지 않는다. 강의실에서 형법을 가르친다지만 바로 교문 앞에서는 권력에 의한 폭력이 그대로 자행되고 있는데 학문을 해서 무엇을 하겠는가? 법이 존재하지 않는 곳에 법학강의는 무의미하다. 이런 상황 속에서는 학자적 양심으로서 도저히 강의할 수 없다. 나는 학교에 가까운 곳에 살면서도 이러한 중대사건의 내용을 늦게서야 알게 되었다.
>
> 법대학생이자 총학생회장인 최회원 군의 후두부를 뒤에서 내리친 것은 형법상 미필적고의에 의한 살인미수죄에 해당하는 것이다. 총학생회장이라면 15,000서울대인을 대표하는 사람인데 회원군에 대한 이런 야만적인 행위는 전 서울대인에 대한 모독인 것이다. 동물도 뒤에서 잡지 않는데 비인간적으로 사람을 뒤에서 물건을 패듯이 하는 사

태를 나는 중시한다.

내가 알기로는 그날 교문 앞에는 무궁화 둘을 단 지휘자가 있었고 그 고위책임자의 지휘에 따라 계획적으로 최원군의 뒤에서 곤봉으로 그의 후두부를 내리쳤던 것이다. 공무원이 그 지위를 남용하여 범죄를 저지를 때는 엄중히 처벌하기로 되어 있는데 이런 살인미수죄가 기소가 되기는커녕 문제조차 되고 있지 않은 현실에 대해 그것을 시킨 책임자가 누구인가를 색출해서 처벌하지 않는 한 법치주의란 아예 공염불일 뿐이다.

최회원 군 문제뿐만 아니라 현실을 보면 어떠한가? 현 정권은 무엇 때문에 국민에게 위기의식을 불어넣고 있는가? 지금이 반드시 위기라고 할 수는 없다. 이것은 오로지 빈부의 심각한 양극화와 국민의 분열에서 생기는 국민의 불만을 억누르기 위함이며 국민의 기본적인 자유와 권리를 억누르고 독재권력 확립을 촉진할 뿐이다. 분명히 정부 고위층 중에 국민분열을 통한 국력손실을 획책하는 자가 있다고 보며 나는 그것에 관한 구체적인 자료를 수집하는 중이다. 그리고 내가 얼마 전 자유중국에 갔을 때 자유중국의 고위층 장교로부터 지금 한국에서 자유중국의 총통제를 연구하러 온 사람이 있다고 말하는 것을 듣고 정말 놀랐다. 총통제를 실시하려는 것은 국민을 모독하는 처사로서 국민의 이름으로 규탄받아 마땅할 것이다.

내가 이런 말을 할 때 나의 거취문제가 어떻게 될 것인가 하는 것은 짐작이 갈 만도 하지만 그러나 여기서 주저할 수야 없지 않는가?

대학의 자유는 존엄한 것인데 한국에서는 이다지도 중대한 침해를 받고 있다. 최회원 군 문제의 해결을 위해 총장 문교부 장관 기타 관계자를 만나 교섭을 하는 데는 시간이 필요할 테니까 이 문제가 해결될 때까지 당분간 강의는 하지 않겠다. 대학의 자유는 중요하다. 이러한 폭력집단보다도 더한 행위에 대해 대학의 자유를 지키기 위해 법의 범위 내에서 끝까지 싸우자."[9]

그리고 유 교수는 과거 총장 재직 시 정부로부터의 심한 압력으로 소신껏 일할 수 없었던 것을 밝히고 학생들의 진정한 이해를 바랐다. 이러한 긴박한 상태 속에서 학생들은 자유와 인권의 확립을 위해 성명서를 발표하고 저항하였다. 1971년 5월 11일 자로 서울대 총학생회는 다음과 같은 성명서를 발표하였다.

자유와 민권쟁취를 위해 끊임없이 투쟁을 계속해 온 우리 서울대인의 굳은 결의를 재삼 천명하기 위해 이 글을 전 대학인 전 지식인 그리고 전 국민에게 드리는 바이다. 이제까지의 정치상황에서 정의와 자유를 사랑하는 우리 서울대인은 총통제를 획책하려는 일인독재의 음모를 절감하고 이를 만천하에 폭로한다. 고도로 지능적이고 조직적이고 원천적인 부정하에서 국민을 모두 기만한 4·27 선거와 야당인사를 강압 매수하여 「정치쇼」를 연출함으로써 야당세력을 분쇄한 것은 바로 현 정권의 살벌한 정보정치하에서 이루어지고 있고, 현 정권은 야당붕괴 직전으로 일당, 일인독재를 합리화시키고 있다. 이것이

9 이 역사적 발언은 당시 발간된 법대 학생신문 『자유의 종』에 실려 있다. 원본은 법대 '귀중문서실'에 보관되어 있다.

바로 저들이 말한 「야당육성책」이고 「야당정책추진책」이란 말인가? 우리는 이번 모당의 파동이 결코 당권투쟁이나 야당의 분열이 아니요 정보정치의 마수에 의한 계획적이고 조직적인 민주세력탄압임을 직시한다.

결의사항

1. 현 정권은 정보통치에 위한 총통제 음모를 포기하라. 「야당육성」이란 미명하에 「야당파괴」를 획책하고 비열한 수법으로 일인독재를 구축하려는 흉계가 폭로된 지금 총통제 음모는 용납할 수 없다.
2. 야당은 5·25 총선거를 거부하고 4·27 불법부정협작 선거에 대해 범국민적 정치적 투쟁을 벌림으로써 총통제 음모를 분쇄하라. 만일 또다시 여당의 선거 놀음에 들러리 노릇을 하며 독재체제 확립에 방조할 때는 민족의 이름으로 규탄받을 것이다.
3. 야당은 여당의 정보통치에 의한 「정치쇼」에 놀아나 그것을 당권투쟁에까지 몰고가 스스로 파멸하려 하지 말라. 「야당파동」은 당권투쟁이 아니고 총통제 음모의 일환임을 국민은 직시한다. 야당내 반민주, 반민족 정상배를 철저히 몰아내는 길만이 우리 모두가 사는 길임을 명심하라.
4. 정보통치의 사령탑으로 4·27 선거를 원칙적인 부정선거로 만들고 총통제를 획책하고 있는 중앙정보부를 해체하라.
5. 이제 돌이킬 수 없는 정도로 권력과 야합한 사이비 언론을 엄중히 규탄한다. 조선일보, 서울신문, 경향신문은 언론 본연의 임무를 수행할 기력을 잃었으므로 스스로 문을 닫고 더 이상 전통을 배신하

여 민족의 반역자가 되지 말라.

6. 전 국민은 역사의 전환점에서 오늘의 조국의 현실을 직시하고 새로운 각성과 결의로서 반민주적 총통제를 기필코 분쇄하자.

이런 상황에서 유 교수는 1972년 1월 7일 국내에 피신해 있는 동안 문교부로부터 법대교수직에서 파면되었다. 그는 이 행정처분의 취소를 법원에 제소했으나 8년간 법원에서 잠잤다. 미국의 키신저(Henry Kiessinger), 라이샤워(E. Reischauer) 교수 등의 노력으로 미국에 망명하여 푸에르토리코(Puerto Rico)를 거쳐 샌디에이고(San Diego)에 살면서 한국의 민주화를 위해 노력하면서 형법학자로서의 활동을 계속하였다. 그의 부인 실빙(Helen Silving) 여사가 쓴 『헬렌 실빙 회고록』(*Helen Silving Memoirs*, 1988)에는 유 교수가 직접 쓴 장(章)도 있어 유신 전후의 박정희 정권 시절의 실상을 보여주는 중요한 증언들이 포함되어 있다.

유 교수는 그 후 서울대학교 교수직 파면조치에 대한 행정소송에서 승소하였고, 1979년 10·26 사태 후 '서울의 봄'이 오자 한국에 돌아올 수 있었다. 많은 학생의 환영 속에서 서울대 캠퍼스를 방문하고 특별강연을 하여 언론에 대서특필되기도 하였다. 그러나 이러한 '서울의 봄'도 잠시뿐, 다시 신군부세력에 의한 집권으로 연결되자 유 교수는 다시 미국으로 건너갔다. 거의 소식이 끊이다시피 하다가 1993년 2월 26일에 부인 실빙 박사(1906년생)가 서거한 후 법대의 요청으로 귀국하여 그해 5월 7일 법대교수회의실에서 '헬렌 실빙·류 박사 추모회'를 개최하고 실빙의 유품

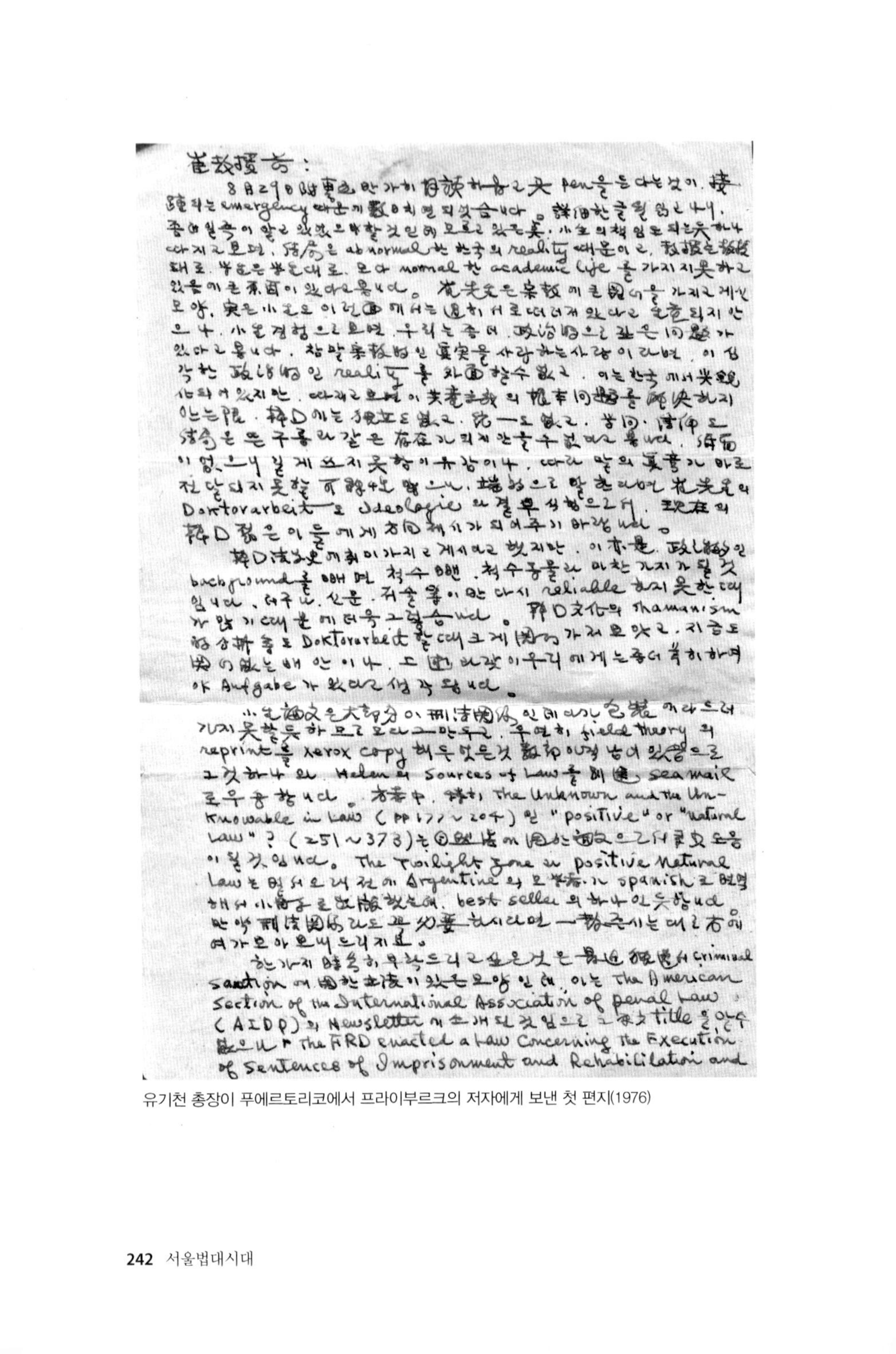

유기천 총장이 푸에르토리코에서 프라이부르크의 저자에게 보낸 첫 편지(1976)

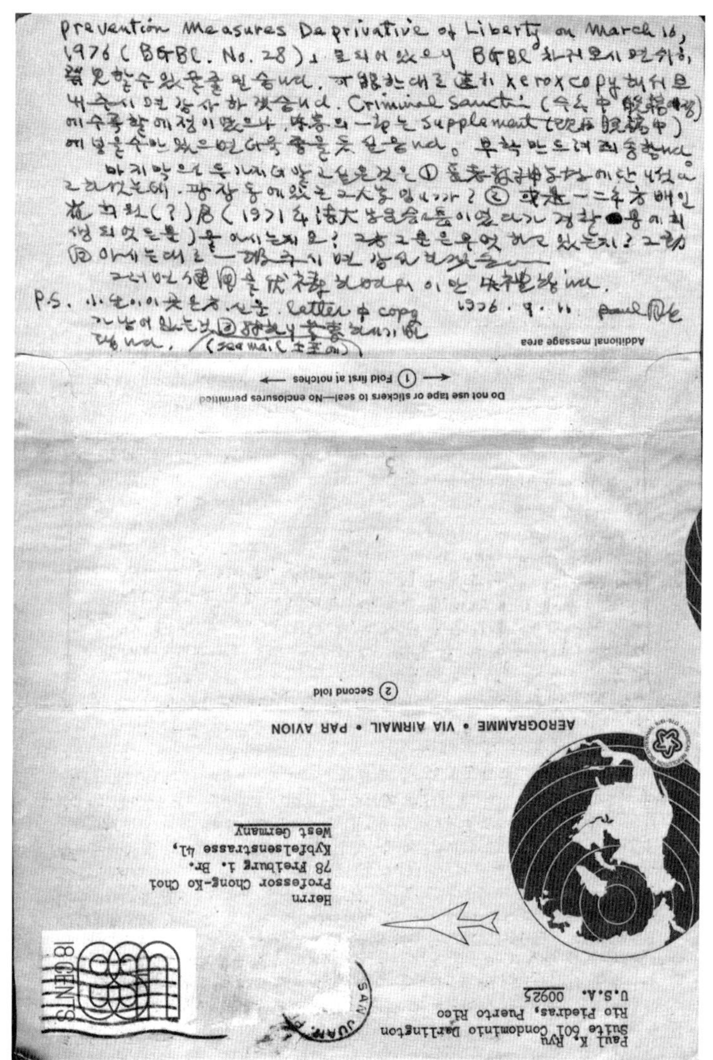

prevention Measures Deprivative of Liberty on March 16, 1976 (BGBl. No. 28)로 되어 있으니 BGBl 참고로 보시면 [illegible] 發見할 수 있을 줄 압니다. 可能한 대로 速히 xerox copy 해서 보내주시면 감사하겠습니다. Criminal sanction (수속 中 [illegible])에 수록할 예정이었으나, [illegible]의 一部는 supplement ([illegible] 中)에 넣을 수만 있으면 더욱 좋을 듯 싶습니다. 부탁만 드려 죄송합니다.

마지막으로 [illegible] 알고 싶은 것은 ① [illegible]에 단 내용[illegible] 그러했는데, [illegible] 있는 그 人물입니까? ② 或是 一二年 前 배인[illegible] ([?]) ([illegible] 1971年 法大 [illegible]이었다가 [illegible]에 희생되었는 분)을 아시는지요? [illegible] 그분은 무엇 하고 있는지? 그럼 [illegible] 아시는 대로 一報주시면 감사하겠습니다.

그러면 [illegible] 伏祝하오며 이만 失禮합니다.

1976. 9. 11. paul 柳

P.S. 小生이 [illegible] letter 中 copy 가 남아 있는 [illegible] [illegible] 하시기 [illegible] 합니다. (sea mail [illegible])

Additional message area

① Fold first at notches

Do not use tape or stickers to seal—No enclosures permitted

② Second fold

AEROGRAMME • VIA AIRMAIL • PAR AVION

Paul K. Ryu
Suite 601 Condominio Darlington
Rio Piedras, Puerto Rico
U.S.A. 00925

Herrn
Professor Chong-Ko Choi
78 Freiburg i. Br.
Kybfelsenstrasse 41,
West Germany

을 '귀중문서실'에 기증하였다. 다시 미국으로 가서 살다가 1998년 6월 27일 샌디에이고에서 작고하였다. 그의 마지막 저서 『세계혁명』(*The World Revolution*)이 음선필(39회, 홍익대 교수)에 의해 번역되어 지학사(志學社)에서 출판되었다.[10] 그 후에 더욱 유기천을 추모 기념하려는 분위기가 고조되었다. 나는 그의 전기 『자유와 정의의 지성 유기천』(한들, 2006)을 출간하였다. 현재 유기천교수기념사업출판재단이 설립되어 매년 월송기념심포지엄을 열고 『월송회보』를 연간으로 발간하고 있다. 2009년에는 기념사업회에서 서울법대에 1억을 기증하고 서암법학관 4층에 '유기천 세미나실'을 마련하여 학생들과 동창들이 애용하고 있다.

전태일 사건과 조영래

1970년 11월 13일 평화시장의 재단사 전태일이 평화상가의 노동조건 개선을 요구하다 투신자살을 하였다. 불길에 싸인 그에게 동료는 근로기준법 책을 던져 넣어 사실상 노동법 화형식이 되기

10 유기천의 생애에 대해서는 안경환, 「인간 유기천」, 『월간조선』, 1998년 8월호, 592-598쪽; 배재식, 「유기천 선생 추모사」, 『서울대동창회보』, 1998년 7월호; 김철수, 「유기천 총장님 영전에」, 『서울대 소식』, 1998. 7. 2, 6-7쪽; 최종고, 「월송 유기천」, 『인권과 정의』, 1999년 6월호, 150-162쪽; 최종고, 「유기천의 법사상」, 『법학』 제40권 1호, 1999, 176-210쪽.

도 하였다. 이 사건은 그동안 노동자의 권익 희생 위에 이루는 경제성장 정책에 찬물을 끼얹는 충격적 사건이었다. 서울법대에서 일주일 후인 20일에 장례식을 치르려고 하여 이 사건은 더욱 사회적 관심을 불러일으켰다. 이러한 배경에는 조영래와 장기표, 이인제, 최종고와 사회법학회의 회원들이 연결되어 있었다.

그 전말을 보면, 그때 대학원에서 노동법을 전공하면서 김치선 교수 연구실 조교로 있던 나에게 조영래가 찾아왔다. "지금 이렇게 책만 보고 있을 때가 아니에요. 지금 전태일이란 노동자가 분신자살해서 성모병원 영안실에 안치되어 있습니다. 전태일은 대학생과 교회청년을 만나기를 그렇게 원했답니다. 어서 갑시다."라고 하였다. 나는 비수로 가슴을 찌르는 것 같았다. 조영래와 명동성당으로 급히 달려갔다. 이미 경찰들이 포위해 있었으나 용케 빠져 들어가 성모병원 지하에 있는 영안실로 들어갔다. 나를 보는 순간 전태일의 어머니 이소선 씨가 "왜 이제 오느냐, 내 아들이 대학생과 교회학생을 그렇게 만나고 싶어했는데."라며 나무라듯 반기셨다. 거기에는 이화여대 현영학 교수, 기독학생총연맹(KSCF)의 오재식 간사 등 기독교계 인사들이 다수 와 있었다. 경찰들이 시체를 내어 주지 않으려고 하는데, 가능하면 옆에 있는 영락교회에서 장례식을 거행했으면 좋겠다고 얘기가 모아졌다. 마침 내가 영락교회 교인이기 때문에 모두 영락교회로 몰려갔다. 밤중에 한경직 목사를 면회하러 왔다 하니 이미 취침 중이라면서 교회사찰 집사가 냉담하게 대해 주어서 도저히 가망이 없는 것으로 판단하고 물러 나왔다.[11] 그렇다면 차선책은 서울법대에서 장례식을 치르는 것이 좋겠다고 합의되었다. 나는 조영래와 YMCA 호텔에 방 하나를 빌려 법대에서의 장례식을 모의하고, 윤보선, 함석헌, 강원용 등 각계 인사들을 대거 참석시켜 조사(弔詞)를 하게 하려고 계획하였다. 당시 연세대에서 사회윤리학을 가르치던 독일인 교수 브라이덴슈타인(Breidenstein) 박사는 혼자서라도 시위를 하겠다고 나에게 알려 왔다. 예정일인 20일이 되기 전에 경찰은 이미 전태일의 장례를 비밀리에 강행하고 말았다. 그래도 법대학생회는 예

---

11 오재식 회고록, 『나에게 꽃으로 다가오는 현장』, 대한기독교서회, 2012, 143-145쪽에는 이렇게 적혀 있다. "장례식장에 있으면서 전태일에 관한 얘기를 듣고 있으니 서울법대 학생대표들도 왔다. 장기표, 조영래, 최종고였다. 우리 기독학생대표들은 그때 그들과 처음으로 만나 인사를 나누었는데, 같은 마음과 목적이 있었기에 이후 자주 만나게 되면서 서로 친해지기 시작했다. 전태일로 인해 서울대 법대 학생운동하고 기독학생운동이 손을 잡기 시작한 것이다. 우리는 이렇게 아까운 청년이 목숨을 바쳐 항의해도 안 되는 이 현상을 어떻게 해야 하느냐고 분노하면서 교회가 나서야 한다고 중지를 모았다. 교수들과 의논을 한 뒤 성모병원에서 가장 가까운 영락교회로 갔다. 담임목사를 설득해서 영락교회에서 장례식을 치르자고 할 생각이었다. 영락교회에 도착하니 오후 9시 반이었는데, 담임목사는 침실로 들어가고 안 계시다고 했다. 만나게 해 달라는 설득 끝에 목사를 만나게 되었고, 영락교회로 간 신학교 교수들 몇 분이 상황을 이야기하며 가장 가까운 교회이니 장례식을 해 줬으면 좋겠다는 부탁을 했다. 그런데 그 목사는 "첫째, 기독교에서는 자살한 사람의 장례는 교회에서 안 한다. 둘째, 그 사람이 그리스도교인이면 자기 교회에서 장례식을 하는 것이 교회의 원칙이다." 이렇게 말하면서 거절했다. 황당한 일이 아닐 수 없었다. … 마침 서울대 법대에서 추모식이 열린다는 것을 알게 되었다. 그러자 이번에는 경찰이 학교 전체를 봉쇄하면서 사람들의 출입을 막았다. 나는 KSCF 대표로 추모식에 참석하기 위해 조화를 준비해 갔는데, 그 꽃조차도 바칠 수가 없게 되었다. 하지만 포기하지는 않았다. 내가 서울대학교의 지리를 잘 알고 있었기에 어디로 가면 경찰의 눈을 피할 수 있는지 알고 있었기 때문이다. 나는 그때 같이 간 브라이덴슈타인에게 눈짓을 하며 내가 아는 길로 인도하여 함께 뒷담을 넘어 들어갈 수 있었다." 영락교회의 한경직 목사를 만나지는 못하고 사찰집사(최학송)의 해석이었던 것으로 기억된다.

전태일의 영정을 들고 데모에 나서는 법대생들(1970. 11. 20)

정대로 장례식을 치르기로 하고 모든 준비를 하였다. 법률도서관 앞 정의의 분수대에 전태일의 영정(影幀)이 놓였다. 새벽에 김치선 교수 연구실로 찾아온 브라이덴슈타인 박사와 창문으로 가만히 밖을 내다보니 윤보선, 함석헌 씨가 왔다가 교문 앞에서 경찰들의 제지로 옥신각신하더니 할 수 없이 되돌아가는 것이 보였다.

법대생들은 장례식이 원천봉쇄로 무산되자 격분하여 모이는 대로 바로 데모대로 변하였다. 스크럼을 짜고 교문에 진출하여 문리대생들을 규합하러 내려갔다가 얼마 후 경찰들의 제지를 받고 법대로 밀려들어 왔다. 브라이덴슈타인 교수도 이들 데모대에 끼어 빠져나갔다. 데모에 나갔던 법대생들은 문리대에서 경찰의 제지를 받고 되돌아왔다.[12]

---

12 『서울대학교 60년사』, 854쪽에는 이렇게 적혀 있다. "20일에는 법대생과 문리대생들이 이화여대생들과 함께 4·19 탑 앞에서 전태일의 추모식을 하고 시위를 벌

사건 자체는 이것으로 끝났다. 대학원생인 나는 교수연구실을 사용하면서 외국인을 끌어들여 데모를 모의했다고 서돈각 학장에게 꾸중을 들었으나 징계를 당하지는 않았다. 그 이전에 나는 평화시장에 가서 분신현장을 돌아보고 시를 하나 썼다. 이 시는 지금 법대 역사관에 전시되어 있다.

평화시장

없는 게 없구나.
요리조리 모양내고
편리하게 고안하고
즉석에서 쩍쩍 맞는 참 좋은 세상.

그러나 구경을 끝내고 3층에 오르면
전태일이 휘발유 뿌려 자살한
또 하나의 세상이 있다.

재봉틀 소리
베 째는 소리
툭툭 먼지 터는 소리

였다." 공식기록이란 이런 한계를 가진다. 적어도 법대에서는 추모식이 아니라 장례식을 거행하려 했던 것이다.

점포마다 요스럽게 들어앉은
열대여섯 소녀들이 벌려 놓은
손바닥만한 도시락들.

텁텁 숨 막히는 먼지에
눈이 따가워 견디지 못하면
간간이 발코니에 올라
하늘 쳐다보며 공기 한번 들이키고

다시 물속으로 잠방이질 해 들어가는
저 가엾은 금붕어들.

정말 있어야 할 게 없구나.
돈도 많고 유행도 많은데
인간이 없구나.
금붕어의 유희를 보고
한없이 울어 줄 어머니가 없구나. (1970. 11. 17)

실패한 장례식은 그러나 후일 크게 의미를 가졌다. 조영래는 『전태일 평전』을 썼고, 급기야는 '제2의 전태일'로 사회정의를 위해 인권변호사로 투쟁하다 1990년 일찍 작고하였다. 조영래는 죽을 때까지 자신이 전태일 전기를 썼다는 사실을 말하지 않았는데, 그 개정판이 나온 1991년에 장기표가 그 사실을 공개함으로써 알

법대 15동에 설치한 조영래 기념홀 헌정식(2004)

려졌다. 장기표는 이렇게 적었다.

> 한 인간이 다른 사람을 제대로 이해하려면 그 사람이 서 있는 입장에 설 줄 알아야 하고, 그리고 그 사람과 똑같이 되지는 못할지라도 그 사람과 비슷하게는 되어야 한다. 그래서 성인의 경지를 제대로 이해하려면 스스로 성인의 경지에 다다라야 한다. 구체적으로 말하면 전태일의 삶과 죽음, 나아가 전태일의 사상과 투쟁을 제대로 이해하려면 전태일과 같이 살고, 전태일과 같이 죽을 수 있는 결의를 다져 보아야 한다. 조영래 씨는 이러한 결의를 다지며 살아왔고 이런 결의에 충만해서 평전을 썼기 때문에 이 책과 같은 평전을 쓸 수 있었던 것이다.[13]

---

13 장기표, 「『전태일 평전』과 함께 영원히 살아있을 조영래」, 『전태일 평전』(조영래 지음), 돌베개, 1991, 293-300쪽 중 295쪽.

1990년 12월 12일 명동 YWCA에서의 조영래 장례식에 참석하고 나는 이런 시를 하나 써 두었다.

조 변호사의 죽음

생년은 같지만 학년은 하나 위
항상 선배로 존경하였더니
기어이 인생의 대선배로 가시는군요.

폐암으로 불치의 선고를 받았단 소식
어느 절에서 놀랍게 호전되고 있단 소식 듣고

혹시라도 안 나길 바라며 흘깃대는 부고란에
기어이 나고야만 "인권변호사 조영래 별세".

43세로 한창 일할 나이에 갔다고인가
인권변호사의 유명세 때문인가
신문마다 특필하고 있으니,

당신의 죽음은 정말 제2의 전태일의 죽음인가
왜 이리 가슴 아파 오는가?
영결식에서 김지하 시인은
죄스러워 울지도 못한다고 읊더군요.

지난 20년 전 전태일의 죽음 때
우리 둘이 YMCA 호텔에 숨어
서울법대장으로 모의하던 것이
당신에게 그렇게 중요한 사건이었는데,

당신은 그 길을 용감히 갔고
나는 나약한 지식인으로 살고 있으니

이 죄스런 생각에서
차라리 울음도 안 나와야 할 텐데
하염없이 울고만 있군요.

바로 경기도 마석 모란공원에서
전태일과 함께 나란히 누워
영생하소서, 부활하소서. (1990. 12. 12)

전태일 사건은 조영래와 함께 나의 대학원 시절의 잊을 수 없는 기억으로 각인되어 있다.[14] 후일 청계천의 고가가 철거되고 지금처럼 물을 되살렸을 때 전태일의 분신장소 근처에 동상을 세웠

14 안경환은 『조영래 평전』(강, 2006), 210쪽에 「나의 1970년 11월 15일 자 일기」를 인용하면서 당시의 상황을 서술하고 있다. 나도 언젠가 당시를 회고하는 글을 쓸까 하지만, 시간이 문제이다.

다. 시민의 성금으로 동판을 만들어 박을 때 나도 참여했는데, 한 번 가 보고는 바빠서 다시 가 보지 못하였다.

최종길 교수 사건

유기천 교수는 자기 자신은 독재의 마수를 피할 수 있었으나 그렇지 못했던 제자가 있었다며, 그가 아끼던 제자를 그리워하곤 하였다. 서울법대 교수로 재직 중 중앙정보부에서 의문의 죽음을 당하여 의문사 1호로 알려진 최종길 교수이다. 1973년 10월 25일 중앙정보부는 유럽 거점 대규모 간첩단을 적발했다고 발표하면서, 이에 연루되어 서울법대 최종길 교수가 구속수사를 받던 중 중앙정보부 건물 7층 화장실 창문 밖으로 투신자살했다고 주장하였다. 사람들은 경악하였고 이러한 발표를 믿을 수는 없었지만, 중앙정보부의 발표에 의문을 제기하거나 진상을 조사하겠다고 나서기에는 너무나 살벌한 분위기였다. 그를 아는 교수들과 학생들은 아무리 생각해도 그렇게 천진난만할 정도로 깨끗한 학자인 최종길 교수가 간첩활동을 했으리라고는 상상할 수조차 없는 일이었다. 문리대의 한완상 교수를 중심으로 진상규명의 요구가 있기도 했었지만 역부족이었다. 천주교 정의구현사제단은 1974년 10월 살벌한 유신체제의 감시와 협박에도 명동성당에서 최종길 교수를 위한 추모 미사를 드리면서, 그가 중앙정보부에서 전기고문기의 오

하버드 대학 체류 시 가족들과 함께 보스턴 해변가에서의 최종길 교수(1971)

작동에 의한 심장 파열로 사망했다고 폭로하기에 이른다.

최종길 교수는 1931년 충남 공주에서 태어나 부친을 따라 일찍 인천으로 이사하여 인천중학교 6년제(제물포고 전신)를 졸업하였다. 서울법대에 입학하여 1955년에 졸업하고 대학원에 진학하여 김증한 교수의 지도를 받았다. 1957년에 스위스의 취리히 대학으로 유학 가서 바아더(Karl Bader) 교수의 지도를 받았으며, 이듬해 그의 추천으로 독일 쾰른 대학으로 옮겨 국제사법의 권위자인 케겔(Gerhard Kegel) 교수의 지도를 받았다. 1961년 3월에 「한국민법 및 국제사법에 있어서의 이혼」이란 논문으로 법학박사(Dr. jur.) 학위를 받았다. 학위 취득 후에도 훔볼트 재단의 지원으로 독일에 머물며 계속 연구에 몰두하였다. 그는 1962년 귀국하여 모교인 서울법대에서 조교수로 임명되어 로마법과 민법을 강의하다가 1972년 8월에 교수가 되었다. 1972년 11월부터는 법학도서관장에 임명되어, 훔볼트 장학재단을 비롯한 외국의 재단으로부터 값비싼

외국의 도서들을 기증받는 등 도서관의 발전에 기여하였다. 1970년에는 하버드 대학 옌칭(Yenching) 연구소에 객원교수로 파견되어 2년간의 연구활동을 하였다. 1년의 연구기간이 원칙이었지만, 그의 학문적 성과를 높게 평가한 코헨(Jerome Cohen) 교수가 그의 연구기간 연장을 위해 기꺼이 추천해 주었던 것이다. 하버드 대학에 머물던 시절 라이샤워(Reischauer) 교수와 박스터(Baxter) 교수 등과 각별한 교분을 하게 되었다. 후일 최 교수의 죽음이 미국에 알려지자 이들 교수는 유신정권에 대한 반대와 비판의 목소리를 낮추지 않았다. 특히 코헨 교수는 「우울한 한국」이라는 제목의 글을 『워싱턴 포스트』 지에 기고해 최 교수의 억울한 죽음과 유신정권의 횡포를 미국사회에 널리 알렸던 것이다. 이 기고문은 사전검열에 의해 국내에 널리 알려지지는 못했지만, 천주교 정의구현사제단의 신부들을 통해 그 내용이 전해지게 되었다.

최 교수는 다정다감하고 때 묻지 않은 학자형으로 학생들에게 존경을 받았을 뿐만 아니라 학생들에 관한 관심과 애정 또한 각별하였다.[15] 당시 학생운동을 이끌던 학생들의 건강을 염려하여 조심하라고 당부하곤 하였다. 그는 정보부에 근무하던 동생 최종선 씨와 아스토리아 호텔에서 만나 차를 한잔 마신 후 남산청사로

15 나는 이름 때문에 최종길 교수와 친척이냐는 질문을 자주 듣는데, 그렇지는 않다. 나는 그에게서 로마법 강의를 들었고, 그 후 하버드 대학 교환교수로 다녀오셨다. 대학원에 진학해 있는 나에게 공부 열심히 하고 있다는 얘기를 들었다시며 유난히 친절히 대해 주셨던 기억이 난다.

들어갔는데, 이것이 그의 마지막 모습이 되었다.[16] 중앙정보부는 1973년 10월 19일 새벽 2시에 최종길 교수가 투신자살했다고 발표하였다. 미국에 망명 중이던 유기천 교수는, 어느 재미 한인 신문에 최종길은 자신을 대신해서 죽었다고 말하였다.

최종길 교수 사건은 우리나라 현대정치사의 회오리 속에서 아깝게 숨진 한 학자의 비극적인 이야기이면서, 그리고 그가 재직하던 법대에 지울 수 없는 아픈 상처이다. 그러면서도 결국 최 교수는 한 법학자로서 한국현대사의 청사(靑史)에 길이 남을 '민주인사'로 자리 매김되고, 그의 아들을 통해 민법학의 연구를 계승케 한 여운을 주는 사건이다.[17] 지금도 매년 그의 추모일에 모란공원에 가면 민주인사 전태일, 조영래 등과 함께 누워 있는 최종길 교수의 넋을 기리게 된다. 그 후 〈의문사 진상규명에 관한 특별법〉이 국회의 승인을 받아 시행되어, 최 교수 사건의 진상이 규명되었다. 최 교수의 유족들은 국가배상소송을 제기하여, 사법부의 판결로 국가불법의 확인 및 국가배상을 받았다. 서울법대 근대법학교육100주년기념관에는 '최종길 기념홀'이 설치되어 있다.

16 「서울법대 최종길 교수 중앙정보부가 죽였다」, 『신동아』, 1988년 11월호 참조.

17 최종고, 「최종길」, 『한국의 법학자』, 서울대학교출판부, 2007, 577-592쪽.

반유신 투쟁

1971년 10월 15일 서울 전역에 위수령이 발동되어 군병력이 서울대학교의 법대와 문리대, 상대와 7개 대학교에 주둔시키고, 무기한 휴교령을 내렸다. 학생 1,899명을 연행하고 119명을 구속하였다. 전국 23개 대학교에서 주동학생 177명을 제명하고 동시에 강제입영시켰다.[18] 다수의 학내 서클들을 해체하고 간행물들을 폐간시켰다.

1971년 11월 13일 중앙정보부는 '서울대 내란음모사건'을 발표하였다. 위수령 이후 학생시위와 관련하여 수배 중이던 조영래, 장기표, 이신범, 심재권, 김근태 등 서울대생 5명이 혁명을 모의했다는 것이었다.[19] 가상의 국가변란사태를 근거로 그해 12월 6일 국가비상사태를 선포하고 〈국가보위에관한특별조치법〉을 제정하였다. 1972년 10월 17일에는 친위쿠데타를 일으키고 유신을 선포하여 장기집권과 독재체제를 확고히 구축하였다. 이러한 위수령과 유신선포는 학생운동을 자극하였다. 학생들은 유신반대의 가두 시위를 확대하였다. 법대생들은 유신헌법의 개정을 주장하였다. 1974년 1월 8일 개헌서명운동을 금지하는 '긴급조치 1호'를 선포하였다. 1975년에 관악캠퍼스로 옮겨가서도 반대시위는 계속

18 『서울대학교 60년사』, 2006, 856쪽.

19 법대 역사관에 이 사건 자료와 재판 광경 사진이 전시되어 있다.

'서울대생 내란음모사건'으로 재판받는 조영래, 이신범, 장기표, 심재권(서울법대 역사관 전시 도록)

되었다. 1975년 3월 24일 새 아크로폴리스광장에 1,000명이 넘는 학생들이 '학원민주화를 위한 자유성토대회'를 개최하였다. 5월 박 대통령은 '긴급조치 9호'를 선포하고 학생회를 해체시켰다.

나는 박사과정생으로 이런 광경을 목도하면서 참담함과 답답함을 참기 어려웠다. 그래도 동숭동에 있을 때는 교문을 사이에 두고 경찰과 실랑이도 하고 무언가 대학 캠퍼스는 성역이라는 관념이 있었는데, 이제 캠퍼스는 군인에 의해 쑥대밭이 되는 것 같았다. 그래서 공부할 생각보다 어디론가 튕겨 나가고 싶은 심정이 들 뿐이었다. 그것이 후에 얘기하는 대로 유학의 길로 나선 직접적 계기였다.

후일 조영래는 일찍 갔지만, 동기 장기표는 가끔 만날 수 있었다. 71동지회 30주년기념문집 『나의 청춘, 나의 조국』을 받아 보니 거기에 장기표가 시를 하나 실었다. 그것을 읽고 강한 느낌을 받았다.

그때는 이렇지가 않았다!

30년!
강산도 세 번씩이나 변한다는 30년!
어찌 변하지 않으리오.
변해도 엄청나게 변했고 또 변해야 마땅하다.
그러나 어찌 이 변화를 발전으로만 생각할 수 있겠나?
때로는 그때의 순수와는 전혀 다른 타락일 때도 많고
때로는 그때의 열정과는 거리가 먼 체념일 때도 많다.

그때는 민주화만을 바랐을 뿐 출세할 생각은 꿈에도 없었으나
지금은 출세를 해야 대접받을 뿐 순수한 운동은 푸대접이다.
그때는 정의를 외쳤을 뿐 이익을 볼 생각은 추호도 없었으나
지금은 이익을 위한 운동일 뿐 혁명할 생각은 추호도 없다.
그때는 혁명을 꿈꾸었을 뿐 정치할 생각은 추호도 없었으나

그때는 신채호나 함석헌은 될지언정 국회의원이나 장관은 눈밖이었으나
지금은 신채호나 함석헌은 잊혀지고 국회의원이나 장관 안 된다고 성화다.

그때는 운동이 자랑스러웠으나
지금은 운동이 부담이 될 때가 더 많다.
그때는 사진 찍을 일이 있어도 사진 찍을 생각을 안 했으나
지금은 행사만 했다 하면 사진 찍기가 바쁘다.
그때는 무엇이 되려고 싸운 것이 아니라 무엇이 옳기 때문에 싸웠으나
지금은 무엇이 옳기 때문에 싸우는 것이 아니라 무엇이 되려고 싸운다.
그때는 생명을 걸고 투쟁한 일을
지금은 '그것이 알고 싶다' '이제는 말할 수 있다'로 쉽게 말한다.
그때는 보도를 요청해도 보도하지 않던 것을
지금은 '비화'라는 이름으로 특종을 써서 돈까지 번다.
그때는 작은 데모도 정권의 간담을 서늘케 했건만
지금은 매일같이 데모를 하건만 정권도 국민도 놀라지를 않는다.
그때는 호주머니에 돈이 없어도 밥값 걱정은 안 했으나
지금은 호주머니에 돈이 있어도 밥값 걱정이 절로 된다.

무엇보다
그때는 정의와 불의의 구분이 명확했건만
자금은 무엇이 정의이고 무엇이 불의인지를 구분키 어렵다.
이 일을 어찌할 것인가?
무엇으로 그때로 돌아가 지금을 새롭게 바꾸어 놓을 것인가?
무엇으로 지금의 여건을 활용해서 그때의 순수를.[20]

---

20 71동지회 편, 『나의 청춘 나의 조국: 71동지회 30년 기념문집』, 나남출판, 2001,

근대법학교육100주년기념관에서 개최된 『서울법대 학생운동사』 출판기념식(2009)

나도 나이가 들면서 점점 세대적 정의(generational justice)를 많이 생각하게 된다.

342-344쪽.

1980년대:
민주화기

관악생활의 정착

법과대학은 종합화의 과정에서 행정학과가 폐지되고 법학과 단일과로 되는 일이 벌어졌다. 문제는 그러한 일이 당시 법과대학의 일반적 의사와는 전혀 다르게 이루어졌다는 점이다.

1974년 12월 법과대학 교수 망년회 날이었던 것으로 기억되는 날 밤 본부 기획위원회에서는 법과대학의 학제와 관련하여 두 개 안을 놓고 심의를 하고 있었다. 제1안은 4년제 단일학과안이었고, 제2안은 서울대학교 장기발전계획의 일환으로 앞으로 시행될 것으로 예상하는 내용과 같은 5년제 양과(兩科) 존치안이었다. 이 제2안은 60년대 말에 이미 구성된, 곽윤직 교수와 배재식 교수가 주가 되고 김석조·권태준 교수가 추후에 합세한 '법학교육제도연구위원회'에서 수년간 연구의 결정으로 나온 안으로서 이미 법과대학 교수회의에서 가장 바람직한 안으로 의견일치를 본 것이었다. 그날 밤 기획위원회는 제2안에 대해 지지결의를 하였다. 결국 결정권이 있는 학장회의 통과절차만 남게 되어 당시 김증한 학장의 소임이 될 수밖에 없었다. 그러나 결과는 제2안이 부결되는 것으로 끝났다. 이듬해 연초 긴급 법대교수회의가 소집되었고, 그 회의석상에서 상당히 격앙되어 당시 침체한 법과대학의 분위기를 고양시키고 옛 영광을 되찾기 위한 응분의 노력이 필요하다고 의견이 집약되었다. 결국 학장회의의 결정을 번복시키기 위해 문교부 등 관계 기관에 건의서를 제출하기로 하였다. 그러나 부재중이던 문교부장차관을 대신하여 이상규(현 변호사) 당시 기획실장을 만나 호소한 보람도 없이 국무회의에서 제1안이 확정되고 말았다. 제2안은 이미 언급한 바와 같이 장기발전기획안에 그대로 반영되고 있고, 양과 분리존치는 1982년이 공·사법학과 분리로 이미 실현된 바 있으나 그 후 7, 8년간 특히 법학과 단일학과로만 유지되어 온 결과 야기된 여러 가지 부정적 요소들을 고려한다면 지금도 아쉬움이 남는 사건이었다.

그러한 곡절 속의 논의가 매듭(?)지어지면서 1975년 3월부터 법과대학 역시 관악산 캠퍼스 시대를 맞게 되었다. 법학과 단일학과에 160명의 정원으로 즐비하게 늘어선 비슷비슷한 캠퍼스 동(棟)들 가운데 꼭대기의 한쪽 귀퉁이 동(제10동)을 겨우 차지하고서 이전의 시절에 비하면 위축된 느낌까지 드는 상황에서 시작되었다. 당시 국가적 분위기이던 능률 극대화를 목표로 한 행정우위 정책이 사회 곳곳에서 법치주의의 경시(輕視)로 나타났던 것과 무관하지 않은 출발이었다. 이러한 어려움은 법학교육의 과정에서도 뒤따랐는데, 실험 대학의 실시로 졸업학점이 120-140학점으로 축소되도록 강요되었다. 과거의 160학점으로도 법학의 전문교육이 부족했는데 이를 축소하면서 전문교육도 교양교육도 제대로 할 수 없게 되었다. 교수들의 노력 끝에 졸업학점을 타 전공 대학보다 많은 150학점의 선에서 겨우 확보할 수 있었다.

관악캠퍼스로 옮기고 나서도 학생시위와 집회는 계속되었다. 1974년 10월에 법대생들은 유신헌법의 개정, 학내 언론의 자유와 구속 인사 및 학생의 석방을 요구하는 집회를 하고 결의문을 채택하였는데, 문교부에서는 학원사태를 자율적으로 수습하지 못하면 휴교조치를 내릴 것이라 시달하였다. 11월 14일에는 문리대, 법대가 휴강조치에 들어갔다. 이러한 여파가 관악으로 옮겨 3월 2일부터 첫 강의가 시작된 후에도 그대로 계속되었다. 박 대통령은 긴급조치를 내리고 고려대에 휴교령을 내렸다. 대학의 자유를 수호하기 위한 결의가 학생들뿐만 아니라 교수들도 동참하여 그해 5월에 총력안보에 적극 참여하고 대학의 사명을 능동적으로 수행하겠다는 결의문을 채택하였다. 5월 20일에는 학도호국단이 부활되고 대학 당국은 학생활동을 대폭 규제하는 조처를 취하였다. 법대는 이런 가운에서도 김증한 학장의 인솔 아래 큰 동요 없이 12월 17일 『법과대학 30년』을 발간하는 등 내실을 다져 갔다.

1975년 7월 9일 박정희 정권은 긴급조치 선포 후 교육공무원법 개정을 통해 교수재임용 제도를 도입하였다. 이 법에서는 표면적으로는 학문적 업적과 연구실적, 지도 능력과 품위 등을 내세웠으나 실제로는 학원의 민주화를 주장하는 문제 교수, 학교와의 감정 문제까지 개입하여 대량의 교수 탈락을 초래하였다. 1976년 2월 28일 문교부 발표에 따르면 전국 국공립대에서 재임용 탈락 교수는 212명으로 그중 사표 제출로 자진 사퇴한 교수가 91명, 심사탈락이 77명, 조교 44명이었다. 그중 서울대의 경우 여러 사유로 20명 선이 되었는데, 그중 반정부적 교수로 거론된 사람은 한완상·김철수·안병직 교수 등이었고, 결국 한완상 교수만 의원면직의 형식으로 해직되었다.[1]

1976년 5월에는 이한기 교수가 다시 제11대 학장으로 취임하여 1980년 5월까지 재임하였다. 5월에는 『법학수학안내』 책자를 발간하고, 6월에는 『법학전서』 66권을 계획하여 서울대학교출판부와 출간을 계약하였고, 7월에는 도서관에서 『법률문헌색인』을 한국 최초로 발간하였다. 그해 12월에는 법대교수로 재직했던 황산덕 박사가 문교부 장관에 취임하였다.

1977년에는 권영성, 심헌섭, 강구진 등의 신임 교수 채용과 함께 1학기는 비교적 조용히 넘어갔으나 2학기에는 다시 유신헌법 철폐와 학원자유를 요구하는 데모가 거세어졌다. 서울대는 10월 8일 10개 단과대학에 임시휴업조치를 한다고 발표하였다.

1978년에도 학생들은 학원민주화를 선언하는 등 유신정권에 대한 저항이 계속되었다. 그런 가운데서도 법대는 '한국법학 30년' 심포지엄을 개최하기도 하는 등 대학의 기본 질서는 유지되고 있었다.

1979년에는 5월에 고병익 총장이 취임하였고 '서울대 발전 10개년 계획'이 발표되었다. 법대도 이 계획에 법대 건물의 이전 등 발전안을 포함시켰다. 그러나 10월 26일 박정희 대통령의 시해 사건과 함께 계엄령이 선포되어 전면 휴교에 들어갔다. 이 휴교조치는 11월 12일에야 해제되었다. 12월 6일에는 통일주체국민회의에서 최규하 씨를 제10대 대통령으로 선출하고, 김옥길 이화여대 총장이 문교부 장관이 되고, 이른바 '서울의 봄'이 왔다.

---

1 자세히는 서울대학교교수민주화운동50년사발간위원회, 『서울대학교교수민주화50년사』, 서울대학교출판부, 1997, 113-125쪽 참조.

안갯속의 '서울의 봄'

고병익 총장은 제명학생의 복교 및 학원자율화를 위한 일련의 개선책을 발표하고, 그간 수년 동안 정치적 이유로 교수재임용에서 탈락된 해직교수들의 복직방침도 확정하였다. 9년째 해외에 망명 중이던 유기천 교수에게도 80년 1학기에 법대 강의시간을 배정하였다. 교수협의회는 교수재임용제도를 철폐해야 한다는 결의문을 발표하기도 하였다. 학생들은 학원자율화와 입영훈련철폐를 요구하고 시국과 사회 문제를 거론하면서 가두시위를 벌였다. 이러한 가운데서 신군부세력은 쿠데타를 감행하여 5월 17일 휴교령을 내리며 군부대를 대학 내에 진주시키고 비상계엄을 전국에 확대하였다.

이 무렵 서울대 학생처장직을 맡았던 이수성 교수의 활동이 돋보였다. 1980년 봄은 '서울의 봄'이라 불렸지만 사실상 안개 정국이라 할 정도로 정치적 관측이 어려운 상황이었다. 안갯속에는 신군부의 존재가 암초처럼 자리잡고 있었다. 이러한 가운데서 고병익 총장과 이수성 학생처장은 교수와 학생, 학교가 자기쇄신과 민주화를 이루어야 한다고 내실화를 노력하였다. 1980년 1월 11일 학생회관 라운지에서 열린 '학생회 부활 및 학내 문제에 관한 공청회'에 참석한 이 처장은 학생들의 질문에 대해 그동안 교수와 학생 간의 괴리감을 치유하고 학생자치를 적극 보장하면서 재적 학생 구제와 교권수호에 노력하겠다고 약속하였다. 이러한 상황 속에서 학생운동은 짧은 기간 동안 숨 가쁘게 전개되었다. 학생들은 3월 28일 총학생회를 출범시키고, 총학생회는 5·17 휴교령으로 활동이 봉쇄당하기까지 민주화운동의 구심점 역할을 하였다. 4월에는 병영집체훈련반대가 대학가의 큰 이슈가 되었다. 5월 2일에는 아크로폴리스광장에 12,000여 명의 학생들이 모여 민주화 대총회를 열었다. 5월 14일에는 관악캠퍼스를 출발하여 영등포와 신촌을 거쳐 시청 앞 광장까지 밤늦도록 시위를 계속하였다. 다음날 15일에는 계엄철폐와 민주헌정의 회복을 촉구하는 대집회가 서울역에서 개최되었다. 서울의 모든 대학이 참여한 이 집회의 규모는 10만 명을 헤아렸다. 야간의 불상사를 우려한 이수성 처장은 학생들의 귀교를 설득하면서 한편으로 김종한 내무장관에게 전화를 걸어 귀교 학생에 대한 일체의 신변안전을 확약받았다. 이리하여 학생들과 교수들은 서울역에서 관악캠퍼스까지 도보로 귀교하였다. 이것이 후일 '서울역 회군'으로 일컬어지는 사건이었는데 10만 명의 학생들이 집회를 마치고 질서정연하게 대학으로 철수하는 장관을 보여주었다.[2] 이러한 학내의 일치된 분위기와 정열은 그로부터 이틀 뒤 신군부의 5·17과 함께 좌절되었다. 5월 17일 저녁 이수성 교수는 합동수사본부에 연행되었다. 이 교수는 잠시

2 『서울대학교 60년사』, 863쪽에는 이에 대해 이렇게 서술되어 있다. "결정적인 순간에 한 전술적 후퇴를 훗날 학생들은 '서울역 회군'이라 불렀다. 그 직후 5월 17일에 전두환 신군부는 비상계엄을 전국적으로 확대하면서 쿠데타를 일으키지만 이미 전술적으로 후퇴한 학생들은 쿠데타에 제대로 대응하지 못했다. … 그런 의미에서 서울역 회군은 당시 학생운동 지도부가 이른바 '대기주의'에 빠진 채 학생운동에 대한 장기적인 계획을 하지 못했다는 것을 보여주는 사건이었다."

풀려난 뒤 재차 연행되어 5월 24일부터 6월 1일까지 학생들의 활동지원 이유와 자금출처에 대해 혹독한 문초를 받았다. 특히 5월 중 도서관의 철야 개방과 가두시위 후 귀가하는 학생들에게 차량과 식사를 제공했다는 점을 들어 학생시위의 배후 조정자로 지목되었다. 6월 1일 풀려나면서 이 교수는 보직사표 및 교수직 사직서를 제출해야 하였고, 보직사표는 즉각 수리되었다. 이때에 당한 심신의 고통으로 이 교수는 상당히 오랫동안 지팡이를 짚고 다녀야 하였다.

고병익 총장 역시 6월 초에 사표를 제출하여 6월 29일 수리되었다. 문교부는 서울대 학생처에 학생 300여 명을 제명할 것을 요구하였다. 학생처장이 공석인 상태에서 처장직무대리를 하고 있던 학생부처장 최송화 교수는 10여 명의 학생회 간부에 한하여 법원에서 유죄판결이 나면 무기정학 등의 징계를 하겠다는 취지의 문서를 기안하여 신임 조완규 총장에게 제출하였다. 총장도 이에 동의했지만, 결국 학생처장이 바뀌면서 신군부의 강요에 따라 100여 명의 학생들이 제적되었다. 최 교수는 7월 17일 서대문 합동수사본부에 연행되어 학생회비 및 학생처의 학생지원 내역에 대해 조사를 받았다. 최 교수는 9일 동안 감금되었고 이때의 후유증으로 20여 일 입원치료를 받고 그 후에도 후유증에 시달렸다.

1980년 3월 개강을 맞아 대학은 오랜만의 자유로운 분위기를 느낄 수 있었다. 먼저 2월 29일 자로 백낙청·한완상 교수는 복직되었고, 이와 함께 법대를 떠나 미국으로 망명했던 유기천 교수의 복직도 이루어졌다. 유기천 교수의 복직은 과거 총장 시절에 받았던 매스컴의 관심에 못지않게 비상한 관심을 불러일으켰다. 9년 동안 해외에서 망명생활을 해 온 노교수는 감회에 젖어 관악캠퍼스를 처음 방문하여 7동 '연강홀' 대형 강의실에서 오랜만에 강의를 시작하였다. 강의라기보다 강연과 같이 되어 버린 첫 시간에 유 교수는 한국의 젊은 지식인 대학생들에게 참으로 필요한 것은 용기의 덕목이라고 강조하였다. 역사상 가장 용기 있는 인물로 마르틴 루터(Martin Luther)를 언급하면서 그의 생애를 면밀이 공부하라고 교훈하였다. 그러나 이러한 감격의 분위기도 잠시였을 뿐 신군부에 의한 5·17의 먹구름을 예견했음인지 그는 얼마 있다가 미국으로 다시 돌아갔다.

새 법대시대

법대는 1980년 5월 28일 김치선 교수가 학장으로, 배재식 교수가 법학연구소장에 취임하였다. 법학연구소에서는 10월에 '환경과 법'을, 법대에서는 '법학교육과 사법시험'에 관한 심포지엄을 개최하여 법학계의 숙원인 개선 작업에 박차를 가하였다. 이듬해인 1981년 1월에는 최종고 선임강사가 임명되었고, 3월에는 법학과 단일학과 체제로 있던 것을 공법학과와 사법학과로 나누었다. 여기에는 학교의 행정상의 이점뿐만 아니라 법대생의 진로와 관련하여 행정부 쪽으로 법대생의 진출이 부족해 가는 현상을 타파해

신축된 국산법학도서관 앞에서(1983)

젊은 교수 시절의 저자(1986)

야 한다는 동창회로부터의 요청도 작용하였다.

1982년 6월에는 김치선 학장이 연임되고 한미수교 100주년을 기념하여 '한미법률교류 100년' 심포지엄을 법대에서 개최하였다. 10월에는 김택수 동창회장이 5억 원을 희사하여 법학도서관의 기공을 하게 되었다.

1983년은 서울대 등록학생 수가 2만 7천여 명에 이르고, 법대도 1,219명의 학생이 등록하여 서울대의 과밀화 현상이 시작되는 것같이 보였다. 법대로서는 무엇보다 지난해 기공한 15동 강의동을 준공하여 9월 1일 2학기에는 새 강의동으로 옮겼고, 12월 3일에는 '국산(菊山)법학도서관'도 개관하였다. 이 개관식에는 새로 마련된 법대 컴파운드를 보기 위해 유진오 초대 동창회장을 비롯하여 많은 동문이 참석하여 법대의 발전을 축하하였다. 특히 도서관 건축비를 희사한 김택수 동문이 준공을 보지 못하고 사망하여 그를 기리는 흉상 제막식이 이듬해 4월에 있기도 하였다.

1984년 4월 6일에는 학생담당학장보로 있던 강구진 교수가 교통사고로 불의에 사망하였다. 6월에는 배재식 교수가 학장, 서원우 교수가 법학연구소장에 취임하였다. 학생운동은 점점 치열해져 서울대생 4,000여 명이 학도호국단이 아닌 학생회의 조직을 인정해 줄 것을 요구하였다. 학내 질서가 어지러워지자 학교는 경찰의 투입을 요청하여 6,000여 명의 경찰이 투입된 가운데 10월 중간고사가 실시되기도 하였다. 대학 본부는 학생자치활동의 전면 중지를 결의하였고, 11월에는 전 서울대 학도호국단 총학생회장 백태웅(공법 4년)을 구속하였다.

1985년에 들어서는 2월 28일에 정희철 교수가 정년퇴임하였고, 3월 1일 자로 박세일 조교수, 3월 4일 자로 최병조 전임강사가 임명되었다. 6월 1일에는 양창수 전임강사가 임명되었고, 8월 3일에는 김증한·김기두 교수가 같은 날 정년퇴임하였다. 이 두 교수의 정년퇴임에는 언론에서도 많은 관심을 나타내고 보도하였다. 이렇게 이해는 법대의 인사(人事)가 많이 이루어지고 교수진의 변동이 크게 있었다.

1986년에도 학생운동으로 시끄러운 캠퍼스였지만 개교 40주년 및 국산(菊山)법학도서관 개관 3주년을 기념하였다. 6월 5일에는 호문혁 전임강사가, 9월 3일부터 김건식 전임강사가 취임하였다.

1987년에는 3월 1일 자로 안경환 전임강사가 취임하여 영미법을 담당하였다. 1월에 박종철 군(언어학과)의 고문치사사건이 있어 4월에 학생들이 전방입소반대를 외치며 도서관을 점거하여 농성하였고, 서울대 교수들도 시국성명을 발표하였다. 5월 23일에는 법대교수였던 이한기 전 감사원장이 국무총리에 임명되어 시국수습의 큰 책임을 맡았다. 7월 29일에는 박병호 교수가 중앙도서관장직을 맡고, 8월에는 조완규 총장이 박봉식 총장에 이어 18대 총장으로 취임하였다. 9월에는 법대 대학원자치회(회장 김도균)가 처음 발족되었다.

이렇게 제5공화국의 말기로 들어서면서 학생운동이 점점 가열되고 대학에는 최루탄 가스가 걷힐 날이 없다시피 하였다. 김증한 교수는 퇴임사에서 "캠퍼스의 꽃이 아름다워도 최루탄 때문에 아무도 보는 이 없는 것이 가슴 아팠다"고 표현하였고, 권이혁 총장은 "아침마다 일어나면 비가 오기를 기다리는 심정"이라 하여 화제가 되기도 하였다.

서울대학교 통합화계획수립에 있어 법과대학교수회는 1974년 7월 13일 법과대학의 학제에 관한 건의서를 제출하여 교육연한을 교양과정 2년, 전공과정 3년의 5년제를 건의하였다. 그러나 학제의 연장은 실현되지 못하였고, 계열별 입학으로 인한 전공교육의 부실(不實)을 초래하기도 하였다. 법대 5년제안은 1987년부터 시행된 '서울대학교 장기발전계획'에도 반영되었다.

학생생활과 법대문화

새 관악캠퍼스에서의 학생생활은 동숭동 시절과는 무척 달라졌다. 무엇보다 법대라는 울타리가 없이 넓은 종합캠퍼스에서 수많은 타과 학생과 교직원과 공동생활을 해야 한다는 것이 생활 면에서나 의식 면에서 큰 변화를 주었다. 처음에는 황량한 새 캠퍼스에서 소속감 없이 허전한 마음이었다. 학생들만 아니라 교수들도 아침저녁 출퇴근 버스를 타고 밤에는 캄캄한 '유령 나올' 대학이 되어 버리는 곳에서 획일적으로 생활해야 한다는 것이 정이 느껴지지 않았다.

홍준형(33회, 서울대 행정대학원 교수)도 당시의 관악캠퍼스에서의 법대생들이 처했던 현실을 이렇게 회고하였다.

> 법학도로서 나의 생활은 70년대의 어두운 그늘에서 시작되었다. 당시 긴급조치와 공작정치로 점철된 유신체제의 철조망 안에서 대학은 일면 항의의 거점으로, 타면 사회의 모순과 부조리로부터 유리된 상아탑으로 분열되고 있었다. 입학 직후부터 끊임없이 계속되던 데모와 영화 「별들의 전쟁」에서의 우주침략군을 방불하는 전투경찰의 진주로 대학과 학문의 영역이 밀릴 대로 밀려 구석에 내몰린 현실에서 법학을 공부하고 법의 지배와 정의를 논한다는 것은 사실 허탈하고 참담한 일이었다. 노동의 권리나 법적 정의보다 전태일의 분신자살과 동일방직 여공들의 절규를 먼저 겪고 느끼면서 우리는 법학이 자칫

현실을 호도하는 허위와 기만의 이론화로 전락할지도 모른다는 일종의 경계심 또는 위기의식에 쫓겨 마치 자포자기하듯 법학을 배웠고 또 법을 생각했다. 법학을 통한 자기실현은 목표가 고작 현실과 타협하며 법조인으로서 자기영달을 꾀하는 일과 상환됨으로써 목이 쉬도록 열창했던 '정의'가 소주 내음과 뒤섞여 퇴폐의 음조마저 풍기고 있었다. 우리는 시대가 저물어 가는 황혼에 버려진 풀벌레처럼 그저 덧없이 관악의 한구석을 검거하고 농성할 뿐이었다. 이렇듯 자괴와 회의를 시작된 법학도의 재학시절은 박정희란 인간과 70년대란 시간이 쫓겨 가면서 어느덧 흘러간 한 옛날의 에피소드처럼 희미한 잔상으로 남아 있다. 나는 80년 '서울의 봄'에 대학원에 다니며 마치 숙명처럼 치부된 법학에의 길에 접어들었다. 법과대학에서 조교생활을 하면서 우리가 배운 법학이 실은 그리 무력한 것만은 아닐지도 모르며 또 법의 얼굴이 반드시 억압과 모순의 분식만은 아닐지도 모른다는 조심스런 기대를 추스릴 수 있었다. 김수영의 시에 나오는 "친구여 이젠 바로 보마"란 구절은 혹은 투옥되거나 혹은 입대한 친구들을 기억하며 흡사 다짐하듯 법학의 가능성을 모색하던 젊은 시간의 표어가 되었다.[3]

1980년대가 시작되자 정치적·사회적 소용돌이는 법과대학에도 미치고 있었다. 80년 1학기가 시작되자 기대와 흥분 그리고 불안 속에서 학생회가 구성되는 등 학생활동이 과열되는 조짐을 보

3 홍준형, 「친구여 이젠 바로 보마」, 『하늘이 무너져도 정의는 세우라』, 경세원, 1994, 472-474쪽.

이는가 하더니 김치선 교수가 학장으로 취임한 이후 곧 5·17 조치가 내려져 학교는 5개월간의 휴교 상태에 빠졌다. 그해 10월에 학교가 다시 문을 열어 1학기 성적 처리가 가까스로 이루어지고 곧바로 2학기 강의에 들어가게 되었다.

80년대 중반기는 제5공화국 말기에 해당하여 학생들의 저항이 치열하였다. 관악캠퍼스에서도 여러 명의 투신자살자와 '열사'가 탄생하였다. 아크로폴리스에는 연일 수천 명의 학생집회가 열리고, 캠퍼스는 최루탄 매연으로 눈을 뜨고 다닐 수 없었다. 법대에서는 백태웅, 이정우 등이 총학생회장을 맡기도 하여 학생운동의 맥을 이어갔다. 그러나 시위나 집회에서는 숫자가 중요한 역할을 하므로 법대에서 '주최'하는 날이라 하면 항상 수가 적어 '파전'이 되었다. 법대생 중에도 '비참여파'가 많아 사법시험 때문에 법대문화가 죽었다는 얘기도 많이 나왔다. 그런가 하면 타 대학과 함께 같은 캠퍼스에 공존하고 있으니 이런 얘기가 자극되어서인지 간헐적으로 법대생들의 과격한 행동이 돌출되기도 하였다. 이러한 뭐라고 한마디로 표현하기 어려운 애매한 상황이 제5공화국이 저물어 가는 말기적 현상의 법대 풍경이었다.

1984년부터 3년간 학생담당학장보의 보직을 맡던 나는 문자 그대로 몸으로 학생데모를 막아야 하였다. 학생들은 총장이 보기 싫다고 졸업식에서도 돌아앉아 버리고, 그것이 일간신문에 보도되어 가십거리가 되었다. 우리 보직교수들은 졸업생석에 군데군데 앉아 "앞으로 봐!" 하면서 하소연을 해야 하는 처지였다. 화가 나신 총장께서는 보직교수들과의 회의에서 단대별로 졸업식을 분

총장이 보기 싫다고 졸업생들이 등 돌린 제41회 졸업식(1987. 2. 26)

산하고 전체 졸업식은 없애는 것이 어떠냐고 물으셨다. 사실 서울대 졸업식은 자식을 4년간 공부시킨 부모와 가족이 자랑스레 서울대를 찾아오는 영예의 시간이다. 이것을 없앤다는 것은 적지 않은 '슬픔'이다. 우리는 총장께 직접 반대를 할 엄두를 내기 어려운 분위기였다. 나는 슬그머니 돌려서, 대학 일은 곧바로 대응하면 안 어울리니 좀 시간을 갖고 모색하는 것이 좋지 않겠느냐고 하였다. 그렇게 시간이 지나면서 그 논의는 흐지부지되었고, 졸업식의 전통은 살아서 시행되고 있다. 나는 매년 졸업식 날이 되면 그때의 어려웠던 시절을 회상하곤 한다.

서울대 정문에서 300미터 정도 걸어 들어오면 몇백 년 된 큰 느티나무가 하나 서 있었다. 연건동의 마로니에 역할을 대신해 주는 것처럼 관악캠퍼스의 명물이었다. 그런데 매일 연속되는 데모와 최루탄 때문에 시름시름 앓다가 결국 죽어 버렸다. 베어 버리기에는 너무나 아까워 미술대에서 껍질을 벗기고 목재 공예 작품으로 만들었다. 그것이 지금 교수회관 로비에 세워져 있다. 아는 사람은 이제 거의 없지만, 나는 이것을 볼 때마다 치열했던 시절을 상기한다.

나는 가끔 80년대 열심히 운동하던 제자들이 생각날 때가 있다. 어떤 때는 한참 안 보이던 친구가 학교에 나와 마주치면 계면쩍은 듯 인사를 하였다. '변호사되기운동'이라 불리듯 뭐니 뭐니 해도 변호사 자격을 갖고 사회운동을 계속하는 것만큼 지름길이 없다고 판단하여 늦게라도 학교에 다시 나와 사법시험 공부를 하는 것이다. 머리가 좋으니 얼마간 노력하면 된다. 이들은 합격하여 '튀는 판사'가 되거나 '인권변호사' 내지 '민주변호사'가 된다. 나는 가끔 신문에 오르는 이들의 이름을 보며, 역시 이들이구나 생각을 하면서, 한국사회에서 어쨌든 이런 '능력자'들을 막을 길이 없는 것같이 보인다. 정치계는 대학 시절의 운동 경력이 이력사항이 된 것은 널리 알려져 있다.

이러한 현상을 볼 때마다 내가 가르친 교육이 바른 것이었나, 과연 대학교육이라는 것이 무엇인가 의문이 들기도 한다. 내가 좀 더 인간적으로 가까이 교육자로서 가르치지 못한 것 아닌가 반성할 때도 있다. 어떤 때는 부모가 와서 아들을 다잡아달라고 할 때도 있었지만, 교수 입장에서는 가정교육과 초중고교육이 그러한데 대학에서 어떻게 하겠느냐고 할 수밖에 없다. 이것이 교수생활의 괴로운 점이고, 교수직의 한계를 느낄 때도 적지 않았다. 이

정문의 진입로에 서 있던 느티나무(1975)와 최루탄에 말라죽어 교수회관 로비에 조각품으로 전시된 모습

런 것을 모르는 사람들은 서울법대에서 교수 하면 판검사와 권세가를 배출해서 보람을 느끼겠다고 한다. 그러나 솔직히 그들은 대부분 자기가 능력이 있어서 그렇게 되었다고 생각하지, 진정 대학과 스승에게 고마움을 느끼는 것은 그리 높지 않은 것처럼 보인다. 물론 이것은 교수로서의 주관적 느낌이다. 이런 얘기를 쓴다는 것은 괴로운 일이다. 주지주의적 인간일수록 윤리와 정서에 박

약한 것만은 사실이다. 그러고 보면 이런 인간상들을 대상으로 전인교육을 한다는 것은 힘든 일이다. 이렇게 생각하면 내가 연구자를 넘어 얼마나 충실한 교육자였나 새삼 되묻게 된다.

'육법당' 이후의 법과 정치

대한민국의 제3공화국 군사정부에 법대 출신들이 '야합'하여 이른바 '육법당'(陸法黨)이 한 시대를 지배, 속되게 표현하면 말아먹었다는 얘기가 회자한 때가 있었다.[4] 좀 가시 돋친 표현이지만 무시하기에는 법대 출신의 생리를 잘 지적한 듯하여 나도 수시로 그 뜻을 되새기곤 하였다. 일견 육군사관학교를 가리키는 군인과 서울법대를 가리키는 법률가는 다르면서도 서로 공생할 수밖에 없는 생리가 있다. 예부터 칼과 붓 혹은 총과 펜이라는 도식을 지적해 오지만, 칼만 갖고 나라를 경영할 수는 없고 붓의 힘을 빌려야 하였다. 영국의 폭군 헨리 8세도 크롬웰과 같은 간신 법률가의 사악한 지혜를 빌려 통치하였고, 거기에 목숨을 내어 놓고 저항한 토머스 모어(Thomas More)도 법률가였다. 법은 칼과 같아 잘 쓰면 식도(食刀), 못 쓰면 흉도(凶刀)인 것이다.

---

4 1994년 내가 교무담당학장보로서 아이디어를 내어 계획한 법대동창수상록 「진리는 나의 빛」, 『하늘이 무너져도 정의는 세우라』(경세원, 1994)에 한동우(13회) 동

나는 박정희 대통령의 정치적 절정기에 대학을 다니고, 대학원 시절에는 유신체제 아래 있었기 때문에 법과 권력의 관계를 깊이 생각하지 않을 수 없었다. 물론 나는 생리적으로 비정치적이고 권력과는 무관했지만 법대교수이니 법대 졸업자들의 정치권력과의 관계를 지나쳐 볼 수만은 없었다. 국회의원 선거 때마다 서울법대 출신이 얼마나 많이 당선되었는가를 동창회보를 통해 알 수 있었고, 내각마다 수많은 장차관이 법대 출신임을 거듭 보았다. 한 선배 동기 모임에 가 보니 총리를 비롯해 장관을 지낸 동기가 수두룩하였다. 기별마다 대체로 이러하니 별로 놀랄 일도 아니지만, 사람이 너무 출세를 빨리해도 문제구나 하는 것을 느꼈다. 장관이나 국회의원을 지낸 분들은 물러나도 무슨 연구소니 사단 같은 것을 만들어 이사장이나 고문 등으로 활동을 계속하고 있어, 계속 국민의 세금으로 살아가는 것 아닌가 하는 생각을 금할 수 없었다. 법률가의 관점에서 보면, 세상의 모든 것이 법에 의해 운영되어야 하기 때문에 법률가가 어느 곳에나 자리 잡고 있어야 하는 것이 당연하게 보인다. 그러나 예컨대 문화의 영역에도 윗자리에는 법대 출신이 앉아 있으니 그 문화 분야에서 자란 '전문가'들은 늘 명령받는 지위에 있어야 하는 것이 달가울 리 없다. '법의 지배'(rule of law)라는 명분이 세상을 결국 '법률가의 지배'(rule of lawyer)로 만드는 역설도 있다.

문이 「육법당사건」이란 글을 내어 실었는데, 이에 대해 동창 간에 다소 논란이 있었다.

아무튼 우리나라도 군인들의 통치가 법률가를 싫어하면서도 법률가의 두뇌를 빌려야 했던 역설이 '육법당'이란 현상으로 나타난 것이라 하겠다. 사실 1960년 이후 서울법대 출신들이 군사정부와 문민정부, 참여정부 등에서 얼마나 정치권력에 참여하고 역할을 했는지 실증적 연구는 이루어진 바 없다. 그러나 법대 출신이 지배층의 상당한 비중을 차지하고, 긍정적이든 부정적이든 중요한 역할을 했다는 것만은 부정할 수 없을 것이다.

우스운 얘기지만 내가 법대생이던 1960년대에 법대 구술시험에는 교수들이 "자넨 왜 법대에 지망했나?"라고 물으면, "대통령이 되고 싶어서 왔습니다."라고 대답하는 학생들이 상당수 있었다. 그러면 교수는, "대통령이 되려면 육사에 가야 하는 것 아닌가?" 하고 되물었다고 한다. 사실 "천하제일 서울법대"라고 자부하면서도 대통령은 내지 못하였다. 한때 이회창 동문이 대통령이 될 것 같은 분위기였지만 결국 실패로 돌아갔다. 이수성 동문도 큰 신망을 얻었지만 이루지 못하였다. 역설적으로 서울법대가 아닌 상업고등 출신 법률가가 대통령이 됨으로써 '법률가 대통령'의 꿈은 희석되고 말았다. 서울법대동창회는 한동안 정신적으로 상당한 좌절을 느끼는 것 같았다. 물론 동창회가 나서서 정치운동을 하는 것은 아니지만, 프라이드에 상처를 입을 만하였다. 한국의 정치사는 반드시 바람직한 방향으로만 나아가는 것이 아닌 것같이 느껴진다. 법치와 정치는 영원히 미묘한 함수관계이다.

나는 지금도 이회창 선배 동문으로부터 받은 자서적 저서 『아름다운 원칙』(김영사, 1997)을 가끔 꺼내어 본다. 그 대쪽 같은 법률가도 정치하기 위해서는 '원칙'에 '아름다움'을 부드럽게 붙여야 했구나 하는 생각을 하게 되었다. 인상적인 한 대목은 그가 법대 재학 시절에 괴테의 「빌헬름 마이스터의 편력시대」를 세 번이나 읽고 인생에는 단계가 있다고 생각했다는 것이다. 그것이 그를 법률가에서 정치인으로 바꾼 정신적 모티브의 하나였던가 혼자 생각해 본다. 이수성 선배 동문의 같은 성질의 책 『신뢰와 희망: 그 조용한 변혁을 위하여』(나남, 1997)도 가끔 꺼내어 본다. 그는 무한히 대학교수의 권위를 지키려 하였다. 국무총리로 가시며 서울대 총장으로서의 마지막 날 나에게 "학교를 잘 지켜라." 하시던 당부를 나는 늘 잊지 않았다. 한국 정치는 아직 그런 부드러운 신사정치를 하기에는 수준이 못 미치는 것 아닌가 생각되기도 한다.

그러다 나는 가끔 동갑이자 한 학년 위인 조영래가 살아 있었다면 대통령이 되지 않았을까 상상해 본다. 부질없는 생각일지 모르나, 생각할수록 매력 있던 친구이자 선배이다. 그가 쓴 『진실을 영원히 감옥에 가두어 둘 수는 없습니다』도 서가에서 버릴 수 없는 책이다. 나는 뭔가를 할 때 흥분을 잘하는데, 그렇게 차분하게 일을 도모하던 조영래가 그럴 때마다 생각난다.

나는 법대교수라는 지위 때문에 주변에서 몇 번 정치를 해 보라는 권유를 받은 일이 있다. 그럴 때마다 나를 몰라서 그러느냐고 일축해 버렸지만, 정치란 싫다고 무관심할 수만은 없는 운명과도 같은 것이다. 그렇다고 능력 있는 자가 모두 정치한다고 몰려드는 것은 안 된다. 한국사회의 가장 큰 병리는 자율의 영역마저도 모두 정치화되는 데에 있다.

나의 첫 시집 『법 속에서 시 속에서』에 80년대가 저물던 1989년에 쓴 시가 있다.

관악전설

내 경상도에서 태어나
무슨 행운인지 서울법대 교수가 되어,
관악캠퍼스에 연구실 하나 차지하고
매일 관악산 봉우리를 쳐다보며 산다.

돌산, 악산이라 혹평해도
10년을 넘어 바라보니 그런대로 정 같은 것도 들어

연주대 봉우리에 구름이 끼거나
낙타봉이 유난스레 가까워 보일 때면
창문 밖으로 쳐다보는 시간이 나 모르게 조금씩 길어진다.

저 연주대 봉우리에서
효령대군이 한양 궁궐 내려다보며 울었다지?

그때처럼 왕조 치하는 아니라 해도
관악의 연구실에서 이 나라를 바라보며
때로는 의분과 체념과 미련과

온갖 뒤범벅되는 감정을 어떻게 삭이며 살아야 할까?

"TK" 소리를 들은 지도 오래
이 나라를 이끌어 갈 인물은 누구여야 하나?
문득 이런 불경한(?) 망상으로
또 한 십 분 지났나 보다. (1989. 11. 8)[5]

솔직히 서울법대 교수로서 어디 가면 정치 얘기가 나오면 제일 곤혹스러웠다. 아무튼 끝내 대통령을 내지 못한 최고 엘리트 대학 서울법대시대를 어떻게 해석해야 할까? 그것은 법대의 무능인가, 한국 국민의 수준인가, 아니면 엘리트 대통령은 원래 거부되는 것인가? 여기에서 법만이 아닌 우리 국민과 사회를 근본적으로 돌아보게 된다. 더 나아가 나 자신이 어떤 인간인가를 되묻게 된다.

5 최종고, 『법 속에서 시 속에서』, 교육과학사, 1991, 171-172쪽.

1990년대

법학도서관과 법학연구소

법과대학이 단순히 법학교육만 하는 곳이 아니라 법학연구를 하는 곳이기도 하다면, 법학도서관과 법학연구소의 존재가 매우 중요함은 말할 필요도 없다. 법대는 한국 근현대사의 격동 속에서 명칭을 달리하여 변모해 오면서도 그 도서를 계속 이어받아 전통을 이루어 왔다. 지금도 법학도서관에 들어가면 법관양성소 시절과 구 경성법학전문학교 시절의 장서인(藏書印)이 찍힌 도서들이 그대로 유지되고 있음을 발견하게 된다. 이것이 서울법대의 빛나는 전통이요 자랑임은 설명할 필요가 없다. 그렇지만 외견상 법학도서관의 역사도 법대의 역사와 함께 많은 변화를 겪어 왔다.

해방 이전의 도서관에 대해서는 이미 앞에서 다루었고, 해방 후의 법대도서관과 60년대 초에 설립된 법학연구소에 관해 살펴보려고 한다. 그리고 90년대에 신설한 법대 문서고(Law Faculty Archive)의 역할을 하는 '귀중문서실'에 대해서도 여기서 함께 다룬다.

동숭동 캠퍼스의 법률도서관

서울법대의 도서관은 1946년 8월에 발족되었다. 물론 초창기에는 오늘날과 같이 도서관 건물이 따로 있었던 것이 아니고 도서과로 있었고, 제한된 열람석이 있었을 뿐이다. 1961년 9월 1일에 건물을 새로이 준공 개관하여 자유열람실 2실, 교수연구실 23실, 세미나실 2실, 모의법정 1실에 열람석 285석을 갖추었다. 1962년 3월에는 사법대학원이 법대도서관을 공동 이용하게 되어 1963년 8월에 사법대학원용으로 기본 도서 1,400여 권과 영서 1,700여 권을 아시아재단을 통해 인수하기도 하였다. 그런 고무된 분위기 속에서 법률도서관이 도서관학을 선도하려는 기백으로 1963년 9월 13일에는 전국 대학도서관학대회를 이곳에서 개최하기도 하였다. 1974년 4월 현재 건평 2,197m², 열람석 330석에 30,048권의 장서를 갖추고 130종의 학술잡지를 비치해 놓았다. 이 도서관 건물 안에는 교수연구실과 모의법정, 그리고 라운지도 있어서 법대생들의 생활 본거지였다. 학생열람실에는 서로 좋은 자리를 차지하려고 매학기 초마다 쟁탈전이 벌어졌고, 한번 확보한 자리를 다른 사람에게 물려주는 과정에서 시비가 붙기도 하였다.

관악캠퍼스의 국산법학도서관

관악캠퍼스로 오면서 동숭동의 법률도서관에 있던 모든 서적을 중앙도서관에 이관함으로써 이용하기에 불편을 겪어야 하였다. 자연히 법학도서관이 따로 있어야 한다는 인식이 팽배하여 고 김택수 동문(법대 6회, 전 국회의원, 법대동창회장)이 사재 5억 원을 출연하여 현재의 법학도서관을 건립하였다. 전면에 홍익대 전뢰진 교수가 만든 정의의 여신상 릴리프가 새겨지고, 석주를 세운 그리스식 고전형의 건물이다. 이것은 김 회장이 유럽과 미국을 여행하면서 직접 관찰하고 구상한 아이디어였다. 이상혁(변호사, 동창회 부회장)은 이렇게 증언한다.

> 동창회 업무의 중심적 역할을 하던 정종택, 이수영(법대 14회) 제씨와 김택수 회장을 뵙고 모교 법대를 위한 상징적이고 또 실질적인 사업으로 법조회관의 건립을 제의하였다. 그때 나는 나와 도서관의 만남 세 가지를 말씀드리고 그것이 법대생에게 아주 요긴하고 그것은 요람이요 고향과 같은 것임을 말씀드렸다. 김 회장은 그 무렵 바덴바덴에서의 올림픽 유치에 한국 대표단으로 참가하여 이를 성공시킨 뒤라 매우 의욕적이었다. 도서관 건립계획은 우선 3억 원 정도로 하기로 하고 이강복 설계사무소에 도서관 설계를 의뢰하시고 로마나 그리스의 석조전과 같은 중후한 도서관을 만들자고 말씀하셨다. 1982년 여름 김택수 회장과 최재구 의원 그리고 당시 배재식 법대학장 그리고 내가 평소 알고 지내던 지관 윤 선생을 모시고 서울대학교 관악캠퍼스 안에 도서관 건립 예정지를 보러 다닌 일이 있다.[1]

1982년 10월에 기공하고 1983년 12월에 준공하여 개관한 법학도서관은 김택수의 아호를 따서 '국산(菊山)법학도서관'이라 명명하였다. 처음에는 법률도서관이라 하려는 것을 내가 주장하여 법학도서관이라 고쳐졌다. 380평의 지하 1층, 지상 2층으로 세워

---

1 이상혁, 「국산도서관 개관 10주년에 생각나는 일」, 『하늘이 무너져도 정의는 세워라』, 경세원, 1994, 630쪽.

진 석조건물로, 1층의 일반열람실 219석, 2층의 참고열람실 24석 등 총 259석과 서고, 국산기념문고 등이 설치되었다. 초대 분관장은 이태로 교수가 맡았다.

법학장서

1895년 법관양성소로 출발하여 일제하 경성법전과 경성제대를 통합하여 해방 후 서울법대로 이어진 본 대학 1세기의 역사 속에 1만여 명의 졸업생들의 법학 지식을 살찌우게 한 법학장서가 어떻게 이루어졌는지 무엇보다 중요한 의미를 지닌다.

법관양성소에 소장 서적이 그 직인이 찍힌 대로 경성법학전문학교로 넘어갔고, 해방되고 서울법대가 경성제대의 도서와 함께 시조사(時兆社) 건물에 있던 경성법학전문학교의 도서를 인수하여 함께 장서로 삼았던 것은 서울법대사뿐만 아니라 한국법학사의 연결의 관점에서 매우 중요한 의의를 갖는다. 경성제대의 도서는 현재 '구관도서'라 하여 서울대 중앙도서관에 소장되어 있고, 해방 후의 도서만 1983년 12월에 개관된 국산법학도서관에 소장되어 있다.

어쨌든 장서가 많다는 것은 좋은 일이지만 해방 후 이러한 장서의 전통을 이어 계속 도서 수집에 완벽을 기했는지 부끄러운 바 없지 않다. 본 대학 법학장서에 중요한 의미가 있는 도서 구매 및 기증 계기를 살펴보기로 한다.

• 배정현(裵廷鉉) 장서

1984년 8월 전 대법원 판사 배정현의 장서 559권을 기증받았다.

• 강구진(姜求眞) 장서

1985년 3월 전 서울대 법대교수 강구진 박사의 장서 375권을 기증받았다.

• 유민상(劉敏相) 장서

1985년 4월 전 법제처장 유민상의 장서 168권을 기증받았다.

• 정희철(鄭熙喆) 장서

1985년 4월 전 서울법대 교수 정희철의 장서 155권을 기증받았다.

• 윤수금(尹秀金) 장서

1986년 1월 2일 윤수금의 장서 140권을 기증받았다.

• 김귀남(金貴南) 장서

1986년 1월 31일 김귀남의 장서 301권을 기증받았다.

• 이흥배(李興培) 장서

1986년 2월 14일 전 경기도지사를 지낸 이흥배 변호사의 장서 174권을 기증받았다.

• 홍남표(洪南杓) 장서

1986년 9월 23일 대법원판사를 지낸 홍남표 변호사의 장서 1,367권을 기증받았다.

• 곽철(郭哲) 장서

1988년 10월 17일 재미(在美) 변호사 곽철(22회) 씨의 장서 3,800권을 기증받았다.

• 김도창(金道昶) 장서

1988년 10월 31일 서울법대 교수 및 법제처장을 역임한 김도창 변호사의 장서 2,850권을 기증받았다.

• 성민경(成敏慶) 장서

1990년 6월 검사, 변호사로 활동하다 불의의 교통사고로 작고한 성민경(17회) 씨의 장서 212권(동양서 124, 서양서 88)을 유족에게 기증받았다.

• 조영래(趙英來) 장서

1991년 인권변호사로 활약하다 불의에 일찍 타계한 조영래 변호사(23회)의 개인 장서 300권 정도를 기증받았다.

나는 2012년 10월 8일 6,238권의 장서를 서울대 중앙도서관에 기증하였다. 분량에서는 최대 규모의 기증인 것 같다. 법학 서적

서울대 중앙도서관에 기증할 책을 빼 놓은 저자의 서재(2012)

은 자동 법학도서관으로 옮겨졌다.

법학도서관에서 행한 업적의 하나는 『법률문헌색인』의 출판이다. 그 연원은 동숭동에 있을 때 황적인 교수의 지도로 재수생들의 모임인 '피닉스회'에서 사법시험 공부에 도움이 되도록 법률문헌목록을 프린트해서 낸 것이었다. 그 후 정식 문헌집으로 인쇄하여 제1권(1945-1974)은 1978년에, 제2권(1975-1985)은 1990년에, 제3권(1986-1992)은 1995년에 출간되었는데, 이 『법률문헌색인』은 한국 법학계에서 발표된 저서와 논문들을 총망라하여 연구자와 학생들에게 결정적으로 중요하게 이용되고 있다. 그 후 점점 인터넷의 역할이 커짐에 따라 색인집 출판은 계속되지 못하였다.

귀중문서실

법대가 100년의 역사를 바라보면서 그동안 수많은 자료와 귀중한 문서를 발간하고 보유하고 있음에도 그것을 한 자리에 모아 두는 문서고(Archiv)를 갖지 못하고 있었다. 1993년에 법학연구관이 설립되면서 비로소 '귀중문서실'이란 이름으로 개실한 것은 큰 의미가 있었다.[2] 하버드 로스쿨의 Treasure Room이라 부르는 귀중문서실이 유명한데, 당 대학의 교수들이 책으로 출간한 것 외에도 저술 구상, 편지, 사진, 메모 등 일체의 자료를 모으고 대학 관련 문서들을 정리해 둔다. 1988년 나는 하버드 로스쿨에 체류하는 동안 이곳을 눈여겨 관찰하여 참고하였다. 예를 들면 유진오 박사나 정광현·김증한·유기천 교수 같은 우리나라 법학자의 생애와 업적을 주제로 연구하려면 이곳에 정리되어 있는 그분들의 직접자료를 이용하지 않으면 안 되도록 일체의 오리지널 자료를 모으는 곳이다. 다소 늦은 감은 있지만 이 귀중문서실은 법대의 역사를 한눈에 볼 수 있도록 자료들을 수집, 전시하였다. 법관양성소 및 법학교 시절의 교과서와 신분증, 당시 교수진의 임명장 등 경성제대와 법학전문학교 시절의 관련 문서와 출판물, 해방 후부터 현재에 이르는 『교수회의록』, 졸업대장 원본, 출석부, 서울대 및 법대 배

---

2 자세히는 최종고, 「서울법대 귀중문서실의 개설 경위」, 『법사학연구』 제13호, 1993, 131-154 참조.

법대 귀중문서실을 찾은 묄렌도르프(P. G. von Möllendorff) 손자 내외(1993)

법대 귀중문서실에서 이태영, 유기천이 오랜만에 해후하여 환담하고 있다. 책을 보고 있는 문상익 변호사(왼쪽)와 저자(1993)

지와 마크, 각종 기념물과 사진 등이 6개의 유리 진열장과 서가에 전시되어 있다. 그리고 해방 후 저명한 한국법률가들의 초상화도 있고, 전봉덕(경성제대 12회) 변호사가 기증한 대한변호사협회 역사에 관련된 자료들을 많이 보관하고 있다.[3] 김증한 교수가 기증한 물품들과 정광현·박병호 교수가 대물려 사용한 책상과 배재식 교수가 오래 사용했던 옷걸이도 기념으로 보관하고 있다.

귀중문서실의 개설 소식이 『동아일보』 등에 보도되자 동창과 각계 인사들로부터 각종 자료의 기증이 있었다. 법관양성소의 교수를 지낸 홍재기 씨에 관한 귀중문서 일체가 그 유족들에 의해 기증되었고, 유기천 교수는 사망한 부인 헬렌 실빙(Helen Silving) 박사의 유품들을 기증하였다. 현암사(玄岩社)의 조상원 회장은 해방 후 발간한 법전들의 초간본(初刊本)들을 정리하여 기증하였다. 이홍배 변호사는 경성제대 시절에 필기한 강의 노트를 기증하였다. 늦게 시작했지만 그래도 한국에서는 최초의 대학문서고로서 한국 법학계는 물론 외국으로부터 본교 방문 인사들에게 인상적으로 법대의 역사와 면모를 보여주는 곳으로 활용되었다. 1993년 3월 20일 개실(開室) 기념 전시회를 하였고, 1996년 '근대법학교육100주년기념관' 개관일에는 '동창홀'에서 법학귀중문서 전시회도 가졌다. 국내외에서 법대를 방문하는 내빈에게 법대의 역사를 보여주는 장소이기도 하고, 법대 졸업생들의 모교방문 때 둘러보

---

3 전봉덕, 『한국변호사사』, 대한변호사협회, 1979 참조.

는 곳이기도 하다.

1993년 5월 11일 자 『동아일보』는 본 귀중문서실에 대해 「국내 법대 최초로 서울법대 법학관 귀중문서실 설치」라는 제목으로 다음과 같이 보도하였다.

서울대 법대 법학연구관에 국내 법대로서는 처음으로 귀중문서실이 설치됐다. 서울대 법대가 오는 95년 개교 1백주년 기념사업의 하나로 만든 이 문서실에는 지난 1895년 법관양성소 시절부터 지금까지 법률가양성 및 법전발달사를 한눈에 볼 수 있는 문서 3백여 점이 전시되어 있다. 여기에 전시된 문서에는 법관양성소 교수이자 한국 최초의 변호사였던 홍재기 교관에 대한 왕의 칙령과 1930년 경성제국대학 시절 이홍배 변호사의 강의 노트 등 서울대 법대의 1백년사를 보여주는 문서들이 포함돼 있다.

법대 교무담당학장보인 최종고 교수는 "당시 문서들을 보아 법관양성소에서는 프랑스의 나폴레옹 법전을 한문으로 번역한 法國律例를 교과서로 사용하는 등 국내외 법에 대한 매우 심도 있는 교육을 한 것으로 보인다"고 말했다.

또 조선 성종 때 완성된 『經國大典』 대원군 시절의 『大典會通』 및 『六法全書』 등 우리나라의 법전발달사를 보여주는 문서들과 개화기 이후 법학 수준을 보여주는 유성준의 『법학통론』(1907), 유진오의 『헌법해의』(1949), 김증한의 『민법총칙』(1958) 등 초간본들도 수집돼 있다.

서울법대 측은 법관양성소 시절의 석진형, 이면우, 유문환, 정명섭, 장헌식 등 개화기 법률가 지식인 1백여 명의 행적과 후손들을 확인, 자

> 료 수집과 좌담회 개최를 통해 한국근대법학의 궤적을 복원하는 작업을 벌일 계획이라고 밝혔다.
>
> 최종고 교수는 "설송 정광현, 청헌 김증한 교수 등 한국법학이 개척자격인 인물들의 저술, 사진, 유품 등이 계속 들어오고 있어 이들에 대한 개인별 파일도 만들 예정"이라며 "개교 1백주년을 맞아 이 문서실을 개관함으로써 각계에 나가 있는 동창들과의 유대관계를 돈독히 하고 법학체계를 세우는 데 도움이 됐으면 한다"고 말했다.
>
> 서울대 법대 측은 계속해서 자료가 모아지는 대로 한국법학 1백년사 발간과 함께 귀중문서실의 소장자료목록집과 도록(圖錄)을 발행하고 규장각 등의 도움을 받아 역대 법전(法典) 전시회, 법학자 사진전시회 등 역사성 있는 행사들을 벌일 계획이다.[4]

1996년 서울대학교 개교 50주년 기념행사의 일환으로 '50년사'의 편찬과 서울대학교 기록관도 이를 참고한 것으로 안다.

2000년대에 법대가 로스쿨로 바뀌면서 국산법학도서관 앞에 서암법학관의 새 법학도서관이 들어섰다. 따라서 국산법학도서관의 일부를 '서울법대 역사관'으로 설치하여 귀중문서실의 자료를 이곳으로 옮겨 보관 전시할 수 있도록 확대 발전하였다.

---

4 『동아일보』, 1993. 5. 11.

서울법대 학생회와 여학생회

법대는 공부벌레들의 고시준비학원이 아니다. 법대생들이 얼마나 다양하게 자치활동을 하며 법대문화를 꽃피우고 있는지는 개교 이래 수많이 생성되어 활동하다 없어지기도 한 학회, 서클, 동아리회 등을 보면 알 수 있다. 학생회와 여학생회, 대표적 학회와 서클 몇 개에 국한하여 소개하려고 한다.

서울대학교에서 단과대학별 학생회는 학도호국단으로 시작되었는데, 그 후 학생회를 중심으로 학생운동과 학내 자치활동이 이루어졌다. 이에 따라 학생회 회장이 선도적 역할을 하고 때로는 그로 말미암은 책임과 징계를 맞기도 하였다. 또 시대적 변화에 따라 법대에서는 학생회가 집행기관이고, 평의회가 있어 일종의 의결기관 또는 감사기관으로 학생회의 활동을 감시하고 지원하기도 하였다.

서울법대에 여성이 처음으로 등장한 것은 1945년, 바로 이태영이 입학하면서부터였다. 여성 법학도의 선구자요 법대 여성동창의 대모와도 같았던 이태영은 재학 시절에 관해 이런 재미있는 표현을 하였다.

> 이렇게 친하게 지냈던 그들이건만 여름이 되니 모두 하나같이 소식이 끊기는 게 아닌가. 이상하게 여겨 법대 교실을 찾았다. 그랬더니 내가 자유롭게 드나들던 문에 '금녀(禁女)의 집'이란 팻말이 붙어 있었다.

'무슨 일을 하기에…' 나는 궁금증이 나서 문을 확 열어젖혔다. 놀라운 광경이 눈앞에 펼쳐졌다. 모두가 옷을 벗어젖히고 팬티 바람에 눈에는 맨소래담을 바르고 책상마다 촛대 하나씩을 꽂아 놓고 공부하고 있는 게 아닌가! 순간 나는 '아! 저게 고시 합격의 길이로구나' 하고 깨달았다. 그 길로 나는 집으로 돌아와 그들처럼 옷을 다 벗어 버리고 속치마만 걸친 채 방에 들어가—비록 '금남(禁男)의 집'이라고 써 붙이진 않았지만—의자로 문을 막아 놓고 그들의 모습을 흉내내며 공부를 해 봤다. 그때 내 모습을 보고 남편이나 시어머니께서 '저게 미쳤지'라고 속으로 생각하지나 않았는지, 지금 생각하면 웃음이 다 나오지만 내가 입학한 지 1년 반 정도 지나 집안일을 떠나 공부에 정신을 집중시킬 수 있었던 것도 다 그들 덕분이었다. 졸업할 때쯤 해서는 공부가 본궤도에 오르더니 썩 괜찮은 성적으로 졸업할 수 있었던 것도 그들 덕이었다.[5]

이듬해 1946년도에는 3명의 여성이 법대에 입학하였다. 김순영, 이신덕, 최완이 그들이다. 김순영은 창덕여중 교장, 걸스카우트 부총재, 법대여성총동회장직을 지냈다. 법대동창회고록에 이렇게 적고 있다.

우리가 학교 다닐 때는 8·15 해방 직후의 그야말로 혼돈의 때였고 학생들도 나이가 들쭉날쭉하여 아마 나보다 6살 정도 더 많은 남학생도

5 이태영, 『나의 만남 나의 인생』(자전적 교우록), 정우사, 1991, 134쪽.

있었고 결혼한 학생도 있었다. 여학생은 불과 4명인데 두 분은 나보다 상당히 연배이고 '최완' 씨와 둘이서 친구가 되어서 서로 의지하여 덜 외로웠다. 나는 집안에서는 남자는 아버지와 오빠 한 분 정도 정도인데 갑자기 남자들 숲에 들어가고 보니 영 이질감이 생겨서 창가 한구석에 앉아서 숨도 크게 못 쉬고 남학생이 말만 걸어와도 귀밑까지 얼굴이 빨갛게 달아오르고 말문이 막히고 가슴이 답답하여 의사표현을 제대로 못했다. 그때는 남학생과의 미팅은 물론 해 본 일도 없고 눈길 한번 제대로 줘 본 적이 없었다. 그래서 남학생들 간의 나의 별명이 '고슴도치'라고 불리었다고 한다. (중략) 그때는 좌·우익 학생회가 있었으나 어느 쪽에서도 들어와 달라는 말도 없었고 아는 사람도 없었다. 놀러 가자고 권하는 남학생은 더더욱 없었고 학교와 집 사이를 시계추처럼 오갔을 뿐이다. 돌이켜보면 그래도 그때의 학창 시절이 돈은 없어도 젊음과 낭만과 의욕, 아무런 구속과 책임 없이 공부만 하면 되는 아주 향기롭고 꽃 같은 학창 시절을 보냈구나 싶었다. 졸업 후 동기생을 통하여 지금의 영감(金兌鉉, 같은 4회임)으로부터 청혼이 들어왔다.[6]

이신덕은 일찍부터 뜻을 지니고 숭의여자중고등학교와 고아원 등을 설립하여 평생을 그 일에 바쳤다. 그 후 47년에는 여학생이 한 명도 없었지만, 법학부가 독립된 48년에는 법학부에 황윤

6 김순영, 「삶의 언저리에서」, 『하늘이 무너져도 정의는 세워라』, 경세원, 1994, 121-122쪽.

석, 이계영, 임정숙이 입학하여 서경숙과 유순현, 윤금중이 전문부에서 합류하였고, 한영숙이 사범대에서 편입하여 동기가 되었다. 황윤석은 최초의 여판사가 되었으나 불의에 사망하여 자살 여부로 세상을 놀라게 하였다. 그러나 이렇듯 출신의 '계보'에 차이가 있어 어울리기가 쉽지 않았고 그나마 50년 6·25 전쟁의 발발로 정상적인 학교생활은 거의 불가능하게 되어 학업을 중단한 분도 있었다. 전쟁의 참화가 상당했던 만큼 이러한 전쟁의 영향은 그 후로도 한동안 학교생활의 궤도를 흐려 놓았는데 휴전협정 조인 때까지 이런 상황은 계속되었다. 그러나 이런 현실적인 악조건에도 49년 이래 여학생의 수는 두드러지게 증가하여 처음으로 법학부가 생긴 1949년에는 김기매, 김용인, 김정희, 김혜란, 박경순, 배경숙, 윤용길, 이난희의 8명이 입학하였다. 김정희는 동기생 배재식과 결혼하여 후일 법대여성동창회 회장으로 모교와 후배를 위해 많이 활동하였다. 50년에는 김갑현, 김정숙, 민영방, 전선옥, 한순기의 5명이, 51학번으로는 김영, 김인숙, 배성순, 윤혜숙, 정경수, 조행숙, 하경남, 황영자의 8명이 있었다.

이즈음에는 여학생의 숫자 자체가 워낙 적은 탓에 남학생과 여학생 사이는 자못 불편하였고, 여학생들은 기본적으로 호기심의 대상이 되곤 하였다. 서로 존댓말을 사용했는데, 여학생들은 다소 활발한 행동을 보이기라도 하면 말괄량이라고 놀림당하곤 해서 대체로 조용하고 신중하게 지내려는 분위기였다. 여자화장실도 따로 없는 열악한 조건이었지만 법학 공부에 매료된 경우가 적지 않았다. 대부분이 남학생인 법과대학에 다니는 긍지 높은 여성들인 만큼 여성의 권익 신장 등에도 자연히 관심이 있었던 것으로 보이지만 남녀평등에 대해서는 여자로서의 장점을 살리자는 쪽으로 의견이 모였다. 바로 51학번들이 만든 친목단체인 '여학생 모임'에서 나온 얘기이다.

1952년에 법대 여학생의 수가 파격적으로 10명을 넘어섰다. 전문부에서 온 사람까지 모두 15명으로 김명자, 김선옥, 김옥자, 김옥규, 박삼규, 배동순, 송영선, 신경선, 우영진, 유영란, 이말선, 이현자, 전혜린, 조옥자, 차귀희 등이었다. 53년에도 김교, 김운진, 김현희, 김정숙, 김정순, 문정해, 박용순, 손춘조, 안정희, 윤두식, 조봉남, 조영숙, 최희숙의 13명의 여학생이 법대에 들어왔다. 54년에는 그 숫자가 더 늘어나 김경희, 김계순, 김삼연, 김윤정, 김윤태, 김재임, 김현산, 김현순, 김화숙, 변광순, 변문규, 배선애, 손옥선, 이귀남, 임현근, 현옥순의 16명이 되었다. 저마다 개성이 강하고 따지기 좋아하고 까다롭다는 평가를 받곤 했지만 대체로 조용하고 침착하게 지냈다고 한다. 남녀유별 분위기는 여전하여 그 당시 우후죽순 격으로 생겨난 음악감상실 등에 남녀 학생들이 같이 가기라도 하면 그것이 두고두고 화제가 되었다. 여학생들 간에는 몇몇이 모여서 공부를 한다든지 목도리 따위를 함께 만들어 두르거나 하기는 했지만, 특별히 공통적인 활동은 없었다. 54년 입학생의 경우에는 4학년 때나마 여학생만의 휴게실을 이용하는 기쁨을 누리게 되었다. 57년에 당시 신태환 학장이 '여학생 휴게실'을 만들어 준 것이다. 이를 계기로 '법좌회'(法座會)로 알려진 여학생회가 결성되었다(회장 현옥순). 54년 입학생의 경우에는 이전의 선

법대 여학생들과 낙산문학회 회원들(1950년대와 1960년대)

김증한 교수와 법대 여학생들(1956, 창경원)

배들에 비해 서클이나 학회의 참가도 활발하였고, 수학여행이나 졸업여행 등을 다녀오기도 하였다. 졸업할 때는 역시 신 학장의 배려로 여학생 전원이 파트너를 동반하는 파티가 열려 낭만적인 분위기가 한껏 고조되었다.

55년 입학 동기로는 권광련, 금문자, 김경자, 김성희, 김영선, 김춘방, 마정숙, 박경애, 박영자, 신준선, 윤종혜, 이덕희, 이오봉, 조상숙이 있었다. 여전히 법대 여학생들은 소박한 편이어서 옆에 있던 미술대학 여학생들과 대조가 되곤 해서 종종 놀림을 받기도 하였다. 이덕희(13회)는 다음과 같이 학창 시절을 적고 있다.

> 아마도 우리가 입학한 전후의 시기에 법대에 여학생이 제일 많지 않았나 싶다. 4학년은 네다섯 명뿐이었지만, 3학년과 2학년은 각각 거의 15명이나 되었고, 우리 학년도 10여 명 정도였으니 도합 40명은 족히 되었던 것이다. 그렇다고 해도 전체 학생 수에 비하면 남학생의 10분의 1 정도였지만 이들 역시 남학생들 못지않게 최고로 높은 커트라인을 뚫고 들어왔다는 자긍심을 가지고 장차 명판검사가 되겠다는 야망을 지니고 있었다. 남학생보다 조금도 뒤떨어지지 않는 두뇌를 가지고 그들 못지않게 열심히 공부했으며 개중엔 산속에까지 들어가 불굴의 의지로써 지난한 고시(考試)에 몇 번이나 도전한 열성파도 있었지만, 당시 재학생 가운데 오늘날 법조계에서 활약하고 있는 여성은 불행히도 한 사람도 없는 걸 보면 역시 어떤 '한계' 같은 걸 생각하게 된다. 그 당시엔 요새 흔해 빠진 이른바 '미팅' 같은 것도 없었고 남학생과 여학생 사이는 사실 요즘의 학생들 눈으로 본다면 촌스럽다 할 수

있을 만큼 소원한 상태였다. 적어도 나 자신의 경우 내가 속해 있던 '국제법학회'나 '카톨릭학생회'의 멤버들과 인사 정도나 나누는 게 고작이었으나 특정한 남학생과 더불어 다방에서 자연스럽게 차 한잔 나눌 기회도 또 그럴 마음도 없었다 해도 과언이 아니다. 하긴 법대 졸업생 가운데는 동급생끼리 결혼한 부부까지 몇 쌍 있기도 하지만, 도대체 그 당시 나는 법대생들을 '고시병'에 걸린 정서적 불구자로 낙인찍어 가장 매력 없는 남성으로 치부했으니, 그들과 연애는커녕 데이트 한번 해 본 경험이 없는 것이다. 4년 동안이나 한 캠퍼스에서 지내면서 그 많은 남학생들 가운데 어떻게 내게 '로맨틱한' 감정을 불러일으킨 대상이 한 사람도 없었을까를 생각하면 한편 신기하기도 하고 유감스럽기도 하다는 게 솔직한 고백이다.[7]

이들이 4학년이었을 때는 유명 인사를 초빙해 강연을 듣는 기회를 마련하기도 하였다. 강사 중에는 여류 시인 모윤숙 여사도 포함되었는데, 미국 시찰기를 보고하였다.[8] 이어진 56년도 입학생의 경우에도 조용히 공부하는 분위기가 지배적이어서 남학생과의 교류가 드물었고 여학생들끼리도 학업 외의 특별한 공동 활동은 하지 못하였다. 이들 강윤옥, 고방자, 고찬주, 민예순, 송헌숙, 윤덕렬, 이범록, 이수영, 이정숙, 임경재, 표계학, 홍영희는 법대 14

7 이덕희, 「법대와 나의 인생」, 『하늘이 무너져도 정의는 세워라』, 경세원, 1994, 517-518쪽.

8 최종고, 『이승만과 메논, 그리고 모윤숙』, 기파랑, 2012.

회와 15회, 16회에 걸쳐 졸업하였다. 여류 언론인으로 활동하고 법대동창회와 장학재단 활동에 열심을 기울이고 있는 이수영은 자신의 법대 시절을 다음과 같이 적고 있다.

> 나의 대학 시절은 고등고시에 합격해야 된다는 중압감 때문에 낭만적인 학창 생활을 하지는 못했다. 그때는 또 학생들이 즐길 만한 곳도 없었다. 문리대 앞에 음악을 듣는 '별장'이라는 다방을 포함하여 혜화동까지 나가야 몇 개의 다방이 있었을 뿐이다. 대부분의 학생들은 버스나 전차를 타고 다녔고 좀 부유층 학생이라야 그때 처음 나온 미니버스로 된 '합승'을 타고 다녔다. 영화관으로는 그때 지은 대한극장, 중앙극장에서 외화를 상영했고, 그룹미팅이라고 해야 지도교수와 같이 서울 근교의 산으로 등산을 가는 게 고작이었다.[9]

57년 들어 여학생 수는 격감하여 57년에는 이은자, 임옥기, 조미경의 3명만이, 58년에는 성정옥 단 1명만이 법대에 입학하였다. 그러나 그만큼 여학생들 간의 친분은 더욱 두터워져 여학생 휴게실의 이용이 급증해서 여학생실은 학교에 나오면 꼭 들르는 장소가 되었다. 점심시간에는 함께 도시락 먹는 장소로, 강의시간 틈틈이 담소를 나누는 장소로 정착되어 갔다. 이런 분위기에 힘입어 '법대여학생회'도 만들어져 여학생실을 중심으로 선후배들이 곧

---

9 이수영, 「동창회와 나」, 『하늘이 무너져도 정의는 세워라』, 경세원, 1994, 636쪽.

잘 모이곤 하였다.

59년에는 수가 다소 늘어나 김철자, 엄영자, 유필선, 정선숙, 황영옥, 황영채의 6명이 입학하였다. 이때도 주로 공부하는 분위기이긴 하였으나 이전과 비교하면 남학생들과도 곧잘 어울렸고, 형사법학회 같은 학회에서도 활발한 활동을 하였다. 이어진 60년에도 강기원 한 사람뿐이었지만 선후배 여학생들 간과 전체 학생들 간의 활달한 분위기는 여전하였다.

1961년에는 김재혜, 박영희, 설명자, 안희옥, 이증자, 전하숙의 6명의 신입 여학생이 있었다. 다음 해인 62년에는 여학생이 단 1명도 입학하지 않았고, 63년에는 이소라 1명만 들어왔다. 따라서 그전까지의 활달한 분위기는 다소 침체하여 남학생과는 제대로 얘기도 안 하고 여학생들끼리만 어울려 다니곤 하였고, 여학생실은 거의 피난처로 기능하였다. 수업시간을 제외하고는 줄곧 여학생실에 붙어 있었고, 대부분 조용히 공부에만 몰두하여 당시의 이슈였던 한일회담 반대시위 등에도 여학생들은 거의 참여하지 않았다고 한다.

64년도 입학생 중에서도 여학생은 황산성 단 1명뿐이었다. 그는 법대 시절을 다음과 같이 회상한다.

> 어쨌든 '홍일점'이라는 사실, 많은 사람의 시선의 대상이라는 사실이 나에겐 부담이었다. 당시 한일회담 반대 데모가 격렬하였는데 나는 선배들 틈에 끼어 순수 데모파의 일원으로 가담하였다. 이때 나는 주동은커녕, 고작 단식투쟁에 참여하는 정도였음에도 불구하고 나의 활

동상이 매스컴의 눈에 커다랗게 비쳐지는 상황을 낳기도 하였다. 이렇듯 나의 존재가 공개되어 있는 환경에서 어떻게 학창 생활에 적응하느냐는 나의 큰 고민 거리였다. 더구나 그 당시는 사춘기 때였기 때문에 매사에 민감함을 느끼던 때였다. 이를 극복하기 위해 남학생들이 할 수 있는 일은 모두 함께 나눴으며, 행동도 다소곳한 여학생과는 거리가 멀게 되었다. 학창 시절, 하나의 당당한 개체로 인정받기 위해 남자들에게 반발을 쓰고 한 것들이 지금 생각하면 살아남기 위한 하나의 터득이었다. 그러나 이러한 행동거지의 변화는 누구에게나 '대하기 편한 사람'이라는 인상을 주게 되었고, 훗날 사회에 나와서도 적응력을 키우는 데 도움이 되었다고 생각된다.[10]

65년에도 여학생 입학생이 없이 건너뛰고 66년에는 매우 얌전하여 모나리자라 불렸던 곽회명 1명만 입학하고, 67년에는 이영애와 이영란 2명이 문리대에서 전과하여 법대에 들어왔다. 이영애가 소극적이었던 반면 현재 숙명여대 교수인 이영란은 적극적이고 당시 유행하던 판탈롱 바지와 통굽 구두로 다소 화려하게 차리고 다녀 일대의 분위기를 쇄신하였다. 그러나 두 사람 모두 대단한 학구파이기도 하여 나란히 1, 2등으로 졸업하였다. 그 후로 다시 법대여학생의 수는 줄어들어, 현재 외국어대 교수인 이은영이 영문과를 다니다 법대로 옮겨 27회로 졸업하였고, 임숙경이 70년에

10 황산성, 「법대시절을 회상하면서」, 『진리는 나의 빛』, 경세원, 1994, 398쪽.

입학하여 28회로 졸업하였다.

70년대는 대체로 여학생의 법대 입학이 드문 편이었다. 이영숙과 전수안이 71년에, 주경숙이 72년에 입학하였고, 73년에는 김선혜와 최은신이 들어왔다.

74년에서부터 78년까지 시행되던 계열별 입학으로 여학생의 법학과 진입은 상대적으로 장애를 겪었다. 계열별 입학이 시행된 첫해인 74년 입학생의 경우에 법학과로 들어가게 된 여학생은 정순희 한 사람이었다. 그러나 75년에는 다소 그 수가 불어나서, 편입생까지 합쳐 강금실, 김영란, 조배숙, 최명숙, 최한숙의 5명이 들어와 79년에 33회로 졸업하였다. 대부분 경기여고 출신이었던 이들에 의해 여전히 여학생실의 이용은 활발하고 사이도 아주 좋았으나, 유신 이후의 어지러운 사회형편이라 학교는 곧잘 휴교에 들어갔고 수업도 정상적이지 않았다. 이런 통에 이 당시의 학번들은 법대생들끼리 별로 친해질 기회가 없었다. 또한 그 이전에도 그랬지만 경기여고나 숙명여고 등 명문 여고 출신의 법대 입학이 꾸준히 이어졌는데, 이즈음에는 그러한 경향이 더욱 지배적이어서 76년도 입학생인 소을순을 제외하고 76년에 황덕남, 77년에 박무경, 78년에 김유미는 경기여고 동문으로서 차례로 법대에 입학하여 화제가 되었다.

79년도에는 5명의 여학생이 법대에 입학하여 80년대 이후의 높은 여학생 비율을 예고했는데, 이미현, 이재윤, 이지연, 전성희, 조경란이 바로 그들이었다. 바로 이해에 10·26이 일어나고 80년대로 넘어가면서 정국의 혼란과 청년 학생들의 정치참여가 부각되었다. 그러나 80년대 초부터 당장 그런 경향이 나타난 것은 아니어서 80학번 여선배가 없이 입학한 김미화, 문미숙, 박주현, 박찬희, 윤영미, 정인숙, 조수정의 7명 81학번 여학생들은 개별적으로 Fides반이나 학생회에서 활동한 사람도 있었다. 여학생의 경우 직접 시위에 참여하지 않는 것이 당연한 일로 생각되었기 때문에 법대 여학생의 생활은 주로 공부에 중점이 두어져 있었다.

그러나 82학번 여학생들에 와서 법대 여학생의 분위기는 매우 활기를 띠게 되었는데, 82년도부터 법대 여학생의 숫자가 상당히 늘어난 데서 그 이유를 찾을 수 있을 것이다. 82년에 강정혜, 김향이, 김희련, 나경애, 문현주, 백승령, 심인숙, 윤영신, 이림, 이지수, 최윤희의 11명이 입학하였고, 무척 잘 지냈던 이들이 몇 가지 법대 여학생의 전통이 될 만한 일을 해 냈다. 이들은 우선 여학생회를 정식으로 발족시키고 회장으로 이림을 뽑았다. 이림 회장은 적극 여학생 모임을 이끌어, 그 이전에도 있었던 신입생 환영회와 졸업생 환송회를 정례화하여 가지는 한편 여학생회 차원의 두 차례에 걸친 수련회도 치러 내었다. 또한 이들은 진로에 관한 관심과 고민이라는 공통된 관심사를 갖고, 선배들의 현황을 조사하는 시간을 가져 함께 얘기하고 축제 때에는 선배 초빙 강연회를 가지기도 하였다. 이러한 활동적인 여학생의 모습은 법대 전체에 신선한 자극을 불러일으켜서 남학생과 여학생 사이의 격의가 자연히 허물어지기도 하였다. 한편 법대 여학생이라면 누구나 특별한 애정을 지니고 있을 법한 공동 노트인 '사랑방'이 이지수에 의해 바로 이때 만들어져서 여학생실에 자리를 차지하게 되었다. 이 공책에 실린 개인의 감상문이나 시, 수필, 다른 이에게 보내는 글과 안내문 등이 서로 간의 이해를 돕고 우정을 키우며 가장 중요한 대화의 공간이 되었다.

이렇게 만든 여학생회와 여학생실, 그리고 '사랑방'이라는 교류의 장을 발판으로 82학번 때부터 당시 대두하던 여성학 공부도 시작되었다. 83학번 여학생 대표였던 권영숙에 의해 여성학 공부는 적극 추진되었다. 그러나 권영숙, 김경희, 노소라, 문영화, 민유숙, 양선숙, 윤수경, 이승금, 이영희, 이은신, 전경애, 정승원, 정혜경, 조현욱, 최일숙, 최혜리, 함정민, 황보영의 18명 83학번 여학생들은 그 수가 많기도 하였다. 운동에 의한 사회참여와 고시준비라는 양대 축 사이에서 암암리에 선택을 강요받던 분위기인지라 비록 그들 서로 간의 느낌은 상당히 좋았지만 한 번의 수련회 외에는 전원이 모일 기회를 만들 수 없었다. 두세 명의 여학생이 학생운동과 노동운동에 참여하였고 나머지의 학생들은 study group 등을 만들어 공부에 열중하였다. 학생담당학장보직을 맡고 있던 최종고 교수는 법대여성동창회(당시 회장 김정희)와 연결하여 선후배가 만나는 기회를 정례화하였다.

여기까지의 서술은 1990년대 초반에 내가 서울법대 여학생의 역사를 대학원생 오정진 양에게 부탁하여 적어 본 것이다. 오양은 법사회학과 법여성학을 전공하여 지금은 부산대 교수로 있는데, 센스 있게 정리해 주었다. 지면 관계로 이후의 제자들에 대해서는 언급할 수가 없지만, 이것 자체가 하나의 연구 테마라 해도 과언이 아닐 것이다. 지금은 여학생이 절반을 넘고 법여성학 담당 양현아 교수를 비롯하여 여교수도 여러 분 있으니 언젠가 제대로 된 '서울법대여성사'가 정리되어 나오기를 바란다(부록 「젠더법학회 심포지엄 축사」 참조).

학회활동

학문의 연구와 젊음의 낭만을 함께 구가하는 법대문화의 산실은 학회와 서클(동아리)이다. 학회들은 50년대 이전에 형성된 연륜 깊은 학회들도 있고 70년대 이후에 학생운동과 함께 난립한 새로운 의미의 학회들도 무수히 있어 이들을 모두 확인하기는 쉬운 일이 아니다. 70년대부터는 과를 중심으로 과학회, 반을 중심으로 반학회라는 등의 표현으로 전통적 학회의 개념에서 변질된 양상도 보였다. 그러나 이러한 일시적 현상을 넘어 학회활동은 학년과 학년을 초월하여 강의시간에 배울 수 없는 공동연구를 함으로써 젊은 지성의 학구열을 북돋우는 데에 목적과 의의가 있다고 하겠다.

나는 법대생 시절에 법철학회, 낙산문학회, 법대기독학생회, 법대학생회 문화부장으로 활동하였다. 교수가 된 후에는 법철학회, 법대문학회의 지도교수를 맡았다. 학생들에게 늘 이렇게 말하였다. 대학에 오면 과거에 모르던 사람들과 사귀는 것이 중요하다. 그래서 같은 출신고교, 동향인끼리만 만나는 것은 바보짓이다. 그런데도 게시판에는 어느 고교, 무슨 동창 어디서 모이자는

「서울법대 학생운동사」

광고들이 제일 많이 보인다. 나는 이것이 한국사회의 게토화, 한국인의 분파심과 지방색의 원인이라고 말하였다. 그렇지만 이런 현상은 지금도 계속되고 있다. 진정한 의미의 학회는 학생 때부터 잘 안 되니 학자사회에서도 잘 안 되는 것 같다.

나는 법대학생운동사에 관심을 두고 있어 선후배들이 낸 자료들을 받아 챙겨 왔다. 이신범(전 국회의원)이 집필한 『서울법대 학생운동사: 정의의 함성 1964-1979』(블루프린트, 2008)가 출간되었을 때는 출판기념회를 법대에서 모여 하도록 하였다. 그때 서종환(전 법대 학생회장) 선배가 재학 시절에 단식투쟁하며 쓴 혈서들을 기증하여 법대 역사관에 전시하기도 하였다. 지금도 학생들이 역사관을 관람하면서 이 혈서 앞에 서면 선배들의 학생운동을 가장 진지하게 생각하는 것처럼 보인다. 각 학회와 등산회 등이 40년, 50년이 되니 역사를 정리하는 것은 당연한 현상이다. 최근 황적인 교수로부터 법대 농촌법학회에서 출간한 『고난의 꽃봉오리가 되다』라는 50년사를 받아 읽고 감동을 받았다. 흔히 법대라면 '어떻게 살까 보다 무엇이 될까를 생각하는 집단'으로 인식되고 있는데, 실은 그 속에는 농촌과 사회현실로 들어가 '살아 있는 법'을 탐구하고 나아가 그들과 함께 사는 회원들도 있음을 이 기록은 잘 보여주고 있다. 사회를 풀뿌리에서부터 개혁하려고 온갖 방법으로 시도해 보았지만 벽에 부딪치고 감옥살이를 하여 일찍 요절한 법대 출신도 있었다는 사실을 보고 많이 느꼈다.[11]

11 농촌법학회 50년사 발간위원회·민주화운동 기념사업회, 『고난의 꽃봉오리가 되다: 서울대학교 농촌법학회 50년사』, 서울대학교 농촌법학회, 2012.

서울법대에서
로스쿨로

'로스쿨'은 어디서?

쓰다 보니 반세기가 흘러 2000년대에 이르렀다. 지금부터의 서술은 '서울법대시대' 이후이므로 자세히 쓸 수도, 그렇다고 안 쓸 수도 없다. 여기서부터는 이른바 로스쿨 시대가 된다. 많은 사람이 "로스쿨은 법대의 연속이냐?"라고 묻고, 아마 후일에도 "로스쿨로 바뀔 때 어땠는가?"라고 물을 것이다. "아담아, 너는 어디 있었는가?"라는 하인리히 뵐(Heinrich Böll)의 물음이 들린다. 그래서 전체의 진행과정을 담을 수는 없고, 그것은 후학들의 몫이지만, 내가 보고 느낀 바를 짧게 적으려 한다. 이 문제는 같은 법대교수들 사이에도 견해 차이가 나기 때문에 더욱 내 개인적 소회라는 사실을 밝혀 둔다.

나는 1990년대 초반에 교무담당학장보(지금의 교무부학장)로 있으면서 법대학제의 개편에 관심을 두었다. 전부터 유진오·김증한 교수 같은 선배들이 법학을 제대로 가르치기 위해서는 법대를 5년제로 해야 한다는 주장을 해 오신 것을 알고 있었고, 법대교수진에서 공식적으로 5년제 개선안을 결의한 것도 알고 있었다.[1] 그렇지만 시대가 또 흘러 가르치고 배워야 할 지식의 양이 많이 늘어났으니 5년제로도 부족할 것같이 느끼고 있었다. 학장으로 계시던

1 서울대학교 법과대학 편, 『한국의 법학교육』, 서울대학교출판부, 1971.

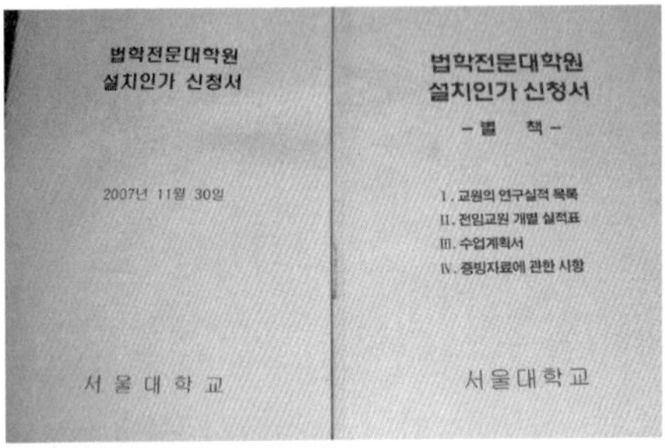

법학전문대학원(로스쿨) 설치인가 신청서(2007) (서울법대 역사관에 보관 전시)

배재식 교수는 전국법과대학장협의회를 조직하여 사법시험 개선과 법학교육 개선안을 정부에 제출하는 등의 일을 나에게 많이 맡기셨다. 다른 한편 사회적으로도 법률가의 자질에 대한 비판도 있어, 법학교육을 6년제로 연장하여 제대로 학습된 법률가를 양성해야겠다고 판단하였다. 전국의 법과대학장들을 모아 이런 취지를 설명하니 별 반대 의견이 없이 모두 6년제 법학교육 개선안에 찬동하였다. 나는 이러한 내용을 글로 발표하였다.[2]

1995년에 임기를 끝내고 후임자 박세일 교수에게 무엇보다 중요한 사항이 이것이니 여기서부터 시작하라면서 업무인계를 하였다. 그런데 박 교수가 몇 개월 안 되어 김영삼 대통령의 청와대 보좌관으로 가더니, 기자들과의 인터뷰에서 법대를 '로스쿨'로 바꾸어야 한다고 하였다. 이때까지 일반인에게 생소한 로스쿨이란 말이 일파만파를 불러일으켰다. 기자들을 미국에 파견하여 로스쿨의 장점을 보고 오게 한다는 얘기도 들렸다. 기자들이 하버드 로스쿨에 가서 몇 교수에게 물으니 한국은 대륙법체계라 미국과는

2 최종고, 「법학교육, 새로운 학제와 교육내용의 모색」, 『법과 사회』 제7호, 1994, 21-34쪽. 이것은 로스쿨 논의 직전의 법학교육 개선 논의의 최초 주장이었다.

사정이 다르므로 권하고 싶지 않다는 반응을 했다고 한다. 그때 마침 송상현 교수가 그곳에서 한국법 강의를 하고 있어 그 얘기를 전해 주면서, 본인도 부정적이라고 하였다. 그러나 언론에서는 계속 로스쿨 기사가 나가고, 법학계와 사법부는 신중한 논의들이 나왔다. 나는 언론이 로스쿨만 되면 입시지옥도 해소되고 모든 것이 해결된다는 식으로 몰아가는 것을 못마땅하게 생각하면서도 도미노 현상처럼 번져 가는 여론을 막을 수는 없었다. 나는 마지막으로 배재식 학장에게 친구인 김영삼 대통령에게 문제점을 얘기하고 저지시켜야 한다고 말씀드렸다. 배 학장은 그렇게 하겠다고 하면서도 "그 친구, 고집이 세서…."라고 하시며, 그 후에도 다른 말씀이 없으셨다. 나는 대학 동기인 양승태 당시 사법정책국장과도 걱정스럽게 논의하였다. 그 후 이홍구 국무총리가 기자들에게 로스쿨이 빨리 실시되도록 부탁한다는 발언을 하여 사법부의 강한 반발을 샀다. 이리하여 이른바 세계화추진위원회를 중심으로 밀고 가려던 로스쿨제 시도는 좌절되고 김영삼 정부는 끝났다.

김대중 정부가 들어서서 한동안 잠잠하더니 이제는 교육부 쪽에서 로스쿨 얘기가 솔솔 나오기 시작하였다. 내 주변의 몇 교수들이 주도하는 것처럼 보였다. 미국에서 공부하고 온 교수들이 적극적이고, 법학교수 출신인 이은영 의원이 활약하는 듯하였다. 그러나 논의를 할수록 간단치 않은 문제라는 것이 드러나면서 점점 로스쿨은 이제 물 건너 간 것같이 보였다. 법학교수들의 의견도 분분하고, 서울법대는 분명한 입장을 보이지 않는다고 비판하는 소리도 들렸다. 아무튼 그렇게 김대중 정부도 지나갔다.

노무현 정부가 들어서서 사법개혁위원회를 조직하여 거기서 법학교육의 개선으로 로스쿨을 다시 추진하기 시작하였다. 위원장은 조준희 변호사이고, 개혁 성향의 젊은 법률가와 법학자들이 실무를 보았다. 온 국민과 언론이 너도나도 논하는 이슈가 되었고, 사법개혁이란 큰 틀에서 법학교수의 발언은 별 힘이 없는 것 같이 보였다. 특히 서울법대는 왜 미적거리고 있느냐고 따가운 눈으로 질책을 받기도 하였다. 한편 나중에 들으니 법대동창회는 전통과의 단절이 올 로스쿨이 되지 않기를 은근히 바라면서도 모교에 강권할 수도 없었다 한다. 고려대 법대는 보다 강력한 반대 입장에 섰었다.

2004년 9월 14일에는 전국법과대학장협의회가 로스쿨안에 반대하는 성명을 발표하였다. 반대 근거로는 1) 법조이기주의에 지나치게 치우친 점, 2) 법학교육정상화에 배반, 3) 법학자율성의 침해를 들었다. 법조계에서도 반대하며 1) 공식수업연한의 장기화로 인한 지나친 진입제한, 2) 실무교육기능에 대한 회의, 3) 고시낭인 대신에 법학전문대학원 입시낭인의 양산 우려, 4) 많은 자격자를 배출함으로써 질의 저하 우려, 5) 변호사의 과잉공급으로 인한 법률시장 교란 등을 들었다. 이에 대해 로스쿨 찬성론자들은 1) 인문, 사회, 이공계 졸업자들에게도 입학자격을 주어 다양한 전공의 변호사를 육성, 2) 고시낭인들이 일찍 단념할 수 있게 하여 인적 낭비를 막음, 3) 대학원 양성과정에서 사회부적응자를 도태할 수 있음, 4) 다양한 인적 자원을 활용할 수 있도록 법조교육을 다양화할 수 있음을 들었다.[3] 아무튼 이러면서 10여 년간 갑론을박의 세월이 지나갔다. 그때 보고 느낀 소감은 사안을 본질에서 보기보다는 대부분 자기의 입장, 자기에게 유리한 방향의 논리로 끌고 간다는 사실이었다. 그리고 현실이 불만이니 일단 판을 뒤집어 보려는 기대심리도 작용하는 것같아 보였다.

그러던 2007년 7월 22일 국회에서 정말 예기치 않게 〈법학전문대학원의 설치운영에 관한 법률〉(로스쿨법)이 통과되었다. 국회의장이 느닷없이 직권상정하여 순식간에 통과시킨 것이다. 나는 법대 동기인 김학원 의원 등 몇몇 법대 출신 국회의원이 로스쿨법안을 검토해 보니 문제투성이라 자기가 의원직에 있는 한 절대로 통과되지 못할 것이라는 말을 분명히 들었는데, 뒤통수를 맞은 것 같기도 하고, 정치인의 말을 믿고 있었던 것이 어리석었구나 싶기도 하였다. 그들도 선거를 앞둔 표밭 앞에서는 아무런 소리도 못했던 것이다.

제자뻘 되는 한 법학교수는 후일 이에 대해 "개인적으로 1995년 우리 사회를 휩쓴 사법개혁의 광풍이 그 누군가의 주관적 확신(보다 솔직하게는 개인적 열망)에 기하여 언론을 앞세운 여론몰이식 마녀사냥으로 행해졌고, 문제의 본질에 대한 냉철한 분석이 없었기에 과시용의 피상적인 해결책이 제시되었을 뿐이라고 생각한다"고 적었다. 또 한 교수는 "로스쿨 도입논의는 법학교육에 한정

3 자세히는 김철수, 「법학전문대학원의 설립과 법학교육의 확대방안」, 『한국 법학전문대학원의 과제와 전망』(발표문집), 2008. 9. 18. 43-44쪽 참조.

하여 말한다면—적어도 정치적으로는—법과대학의 이론교육과 사법연수원의 실무교육에 대하여 파산선고를 한 것이라 볼 수 있다"고 적고 있다. 이런 진단이 로스쿨 시행 후 3년이 지난 지금에 다시 나오는 현실이지만, 그때 나는 대한민국의 국회가 이런 중대사안을 이렇게 졸속 처리하는 것을 보고 어이없고 슬펐다. 물론 반대하는 교수들이 떼 지어 국회 앞에 가서 데모도 하였지만, 한국인은 어떤 법이든 국회에서 통과되면 더이상 할 수 없다는 체념이 빠르다. 나는 명색이 법학교수로 30년을 살아오면서 이렇게 자괴감에 빠져 본 일이 없다. 왠지 법학을 학문으로만 열심히 연구하고 주장해 온 것이 깡그리 부정되는 것같이 느껴졌다. 그러나 현실적으로는 대세에 끌려가는 길밖에 없었다. 로스쿨에로의 진행이랄까 절차는 적어도 내가 본 대로는 이렇게 된 역사적 사실을 적어 두지 않을 수 없다.

가족 분위기에서 회사 분위기로

일반적으로 로스쿨을 지지하는 명분으로는 국제적 법률시장에 유능한 법률가를 배출해야 한다는 것을 들었고, 많은 법률가를 내면 양질의 법률서비스를 받을 것이라 하였다. 일본은 더욱 늦게 논의를 시작하여 종래의 4년제 법학부를 그대로 둔 채 대학원을 강화하는 이른바 '일본형 로스쿨'로 결말을 지어 조용히 실시하였다.

로스쿨 인가를 위해 새로 지은 서암법학관 도서관 건물(2011, 저자 그림)

그마저도 별 성과가 없어 실패했다는 소식이 들렸는데, 한국은 그런 미지근한 제도는 로스쿨이 아니라며 화끈하게 미국식으로 학부를 없애고 전문대학원 3년제로 일대 변혁을 채택하였다. 나는 이런 무모한 발상을 이해할 수 없다.

로스쿨로 되기 위해서는 엄격한 인가 조건이 있는데, 무엇보다 일정 수의 교수 확보와 법학도서관이었다. 그래서 각 법과대학은 수십억을 들여 법학도서관을 짓고, 부족한 교수를 변호사나 판검사, 실무계에서 초빙하였다. 그래서 서울법대도 교수가 40명 선에서 60명으로 늘어났고, 종래의 국산법학도서관으로는 부족하여 서암법학관이란 도서관을 증축하였다. 법조 실무계, 특히 유명 변호사들이 교수로 스카우트되었다.

프라이부르크 대학 법대교수들과 공동심포지엄을 마치고 '정의의 종' 앞에서(2010)

로스쿨 인가를 받기 위해 젊은 교수들이 밤을 새워 인가신청 서식을 만들어 방대한 안을 만들었다. 그러는 2년 동안 전국 법학 교수는 해외 학술활동을 사실상 중단하지 않을 수 없었다. 교수회의나 학사협의회를 가지면 대부분 시간을 로스쿨의 엄격한 교과과정 안에서 학생들의 과민한 학점 의식에 학점 부여의 어려움을 토론하는 데에 소비한다. 이런 광경을 볼 때마다 후배 교수들이 이런 일을 반복하며 법학교수로 사는 것이 애처롭게 보였다. 작년에 프라이부르크 대학에 갔더니 한 교수가 "한국은 정치적으로 로스쿨을 취하지 않았는가?"라고 물어서 진실을 벌써 알고 있구나 싶었다. 그동안 1세기 이상 다져진 한국과 독일 간의 법학을 통한 교류의 전통이 타격을 받을까 우려된다.

로스쿨이 채택된 후 2008년 9월 유기천교수기념사업출판재단이 주최한 '한국 법학전문대학원의 과제와 전망'이란 심포지엄에서 김철수 서울법대 명예교수는 다음과 같이 발표하였다.

> 정부는 사법개혁추진위원회의 건의를 받아들여 로스쿨 제도를 도입하기로 하여 〈법학전문대학원설치와운영에관한 법률안〉을 2005년 10월 27일 국회에 제출하였다. 이 법률은 국회 교육위원회의 심의가 지연되어 거의 폐안될 줄 알았으나 임기 말 노무현 정부의 강공드라이브로 국회를 통과하여 2007년 7월 27일 정부가 공포하고 공포 후 2개월이 경과한 날부터 시행하게 되었다. 이 법률은 2008년 2월 29일에 개정되었고 2009년 3월 1일부터 학생의 입학을 허용하게 했다. … 법학전문대학원의 설립으로 그 인가, 존속, 평가 등에 대한 법조실무기관의 권한이 막대해졌다. 이는 법학전문대학원이 법조인에 의한 접수요 통제로 비치고 있다. 심지어 법조직역에 의한 법학교육의 신탁통치라는 비판까지 나오고 있다. 이 경우 과연 대학의 자율성이 보장될 수 있는지 의심스럽다. 이대로 간다면 법학전문대학원은 현 사법연수원의 분할처럼 될 것이다. 설립주체가 대법원에서 교육과학기술부로 변경된 것밖에 안 될 것이 아닌가 걱정된다.[4]

확실히 로스쿨이 되어도 법학교육의 문제는 해결되기보다 더

---

4 김철수, 「법학전문대학원의 설립과 법학교육의 확대방안」, 『한국 법학전문대학원의 과제와 전망』(발표문집), 2008. 9. 18, 46쪽.

복잡한 문제를 안고 있는 것으로 보인다. 무엇보다 법학을 담당한 교수들이 즐거운 표정이 아니다.

학생들의 변화

학부 4년간의 법과대학 학생은 모집이 끊어지고 전문대학원(로스쿨)의 학생을 선발하게 되었다. 그것도 가장 많이 배정받은 서울법대도 1년에 150명이고, 수십 명의 입학정원을 갖는 로스쿨도 많다.

학생들의 변화도 크다. 법대에서는 고등학교 때 법대를 지망한 우수한 학생을 뽑는데, 로스쿨에서는 대학에서 각 학문분야에서 성적이 좋은 학생들을 뽑는다. 결국 법은 모든 분야에서 접근할 수 있고, 그래서 학생들은 마지막(?)으로 법을 할 수 있다는 생각을 할 수 있다. 어쩌면 법학을 좀 더 개방적이고 성숙한 학문으로 만들 수 있다고 볼 수도 있지만, 그것은 로스쿨 쪽에서 보는 시각이고 실제로는 다른 분야에서 우수한 학생을 뽑아 온다는 것이 과연 좋은 일일까? 이에 대해서는 근원적인 찬반논의로 돌아가게 되는데, 그것을 여기서 논하고 싶지는 않다. 다만 내가 로스쿨에서 만나 본 학생들은 다들 우수한 학생인데, 솔직히 이들이 여기에 몰려 있는 것이 아깝게 생각된다. 물론 한국사회가 이러한 우수한 학생들의 장래를 충분히 보장해 주지 못하는 데에 근본 원인이 있으리라.

로스쿨이 시작된 2010년 첫 학기에 나는 '한국의 법률가'라는 강의를 하였다. 원로교수라고 맨 먼저 한 과목 넣어 준 것이라 생각하면서, 학부에는 없었던 새로운 과목을 창의적으로 만들어 본 것이었다.[5] 30명의 학생이 수강하여 열심히 하는 모습을 보았다. 나중에 채점할 때 엄격하게 상대평가하기가 무척 어려웠다.

작년(2012)에 처음으로 로스쿨 첫 졸업자들이 나왔다. 거의 전원이 변호사 시험에 합격했다고 교수들은 다행이라 생각하는 것 같다. 정상조 학장이 법대동창회 운영위원회 모임에서, 이제 로스쿨이 법률가만 배출하는 전문기관이 되다 보니 공무원이나 다른 직역에 후배가 나오지 않는다고 선배들이 걱정한다고 하였다. 이를 타개하기 위해서는 공무원시험을 개선하는 길밖에 없는데 그것도 전망하기 어렵다. 또 들은 얘기 중 하나는, 변호사들이 새로 나온 로스쿨 출신자들을 만나 보니 토론은 잘하는데 법학 기본 지식이 부족하다는 것이다. 교육이 토론만으로 되는 것은 아니라고 말하기도 하였다.

나는 로스쿨이 어떻게 작동되는가를 교수와 학생들에게 기회 있을 때마다 물어보았다. 내가 우려하던 것보다는 잘 진행되고 있다는 느낌을 들게 한다. 한 학생에게 학교생활이 어떠냐고 물어보았더니, 로스쿨에 오니 인적 다양성 때문에 학생들끼리 교류가 다

5 외국에서 강의해 보면 『세계법률가사전』(*Juristenlexikon*)과 같은 데에 일본, 중국의 법률가와 법학자는 수록되어 있는데, 한국인은 없다. 이것은 한국에서 한국 법률가에 대한 생애와 업적을 영어나 독어로 쓴 연구가 없기 때문이다.

채롭고 그 자체가 시너지 효과를 주는 것 같다고 한다. 그러면서도 경쟁이 치열하여 휴학이나 자퇴를 고려하는 학생들도 있다고 한다. 서울법대 아닌 다른 대학들은 어떤지 궁금하다. 특히 로스쿨이 되지 못한 법과대학들은 곧 문을 닫을 것이라 했지만 그렇지 않고 운영되고 있다 한다.

『로 리뷰』(*Law Review*)라 불리는 법학 저널은 교수들의 논문을 받아 학생들이 평가하고 편집하여 출간한다. 어차피 미국과 같은 사례식 방법(case method)의 강의는 이루어지기 어렵고 이름만 로스쿨이라 부르는 것 같은 느낌을 지울 수 없다. 현재 진행 중인 로스쿨에 대한 평가는 후배들의 몫으로 남길 수밖에 없고, 나로서 말할 수 있는 것은 학문으로서의 법학연구의 방향과 함께 로스쿨 교육이 나아가야 한다는 것이다.

연속이냐 단절이냐?

동창회에 나가면 선배들이 "로스쿨이 법대의 후신이냐 아니냐?"라고 심각하게 묻는다. 나는 처음에는 당연히 법대와 연결되는 후신이라고 답하였고, 동창회도 공식적으로 그렇게 설명하고 있다. 그럼에도 계속 어쩐지 연속성이 단절되는 것처럼 느껴진다는 얘기들이 나오고 있다. 올해 처음 로스쿨을 졸업하고 자기 변호사 사무실에 취직해 온 젊은 변호사에게 "내 후배인가?" 하고 물었더니 매우 당황하고 서먹해 하더라는 것이다. 법대 학부를 나오지 않은 타과 출신이었을 것이라는 해설이 뒤따랐지만, 아무튼 연속감이 단절된 기분은 지울 수 없었다고 한다.

솔직히 나는 지금 후회하고 있는 것이 있다. 로스쿨 논의가 진행될 때 누군가 다른 법과대학은 로스쿨이 되더라도 서울법대만은 그대로 머물러 법학 후속세대를 양성해야 한다는 주장을 하였다. 물론 당시에는 서로 로스쿨로 인가받으려고 치열하게 경쟁하고 있었고, 서울법대는 당연히 포함되리라는 분위기였기에 이런 주장은 진지하게 경청이 되지 않았다. 서울법대는 가장 많은 학생을 배정받았다는 데에 안도하고 있었고, 학장은 물론 총장도 그것을 자랑하고 있었다. 나는 마음에 내키지 않았지만 반대 의견을 말할 용기는 없었다. 학장은 처음부터 이 과업을 잘 수행할 수 있는 교수로 선출되었다. 제자인 동료 교수가 열심히 실무를 추진해 나갔다. 나는 이런 상황에서 무어라 할 수도 없어 후배들의 결정에 따라만 갔다. 한번은 일종의 '양심선언'을 각오하고 『동아일보』에 나의 의견을 발표하려고 시도하였다. 그러나 수년 전까지만 하더라도 매달 두 번씩 칼럼을 써 왔던 이 신문도 이 문제에 관해서는 단호한 듯 쓸 기회를 주지 않았다.

작년에 대만에서 법학교수들이 심포지엄에 참석하러 법대에 온 일이 있다. 나는 대만에서는 로스쿨 논의가 없느냐고 물었다. 답인즉, 거기서도 있었는데 원로교수 몇 명이 총통을 찾아가 반대 의견을 개진해 저지되었다는 것이다. 나는 이 얘기를 듣고 부끄러움을 느꼈다. 하기야 우리의 노무현 대통령이 원로교수들의 의견을 들으려고 했을까, 만나려고 해 봐야 만날 수도 없었을 것이다. 우리의 로스쿨은 노무현 대통령의 정치적 작품이었다고 본다. 그는 대통령의 마지막 순간에 마지막 단추까지 철저히 끼우고 물러났다. 이명박 정부의 인수팀은 그 문제점을 모르지 않았겠지만, 그냥 덮고 지나갔다. 그리고 원래 질서에 길들어 있는 양순한 법학교수들은 새로운 물줄기에 따라 적응하기에 바쁘다. 대체로 교수들은 로스쿨의 제도 아래서 즐겁게 연구하고 가르치는 것같이 보이지 않는다. 연구보다는 강의가 중시되어 평가를 받아야 하고, 그러면서도 승진을 위해서는 연구 업적이 요구되니 심적 스트레스가 엄청나게 큰 것처럼 보인다.

내가 로스쿨에 대해 이러한 우려를 말하면, 당신의 대안은 무엇인가 물을 것이다. 은사이신 유기천 교수의 말씀이 떠오른다. "법률가가 될 사람은 단지 법률 테크닉만 훈련하는 것이 아니라 폭넓고 탄탄한 법률 기초를 쌓아 한국의 민주주의를 위해 중요한 받침대가 되어야 한다."[6] 김철수 교수도 "법학전문대학원제도는 법조인을 양성하기 위한 제도이지 법학교양인을 양성하는 곳은 아니다. 이제까지의 법과대학이 교양교육을 했던 것처럼 법학사를 대량 양산하는 것이 필요하다. 우리나라의 법치주의가 이 정도라도 발전한 것은 법조인에 의한 것이기보다도 법학공부를 한 다

6 유기천, 「나와 박정희와 학문의 자유」, 『신동아』, 1988년 8월호, 337쪽; 최종고, 『자유와 정의의 지성 유기천』, 한들출판사, 2006, 408쪽 재인용.

수 시민의 역할이 컸다고 하겠다."[7]고 한다. 이런 법학교육을 받아서인지 나도 같은 생각을 하고 있다. 많은 토론과 비용을 들여 로스쿨이란 실험을 시작한 이상 의학전문대학원처럼 원점으로 돌아가기는 힘들 것이고, 법대 4년의 학부를 복원하여 대학원 중심의 로스쿨로 내실화하는 방향을 모색해야 할 것이다. 로스쿨로 다 해결되었다고 주저앉아서는 안 되고 꾸준히 좀 더 나은 제도와 운영을 모색해 나아가야 할 것이다.

서울대학교의 법인화

서울대학교에 재직하면서 겪은 가장 큰 변화는 뭐니 뭐니 해도 서울대의 법인화이다. 이것은 로스쿨제 못지않게 큰 문제이고, 이에 대해서도 교수들 사이에 의견의 차이가 있지만, 내가 보고 생각한 바를 어느 정도 적어 둘 책임을 느낀다.

서울대학교는 자체의 발전을 위해 다른 지방 국립대학교와는 달라야 한다고 상당히 오래전 1990년대부터 '서울대학교법'을 만들어 추진하려고 노력하였다. 그러나 제대로 되지 못하고 시간이 흐르면서 정부는 일본의 예처럼 모든 국립대학교를 법인화하려고

7 김철수, 「법학전문대학원의 설립과 법학교육의 확대방안」, 『한국 법학전문대학원의 과제와 전망』(발표문집), 2008. 9. 18, 49쪽.

하였다. 서울대학교는 세계의 우수 대학 랭킹이 더욱 드러나는 세계화 과정에서 서울대학교만 가진 재산과 인적자원으로 자체 발전을 해 나아갈 수 있으리라 판단하였다. 그러나 그것은 본부의 '기대'이었고 교수, 교직원, 학생들은 부정적인 의견이 더 강한 분위기였다. 총장들은 그럼에도 조용히 일사불란하게 추진해 나갔다. 이장무 총장은 재직 시절에 낸 저서 『벽을 넘는다: 소통과 융합의 리더십』에서 이렇게 적었다.

> 나는 국립대학 법인화를 추진할 때에 천천히 서둘러야 한다는 법칙을 생각하면서 우리 대학 구성원들과의 대화를 통하여 공감대를 넓혀 나갔다. 우리 대학의 장기 발전계획을 수립할 때에도, 우선 70여 명의 구성원이 참여하는 위원회를 구성하여 6개월간 개혁안을 만들게 하였다. 동시에 이 구성원들이 그들이 속한 부서와 주위의 동료에게 의견을 구하고 이 의견을 개혁안에 반영하면서 참여하는 구성원의 수가 늘어나게 되었다. 그 결과를 40명의 학장, 처장단의 토의를 거쳐 다시 개선안을 만든 후, 60여 명의 평의원회의 의결을 거치면서 참여하고 공감하는 구성원의 수가 크게 늘어났다.[8]

그런 가운데 2010년 12월 서울대 법인화 법률이 의장의 직권 상정으로 국회에서 전격 통과되었다. 법이 통과되었으니 어쩔 수

---

8 이장무, 『벽을 넘는다』, 서울대학교출판문화원, 2010, 244쪽.

있겠느냐는 분위기로 급속도로 바뀌었지만, 반대의 목소리는 교직원과 학생들로부터 계속되었다.[9] 2011년 3월 31일 오후부터 이튿날까지 총장실이 점거되었다. 6월 7일 오후 4시 역대 총장들이 호암교수회관에 모였다. 이현재, 권이혁, 박봉식, 조완규, 이수성, 선우중호, 이기준, 정운찬, 이장무 전 총장들이 모두 모인 것은 처음 있는 일이었다. 권이혁 전 총장은 이렇게 적고 있다.

> 국립대가 법인화되면 주기적으로 경영평가를 받고 그에 따라 차등적인 정부지원을 받게 된다. 어떤 경우에나 권한과 책임은 함께 있는 것이다. 총장이나 교수는 권한이 강해지는 만큼 책임이 무거워진다. 일본은 2004년에 89개 국립대학을 일시에 법인화하여 세인의 부목을 받았다. 결과적으로 도쿄대, 교토대 등 상위 15%의 대학들이 더욱 튼튼해지고 경쟁력이 강화되었다고 듣고 있다. 미국에서도 비슷한 예가 상당히 많다. 모든 제도에는 장단점이 따르게 되어 있다. 대학 법인화의 경우도 물론 그렇다. 그러나 공무원이 받는 특전이 없어지는 것을 걱정하여 법인화를 반대하고 총장을 연금하는 희한한 일은 있어서는 안 될 일이다. 법인화를 계기로 하여 서울대학교는 물론 많은 대학이 세계의 대학으로 발전하기를 바라는 마음이 간절하다.[10]

---

9 자세히는 서울대학교 민주화를 위한 교수협의회 편, 『2011년 활동자료집』, 2012 참조.

10 권이혁, 『인생의 졸업과 시작』, 신광출판사, 2012, 364쪽.

2012년 3월 드디어 국립서울대학교가 독립 법인화되어 새로운 시대로 들어섰다. 정부에서는 서울대만이 아니라 전국의 모든 국립대학교를 법인화하는 정책으로 추진하려 했으나 다른 국립대학들의 반발로 주춤한 상태이다. 실제로 구체화된 서울대 법인화는 예상보다 소유재산의 확보에 못 미치는 등 문제점들이 노정되었고, 서울대 식구들은 유쾌한 기분이 아니었다. 정년이 얼마 남지 않은 교수들에게 공무원으로 남겠느냐 법인 직원이 되겠느냐를 선택하라고 하였다.

사실 좀 더 잘해 보자고 출발한 것이 이런 현실이 된 지금 정년을 하면서 마음이 무겁다. 교수들도 각자 견해가 다르고, 어쩌면 내가 계속 걱정할 필요가 없는 사안인지도 모른다. 앞으로 어떻게 전개될지는 하기 나름이라 할지도 모른다. 이왕 이렇게 된 바에는 나름대로 최선의 방향으로 노력해 나아가야 할 것이다. 어쨌든 자초한 일이기에 앞으로 서울대 교수직은 더욱 어려울 것이지만 감수하면서 발전을 위해 피나는 노력을 기울일 수밖에 없을 것이다. 나는 대학도 시대마다 새로운 도전을 맞이할 수밖에 없지만 그러면서도 학문연구의 흐름은 더욱 발전해 나아가야 한다는 것을 강조할 수 있을 뿐이다.

서울법대동창회

법대동창회의 출발

법관양성소에서 출발하여 경성법학전문학교로 이어지는 동창회의 흐름과 1926년부터 시작된 경성제국대학 법문학부의 흐름과 해방 후 새로 시작한 서울법대의 흐름을 어떻게 결합해서 한 동창회로 결성할 것인가는 처음부터 적지 않은 어려운 문제를 안고 있었다. 흐름마다 시대적인 배경과 주장을 하고 있어 그렇게 쉽게 한 동창회로 결성할 수는 없었던 것이다. 그러나 어쨌든 한국에 법학교육의 선구자로 출발하여 면면히 주도적 역할을 해 온 이 교육기관이 대국적 견지에서 하나의 동창회를 이루어야 하는 것은 시대적 요청이었다. 이 결성과정을 지켜본 최종기(법대 7회, 전 서울대 행정대학원 교수)는 다음과 같이 증언한다.

> 선배님들의 서울법대 통합동창회의 심부름꾼으로 82동기회 회장인 본인의 동참을 요청하였다. 법전 선배님, 경성제대 선배님과 법대 선배님들의 부름을 받고 그 통합추진위원회의 가장 막둥이가 된 본인은 선배님들의 간곡한 부탁을 사양할 수 없어 동창회 합동추진회 말단 심부름꾼을 맡게 되었다. 당시 본인은 한국일보 정치부 기자라는 직책에 있었는데 선배들은 나를 법전, 성대(경성제대)들 간의 미묘한 입장을 중간에 서서 직설적으로 또한 저돌적으로 잘 조종할 심부름꾼으로 여겼던 모양이다. 그때만 하여도 후배인 법대동창회에 대해서는 성대 측이나, 법전 측 동창회에서는 서로 자기들의 후배로서 흡수

통합을 하려는 데에는 선뜻 나섰으나, 정착 선배인 성대 법문학부 법학과 선배와 법전 간에는 보이지 않는 골 등의 지엽적인 문제점이 있었다. 그래서 먼저 성대 법문학부 법학과 선배님들을 설득하는 데 나섰다. 그들은 제국대학 출신이라는 자부심을 내세워 후배인 법대와의 통합을 진실로 바라는 바이지만 법학전문학교 출신과 통합을 할 수 있겠느냐는 식의 마음가짐을 대부분 갖고 있었다. 이에 비해 법전 선배님들은 아무 조건 없이 삼자 통합을 기꺼이 수락하는 입장이었다. 역사적으로 보면 법전의 구한말부터 100년 가까이의 역사를 갖고 있는 선배들인 것이다. 이러한 분위기 등을 선배님들에게 전하고, 선배님들의 분부를 받아들여 삼자통합의 회의적인 입장을 취하는 성대 선배님들을 집중적으로 각계 격파를 하는 수밖에 없다고 생각되어 이러한 선배님들을 돌아다니면서 신문기자 명함을 내세워 반협박 조로 이들을 설득하면서, 만일 선배님들이 호응하지 않으면 우리 법대 측은 우리 혼자서 독자적인 동창회를 꾸려 갈 것이라는 반최후통첩을 겸한 공세를 취하였다. 우리 법대동창회는 매년 후진들이 몇백 명씩 늘어나는데, 선배인 성대동창회의 수는 매년 줄어들고 대를 이를 후배가 없다는 것을 명심하셔야 될 것임을 강력히 진언하였다. 그러한 옹졸한 입장만을 견지하신다면 해방 후 일제가 물러난 지금 제국대학이라는 식민지 잔재 간판에 연연하는 선배님들의 사고를 신문에 크게 다루어야 한다는 점도 잊지 않고 선배님들에게 전하면서 선처 있으시기를 부탁 드리고, 여러 선배님들의 방을 돌아다니기도 여러 번 되풀이하였다. 선배님들도 후배 없는 동창회는 결국 존립이 불가능하다는 것을 깨달아 성대 측도 자체의 의견수렴의 회의를 몇 차례 거쳤다. 이리하여 삼자 동창회 통합의 걸림돌이 제거될 수 있는 정지(整地)작업이 끝났다. 그래서 삼자 통합 전 동창회의에 앞서 중립적인 입장에 있는 법대동창회 측에서 성대, 법전선배동창회에게 우리의 입장을 전달하였다.

첫째, 우리는 성대. 법전 선배님을 매년 돌아가면서 회장으로 모시고 어느 정도 자리가 잡힌 후에 회장직을 법대 측이 맡는 것이므로, 첫 번째 회장직은 성대 측이, 부회장직은 법전 측이, 다음 회는 회장직을 법전 측이 부회장을 성대 측이, 즉 회장을 배출한 측은 부회장은 다른 측으로, 교대로 임원진을 맡도록 하는 절충안에 성공을 할 수가 있었다.[1]

이렇게 하여 1957년 11월 2일 서울대학교 대강당에서 총장, 법대학장, 기타 내빈 다수와 동창 500여 명이 참석한 가운데 서울법대동창회 창립총회를 개최하였다. 초대 회장에는 유진오(성대 1회), 부회장에는 박인각(법전 16회)과 김도창(법대 1회), 사무국장은 회장을 배출한 측의 김병화(성대 9회) 등을 선출하였다. 이후 위의 결정원칙에 따라 성대 졸업생과 법전 졸업생 사이에 교대로 회장직을 역임하여 제2대 회장에는 경성전수 출신의 조용순(전 대법원장)을, 제3대 회장에는 경성제대 출신의 강성태(전 상공부장관), 제4대 회장에는 김세완(전 대법관)이 취임하였다. 제5대 회장에는

1 최종기, 「3파의 동창회를 하나로 묶은 회고담」, 『하늘이 무너져도 정의는 세워라』, 경세원, 1994, 608-609쪽.

배정현(전 대법관), 제6대 회장에는 정구영(전 민주공화당의장), 제7대 회장에는 다시 강성태 회장을 추대하였다. 제8대 회장에는 홍재선(전 전경련 회장), 제9대 회장에 이도영(전 일신산업 회장), 제10대 회장에 이석범(전 주택은행감사), 제11대 회장에 민복기(전 대법원장), 제12대 회장에 이석범 회장을 재추대하였고 제13대 회장에 이도영 회장을 재추대하였다. 제14대 회장에는 태완선 전 부총리가 추대되었는데 이때부터 경성제대 계통과 법전 계통 간의 순차 취임의 묵계를 없애고 태완선 회장이 제14대에서 제17대 회장까지 연임하였다. 그러다가 제18대 회장에 광복 후의 법대 제6회 졸업생이며 전 국회의원, 국제올림픽위원회(IOC) 위원인 김택수 동문을 회장으로 추대하였다. 제19대 회장에는 경성법전 제23회 졸업생인 이종성 충남방적 회장을 추대하였고, 제20대 회장에는 법대 7회 졸업생인 김성수 법문사 회장을 추대하였다. 김성수 회장은 이후 제21대, 제22대 회장을 연임하였다. 제23대 및 제24대 회장은 금진호(8회, 전 상공부 장관) 씨가, 제25대 및 제26대 회장은 이석희(9회, 전 대우통신 회장) 씨가 각각 연임하였다. 제27대 회장은 배명인(10회, 전 법무부 장관) 씨, 제28대 회장은 이대순(11회, 전 체신부장관) 씨, 제29대 회장은 이상혁(12회, 변호사) 씨, 제30대 회장은 정해창(14회, 전 법무부장관) 씨, 제31대 회장은 이재후(16회, 김앤장법률사무소 대표변호사) 씨, 제32대 회장은 김정국(전 현대건설 회장) 씨, 제33대 회장은 김경한(20회, 전 법무부 장관) 씨, 제34대 회장은 신영무(변호사, 대한변호사협회장) 씨로 이어졌다.

기별 동창회의 활동 또한 활발하였다. 동창들의 경조사에 상부

법대동창회에서 기증한 '정의의 종'

근대법학교육100주년기념관 앞에 세운 '정의의 종'

상조함은 물론 1년에 연말 모임을 비롯하여 몇 차례씩 모임을 한다. 그리고 졸업 20주년이나 30주년, 40주년, 50주년 혹은 입학 20주년이나 30주년, 40주년, 50주년 등에는 모교방문(Home Coming) 행사를 하는 것이 관례이다. 이때에는 모교의 발전을 위해 얼마씩 기금을 희사하기도 한다.

법대동창회의 활동

서울법대동창회는 그 설립 목표와 운영 방향에 크게 두 가지를 지향하고 있다. 첫째는 회원 상호 간의 친목 도모이고, 둘째는 모교의 지원 사업이다. 친목을 도모하기 위해 동창회는 매년 1월 신년 인사회를, 5월에는 정기총회를 하고 있고, 필요할 때마다 모임을 개최하여 흩어져 있는 동창들의 친목을 도모해 왔다. 동창회는 근래 들어 친목활동을 강화하고 있는데 2002년에 바둑동호회를 발족하여 매년 한두 차례에 걸쳐 친선 바둑대회를 열고, 2005년 11월에는 제1회 등산대회를 국립공원 도봉산에서 성대하게 개최한 후 연례행사로 이어오고 있다.

4년에 한 번씩 총동창회원 명부를 발간하여 동창들의 직장과 주소를 명기하여 서로 참고하고 연락할 수 있도록 하였다. 또 『낙산회보』라는 동창회지를 발간하여 회원들의 동정과 모교와의 유대를 알리는 촉매제 역할을 하고 있다. 원래 동창회는 독립된 회보를 갖지 못하고 *Fides*(피데스) 지를 통해 회원의 근황을 알려왔는데 1964년에 『낙산』(駱山)이라는 잡지 형태로 독립 창간하여 동창회보로 활용하였다. 다시 1976년 4월에 『낙산회보』로 명칭을 바꾸어 계간신문으로 틀을 굳혔다. 이외에도 각 동기별로 회지를 발간하기도 한다.

1994년 1월에는 법대동창회와 모교가 합동으로 동창들의 학창 시절 회고담을 글로 받아 『진리는 나의 빛』(경세원, 1994), 『하늘이 무너져도 정의는 세워라』(경세원, 1994)라는 두 권의 책으로 묶어 176명의 동창들이 모교에서의 추억과 잊을 수 없는 스승에 대한 기억, 동기회의 활동, 인생 경험과 후배에의 조언 등을 수록하고 있다. 두 수상록의 출판에 관하여는 텔레비전과 언론에서도 큰 관심을 두고 보도하여 화제가 되기도 하였다.

이대원, 이상혁 동창 선배들과 100년사 편찬을 준비하며(1994)

서울대법대 개교 100주년 기념행사를 마치고(1995)

나는 이상혁 동창회장의 권유로 『서울법대100년사』의 편찬에 참여하여 일부 집필을 한 후, 이 회장의 추천으로 동창회 고문이 되었다. 교수는 학장을 지내야 고문이 되는데 나는 예외가 된 것이다. 무척 고맙기도 하고, 나도 역사적 관심이 깊어 이래저래 동창회와 긴밀한 관계를 유지해 오고 있다. 그중 크게 두어 가지 기억나는 것이 있다. 하나는 1995년 개교 100주년 기념행사인데 100년사의 편찬과 근대법학교육100주년기념관의 건축이 난산을 겪어 동창회 임원진이 많은 애를 썼다. 건축은 김우중 회장의 희사로 해결되고, 광장에 '정의의 종'을 주조하여 세웠다. 이상혁 회장은 나의 법상징학 연구를 기초로 한국에서 최초로 외뿔이 달린 해태상을 연구하여 종 면에 새겨 넣었다.[2] 나는 이 종 곁을 지나다닐 때마다 이 회장의 집념 어린 노력을 상기한다.

국산도서관을 역사관으로 변경하면서 서울법대의 역사를 가시적으로 전시하면서 이 회장의 권고에 따라 동창회의 역사를 비교적 충실히 반영하였다. 역대 회장은 물론 '자랑스런 법대인'들, 『낙산회보』, 동창명부 등을 모두 전시하였다. 역사관에 들어오면 졸업생들은 자기의 얼굴을 사진으로 볼 수 있다. 동창회에서 수집한 자료들을 흔쾌히 역사관에 기증하여 주신 것도 감사한 일이다. 이대원(전 홍익대 총장, 예술원 회장) 선배께서 그려 주신 과수원 그림도 지금 학장실에 걸려 있지만 원래 동창회에 기증하신 것이다.

2 이에 대한 설명은 서울대학교 법과대학 동창회 편, 『서울대학교 법과대학 100년사』, 서울대학교 법과대학 동창회, 2004, 642-649쪽 참조.

장학사업

동창회는 모교를 지원하는 사업에 충실히 하려고 노력하는 데에 지속적 역점을 두어 왔다. 가장 중요한 것은 재학 중인 후배들의 면학을 돕는 장학사업이다. 이 장학사업은 합동동창회 이전에도 산발적으로 있었지만 1957년 통합 이후 그해 11월에 〈서울법대동창회장학위원회규칙〉을 제정하여 최초로 조직적이고 체계적인 장학사업을 개시하였다. 1969년 5월에 1,000만 원의 기금으로 재단법인 '낙산장학회'를 설립하여 초대 이사장에 당시 주택은행 감사이던 이석범(경성법전 10회)을 추대하였다. 이석범 이사장은 제2대까지 연임하면서 장학사업의 기초를 놓는 데에 크게 공헌하였다. 제3대 이사장에는 한국 제지연합회 회장이던 이규오(서울법대 1회)를 추대하여 장학사업의 확장에 진력하였다. 제4대, 제5대 이사장에는 전 고려대 교수였던 홍봉진(경성제대 8회)을 추대하였고,[3] 그의 별세로 제6대, 제7대 이사장에는 충남방적 회장 이종성(경성법전 23회)이 연임하였다. 제8대 이사장에 추대된 정종택(법대 11회, 국회의원)은 제11대까지 네 차례 이사장을 연임하면서 동문이 후배 재학생을 한 사람 책임지고 장학금을 지급하는 연고장학금제

---

3 홍봉진(1903-1979)은 회고록 『양촌일기』(일심사, 1986)를 발간했는데, 그것을 한 권 주신 그의 4남 홍원탁 교수는 서울대 사회대 경제학과 교수로 계시다가 금년(2012)에 타계하였다. 홍 교수는 경제학 외에도 고대 한일교류사에 대한 연구자로서도 저명하였다.

도를 만들어 크게 효과를 거두었다. 제12대, 제13대 이사장을 지낸 김성수(7회, 전 오양수산 회장)는 생전에 거액의 장학금을 쾌척해 현재까지도 가장 많은 금액을 출연한 것으로 기록되어 있다.

그 후 서울법대장학재단으로 개명하여 제14대, 제15대 이사장에 추대된 이상혁(12회) 변호사, 제16대 이사장 이수영(14회, 광원산업 회장) 씨의 노력으로 더욱 발전시켜, 현재 제17대 오윤덕(17회, 변호사) 이사장의 주도로 운영되고 있다.

『낙산회보』와 '자랑스런 서울법대인'

『낙산회보』는 서울법대동창회보의 이름이다. 1975년에 관악으로 옮겨 온 이후에도 그전의 명칭을 그대로 사용하고 있다. 동창회와 동창들에 관한 얘기를 종합적으로 담고 있어 재미있고 중요하다. 나도 몇 번 글을 썼고, 나에 대한 기사도 여러 번 실렸다. 나이가 들수록 『낙산회보』에 관심이 커지고 있음을 느낀다. 지난해(2011. 4) 법대동창미전 창립전이 개최되고 전시 작품들을 컬러로 『낙산회보』에 게재했을 때는 특별한 감회를 느끼기도 하였다. 법대 동창이라면 일반적으로 딱딱한 법률가나 무미한 인간상을 생각하겠지만, 알고 보면 그림도 그리고 시도 쓰는 동창들이 적지 않음을 보여주는 것이었기 때문이다. 역사관에는 '자랑스런 법대인' 가운데 이대원, 황병기, 최인훈 같은 동창들의 사진을 보게 된다. 법대

선배 동창들의 모교방문 행사(제17회, 교수회관)

동창회에서는 1993년 5월 정기총회부터 매년 '자랑스런 서울법대인'을 선정하여 현창하고 있다. 여기서 일일이 거명하면 지면이 너무 나가기 때문에 생략할 수밖에 없다.

동창문집

수년 전부터 법대동창회에 하나의 새로운 전통이 수립되고 있다. 회갑을 기념하거나 입학 40주년 혹은 입학 50주년을 기념하거나 70세 고희를 자축하는 문집을 동기회별로 발간하고 있는 것이다. 그동안 나온 것들을 보면, 법대 10회가 『법우반백년』(관악출판사, 2002)이란 입학 50주년 기념문집을 내었고, 11회가 『鶴志』(벽호, 1994)라는 동문수상집을 내었다. 12회는 『삶과 더불어 정의와 더불어 60년』(삶과 꿈, 1996)이라는 회갑기념문집과 『꿈과 긍지 속의 50년—PACTA SUNT SERVANDA』(2004)라는 입학 50주년 기념문집을 내었다. 13회는 『참 시작을 위한 참 이야기』(삶과 꿈, 1996)라는 회갑기념문집과 『진리 찾아 50년, 진솔한 삶의 향기』(삶과 꿈, 2005)라는 입학 50주년 기념문집을 내었다. 14회는 『낙산의 노래』(삶과 꿈, 2006)라는 입학 50주년 기념문집을 내었고, 16회는 『낙산의 둥지 떠나 반백 년: 서울법대 58학번들의 이야기』(두 배의 느낌, 2008)라는 입학 50주년 기념문집을 내었다. 17회는 『낙산의 만남과 우정 반세기』(삶과 꿈, 2009)라는 입학 50주년 기념문집을 내었다. 22회는 『서울법대 64동기회의 어제와 오늘』(1999)이라는 앨범을 겸한 문집을 예쁘게 펴냈다.

모교 교수로 있으면서 다소 글 쓰는 데에 관심을 두다 보니 이런 문집들을 보내 주어서 즐겁게 읽는다. 거슬러 보면, 1994년에 동창 수상록 『진리는 나의 빛』, 『하늘이 무너져도 정의는 세워라』를 경세원에서 펴낸 후 이런 전통이 서서히 확립된 것처럼 보인다. 사실 이런 문집을 통해 동기끼리도 새로운 사실을 알고 더욱 결속을 도모함은 물론 이 시대를 사는 지도적 인물들의 모습을 실감케 한다고 외부에서 인용되기도 한다.

아무튼 선배들의 육성 같은 문집들을 읽고 큰 감동을 받았다. 이런 문집들이 계속 간행되면 이 자체가 법대역사에 중요한 사료가 될 것이라 생각된다. 물론 역사관에 비치할 것이다. 사실 법조사와 법학사를 정리하다 보면 본인이 쓴 단문 하나가 얼마나 중요한지 모른다. 기록을 남기는 문화가 이런 데서 출발하는 것이다.

나는 지난해(2011) 24회 동기 양승태 대법원장의 취임을 축하하는 자리에서 우리 동기회는 '나의 인생 이력서'라는 제목으로 형식을 좀 통일하여 최소한 자신의 삶의 자료(biodata)를 스스로 적어 책을 만들자는 제안을 하였다. 사실 법대는 학생 수가 많아 같은 동기 친구끼리도 서로 인적 사항을 모르기 때문에 죽고 나면 아무것도 근거 자료가 남지 않는 것이다. 남이 물어도 친구라는 외에는 아는 것이 너무 없어 부끄럽다. 글을 읽어 보고 친구의 정신세계를 새롭게 알게 되는 경우가 많다. 이제는 자신의 삶을 자기 스스로 적어 두지 않으면 남이 적어 줄 여유가 점점 희박해지는 것 같다.

그중에 나의 동기 이극로(1946-2002)와 박구하(1946-2008)가 기억난다. 이극로는 한때 경남제지 사장으로 동창들을 위해 많이 베풀고 그의 딸도 법대를 졸업했는데, 애석하게 암으로 환갑도 못 넘기고 타계하였다.[4] 박구하는 졸업 후 은행에 들어가서도 문학에 관심을 기울여 특히 시조의 국제화에 헌신하다 뇌출혈로 사하였다. 동기 동창이면서도 깊이 알지 못했는데, 사후에 유고시집 『햇빛이 그리울수록』(해와달, 2009)을 읽어 보니 깊은 시의 세계를 구축한 것을 발견하였다. 나는 그의 2주기를 기해 법대문우회를 조

4 최종고, 「나의 착한 이웃 이극로」, 『월간 착한 이웃』, 2003년 8월호, 122-123쪽.

직하였다. 이렇게 들여다보니 법대 동창들의 문학적 전통이 엄청나게 풍부하다는 것도 새삼 발견하게 되었다(부록 '서울법대의 문학 전통' 참조).

법대 동창이라고 모두 법률가가 아니고 정치인, 기업인, 공무원, 외교관, 작가, 목사, 신부, 승려 등 없는 분야가 없다시피 하다. 이런 동창들이 기록을 남기는 것은 한국현대사에 중요한 증언과 자료를 남기는 것이다. 나는 2000년 11월 한국인물전기학회(Korean Biographical Society)를 조직하여 매월 한 인물을 선정해 발표회를 가져왔는데, 솔직히 모교 법대 출신은 되도록 기피해 왔다. 그러나 언젠가부터는 이런 역차별을 중지할까 한다.

나의 체험,
나의 증언

나의 법대생 시절

나는 1966년 3월 서울법대에 입학하여 1970년 2월에 졸업하였다. 동기는 160명이었는데, 그중 홍일점은 동기생의 부인이 되었다. 우리 동기생은 1년에 한두 차례 만나는데, 이미 고인이 된 사람도 15명가량 된다.

나의 법대생 시절의 추억은 별로 재미있지 않다. 나만 아니라 법대생의 학창 시절이란 시험공부에 찌든 것 외에는 별로 특기 사항이 없다고 해도 과언이 아니다. 공부한 기억 외에는 별로 이렇다 할 추억거리가 없는 것이다. 그렇긴 하지만 세월이 지나니 모든 것이 낭만으로 각색되고, 그래서 여기 적는 것도 어쩔 수 없이 아름답게 과장된 것일지 모른다.

1학년의 교양과정 시절은 재미있었던 것 같다. 국어는 별로였지만, 영어는 매우 재미있었다. 지금은 없어진 상과대학의 전임인 국정효라는 여교수가 가르쳤는데, 교재는 서머싯 몸(Somerset Maugham)의 「달과 6펜스」(*The Moon and Six Pence*) 등 단편들과 기싱(George Robert Gissing)의 「헨리 라이크로프트의 사

입학기념 사진. 서울대 교복에 법대 배지를 달고 있다(왼쪽)(1966. 봄), 졸업기념 사진(오른쪽)(1970)

록」(*Private Papers of Henry Rycroft*)으로 하였다. 자그마한 키에 한복을 단아하게 입으신 여교수는 거친 법대생들을 다잡으려고 꽤 까다로운 모습이셨는데, 그래서 동기생들은 별로 좋은 기억을 하고 있지 않은 것 같다. 그러나 나는 국 교수님이 좋아서 수업시간 후에도 질문을 드렸는데, 교수님은 "학생은 문학을 좀 아는구먼." 라고 칭찬해 주셨다. 나는 최근 국 교수에 대해 알아보려고 백방 수소문을 하였다. 수년 전 미국에서 작고하셨다는데, 상대 졸업생들도 가장 잊지 못할 스승으로 그리워하면서도 잘 모르고 있는 것 같다. 내가 국 교수에 대해 알아보려 한 특별한 이유는, 그가 경성제대에서 공부한 여학생으로 서열 몇 위를 마크하는 선구자라는 사실 때문이다. 내가 작년(2011) 가을에 경성제대 선과 입학생 춘원 이광수의 학적부를 발견하자 "서울대 학생증번호 1번"이라고 어느 신문에 크게 보도되었다. 다른 서울대 출입기자가 "서울대 여학생 번호 1번은 누군가요?"라고 물어왔다. 조사해 보니 같은 선과생으로 1932년에 입학한 모윤숙이 1번일 것 같고, 다음이 국정효가 아닐까 싶다. 아무튼 국 교수는 좀 더 알아보아야 할 여성학자이다. 얘기가 약간 빗나갔지만, 이렇게 나는 영어를 포함한 교양과목을 좋아하였다. 그래서 *Time* 지나 *Readers' Digest*를 구해 읽고 스크랩을 하기도 하였다.

'철학개론'은 안병욱 교수에게서 배웠는데, 당시 철학적 에세이집으로 필명이 높은 교수에게 직접 배우는 것이 자랑스러웠다. 안 교수님은 강의도 재미있게 하셔서 그리스 신화의 비너스와 다프네의 사랑을 황홀하게 얘기하시는가 하면, 영화 「하이눈」을 스

국정효 교수(1966)

서예가인 안병욱 교수의 작품전에서(1992)

럴 있게 들려주시기도 하였다. 철학의 기본은 실존주의와 휴머니즘에 두고 계셨다. 이런 영향이 나에게 지금도 은연중 남아 있는 것 같다.

문화사는 홍사중이라는 『조선일보』 논설위원이 출강하셨는데, 생글생글 웃으시며 몇 분 강의하시고는 커다란 파이프 담배를 한참 피운 후 다시 강의를 계속하시는 모습이 멋있어 보였다.

정치학, 행정학, 경제학 등도 비교적 재미있었으나, 통계학은 싫었다. 경제학을 가르친 임원택 교수와는 후에도 오랜 인연을 나누게 되었다.

2학년에 올라가 전공과목을 배우기 시작하면서 나는 법학 강의에 흥미를 느낄 수 없었다. 유기천 교수의 형법 강의 외에는 모든 과목이 모래를 씹는 것 같았다. 김증한 교수의 민법 강의가 명강의라는데, 나는 아무런 흥미를 느낄 수 없었다. 최종길 교수로부터는 로마법을 들었다. 헌법은 한동섭 교수, 행정법은 김도창 교수, 상법은 서돈각 교수, 국제법은 배재식 교수의 강의를 들었다. 박병호 교수께는 서양법제사를 들었다.

그때도 법대생들은 학교에 나오면 법률도서관에 자리를 차지하고 가방을 놓고 강의에 들어 갔다 와서는 다시 책을 보는 하루하루를 보냈다. 나는 법률도서관보다는 문리대의 중앙도서관에 가서 일반교양서를 읽는 데에 재미를 느꼈다. 한마디로 나는 법대생으로는 불량학생이었다. 어느 날 『융심리학입문』(*Introduction to Jung's Psychology*)란 영어 문고판을 들고 있는데, 한 법대 친구가 "정이 누구냐?"고 물었다. 속으로 "이렇게 무식한 법대생들!" 하고 비웃었다.

이런 식으로 3년을 보내면서 나는 신학을 하려고 열병을 앓고 있었다. 문리대의 종교학과 신사훈 교수의 강의도 듣고, 기독학생회 활동도 하였다. 정의를 법학보다 기독교사회윤리에서 더 많이 논하는 것같이 느껴졌다. 그래서 에밀 브루너(Emil Brunner)와 라인홀드 니이버(Reinhold Niebuhr)를 좋아하고, 폴 틸리히(Paul Tillich)의 실존주의적 신학에 빠져들었다. 신학으로 전과하려고 고민도 했지만, 그것도 쉽지 않았다.[1]

1 이때 유기천 총장을 방문하여 조언을 구한 얘기는 최종고, 『자유와 정의의 지성 유기천』, 한들출판사, 2005, 서문에 서술.

수학여행은 서울대 간호학과생들과 함께 갔다. 동덕모 교수와 함께(1968, 가을)

왼쪽부터 안병우, 저자, 이극노, 이동진, 엄근섭, 지성우, 현순도

대학 시절의 낭만을 얘기하자면, 낙산제 축제와 수학여행이다. 나는 3학년 때 법대학생회 문예부장을 맡아 활동했는데, 가장 큰 행사가 가을의 낙산제였다. 가수를 불러와야 하는데, 나는 어찌하다 최희준(법대 선배)과 박재란이란 여가수를 초청하였다. 나는 가수만 부르면 되는 줄 알고 아무 반주도 준비하지 않았다. 그래도 배짱으로 법대에서 노래 부르기 싫으면 가시라지 하는 배포로 당당히(?) 밴드 없이 노래를 시켰다. 이화여대와 교섭해서 쌍쌍파티를 열고 교문에서 선착순으로 짝을 맞추어 주었는데 결국 나는 짝이 없었다.

나에게 가장 잊을 수 없는 추억은 1968년 10월 수학여행이다. 간호대학과 함께 설악산으로 갔는데, 처음으로 동해도 보고 계곡의 자갈밭에서 여학생들과 노래도 불렀다. 돌아와서 한 여학생을 만나러 간호학과 기숙사를 몇 번 찾아 가기도 하였다. 같은 동기인 박성애 교수와 최명애 교수의 주선으로 최근 44년 만에 재회의 시간을 가졌다. 모두 수학여행 때 찍은 사진을 들고 나와 즐거웠던 추억을 회상하였다.

그때는 '동아리'라는 말은 없었고, 학회와 서클 활동이라 하였다. 학회로는 공법학회, 사법학회, 형법학회, 국제법학회, 사회법학회 등이 있었고, 주로 1년에 한 번씩 모의재판과 학술발표회를 하였다. 나는 낙산문학회와 기독학생회 활동을 하였다. 낙산문학회는 경성제대 1회 유진오 선배 때부터 있었으나 계속 연결되어 온 것은 아니고 1960년대 초에 부활한 것이었다. 우리는 시화전도 열고, 문학강연회도 하는 등 꽤 재미있게 활동하였다. 그때 최인훈, 김승옥, 이호철 같은 문인도 초청해 강연을 들었고, 그전에는 모윤숙 여사도 초청했다고 들었다. 우리 때까지만 해도 명사초청강연이 많았다. 텔레비전과 같은 매체가 부족하기도 했지만, 명사들을 직접 보고 연설을 듣는 것이 학생생활의 중요한 일부였다. 지금 생각하면 그것이 살아 있는 교양교육이었다고 여겨진다.

훨씬 후 2009년에 나는 법대문우회를 조직했는데 마음속에는 낙산문학회의 계승이라는 생각을 두고 있었다. 다행히 최인훈 선배가 '자랑스런 법대인'으로 선정되고, 박경리 문학상을 받았다. 인도에 가서 그의 소설 「광장」의 주인공 이명준의 모델이라는 현동화 씨를 만나 최인훈 선배 애기도 하고, 나의 책 『이승만과 메논, 그리고 모윤숙』(기파랑)에 적기도 하였다. 얼마 전에는 인문대에 불문과 출신인 여류 소설가 손장순 여사가 20억 원을 희사한 평전출판기념회가 있어 인문대 '두산인문관'에 갔다가 김승옥 씨를 만났다. 그의 동생 김상옥이 법대의 친한 동기이기에 전에도 몇 번 뵈었는데, 오래만이었다.[2] 무언가 나는 법대교수로 마지막 정년까지 이러한 문학 정신이 끈질기게 작용하는 것 같다. 법대의 공론지 *Fides*가 2000년에 폐간되고 말았는데, 법대문우회의 회지를 *Fides*란 이름으로 복원하였다.

법대생 시절의 기독학생활동도 중요한 부분이다. 법대기독학생회의 회장직을 맡았는데, 김치선 교수의 배려로 회실도 하나 얻고 자유롭게 이용할 수 있었다. 때로는 가톨릭회(버톨릭), 불교학생회(법불회) 등과 연합으로 종교강연회도 열었다. 그때 불교의 청담 스님, 가톨릭의 박양운 신부, 개신교의 지명관 교수 등을 초청하였다. 나는 영락교회에 다니며 『영락』이란 교우지를 편집하면서 매달 얼마씩 받는 일종의 아르바이트를 하였다. 한때는 어느 장로님으로부터 '장학금' 조로 얼마를 받았는데, 내가 진보적 사상을 가졌다며 중단하셔서 좀 섭섭하고 억울하기도 하였다. 그러나 지금 생각하면 모두 감사하다.

아무튼 이렇게 바쁘게 지내면서 나는 서울 출신 친구들을 부러워하기도 하고, 가난을 이기면서 공부하였다. 학교에 들어가는 등록금은 원호장학금으로 충분해서 걱정이 없었고, 생활비를 이렇게 벌면서 공부했던 것이다. 가장 큰 사건은 4학년 때 고향 수상교회의 내분으로 조부님 최칠복 장로께서 순교하신 사건이었

2 나에게 『내가 만난 하나님』이란 저서를 보내와서 인상 깊게 읽었다.

졸업증서

경상북도

崔鍾庫

서기1947년 12월 25일생

이 이는 본교 법과대학 법 학과에서 소정의 과정을 이수하고 규정된 시험에 합격하여 법학사의 자격을 갖추었으므로 이를 인정함

서기1970년 2월 26일

서울대학교 법과대학장 법학박사 이 한 기

위의 인정에 의하여 본증서를 수여함

서기1970년 2월 26일

서울대학교 총장 경제학박사 최 문 환

서울법대 졸업장(1970)

다.[3] 나는 이 일로 큰 상처를 받았고, 개신교의 생리에 진절머리가 나서 교회로부터 점점 멀어져 갔다. 한때 신학을 공부하려던 열병도 서서히 식어 갔다. 그때 나는 라드브루흐(G. Radbruch)의 "젊은 법학도의 고민은 신학도만 이해한다."라는 말을 적어도 한국에서는 나만 이해한다고 생각하고 있었다.

저자의 법대 24회 동기회 입학 30주년 모교방문(1996)

---

3 나는 이 억울한 심정을 담은 글, 「나의 대학 4년」이라는 단문을 『기독교사상』(1971)에 투고하였는데, 당시 박형규 편집국장이 다른 부분은 다 잘라내고 이 사건 부분만 실어 좀 어이없는 대학 시절 증언록이 되었다. 그렇지만 그런 글을 남겼다는 사실을 기록해 두고 싶다.

나는 취미로 서예반을 만들어 미술대학의 원곡 김기승 교수를 초빙하여 서예를 배웠다. 그때 시작한 서예를 계속하지 못한 것이 아쉽게 생각된다. 그때는 '혜사'(惠史)란 호를 썼는데, 지금은 내 고향 이름에서 딴 '청리'(靑里)라는 호를 쓴다. 그때 안병욱 교수께서 서예반에 들러 써 주신 '志在千里'라는 휘호와 후일 박병호 교수께서 나의 박사취득을 축하하여 써 주신 '學者當取三多'라는 휘호를 간직하고 있다.

졸업이 다가오자 친구들은 사법시험에 합격하거나 공부를 더 하기 위해 고시촌으로 사라져 갔다. 나 혼자 법대 교정에 외롭게 선 신세가 되었다. 이때의 심정을 나는 법대교우지 *Fides*에 「못다 이룬 장의 미련」이란 글로 실었다.

대학원과 독일 유학

법대를 졸업했으나 계속 공부한다는 것 외에 다른 대안도 생각할 수 없었는데, 당시 법대에서는 대학원 진학이 하나의 특이 현상으로 여겨지고 있었다. 그래서 시험만 치면 다 합격이라고 하였다. 그런데 어떤 교수 한 분이 "대학원에 오려면 집에 돈이 많아야 해."라는 말씀을 하셔서 매우 불안해 하던 기억이 지워지지 않는다. 그 무렵 독일의 법철학자 라드브루흐(Gustav Radbruch)의 『법철학』(*Rechtsphilosophie*)이라는 책을 읽고, 법학도 철학, 종교, 예술

본부 시계탑 아래서(1971, 겨울)

조교 시절 연구실에서 도시락을 맛있게 먹고 있다(1972).

대학원 시절 문리대 교정에서(1971)

대학원 시절 상경하신 숙부모님과 (1970, 덕수궁)

을 담을 길이 없는 것이 아니구나 하는 생각을 하게 되었다. 나는 지금도 이때 대학원에 진학한 것을 천만다행이라 생각한다.

대학원에서는 노동법을 전공으로 택했는데, 그것은 김치선 교수의 개인적 권유에 따라서였다. 국내외 활동이 많으신 김 교수께서 연구실을 지켜 달라고 하셔서 개인 조교 역할을 하였다. 연구실에서 몰래 밤을 새워 책을 읽기도 하였다. 대학 학부생들은 거의 유일하다시피 매일 나오는 선배인 나를 따르면서도 조금은 이상하게 생각하는 것 같았다. 그때 쓴 시를 옛 노트에서 발견하였다.

연구실에서

아침마다 쫓기듯 시계를 보면서
학교에 오면 태평 책에만 젖으니

시간도 심드렁 외로운지
이렇게 빨리 정오를 던져주는가?

오늘도 어정어정 몇 줄 읽고 나니
머리에 남는 것보단 출출한 생리.

"여보, 공락춘(共樂春),
우동 하나 속히 도서관 306호."

숨 한번 크게 쉴 여유도 없이
이렇게 하루를 계산하는 것인가?

이따 오후엔 무슨 한이 있더라도
떼어야 할 페이지 수는 가마득한데,
넌 무슨 깡으로 인생을 산다고
전화 한 통으로 점심을 부르듯,

그렇게 한세상 건널 수 있다고
책만 하늘같이 믿는가 본데,

꼬락꼬락 배고픈 소리
내어다 보는 교문 밖으로
개나리가 따갑게 피어 있다. (1971. 4. 23)

그보다 가장 고충을 느낀 것은 데모할 때였다. 그때도 군사정권에 대한 데모가 잦았는데, 연구실 밖에서 벌어지는 학생운동에 무관심하게 지낼 수는 없었다. 그러나 데모대에 참여하면 경찰의 곤봉이 겁도 나고, 앞에는 서지 못하고 중간에 어울리다 이내 빠져 버리곤 하였다. 대학원생으로 지켜보는 눈이 많다는 것을 의식하면서, 나는 적당히(?) 처신하지 않을 수 없었다. 사실 이 현실과 학문연구의 괴리라 할까 갈등은 그 후에도 두고두고 부딪히는 문제였다.

어쨌든 석사논문은 잘 써 보겠다고, 노동법의 근본 문제를 법철학적으로 이해하려고 애썼다. 라드브루흐의 『법에서의 인간』(*Der Mensch im Recht*)이란 독어 원서를 기초로, 노동법을 포함한 사회법이 민법과 어떻게 다르며, 그렇다고 사회주의법과 같을 수는 없는 원리를 추구해 나갔다. 확실히 재미있고 자본주의와 사회주의, 가톨릭 사회이론 등을 폭넓게 공부할 수 있었다. 나는 탈고된 논문을 이왕이면 멋있게 정식 활판 조판으로 인쇄하고 싶었다. 당시는 석박사논문을 모두 복사업체에 맡기면 이른바 '공타'로 쳐서 제출용으로 만들어 주었다(지금은 공타라는 이름도 없어졌다). 나는 운 좋게 보진재(寶珍齋)라는 인쇄소의 김준기 사장을 알게 되어 외상으로 정식 활판 조판을 하여 멋있게 단행본으로 제작하였다. 제목은 「법주체로서의 인간에서 본 사회법의 존재론적 구조」였다. 그것을 지금은 없어진 연건동 캠퍼스의 대학원 건물 안의 사무실로 가져갔다. 직원이 놀라며, 석사논문을 이렇게 정식 활자인쇄를 해 온 사람은 보지 못했다고 하였다. 나는 그 활판의 지형(紙型)을 계속 갖고 있다가 법대 역사관에 기증하였다. 이것이 기초가 되어 여기에 몇 논문을 덧붙여 낸 것이 나의 처녀작 『법과 종교와 인간』(1974)이다.

저자의 법사상에 큰 영향을 준 독일 법철학자 구스타프 라드브루흐(Gustav Radbruch) (2011, 저자 그림)

이렇게 내 딴에는 대학원에서 열심히 공부한다고 하고, 1972년 봄에 법학석사 학위를 받았으나 원초적 고민을 불식시킬 수 없었다. "젊은 법학도의 고민은 신학도만이 이해할 수 있다."라는 라드브루흐의 말을 되뇌고 있었다. 그때 강원용 목사께서 나를 크리스찬 아카데미의 『대화』 잡지편집을 맡아 달라고 부탁하셨다. 이렇게 나는 사회 취직이 되었다. 내가 하는 일은 아카데미 타궁(Tagung)의 대화 내용을 정리하여 『대화』에 싣고 각 언론사에 홍보하는 것이었다. 이때 각계의 인사들을 알게 된 것이 나에게는 큰 보람이었다. 강원용 원장과 김수환 추기경, 법정 스님과 같은 분의 교류 현장을 심부름하는 일도 하였다. 이어령 교수와 같은 재기 발랄한 대화의 화술도 듣고 이들을 정리하느라 땀을 뺐다. 문장훈련에도 도움이 되었다.

그러나 여기도 평생직장이 될 수 없다는 것은 처음부터 아는 처지였다. 끝내 신학을 하고 싶어 1973년 봄에 장로교신학대학에 입학하였다. 서울대 대학원 출신에 수석입학이라 하여 떠들썩하였다. 크리스찬 아카데미의 동료직원과 결혼까지 하고, 비장한 각오로 새 인생을 시도하였다. 그러나 나는 도저히 성직자는 될 수 없다는 것을 깨닫고, 막연한 사회 정의감에 기초한 연구를 신학으로 '해결'한다는 것도 적합지 않음을 알게 되었다. 게다가 독자이기 때문에 군방위 근무를 하면서 신학 공부를 도중 하차하였다.

제대하고 이제 생계의 책임을 져야 한다 생각하니, 배운 것이 법학이라 '돌아온 탕자' 같은 기분으로 다시 법대에 돌아왔다. 1975년 봄에 대학원 박사과정 시험에 합격하여 다시 매일 법대에 나왔다. 모교로 돌아오니 마음은 편하였다. 그러나 유신체제 아래서 '긴급조치 9호'가 내려져 대학에 군인들이 진주해 있고, 갑갑하여 외국으로 유학 가는 길밖에 없다고 판단하였다. 장학금을 받아야만 나갈 수 있는데, 이리저리 알아보다 세계교회협의회(WCC)에서 주는 에큐메니컬 장학금이라는 시험에 합격하였다. 그러나 그것도 본국에서의 최종심사에서 불합격되어 낙망이 이만저만이 아니었다. 정말 대책 없이 고민하면서 이왕 마음에 둔 독일유학을 위해 독일어 공부 겸으로 라드브루흐의 『법철학』(*Rechtsphilosophie*)을 번역하기 시작하였다. 어렵기도 하고 분량도 많아 영어역과 일본역을 참고하여 끙끙거리며 번역을 끝내 간신히 삼영사라는 신생 출판사에서 출간하였다. 아직 학생 신분을 벗지 않은 번역자이니 출판이 쉽지 않았지만 우겨서 단독번역으로 내는 데 성공하였다. 이것이 평생 라드브루흐와의 인연을 기초 놓아 주었다고 생각된다.

이어서 한 일은 『사도법관 김홍섭』(1975)을 쓴 것이다. 우연히 명동성당 구내 서점에 들렀다가 김홍섭 저 『무상을 넘어서』라는 책을 사서 읽게 되었다. 법학을 새롭게 시작하던 나에게 한국에도 이런 깊은 사색을 가진 법률가가 계신 것을 알고 크게 감동을 받았다. 하루는 한승헌 변호사를 만나 얘기하니 전기를 한번 써 보라고 하셨다. 나는 그때 전기서술의 방법 등 아무것도 준비되어 있지 않았지만, 오로지 책을 읽은 감동으로 빨려들어 가다시피 집필을 시작하였다. 그의 문체이며 그림이며 신앙이 너무 감동적이라 반은 취한 듯 써 내려갔다. 마침 육법사란 출판사에서 책을 내어 주어서 많은 사람이 감명 깊게 읽었다고 인사를 해 왔다. 알고 보니 이것이 한국의 법률가에 대한 최초의 전기였고, 그래서 김홍섭 판사가 사법시험 합격자들에게도 가장 존경을 받는 법률가로

프라이부르크 대학 유학 시절의 모습과 지도교수 댁에서(1978)

알려졌다. 지금까지도 이 책이 법대생들에게 애독되고, 가끔 이 책을 어떻게 해서 썼느냐고 물으러 온다. 사실 젊었을 때의 참신한 문장력도 있긴 했지만, 나는 시간만 있으면 제대로 전기적으로 보충하여 쓰고 싶다.[4]

이런 일을 끝내고 1975년 12월 독일 프라이부르크(Freiburg) 대학으로 유학을 갈 수 있었다. 아데나워재단 장학금을 받게 된 것이다. 이후 3년 반 동안 이 장학금으로 생활의 어려움 없이 공부할 수 있었다. 그리고 알렉산더 홀러바흐(Alexander Hollerbach)라는 학문적으로나 인간적으로 출중하신 지도교수를 만나 「한국에

4 이런 인연으로 미망인 김자선 여사께서 댁에 간직해 온 법복을 서울법대 귀중문서실에 기증하겠다고 제의하셨다. 나는 이 '성의 같은 법의'는 서울법대에 있기보다 대법원에 가야 한다고 말씀드렸다. 지금 대법원 박물관에 전시되어 있다. 댁에는 아직도 김 판사께서 사형수들로부터 받은 수많은 편지가 있는데, 언젠가 이것도 출간되면 좋겠다고 생각한다.

서의 국가와 종교: 한국 종교법의 기초」(Staat und Religion in Korea: Zur Grundlegung eines koreanischen Religionsrechts)라는 논문을 써서 1979년 2월에 법학박사(Dr. jur.) 학위를 받았다.[5] 이 논문은 단행본으로 제출되어 독일의 대학도서관들에는 모두 소장되어 있다. 그래서인지 최근에도 그 논문을 보았노라고 독일 학자가 연락해 와서 교류하고 있다.

발령 수난

1979년 여름에 귀국하여 모교에서 '법학개론' 강의를 시작하면서 마침 서양법제사 교수를 채용한다고 해서 응모하였다. 그해 10월 26일에 박정희 대통령의 시해사건이 터지고 대학의 인사행정이 중단되어 이듬해 이른바 '서울의 봄'을 나는 기약 없는 생존의 고달픔으로 지냈다. 언제까지 시간강사로만 있을 것 같은 처지에, 다른 대학에는 이런 전공으로 전임교수를 채용하지도 않으니 빼도 박도 못하는 신세였다. 법대에서 행정법을 배운 김도창 교수께서 법제처장으로 계셨는데 나를 법제처장실로 부르셨다. 새 헌법

5 홀러바흐 교수와의 40년간의 교류는 지금도 계속되고 있는데, 2010년에 대담을 하여 독일어로 출간하였다. Chongko Choi, *Gespräche mit Alexander Hollerbach*, Kwanak Verlag/Seoul, 2010.

을 개정하는 위원회에 전문위원으로 올 생각이 없느냐고 물으셨다. 나는 스승의 호의라 거북스럽긴 하지만, 이럴 때 우왕좌왕하는 모습을 보이면 안 된다 싶어 단호히 거절하였다. 그 후 선생님을 뵐 때마다 죄송스런 생각이 들었다.

그 무렵 미국에 망명 중이던 유기천 전 총장께서 1980년 봄학기에 귀국하여 강의를 시작하셨다. 유 총장은 관악캠퍼스는 처음 보시는 것 같았다. 그는 동숭동에 남아 있자는 이른바 '유기천안'을 만들었다가 박정희 대통령에 의해 거부된 '아픔'을 안고 있어서인지, 관악캠퍼스에 대한 첫 마디가 "이게 군사병영이지 대학건물인가"라는 신랄한 표현이었다. 아무튼 그는 나를 보자 전임발령을 못 받고 있다는 얘기를 들으셨는지 "빨리 전임이 되어야 할 텐데."라고 걱정해 주셨다. 나는 그 말씀 한마디가 매우 고맙고 힘이 되었다.

한 해를 꼬박 지나고 나서 1981년 1년에 전임강사 발령을 받았다. 후일 얘기를 들으니 나를 서양법제사 교수로 채용하는 것을 반대하시던 김증한 교수께서 법사상사 담당 교수로 적극 추천하셨다는 것이다. 그 후 김 교수와 가까워지고, 한독법률학회 간사로 도와드리며 돌아가실 때까지 사랑을 받았다.

나는 공식적으로 법사상사 전공으로는 그때나 지금이나 한국에서 유일한 교수이다. 어찌 보면 외로운 분야이고 어찌 보면 독보적인 존재이다. 사법시험이라든지 응용법학이 아니고 순수학문적 연구분야이니 학자로서의 분위기는 잘 챙길 수 있다. 법사상사는 법과 사상과 역사의 종합과학인데, 항상 이런 학제적 연구는 잘하면 멋있고 못하면 엉성하게 보이는 것이다. 나는 어차피 홀로의 외길임을 알고 이른바 제자들을 모아 그룹을 형성한다든지 학회를 만든다든지 하는 것을 하지 않았다. 어차피 학자란 '내면적 만족'(inner satisfaction)에 살기 때문에 내 좋은 대로, 내 스타일대로 학문하는 데에 충실해 왔다고 생각한다. 현실적으로 보면 성공한 학자라고 말하기는 어려울 것이다. 실용학문 위주로 나아가는 로스쿨에서는 이런 분야가 더욱 빛을 보기 어렵다. 아마도 나의 퇴임과 함께 로스쿨에서 이 분야는 계속되기 어려울 것처럼 보인다. 그러나 학문으로서의 법학연구를 위해서는 계속되기를 바란다.

기억나는 타 대학 교수들

대학은 학문공동체이고 주인은 역시 교수라 할 수 있다. 50년에 이르는 세월을 지내며 많은 교수를 보았지만, 물론 전공이 달라 다 알 수 없고 어쩌다 알게 된 교수들에 대한 인상이 전부이다. 그렇지만 돌이켜보면 학생 시절부터 문리대를 자주 왕래하여 법학 외의 교수들도 알게 되었고, 한국의 학자 1세대부터 알게 된 것은 행운이라 생각한다. 최근 대학원동창회장직을 맡아 서울대 아카데미즘을 점검하는 데에 이런 기억이 상당히 중요한 역할을 한다는 사실을 속으로 느끼고 있다.

박종홍 교수

내 기억의 창에 제일 먼저 떠오르는 학자는 철학과의 박종홍 교수이다. 그는 나의 학생 시절에 서울대 대학원장이셨고, 총장은 유기천 교수였다. 박 교수의 강의는 듣지 못하고, 두어 번 서울대 대강당에서 특별강연이 있어 들으러 간 기억이 난다. 내 모교 경북고의 전신 대구고보에서 가르치기도 하셨다 해서 더 존경과 친근감을 가졌으나 감히 한번 인사를 드릴 엄두는 못 내었다. 후일 박정희 대통령의 고문으로 '어용학자'라는 비난도 들렸는데, 나는 그런 면에서 비판적일 수는 없었다. 지날수록 한국의 철학자로 그만큼 한국사상을 천착하고 현실에 직면하면서 사상을 모색한 훌륭한 학자도 없었다고 생각된다. 소광희 교수, 허남진 교수에게 들을수록 더욱 그런 생각이 들었다. 프라이부르크에까지 와서 하이데거 교수를 만난 얘기를 적은 글을 보고 대단히 감명을 받았다.[6]

개인적으로 가장 가까이 접한 철학자는 김계숙 교수였다. 내가 아르바이트 가정교사로 입주한 집이 세검정이었는데, 학교 오는 버스 안에서 자주 만나 인사를 드리면 무척 친절히 대해 주셨다.

---

6 박종홍, 「하이데거 교수를 찾아서」, 『한국과 프라이부르크』, 프라이부르크 대학 한국동문회, 2007, 79-86쪽.

그때 김 교수는 서울대 중앙도서관장이었는데, 그래도 관장실로 찾아뵌다는 생각은 못하였다. 강의는 못 들었지만, 헤겔 연구의 책은 열심히 읽었고, 그것을 버스 안에서 말씀드려 가상한 법대생이라 여기신 것 아닌가 생각된다. 동그란 테 안경을 쓰시고 샌님 같은 인상이 철학자의 전형을 보여주는 것 같아 교정에서 뵈면 달려가 인사를 드렸다. 나중에 대학원장을 지내셨다.

또 한 분 철학자로 최재희 교수가 계신다. 그도 헤겔과 사회철학에 관한 저서를 내어 읽고, 경북고 선배라는 사실도 알아서 한번 인사를 드리기로 마음먹고 있었다. 1973년 대학원을 마치며 처음으로 낸 『법과 종교와 인간』이란 졸저를 갖고 혜화동 자택으로 찾아갔다. 좀 과묵하신 것 같으나 후배 학생인 데다 처녀 저서를 가져와 바치니 무척 반가워하시며 많은 격려를 해 주셨다. 나중에 그의 아들 최완진 교수(한국외국어대 상법 교수)가 나더러 "최형 때문에 난 아버지로부터 혼났어요. 누구는 책을 벌써 내는데 너는 뭐 하고 있느냐고요."라고 해서 계면쩍었다. 최재희 교수를 기념하는 철학상도 운영하고 있는 것으로 알고 있고, 그의 사위 곽수일 교수(경영대)와 얘기를 나눈 바 있다. 재직 시 지도교수로 가꾸신 서울대 휴머니스트회는 졸업 후에도 회원들이 휴머니스트 정신을 가꾸며 끈끈한 정으로 친목을 나누는 모습을 보고 있다. 최재희 교수를 회상할 때마다 학자는 역시 묵묵히 끈기 있게 연구하고 학교에 뭔가 정신을 심고 가야 하는구나 생각한다.

문리대 교수 얘기를 하니 이희승(1896-1989) 교수도 생각난다. 물론 한번 인사도 못 드린 대선배 학자 어른이지만, 학생 시절에

이희승 교수

동숭동 '라 세느'의 대학로를 걸으면 가끔 자그마한 아기 같은 체구로 아장아장 걸어오시는 모습을 뵐 수 있었다. 나는 저 어른이 국어학의 대가이시구나 하는 외경심에서 지나고도 다시 돌아보면 정말 시골 어린아이처럼 즐겁게 춤추듯 걷고 계셨다. 댁은 총장공관이 있는 골목, 옛 경성제대 교수사택의 하나였다고 들었다. 근년에 동숭동 옛 캠퍼스 뒤 낙산 아래를 가 보니 '일석기념관'이라고 큰 건물이 서 있어 잠시 들어가 보았다. 국어학회 등 학술단체들이 그곳에서 활동하고 있는 것 같은데, 일석 선생의 유지가 이렇게 계승되고 있구나 싶었다. 『서울대학교대학원동창회보』에 '서울대 학문의 기초와 계승'을 편집하면서 심재기(국문과) 교수께 일석의 생애와 학문을 부탁했더니 기꺼이 써 주셨다.[7]

국문과의 이숭녕 교수의 '국어학개론'을 도강하였다. 명성 때문에 도강생이 적지 않았는데, 개의치 않으시는 것 같았다. 그때까지도 노트를 주로 읽고 보충 설명을 하셨다. 지금도 잊히지 않는 말씀은 "문학 한다는 친구들이 공부는 안 하고 괜히 하늘이 노랗다느니 빨갛다느니 야단들이야."라고 하시던 것이다. 나는 내

7 심재기, 「이희승 선생의 생애와 학문」, 『서울대학교대학원동창회보』 제17호, 2011, 4-8쪽.

서울대 우등생들을 데리고 청와대를 방문한 이숭녕 교수(1969)

딸아이를 국문과에 보냈는데, 이때 서울대 국문과가 문학보다 어학 쪽이 강하다는 것을 실제로 느낄 수 있었다. 나는 그것을 좀 아쉬워하는 편이지만 이것이 전통이 되었다면 쉽게 고칠 수 있겠는가. 나는 김용직 교수를 모시고 '춘원연구학회'를 함께하고 있는데, 주제넘지만 서울대의 문학전통 같은 것을 새삼 생각해 보기도 한다. 내가 사는 방배동 성당 뒷산에서 아침마다 주민 몇 명이 기공체조를 하는데, 이숭녕 교수의 큰 자부 박헌자 여사(간호대 졸)가 함께한다. 가끔 시아버님과 김완진 교수에 관한 얘기를 나눌 때가 있다. 그 후 김완진 교수는 명예교수로 학교에 나오시면 반갑게 인사를 주신다.

사회과학 분야에서 가장 많이 내 머리에 차 있던 학자는 이상백 교수였다. 그분은 한 번도 뵌 일이 없는데, 경북고를 다닐 때 친구 김건중(정치학과 졸) 군이 교우지 『경맥』을 편집하며 서울로 올라가서 이 교수를 면담하여 글을 실어, 서울대에 이런 대선배가 계시는구나 생각하였다. 그러나 내가 입학했을 때는 주로 IOC 위원으로 활동하시고 학교에서는 한 번도 뵐 수 없었다. 그러나 시인 이상화의 동생으로 집안 내력인지 참으로 잘생긴 호남형의 인상이 눈에 선하다. 나는 그의 저서 『이조 건국에 관한 연구』라든지 역사학 논문을 많이 읽었다. 참으로 박식하고 멋쟁이 한국 잰틀맨같이 느껴졌다. 후일 『서울대학교대학원동창회보』에 김경동 교수께 부탁을 드려 그의 생애와 학문을 기록하도록 하였다.[8]

사회학자로는 그 외에 이만갑 교수도 기억나는데, 법대에서 오셔서 강연도 가끔 하셨다. 참으로 깨끗하고 단정한 학자이셨다. 서울대 중앙도서관장을 하실 때 가끔 말씀을 나눈 바 있는데, 대화도 조크를 넣어 재미있게 하셨다.

내가 하는 한국인물전기학회에서 김채윤 교수에게 이상백에 관한 발표를 시켰는데, 김 교수는 그때 이미 실명하여 제자인 권태환 교수의 부축을 받아 단에 올라가 한 시간 반 동안 아무것도 보지 않고 기억으로만 이상백의 생애와 사상을 자세히 말씀해 주셨다. 나는 그의 기억력에 탄복하였다. 시도 세 편을 암송하셨다. 역시 김채윤 교수시구나 생각하였다. 그는 내가 미국에 다녀와

8 김경동, 「상백 이상백 선생: 한국사회학의 개척자, 한국체육계의 거두」, 『서울대학교대학원동창회보』 제18호, 2012, 11-15쪽.

1989년 『하버드 스토리』를 내어 한 권 드렸을 때 두고두고 "최 선생, 나 이사 가면서도 그 책 챙겨 가져갔어." 하셨다. 박병호 교수와 봉천동에 가까이 사시며 친하게 지내셔서 가끔 보신탕도 함께 들고 맥주도 마셨다. 나중에 눈이 나빠지신 것이 과음 때문이라는 얘기를 듣고 마음이 아팠다. 만날 때마다 "최 선생하고 서울대 야사를 하나 쓰고 죽어야 할 텐데." 하시던 말씀이 잊히지 않는다.

외교학의 이용희 교수는 한 번도 뵌 일은 없고, 오히려 미술사 연구서를 통해 존경과 흠모를 가졌다. 법대 이한기 교수와도 친하셔서 문리대와 법대 학생들이 번갈아 강의를 듣기도 하였다. 내 생각에 서울대 정치외교학의 선구는 역시 그 어른이신 것 같아 김용구(전 외교학과 교수) 선생님께 부탁하여 『서울대학교대학원동창회보』에 실을 글을 받았다. 그 스승의 그 제자라고 김 교수도 잊을 수 없는 훌륭한 학자이시다. 한창 서울대가 학생데모로 시끄러운 1980년대에 학생처장으로 수고하실 때 나는 법대 학생담당 학장보로 그분을 잘 모셔야 했는데, 오히려 든든한 선배 교수라 생각하고 적당히 얼렁뚱땅 미룬 것이 마음에 걸린다. 지금도 한림대에서 지명관 교수의 뒤를 이어 동아시아연구를 이끌며 노익장을 보이시는 모습이 부럽고 존경스럽다.[9]

경제학의 신태환 교수는 법대교수로 계시다가 학장과 총장을

---

9 지명관 교수는 나의 부탁으로 『서울대학교대학원동창회보』 제18호(2012)에 최초로 「나의 대학원 시절」이란 글을 써 주셨다. 그 후 미국으로 가셨다. 김득중, 「경계에 선 지식인 지명관 구술 자료」, 『역사의 창』 제34호, 2012, 13-17쪽 참조.

유기천 교수의 70세 기념논문증정식에서 축하하는 임원택 교수(1985)

역임하셨다. 나는 직접 배운 일이 없고 관계도 없다. 그러나 한번 인물전기학회에서 다룰 만한 인물이라 생각하고 정병휴 교수(경제학과)에게 부탁하였다. 그리고 아들 신국조(화학과) 교수에게도 보충 말씀을 부탁하였다. 그 후 신국조 교수와도 친하여지고, 김세원 교수(경제학과)에게 부탁하여 『서울대학교대학원동창회보』에 신태환의 생애와 학문을 쓰게 하였다.[10] 신국조 교수가 정년을 할 때 오연천 총장은 신태환 총장님의 아들이라고 특히 언급하였고, 신 교수의 정년축하 서예회 전시회에서도 축사하는 모습을 보았다. 부자를 이어 멋쟁이 교수상을 보여주는 것이 부럽게 느껴졌다.

경제학 교수라면 법대에서 배운 임원택 교수가 나와 인연이 깊다. 임 교수는 동경대 법대에 입학했다가 해방이 되자 서울대 정치과를 졸업했는데, 유기천 학장이 그의 실력을 알고 법대교수로 발령을 내었다고 전해진다. 사실 내가 법대 입학시험을 칠 때 감독 교수로 이수성 당시 조교를 데리고 들어오셨다. 인자한 인상

10 김세원, 「안당 신태환 선생의 생애와 학문적 발자취」, 『서울대학교대학원동창회보』 제18호, 2012, 16-20쪽.

이 법대교수는 저런 분이구나 싶었다. 1학년 때 '경제원론'을 배웠는데, 교과서도 없고 항상 보자기에 노트를 싸 들고 오셔서 흑판에 도표를 그리시고는 우리가 따라 적기도 전에 얼른 지우셨다. 말씀도 능변이 아니라서 학생들은 좀 답답해 하였다. 나중에 안 일이지만 학생 몇 명이 학장실을 찾아가 교수를 바꿔 달라 했다고 한다. 유기천 학장은 학생들에게 필기 노트를 가져오라 하였다. 일주일 후 학생들을 불러 "내가 검토해 보니 좋은 내용을 가르쳤는데 제군들의 이해가 부족한 모양이군." 하면서 되돌려보냈다. 사실 임 교수는 '반(反)자본론'을 방대한 저서로 낼 정도로 수준 높은 경제학자였다. 내가 종교에 관심이 많은 것을 아시고, 명륜동 자택 근처에 신사훈 교수(종교학과)와 안호상 박사댁으로 가다 골목에서 만나면 한참 서서 말씀을 해 주기도 하셨다. 일본 무교회주의자 우찌무라 간조(內村鑑三)와 전 동경대 총장 야나이하라 다다오(矢內原忠雄, 1893-1961)에 대해 처음 알게 된 것도 임 교수를 통해서였다.[11] 내가 독일에서 박사학위를 받고 돌아와 시간강사로 있을 때 임 교수는 이미 경제학과로 옮기신 후였지만 법대와 한 동에 있는 당신의 연구실을 사용하라고 호의를 베풀어 주셨다. 출퇴근 버스에는 교수신분증이 필요한데 사용하라면서 그것까지도 빌려 주셨다. 옆방의 안병직 교수가 나더러 임 교수의 사

11 유기천 총장은 1980년에 미국 망명에서 돌아와 서울법대에서 강의하실 때 야나이하라 교수가 도쿄대 총장직에 복직된 것처럼 본인도 그렇게 되리라 기대하였다. 유 총장은 동경제대 유학 시에 야나이하라의 성경반에 참가하였다. 최종고, 『자유와 정의의 지성 유기천』, 한들, 2006, 48쪽, 315쪽, 459쪽.

랑을 많이 받는다고 하셨다.

임 교수께서 작고하시고 1주기 때 추모심포지엄을 법학연구소와 경제연구소가 합동으로 개최하여 이승훈 교수와 함께 내가 발표를 하였는데, 나는 '학자와 사상가와 지사로서의 임원택'이란 강연을 하였다. 그 자리에는 조순 교수와 박우희 교수 등 경제학계의 원로교수들이 많이 오셔서 떨리기도 하였다. 조순 교수께서 내가 말한 대로 임 교수는 만년에 이를수록 지사로서의 모습이 돋보였다고 보충 말씀을 해 주셔서 감사하였다. 논평자로 나온 후배 홍기현 교수가 생전에 임 교수께서 나를 법대의 천재 제자라고 하셨다고 해서 내 얼굴이 홍당무가 되기도 하였다. 나는 지금도 선생님께서 어떻게 그렇게 사랑해 주셨는지 생각하면 가슴이 벅차게 감사하다. 유기천 교수와의 인연 때문인가 싶기도 하고, 종교에 관한 관심을 통해서인가 싶기도 하다. 후에 법대 이홍재 교수가 하루는 이런 얘기를 하였다. 법대 동기생들이 등산을 가서 이런저런 얘기 중 임원택 교수가 정말 좋은 교수였나 논쟁이 일었단다. 그러면서 우리가 배웠지만, 스승을 얼마나 잘 이해하느냐며 내가 발표를 했다니 논문을 한번 읽어 보자고 했다면서 한 카피 달라고 하였다. 나는 기꺼이 한 부 뽑아 주었다. 후일 이홍재 교수는 역시 임 교수는 훌륭한 스승이었다는 결론이 났다고 전해 주었다. 제자는 두고두고 배우는구나 싶다.

앞에서 김채윤 교수가 이상백 교수에 대해 발표하셨단 얘기를 했는데, 실은 그날 발표장에 고병익 전 총장께서 참석하셨다. 선배 학자 이상백에 대해 발표를 한다니 처음으로 인물전기학회 모임에 나오신 것이었다. 그런데도 김채윤 교수는 눈이 안 보이시니까, "내가 존경하는 선배 학자에 고병익 교수라고 계신데…." 하는 말씀을 해서 청중석에서 안쓰러운 웃음이 나오기도 하였다. 이렇게 고 총장은 동료 교수들로부터 존경을 받는 학자이셨다. 나는 전공이 다르지만, 독일 유학 시 한독관계사에 관심을 두고 묄렌도르프(P. G. von Möllendorff)에 대해 연구했는데 이미 고병익 교수께서 로잘리(Rosalie) 부인이 쓴 수기를 번역하여 『진단학보』에 실은 것을 알게 되었다. 고 교수도 독일 뮌헨 대학에서 공부하신 것을 알고 편지로 그 번역을 보고 싶다고 썼더니 곧 보내 주시며 열심히 공부하라고 격려까지 해 주셨다. 그 후 한국정신문화연구원 원장도 되시고 가끔 학회 같은 곳에서 만나면 반갑게 대해 주시며 칭찬도 해 주셨다. 특히 내가 한국인물전기학회를 만든 것을 참 필요한 것을 한다고 격려해 주셨다. 70세 되셨을 때 『古稀自述』이란 별쇄본을 보내 주셨다. 아직 못했지만 꼭 한번 그분의 생애와 학문을 반추하는 기회를 가지려 한다.

사범대에 계셨던 김정진 교수는 경성제대 법학과를 졸업하시고 독문학으로 전향하신 학자이다. 법대 김증한 교수와 친척이어서 나에게도 친절히 옛날 얘기를 많이 들려주셨다. 『사범대 50년사』(1996)에서 김 교수께서 「세단뛰기」라는 제목으로 을지로, 용수동, 관악산 시대의 체험을 생생하게 장문으로 회고하신 글을 읽었다. 같은 사범대의 박덕배 교수는 나처럼 노동법을 하고 법철학을 하신 학자로 정년을 하고도 사대에 강의를 나오시면 꼭 내 연구실에 들러 주셨다. 사대 소속이라 어딘지 법대교수보다 교육자다운 풍모라고 느껴졌다.

나에게 깊은 인상을 준 학자로 박동서 교수(전 행정대학원장)가 계신다. 이분이 구한말 초대 주미 공사 박정양(朴政陽)의 손자라는 것도 알고, 법대를 나온 대선배라는 것도 알았지만, 특별히 사귈 기회가 없었다. 그러다 어느 해 경찰대학에 함께 시간강사로 나가 대학 측에서 제공해 준 차를 함께 타고 다니게 되어 차 안에서 많은 얘기를 나누게 되었다. 그래서 부친 박승철(시인 박용철의 형님)의 문집도 주셨다.[12] 읽어 보니 역시 전통 있는 문사가계의 훈풍이 느껴졌고, 박 교수 역시 반듯하면서 폭넓은 학문세계를 갖춘 어른으로 보였다. 한국의 의회주의 연구와 신장에 헌신하시는 것처럼 보였다. 하와이에서 우연히 사모님을 뵙고 월남국수를 점심에 한 번 사 드린 일이 있는데, 영문학자로 무슨 학술회의에 오신 때였다. 그 후 다음 해인가 박 교수께서 작고하셨다. 지금도 박 교수의 일생과 학문을 조명해 보고 싶은 생각을 하고 있다.

사회과학자이기 때문에 자연대, 공대 쪽과는 별 안면이 없었지만 이광로, 고윤석, 하두봉 교수 등과 의대 교수들과는 이런저런 접촉이 있었다. 누구보다 1981년 교수직(전임강사) 발령을 받았을 때 임명장을 주신 권이혁 총장님은 정년이 될 때까지 지속적인 접촉이 있었다. 그것은 무엇보다 그 어르신의 역사와 문헌에 관한 관심으로 내가 하는 일을 이쁘게 보시고 늘 격려해 주신 때문이

12 김영애·박동서·박동서, 『추봉 박승철문집』, 서문출판사, 1985.

고병익 총장과 함께 성균관대 동아시아학술원 심포지엄에서(2000). 오른쪽으로부터 이우성, 고병익, 미조구치 유조(溝口雄三), 투 웨이밍, 그리고 세 사람 건너 저자

다. 만나면 탁월하신 박람강기로 화제를 풍부하고 재미있게 주도하시고, 1년에 한 권의 문집을 내시는데, 특히 서울대와 동창에 관한 글들이 많아 나에게도 도움이 되었다. 실은 내가 '대학사포럼'을 시작한 것도 권 총장님이 주도하신 '아카이브 포럼'에서 시사를 받았으며 이태진 교수, 김상태 교수 등 그 멤버들이 가장 큰 관심을 두고 참석해 주신다.

나는 평소 의학과 법학은 전문성에서나 인생서비스라는 점에서 공통점이 많다고 생각해 왔는데, 의학 쪽에서 하는 일 가운데 하나 본받을 점으로 병원문화센터를 들 수 있다. 서울대병원에다 이런 연구소를 만들어 역사학을 전공한 젊은 학자들을 전임연구교수로 채용하여 연구를 시키니 그 결과로 『한국의학인물사』(2008)와 『한국근대의료문화사』(2009)와 같은 업적이 나오게 되었다. 법대동창회와 대한변호사협회에 이런 얘기를 해 보았지만 아직 실천되지 못하고 있다. 아무튼 의학인물사를 내는 과정에서 내가 한국인물전기학회를 창립, 운영한다는 이유에서 자문위원으로 참여하면서 의료인의 전기들을 읽게 되었고, 이런 방면으로 관심 있는 주근원·권이혁·이상복·지재근·이부영·이순형 교수들과 환담할 기회를 가졌다. 특히 주근원 교수께서는 나의 대학사에 관한 관심을 가상히 보시고 당신의 회고록 『함춘원의 회고』와 『후회 없는 80평생의 삶』에 손수 서명해 주셨다. 내가 이 책을 쓰는 동안 하나 확인하고 싶은 것이 있어 댁으로 전화를 드렸더니 간병인이 받아 바로 전화를 넘겨 드리는데, 무슨 말씀을 하긴 하시는데 쇠잔하여 알아들을 수가 없었다. 민망하여 다음에 다시 전화 드리겠다 하고 끊었다. 그러나 그 후 며칠 후 부음을 듣고 서울대 영안실 영정 앞에 서야 하였다.

캐나다인으로 서울대에서 수의학을 가르친 스코필드(Frank William Schofield, 1889-1970) 박사는 3·1 독립운동의 제34인이라고 불린 애국자였다. 나는 그분을 한번 먼 발치에서 본 일밖에 없지만 이한기 교수께서 하신 말씀을 늘 기억하고 있었다. 스코필드 박사는 이한기 교수를 만나면 "당신은 세상에서 가장 운이 좋은 사람이다. 없는 법(국제법)을 있다고 거짓말하면서 교수 노릇을 하고 있으니."라고 말했다는 것이다. 제국주의의 횡포를 체험한 그로서 그런 농담 반 진담 반을 말하지 않을 수 없었을 것이다. 그런 그가 1962년 『대학신문』에 「서울대의 문제점: 정설과 역설과 허영」이란 글을 발표하였다. 그는 다음과 같이 지적하였다.

서울대에서 강의하고 한국 땅에 묻힌 '3·1 독립운동 제34인' 스코필드 박사

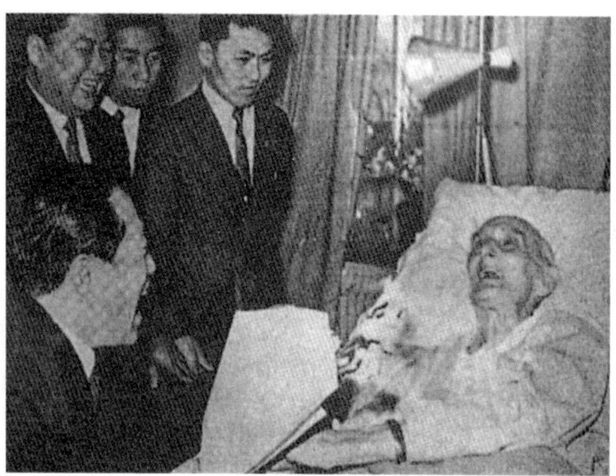

운명하기 얼마 전 문병 모습(1970. 4. 12). 왼쪽부터 이한기 학장, 최종길 학생과장, 한 사람 건너 장명봉 장학생

서울대학교에서 무엇이 나쁜가. 학생들은 구두닦이에게 길거리에서 구두를 닦고 공부하기 좋은 철은 행사로 허송한다. 대학은 불필요하게 교육을 세분하고 있다. 좀 더 창조적인 사고를 발휘해야 하지 않겠는가? 전통적인 행사의 결과로 1년 중에서 공부하기에 가장 좋은 달 10월은 학구적인 면에서 보면 완전한 무소득의 달이 되어 버리고 만다. 우리같이 가난한 민족은 그렇게 많은 귀중한 시간을 허비할 처지가 못 된다. 어떤 행사는 없어져야 하고 나머지들은 합쳐져야 한다. 한국의 교육가들은 어느 때쯤이나 미국의 아이디어와 방법을 그대로 베끼기를 그만두고 그들 자신의 문제를 해결하기 위하여 스스로 창조적인 사고를 할 것인가?[13]

나는 이후 반세기가 지난 오늘날, 경제적으로는 그때보다 훨씬 나아진 오늘날 과연 서울대학교가 얼마나 달라졌는가 자문해 본다. 아무튼 그의 장학금을 받은 정운찬, 이삼열, 장명봉 등이 쟁쟁한 사회지도인사가 되었고, 그를 위한 기념사업도 잘해 나가고 있는 것이 좋아 보인다. 나는 이문한 교수에게 집필을 부탁하여 『서울대학교대학원동창회보』(17호, 2011)에 '서울대 학문의 개척자들'의 한 분으로 스코필드 박사를 얻었다.

위에서 몇 분의 서울대 학자를 단편적으로 회상해 보았지만, 넓은 서울대 학해(學海)의 일부에 지나지 않는다. 전공과 세대의 차이로 불가피하다. 그래도 언급해 본 것은 전공이 다르다 해도 학자에 대한 사랑은 학자가 하지 않으면 아무도 해 줄 사람이 없다는 것을 말하기 위해서이다. 학자와는 이해관계가 있을 사람도 별로 없다. 예술가보다 나타나는 면모도 적다. 학자끼리도 별로 인정스런 관계가 아니다. 어찌 보면 서로 다른 학자를 넘어서야 하는 숙명인지도 모른다. 그래서인지 서울대에 그렇게 많은 학자가 있었지만 학자사(學者史)를 연구하는 학자는 보지 못하였다. 자기 전공의 벽에 갇혀 살다가 정년을 맞이하고 나면 이미 힘이 없다. 나도 그런 한 사람이지만 이건 아니다, 하는 생각은 일찍부터 하였다. 특히 후에 얘기하는 대로 서울대 대학원동창회장직을 맡게 되니 서울대 학자들의 아이덴티티가 무엇인가 궁금해지고, 그것을 할 수 있는 데까지 추적해 보고 싶은 생각이 든다.

---

13 김승태·유진·이항 엮음, 『강한 자에는 호랑이처럼 약한 자에는 비둘기처럼』, 서울대학교출판문화원, 2012, 213-214쪽.

내가 본 선배 교수들

내가 1960년대 후반을 다닌 서울법대에는 교수가 20분 정도밖에 안 되었다. 실로 가족적인 분위기였다. 그래서 지금보다 교수들에 대해 잘 알 뿐만 아니라 나도 50년에 가깝게 법대의 울타리 안에 살고 있으니 법대교수에 대해서는 가장 잘 아는 교수가 되었다. 그래서 한 인물에 대하여 자세히 말하려면 많은 지면이 필요한데, 그럴 여유가 없다. 다행히 2007년 내 회갑에 맞추어 서울대학교출판부에서 낸 『한국의 법학자』에 31인 법학자의 생애와 업적을 적었는데, 서울법대 법학자들이 압도적으로 많아 그 책에서 자세히 읽을 수 있다. 여기서는 짧은 인상들만 적고, 주로 장례식 때 내가 써서 읽은 조시들을 담아 두고자 한다.

유진오 박사

유진오(1906-1987) 박사는 직접 배운 스승은 아니지만 참으로 잊을 수 없는 어른이다. 『한국의 법학자』에도 비교적 자세히 서술하였지만, 여기서 나의 개인적 인연을 잠시 말하고자 한다. 현민의 이름은 고등학교 교과서에 실린 「창랑정기」(滄浪亭記)를 통해 배웠고, 대학 시절 『구름 위의 만상』(일조각, 1966)을 읽고 그의 천재성을 흠모하였다. 나도 그럴 수 있을까 생각하니 내가 가진 모든 것이 너무 빈한한 것같이 느껴졌다. 언젠가 한번 인사 드릴 기회를

유진오 박사

기다리던 중 교수가 된 후 스즈키 게이후(鈴木敬夫) 교수가 현민을 한번 뵐 기회를 만들어 달라는 부탁을 해 왔다. 응낙을 받고 함께 이태원 자택으로 찾아갔더니 사진으로만 뵙던 그 어르신이 흰 모시 한복을 입고 단아한 자세로 앉아 가끔 파이프도 피우고 술 이야기도 하시며 편하게 대해 주셨다. 그것이 인연이 되어 몇 해 세배도 드리러 갔는데, 내가 역사에 관심이 있는 것을 아시고 한번은 선친 유치형(1877-1933) 선생의 일기를 손수 국문으로 번역했으니 적당한 곳에 실어 줬으면 좋겠다고 하셨다. 나는 그것을 서울법대 『법학』 지에 자료편으로 싣고 육필원고는 돌려 드렸다.[14] 그때는 이미 많이 편찮으셔서 서울대학교병원에 입원하고 계신 터라 부인 이용재 여사를 통해 전해 드릴 수밖에 없었다. 종교에 대해 지식인으로 회의적이셨던 분이 김수환 추기경에게 종부성사를 하셨다는 것도 감명적이었다. 그전에 고시연구사 사장 이명구 교수와의 인터뷰에서, 한국 법학의 장래는 최종고 교수와 같이 한국적 자각의식을 가진 젊은 학자가 있어 낙관적이라는 말씀을 하신 것을 읽고 황송한 생각을 한 일도 있다. 1987년 9월 그의 죽음은 그가 국가원로자문위원인가를 했다고 하여 고려대생들이 데모하여 운구의 진입이 어

14 유진오 역, 「유치형일기」, 『법학』, 24권 234호, 1983.

려워 서울대학교병원에서 영결식을 하였다. 나는 그의 비서를 지낸 바 있는 최달곤 교수와 장례식 때 경기도 광주 묘지까지 갔다. 그곳에는 나에게 중요한 인물인 유길준(兪吉濬)의 묘도 있었다. 마지막으로 현민의 관 위에 흙 한 삽을 뿌렸다. 집에 와서 시를 하나 적어 두었다.

玄民의 棺에 흙 한 삽 얹고

법학도 문학도 정치도
한갓 허허로운 렛텔.

시대를 잘못 만나
민족을 잘못 만나
남의 죄, 남의 원한
한몸에 지고 가도소이다.

죄가 있다면 남보다 잘난 죄
凡人이 간 감옥을 못 간 秀才라고

마지막 가는 길이
이리도 어렵도소이다.

한국의 몽테스큐(C. Montesquieu)

다이시(A. Dicey)가 되려면
당신이 했어야 할 일보다
우리가 갈 길이 너무 멀도소이다. (1987. 9. 3)

2004년 5월 현민은 '자랑스런 서울법대인'으로 표창되었는데, 아들 유완(兪浣) 연세대 교수가 대신 받았다. 나는 지금도 한국이 낳은 인물 현민을 법학계에서 가졌다는 것을 자랑스러워하며, 그의 많은 저작이 아직도 전집으로 출간되지 못한 것을 아쉽게 생각하고 있다. 유길준의 손자 유병덕(兪炳德) 사장의 권유도 있고 해서 현민의 사위 한만년(韓萬年) 일조각 사장과 상의도 해 보았으나 유족들의 사정이 여의치 못한 것을 알고 진척시키지 못하였다. 어쨌거나 이런 일 하나 하지 못하는 것이 우리 법학계인가 하는 생각을 금할 수 없었다. 2000년에 내 지도로 이영록(현 조선대 교수)이 「유진오 헌법사상의 형성과 전개」라는 논문으로 법학박사 학위를 받았다. 현민으로부터 받은 편지들은 법대 역사관에 보관되어 있다. 그는 내 졸저를 받으시면 꼭 감사편지를 주셨다. 현재 법대 역사관에는 현민의 '청무청'(聽無聲)이란 휘호가 걸려 있다. 안

유진오의 친필 휘호 '聽無聲'(서울법대 역사관 소장)

내할 때마다 "없는 소리를 들으라"는 시적이면서도 의미심장한 이 구절을 해설해 주면 모두 감명 깊게 받아들이는 것 같다. 모교에 문향을 남기고 가신 대선배이시다.

정광현 교수

설송 정광현(1902-1980) 교수께는 4학년 때 친족상속법을 배웠다. 나는 그때까지도 법학에 대한 회의에서 벗어나지 못하고 있어 강의에는 별 관심이 없었다. 그럼에도 불구하고 정 교수의 강의에 한 가지 기억되는 에피소드가 있다. 학기 초에 우리에게 모두 명함판 사진을 하나씩 내라고 하셨다. 웃으시며 "내가 이화여대에도 강의를 나가는데 구름다리를 놓아 주지." 하셔서, 우리는 좋아라 하고 모두 사진을 제출하였다. 별 사건 없이 지났고, 우리도 잊어버렸다. 정 교수는 정년퇴임 후 두 자식이 있는 미국으로 가서 사시다 작고하셨다. 1988년 내가 하버드에 있는 동안 볼티모어에 있는 묘소를 참배하였다. 장남 정태웅 박사와 이런저런 얘기를 나누다 옛날 우리가 낸 사진 얘기를 하였다. "아, 그 사진 아직도 있습니다. 아버님이 수시로 꺼내어 보시던 그 사진이군요." 나는 가슴이 찡해 왔다. 제자들의 사진을 미국까지 가져와 작고하실 때까지 수시로 보셨다니! 2003년 장남 정 박사는 황적인 교수를 통해 이 간이 앨

정광현 교수

범을 서울로 보내왔다. 딱딱한 마분지에 손수 선을 그어 사진들을 붙이고 이름을 적어 넣으셨다. 그리고 정말 이화여대 법대생들의 사진도 받아서 그렇게 만드셨다. 근 40년 만에 다시 법대로 돌아온 이 문서를 받고 추억과 감회 속에서 법대 '귀중문서실'에 영구 보관하였다. 이 귀중문서를 볼 때마다 나는 법대생 시절을 회상하며, 못 이룬 구름다리를 지금이라도 한번, 늙은 청춘의 미팅이라도 주선하는 것이 선생님의 뜻을 실현하는 것이 아닐까 생각해 보았다. 정 박사의 『한국가족법연구』, 『법으로 본 3·1 운동사』 등은 한국 법제사에도 중요한 문헌이라 판단되어 함께 법대 '귀중문서실'에 전시하였고, 지금은 법대 역사관에 소장되어 있다. 장남이 보내 주신 멋진 초상사진과 함께. 정 박사에 대하여는 가족법을 전공하는 제자들 배경숙·김용한·박병호·황적인 교수들이 추모문집을 계획하고 있는 것으로 알고 있다. 서울대 중앙도서관장을 오래 지내셨고, 장서를 '설송문고'로 기증하셨다. 책도 책이지만 법대생들의 행사 팸플릿까지 모으셨던 모습이 존경스럽다.

유기천 교수

나는 전공이 아니지만 유기천(劉基天, Paul K. Ryu, 1915-1998) 교수의 전기 『자유와 정의의 지성 유기천』(한들출판사, 2005)을 쓰게 되어 특별한 인연이 이루어졌다. 사실 형법학자, 법철학자로서 이미 1950년대, 1960년대에 세계 무대에서 활약하신 유 박사는 한국의 전무후무한 세계적 수준의 법학자였다. 안경환 교수의 표현처럼 인간적인 면에서 얼마나 존경을 받을 수 있을지는 의문이지만 학자가 지녀야 할 열정과 자질은 타의 추종을 불허한다고 생각된다. 이런 전형적인 법학자가 서울대 총장직을 맡으면서 생로가 완전히 파탄되다시피 다른 인생 역정을 걷게 되고, 26년이란 긴 망명생활 끝에 미국서 타계하시니 망각증의 한국인들에게는 거의 잊힌 인물이 되고 말았다. 법학도들에게 70년대까지만 해도 바이블처럼 애독되던 그의 『형법학』 총론, 각론 3권마저 절판이 되었다니 실정법학의 운명이 이런 것인가 하는 비애감도 들었다. 다행히 2011년에 유기천교수기념사업출판재단에서 영인판을 내어 배포하였다.

나는 1967년 법대 2학년에 유 교수의 형법 강의를 들었지만, 대학원에서는 형법을 전공하지 않고 유 총장님도 1972년에 미국으로 망명 가셨으니 거의 접촉이 없었다. 1975년에 프라이부르크에 유학 가서 미국으로 편지를 드려서 다시 사제지교(師弟之交)가 계속되었고, 1979년 귀국해 1981년 교수로 임용될 때까지 다시 어려운 시기에 선생님으로부터 정신적 힘을 받았다. 이런 간헐적 인연으로 결국 전기까지 쓰게 되고, 그래서 샌디에이고까지 가서 선생님의 유품과 주변을 실제로 답사하였다. 이러한 과정에서 새삼 느끼게 된 것은 유 박사의 역사학자로서의 면모이다. 전부터 한국 문화와 역사에 대한 관심이 많으시다는 것은 알았지만 실제로 서재를 보니 한국 고대사에 대한 관심이 얼마나 높은지를 한눈에 알 수 있었다. 부인 실빙(Helen Silving) 교수의 영향인지 그는 만년에 이를수록 한국인의 기원, 특히 유대인과의 관계에 대해 깊은 관심이 있으셨다. 『헬렌 실빙 회고록』(*Helen Silving Memoir*)에도 유대인과 한국인의 공통점 29가지를 설명하고 계시는데, 그는 더 나아가 역사적으로 한국 민족이 유대인의 12지파 중 '잃어버린 10지파'(lost ten tribes of Israel)의 하나임을 증명하려 하였다. 물론 이것은 쓰인 자료만 가지고 할 수 있는 역사연구가 아니고 고고학, 인류학 등 광범한 연구가 종합적으로 이루어져야 한다. 과문해서인지 한국 사학자 중에 이런 연구를 한 사람은 보지 못하였다.

우리가 말로는 세계화를 얘기하고 인류애를 말하면서도 실제로는 단군의 배달자손이라는 신화의 꿈속에 잠자고 있는 것 아닌가 생각된다. 물론 유 박사 같은 가설이랄까 주장은 처음이 아니라 중국 유대인, 일본 유대인, 이집트 유대인의 역사와 관련하여 상당히 많이 제기되었다. 고대사에 들어가면 오늘날 얘기하는 과학과 실증사학으로는 설명할 수 없는 일종의 신념 또는 신앙과 연결되는 것임을 인정하지 않을 수 없다. 그러면서도 지상의 인간은 진리 혹은 학문의 이름으로 항상 반문하고 자성하지 않을 수 없는 것이다. 유 박사는 어쨌건 이런 면에서도 용기 있는 연구자임을 느낀다.[15]

나는 전기를 쓴다는 명분만이 아니라 법대 '귀중문서실'을 책임지고 있어 스승의 유품 중 몇 가지를 손수 싸들고 비행기를 탔다. '귀중문서실'에 들어가면 유 박사 내외분의 유향이 가장 진하게 풍겨 오는 것처럼 느껴진다. 다행히 황적인·노융희·유훈·

---

15 나는 이런 학은을 받아 언젠가 『한국인과 유대인』이란 책을 내려고 준비하고 있다. 물론 유-실빙 부부가 한국-유대 다문화가족의 좋은 모범으로 서술된다.

하와이 대학에서 동서철학자대회에 참석하여 강연을 마친 유기천 박사(앞줄 중앙, 1959)

김철수·손해목 교수 등의 노력으로 유기천기념사업회가 결성되고 유 박사의 유고를 모은 『자유사회의 법과 정의』(지학사), 제자들의 추모문을 모은 『영원한 스승 유기천』(지학사)이 간행되었다. 그리고 이것을 기초로 유기천교수기념사업출판재단이 2004년 8월에 설립되었다. 유 박사의 박사학위논문 "Korean Culture and Criminal Responsibility"(1957)도 예일 대학에서 복사해 와서 컴퓨터로 새로 입력하여 내가 해설을 써서 법문사에서 단행본으로 출판하였다. 이렇게 나는 한국인 최초의 미국 법학박사(JSD) 논문을 작업하면서 특별한 감회를 느꼈다. 유 박사가 예일에서 공부할 때 정대위(후일 건국대 총장과 한신대 총장) 박사가 종교학을 공부하고 있었다. 정 박사는 이듬해인 1958년에 한국에서의 종교습합(Religious Cyncretism)에 대한 논문으로 종교학 박사학위를 받았다. 유기천은 그와 사법대학원에서 '법과 문화'라는 과목을 공동강의로 진행하기도 하였다. 정 박사는 서울대 교수가 되지 못한 것을 평생 아쉽게 생각했다고 한다. 좋은 학자이니 그런 말씀을 하신 것으로 생각한다. 이런 얘기는 그의 박사논문을 후일 미국에서 책으로 출간한 오강남 교수(종교학과 졸업, 캐나다 리자이나 대학)로부터 들었다. 오 교수와 둘이서 스승의 학위논문을 '끝내 드린' 제자들로 특별한 인연이라고 웃었다.

나는 1993년에 월송과 전기출간을 위해 몇 번 인터뷰를 한 바 있는데, 자꾸만 얘기가 옆으로 빠져 녹음을 푸는 것으로는 전기서술이 불가능함을 알게 되었다. 그래서 1998년 서거 후 단독으로 전기집필을 시작했는데, 강의와 다른 일로 진척되지 않았다. 2005년 여름방학 때 강화도의 한 수도원에 들어가 집중적으로 작업하여 탈고하였다. 앉은뱅이책상에 컴퓨터를 놓고 수도하는 기분으로 작업했더니 허리를 다치고 말았다. 이제 내 육체도 중고품이 되었구나 싶으면서도 스승을 위한 일이라 생각하니 마음은 즐거웠다. 한들출판사에서 맡아『자유와 정의의 지성 유기천』이란 책으로 잘 나왔다. 2006년 6월 19일 프레스센터에서 출판기념회를 했는데, 국제회의실이 가득 찼다. 나는 전기출판의 보람을 느끼면서 역시 월송의 크기를 다시 한 번 실감하였다. 그 후 월송기념강좌를 개최하고,『월송회보』를 발간하는 일에 깊이 관여하고 있다. 제3회 월송기념강좌(2007. 6)에서「유기천과 헬렌 실빙」을 발표하

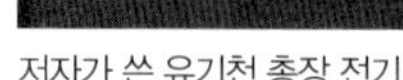
저자가 쓴 유기천 총장 전기

한복을 차려입은 유기천-실빙 교수 내외(1968)

게 되어 부인 실빙 박사에 대해서도 자세히 알게 되었다. 1968년에 법대생으로 사법대학원 강의를 특별히 허가받아 들은 일이 있고, 노후에도 뵌 일이 있지만 회고록을 통해 새삼 유대인 법률가로서의 파란 많은 생애를 알게 되고 월송과의 결혼이 매우 용기 있는 결합이었다는 사실도 알게 되었다. 그래서 이 두 어른이 왜 만년에 전 재산을 바쳐 한국인과 유대인의 관계를 연구하는 류-실빙재단(Ryu-Silving Foundation)을 설립했는지 이해할 수 있었다. 2007년 8월 2일부터 7일까지 실빙의 고향 크라카우(Cracow)에서 열린 세계법철학대회(IVR)에 참가하면서 유대인 지역 카지미에르츠(Kazimierz)를 유심히 돌아보기도 하였다. 무언가 나의 만년의 삶과 사상에 그동안 오랫동안 뒤로 미루어 온 정신적, 종교적인 문제가 다시 서서히 끓어오르는 것을 느꼈다. 언젠가 고이는 대로

'한국인과 유대인'이란 책을 하나 쓸까 구상하고 있다. 그 속에 월송과 실빙의 사랑과 운명의 얘기도 쓸까 한다.

1998년 6월에 월송이 샌디에이고에서 서거하셨다는 소식을 나는 하와이 대학에 가 있는 동안 들었다. 장례식에도 참석하지 못하는 심정을 시로 적었다.

가시는 스승

프라이부르크에도 20년 사이
아홉 분의 스승이 돌아가고,

서울에도 한 분 한 분
스승들이 연이어 돌아가신다.
하버드식으로 말하면
명교수가 죽으면 다람쥐가 된다는데,

슈바르츠발트와 관악산
다람쥐들은 스승들의 화신일까?

아니면 구만리 창천 나는
기러기 떼 되셨나?

스승의 혼백이라도

태평양 바다 건너

하와이 맑은 물에서
잠시 쉬다 가셨으면— (1998. 7. 5)

나는 지금도 유기천재단의 이사로 관계하고, 2011년에는 서울법대 역사관에서 '월송 유기천의 법학세계'라는 특별전시회를 개최하기도 하였다. 이스라엘 텔아비브 대학에 초청받아 한 학기 가르치면서 유-실빙 내외분이 두 번 이스라엘을 다녀가신 족적을 추적하기도 하였다.[16] 내 연구실이 있는 서암법학관의 같은 층 406호는 '유기천 세미나실'로 사실상 내가 돌보고 있다. 그곳에 사진을 몇 개 확대하여 걸었더니 교수와 학생들이 인상적으로 보고 있다. 학생들은 이런 훌륭한 대학자가 서울대 총장이었다는 사실이 자랑스럽다고 말한다. 이렇게 스승과의 관계는 계속 이어져 가는 것 같다.

이한기 교수

국제법학자 이한기(1917-1995) 교수는 외경한 스승이셨다. 나의 재학 시절에는 국제법 강의를 행정학과에서 가르치셨기에 직접

16 최종고, 「나의 이스라엘 체류기」, 『월송회보』 제4호, 2009, 13-18쪽.

배우지는 못하였다. 그러나 '국제법강의'는 국제법의 바이블이었다. 내가 법학이 싫어 신학으로 전과할까 고민할 때 유기천 총장과 이한기 교수께 상담했는데, 유 총장은 야단을 치셨고 이 교수는 "신학을 하더라도 라인홀드 니이버(Reinhold Niebuhr)와 같은 학자가 되어야지." 하셨다. 나는 법대교수가 니이버까지 아시는구나 하고 속으로 충격을 받았다. 일단 법학을 끝내야지 싶어 이래저래 나의 신학열은 서서히 가라앉았다.

김치선 교수 연구실에서 지낼 때 복도에서 가끔 이 교수를 뵈면 열심히 공부하라고 격려해 주셨다. 하루는 벨기에에 있는 정일영 대사가 루뱅 대학에 국제법을 공부할 유학생을 한 사람 추천해 달라고 연락이 왔다면서 뜻이 있으면 서류를 채워 달라고 주셨다. 나는 하늘에 오를듯한 기분으로 며칠 걸려 서류를 작성하고 이 교수의 추천서를 초잡아 가져갔다. 그런데 서류를 보신 이 교수는 누가 이렇게 쓰라고 했느냐며 화를 내셨다. 이유인즉 그분의 성함은 영어로 Han-Key Lee로 쓰는데, 내가 Han-Ki Lee로 해서 가져갔던 것이다. 나는 그렇게 무서운 분임을 그때 처음 알았다. 서류를 보냈으나 국제법 전공이 아니라고 불합격 연락을 받았다. 낙심이 컸으나 이 교수는 실망하지 말고 꾸준히 공부하면 기회가 또 올 것이라 격려해 주셨다. 만일 그때 루뱅으로 갔다면 나의 진로는 어떻게 되었을까 가끔 생각해 본다.

1975년 독일로 유학 간 후에도 매년 크리스마스 카드를 보내드렸다. 그런데 어느 날 엽서가 날아왔는데 "우리의 續弦을 축하해 주시오."라고 적혀 있었다. 사모님과 사별하고 음대의 김혜경 교수와 재혼을 하신 것이다. 나는 귀국할 무렵 이한기 학장에게 모교에서 강의하고 싶다는 뜻의 편지를 올렸다. 이것이 나의 서울대 교수직의 시동이었다.

이한기, 김혜경 교수 내외

이 교수는 정년을 앞두고 감사원장으로 임명되어 법대를 떠나셨다. 그래서 명예교수가 되지 못한 것을 못내 아쉬워하셨고, 후에 규정이 바뀌어 명예교수가 되셨다. 그는 문학 취향이 높아 구상, 김광섭 등과 '회귀동인회'라는 모임을 만드셨다. 나는 그의 『영서당기』라는 회고록을 감명 깊게 읽고 시 한 편을 썼다.

讀〈迎瑞堂記〉

盧沙, 石田의 위정척사파 유학자의 후예로
동경에 유학하여 법학자 되어,
서울법대에서 한평생 국제법 강의하다
감사원장으로 부름 받아 官界로 나가신
스승이자 선배 학자의 고희문집이 내 마음을 울린다.

官途에 나간 것이 죄가 되어
"연구실에서도 쫓겨난 거리의 학자"로
잘츠부르크의 다뉴브 강물을 바라보며
"왜 문학이나 예술을 하지 않고
분단국가에서 이데올로기의 벽에 갇힌
사회과학을 하여 한평생
아무 이룬 것 없는 학자가 되었나?"고 자탄하시던 스승.

하와이에서 잠시 연구하다
그곳도 내 땅은 아니라고 소스라치며
다시 돌아와 방황할 때,
"너 이제 돌아오라" 부르는,
선조대대로부터의 〈영서당〉 소리 듣고,
돌아온 탕자같이 참회의 심정으로 쓰신 〈영서당기〉.

스승이여, 한국의 사회과학도가 가야 할 길은 어디니이까?
스코필드 박사의 농담(?)처럼
없는 법을 있다고 가르친 대가를 받아야 할까요?
제자도 歸去來辭 써서 迎瑞堂行이나 할까요? (1989. 10)

이 시 덕분에 더 가까워졌는데, 불행히도 1995년 2월 일본에서 백제문화제에 참석했다가 뇌졸중으로 쓰러져 운명하셨다. 이듬해 전남 담양의 유택에 묘비를 제막할 때 나는 영서당을 처음

보았다. 제자들이 『삶으로 가르친 큰 스승』이란 추모문집을 만들었는데, 나는 그때 하와이 동서센터(East-West Center)에 머물며 글을 한 편 써 보냈다.[17] 나중에 받아 보니 여러 분이 글을 썼는데, 특히 사모님 김혜경 교수와 아들 이종걸 교수의 절절한 글이 감동적이었다.

김증한 교수

김증한(1920-1988) 교수로부터는 민법총론과 물권법 강의를 들었다. 김 교수는 당시 문교부 차관을 역임하신 후 연탄가스중독으로 언변이 불편하셨다. 그래서인지 법대의 명강의라는 소문에 비해 그렇게 느껴지지 않았다. 그보다 내가 법학에 별로 흥미를 못 느꼈으니 더욱 그렇게 느꼈을 것이다. 기억상실증이 있다는 소문도 있었으나 그 후 가까이 접해 보니 정반대로 기억력이 대단하셨다. 김 교수는 법문사의 『법률학사전』 편찬작업을 하셨는데, 동기인 김용담(현 한국법학원장)을 특별히 사랑하셨다. 둘이서 함께 하룻밤을 평창동 김 교수댁에서 자면서 거들어 드린 일이 있는데 뻐꾸기 소리가 가까이서 들리는 자연 속이라 감회 속에서 거의 잠을 못 잤다. 대학원에서 나는 민법을 전공하지 않았기 때문에 김 교수와 더 이상 가까워질 수 없었다. 김용담도 김 교수의 강력한 권

17 최종고, 「이한기 선생님 영전에」, 『삶으로 가르친 큰 스승: 기당 이한기 박사 추모문집』, 오름, 1996, 195-202쪽.

유에도 사법시험 합격 후 판사의 길을 가느라 학자가 되지 못하였다. 1979년 독일에서 학위 하고 돌아와 나는 김 교수와 다시 대면하였다. 서양법제사 담당 교수를 공개채용하고 있었는데 김 교수는 나보다 함께 지원한 이은영(후일 한국외국어대 교수) 박사를 더 좋아하신다는 소문이 들렸다. 법제사에 대한 이해가 다른 면도 있어 내 운명은 한마디로 그의 손에 달려 있었다. 10·26 박정희 대통령 시해사건으로 인사문제가 정지된 채 1년이 지나가고 결국 서양법제사가 아니라 법사상사 전임으로 바꾸어 내가 채용되었다. 이렇게 된 데에는 김 교수의 주장이 크게 작용한 것으로 알고 있다. 아무튼 나는 결과적으로 김 교수에 의해 구제된 것이다. 이렇게 가장 어린 교수가 되어 나는 김 교수와 매우 가까워졌다. 김 교수께서 회장이신 한독법률학회의 간사가 되어 성심껏 보필해 드렸다. 서울대 대학원장이 되신 후 점심시간이 되면, 특별한 회식이 없으시면, 으레 내 연구실로 오셔서 함께 나가자고 하셨다. 선생님은 아귀찜을 잘 드셨다. 그러고는 인근 다방에서 커피까지 드셨다. 다른 대학의 교수들이 이런 광경을 보고 "최 교수는 어떻게 대학원장님의 사랑을 독차지하세요?" 하고 묻기도 하였다. 저녁 모임에서도 한잔 하시면 "종고야!" 하시며 정담을 들려주시는데, 지금 생각하면 참 행복했던 시절이었다. 나에게 전폭적으로 맡기셔서 1984년에 한독수교 100주년 기념 한독법학심포지엄도 성황리에 치를 수 있었다. 1985년에 김기두 교수와 함께 정년을 하시고 얼마간 부산의 동아대 법대학장직을 맡으셨는데 그것이 무리었는지 건강이 나빠지셨다. 1987년 나는 미국 버클리 대학으로 visiting

저자의 『한독교섭사』 출판기념회에 참석한 김증한 교수(오른쪽). 그 옆으로 전봉덕 박사, 김재원 박사, 연설하는 독일대사관 문정관(1984)

scholar로 떠났는데 내내 선생님의 안부가 마음에 걸렸다. 이듬해 올림픽이 열린 해에 귀국해 찾아뵈니 수척하신 모습으로 성경을 100독 하려고 읽고 있다시며 내 손을 잡고 눈물을 흘리셨다. 그렇게 혈기왕성하시던 선생님이 이렇게 심약해지셨는가 슬펐지만, 철저한 신앙인이 되신 것이 놀랍기도 하였다. 1988년 10월 7일에 작고하셔서 풍산공원에 안장하였다. 나는 곧바로 그의 글 중에서 역사적 가치가 큰 것들을 모아 『한국법학의 증언』(교육과학사)이라 하여 안이준(安二濬) 변호사 편저로 출판해 드렸다. 1주기가 되어 묘비제막식 때 추모 시를 지어 읽었다.

청헌(晴軒) 선생이 계시면

청헌 선생이 계시면
아호 그대로 맑은 날 청마루같이
시원스레 한평생 살다 가신 선생님이 계시면,

"교수는 모름지기 스케일이 커야 한다"고
학자의 기상을 드높여 주시던 선생님이 계시면,

"캠퍼스의 해마다 피는 꽃을
데모 때문에 감상하는 이 없어 슬프더라"고
퇴임사를 하시던 선생님이 계시면,

그리고 평창동 자택에서 마지막 운명의 순간
"나 먼저 간다. 천국에서 만나자"시던 선생님이 계시면,

아마도 남은 우리 후배 인생은
한시름 크게 놓고 든든하게 살 텐데.

무너지는 정의와 흔들리는 법치 속에서도
한 가닥 큰 위로를 보며 살 텐데,

지난해도 88년 올림픽을 지내고

10월의 초가을 홀연히 떠나신 후
님 안 계신 不在의 공간만 더없이 크게 느껴지이다.

이 허전한 공간을 어찌 메워야 할지
큰 삽 뒤에 작은 삽들로
한 십 년, 수십 년은 메워야 할 텐데,

아집과 독선을 걷고
선생님처럼 묵묵히 연구하고
큰마음으로 열심히 개척해야 할 텐데,

혼미한 시국 탓만 아니라
찢겨진 마음들이 문제라
경륜은 외면되고 지성은 俗化되어만 가니,

아, 새삼 그리워지는 청헌 선생,
말로 아니라 행동으로
주장 아니라 검증으로
파우스트적 일생을 살다 가신
山高水長의 大人이여!

참 교육의 주장은 높아도
참 교육자의 모습은 희미한

우울한 대학의 창가에서
선생님을 그리워하는 마음을 굽어보오시면,

님이시여, 천국에서 잠시만이라도
풍산공원의 한 줄기 가을바람 타고
저녁노을 기러기 울음소리 따라
이 강산에 내려오소서.
이 겨레를 살펴주소서.

"네가 어디서 와서 어디로 가느냐?"
욥(Job)의 질문에 내리신 음성처럼

김증한 교수 묘비 제막식을 마치고(1989, 풍산공원묘지)

우리의 실존을 인도해 주소서.
인생의 완성을 계시해 주소서. (1989. 10. 7)

김증한 교수를 추모하는 후배, 제자들이 청헌재단을 설립하려고 준비하다 뜻을 이루지 못하였다. 애석한 일이다. 장남 김학동이 민법 교수가 되어 부친을 추모하며 『私法硏究』 지를 간행하고 있는데, 이것으로 충분하지 않다는 감을 지울 수 없다. 학자는 편견에 사로잡히지 말고 스케일이 커야 한다고 하신 말씀을 나는 늘 명심하고 힘 닿는 데까지 실천하려고 노력하고 있다.

김기두 교수

김기두(1920-1993) 교수는 형법과 형사소송법을 가르치셨고, 특히 청소년범죄와 화이트칼라범죄에 대한 연구를 많이 하신 학자이다. 그러나 나에게는 법학교수로보다 문학 애호가, 수필가, 풋풋한 인간으로서의 기억이 훨씬 강하다. 『한국에 태어난 행복』, 『수재론』과 같은 수필집도 내어서 강의에서도 몇 대목 읽어 주셨다.

김기두 교수

1985년에 김증한 교수와 동시에 퇴임하실 때 나는 교무학장보로 퇴임식을 준비하였다. MBC 방송국에서 요청하여 여류 문학평론가 이순 씨가 담당하는 '차 한잔을 나누며' 프로

서돈각 교수와 김기두 교수
(오른쪽에서 두 번째, 세번 째)

에 강권해 나가게 한 기억이 난다. 만년에는 건강이 좋지 않아 거동이 불편하셨고, 1993년 9월 7일 조용히 서거하셨다. 그 무렵 마침 유기천 교수도 서울에 계셔서 모시고 장례식에 참석하였다. 장지에서 나는 조시를 낭독하였다.

가시는 스승님께

동숭동 개나리
관악산 진달래

공화국은 바뀌고
역사도 바뀌지만

부드러우시면서 강직하게
한결같이 지켜오신 법학자의 집념.

법학은 인간학
그러기에 기초를 튼튼히 해야 한다고,
메마른 조국에다
〈한국에 태어난 행복〉을 논하시고

재주 있는 제자들을
〈수재론〉으로 끌어주시던,

참 스승이시여, 시대의 어른이시여,
이 땅의 참담한 법치현실에
법조의 윤리마저 흔들리는 때,
끝내 말없이 사라져가심이
짐짓 존엄한 외면이시니이까?
못난 제자들에의 책망이시니이까?

진정 우리는 어디서부터 시작해야 하나요?
문민의 기초를 어디다 놓아야 하나요?

부디 역사에 환생하오시어든
먼 어느 훗날
참으로 한국에 태어난 행복 맛보시러
부활하소서, 영생하소서 (1993. 9. 9)

김기두 교수의 아들 김용국은 나와 법대 동기인데 대우에 근무하다 불행히도 일찍 아버님 곁으로 갔다.

고광림 교수

승우 고광림(1920-1989) 교수께 직접 배우지는 않았지만, 어느 면에서는 나와 특별한 관계를 맺으신 어른이시다. 그는 나의 전공분야인 법사상사 강의를 1950년대에 법대에서 최초로 하셨다. 강의를 들은 학생들이 좋은 기억을 글로 남긴 것을 읽기도 하였다. 그래서 1988년 하버드에 있을 때 선생을 뵈러 일부러 예일대가 있는 뉴헤이븐으로 갔다. 부인 전혜성 박사와 동암연구소(East Rock Institute)에서 만나 근처 중국 식당에서 저녁을 먹으며 많은 얘기를 나누었다. 참 광범한 지식을 가지신 좋은 학자로 공감되는 바가 많았다. 그러나 그것이 처음이자 마지막 만남이었다. 몇 년 후 하버드 근처의 마운트 오번 묘지에 묻힌 묘소를 참배하였다. 그분이 쓰신 『미국평론』이라는 연작 저서 7권 중에서 법에 관한 글들을 모아 『동서양의 법문화』(교육과학사, 1990)라는 책을 내어 드렸다. 선배 학자에 대한 예우이기도 하지만, 외국에서 활동하신 학자를 한국의 법학도들에게 연결하고 싶은 생각에서였다. 지금도 그 책을 읽고 관심을 보이는 학생들이 있다. 아들 고홍주(Harold Koh)는 예일대 법대교수에 학장까지 지내고 미국무성 차관보까지 지냈는데, 나를 보고 언제든 도움이 필요하면 말해 달라는 고마움을 표시하기도 하였다. 부인 전혜성 박사와도 그 후 교분을 지속하여, 내가 하는 인물전기학회에서 남편의 생애에 관해 발표도 하였다. 나는 『한국의 법학자』에 고광림을 포함시켰다.[18] 내가 쓴 원고를 전 박사께서 손수 읽어 봐 주셨다. 내 전공분야의 선배 학자가 미국에서 가장 지적으로 성공한 가정을 이룬 것이 무척 자랑스럽다. 부인께서도 『천재가 되기 전에 인간이 되어라』라는 등의 저서를 통해 한국의 젊은이들에게 롤 모델이 된 것처럼 보인다. 2006년 7월 25일 중앙일보가 주최한 '유민강좌'에 헤롤드 고 교수가 초청되어 '법, 인권과 세계화'(Law, Human Rights and Globalization)에 관한 강연을 하였는데, 그의 얼굴이라도 보려고 몰려온 학생들이 인산인해를 이루었다. 재력이 아니라 학문과 지식으로 이만큼의 성공을 이룬다는 것이 자랑스럽다고 생각되었다.

고광림 교수

서돈각 교수

무애 서돈각(1920-2004) 교수는 상법학자이지만 법철학에도 관심이 많아 만년까지 세계법철학회(IVR) 한국학회장을 지내시고, 김철수 교수를 거쳐 내가 그 책임을 맡았다. 풍모가 대인이면서 성

---

18 최종고, 「고광림」, 『한국의 법학자』, 서울대학교출판부, 2007, 403-414쪽.

서돈각 교수

격은 자상하셨다. 70세 때 『동서양의 법철학과 사회철학』이란 기념논문집을 만들어 드렸다. 유럽 갔다 돌아오는 비행기에서 선생님의 서거 기사를 보았다. 동국대 총장을 지내셔서 그 교정에서 개최된 장례식에 참석하고, 후일 태안반도에 있는 묘소에도 가 보았다. 『한국의 법학자』를 저술하면서 무애에 관한 시를 한 편 써 넣었다.

거침없는 삶

무애, 거침없는 삶
선생님은 평생 그 길을 가셨다.

상법학자로 법철학자로
법대학장으로 대학총장으로

대한민국학술원 회장으로
불교진흥원 원장으로

세속의 타이틀은 모두
거침없이 가는 길의 표지일 뿐

상구보리 하화중생
법을 실천하면서 그 길을 가셨다.
아, 눈보라 치던 에딘버러의 밤
그런 악천후를 개의치 않고 가시듯,

선생은 한세상 거침없이 건너시고
어느새 영겁의 길을 차비하고 계시다.

부처님의 후광처럼 빛난 그 얼굴
후학들에게 음덕으로 내리비추소서. (2006. 6. 6)

이화동 이화장 올라가는 길목에 있던 선생님의 저택이 어쩐 일인지 재건축업자에 의해 헐리어 집안에 있는 장서까지 흩어져 버리게 되었다. 황적인 교수의 전화를 받고 달려가 보니 손수 만드신 스크랩북까지 리어커에 실려 나가고 있었다. 나는 스크랩북을 간신히 건져 법대 귀중문서실에 가져다 놓았다. 그중 단문들을 모아 『부처님과 함께』(법문사)라는 추모문집의 후편에 실었다. 스크랩북은 법대 역사관에 보존되고 있다.

김도창 교수

목촌 김도창(1922-2005) 교수는 한국의 선구적 행정법학자이시다. 행정법을 넘어 전형적인 법률가처럼 보인다. 안동 양반이신데 만

김도창 교수

년에 방배동 우리 집 근처에 사셔서 가끔 우면산 산책길에서도 만났다. 만날 때마다 역사적으로 남길 얘기를 증언해 주셨다. 사실 나는 그 어른이 법제처장으로 계실 때 전문위원으로 들어 오지않겠냐고 하시는 것을 거절한 일이 있어 마음속으로 늘 죄송한 생각을 하고 있었다. 그러나 내 성향을 잘 아시는지라 개의치 않으셨다. 댁에 세배를 가면 행정법학자들이 모여 떡국을 먹는 것을 낙으로 알고 모여 있었다. 미모의 사모님 홍 여사님이 즐겁게 세배손님을 대접하는 모습이 그렇게 아름다워 보였다. 우리 집도 한때는 그랬는데, 그것도 쉬운 일은 아니라 여겨진다. 목촌의 자식들도 모두 서울대 출신으로 동창회보에 '서울대 가족'으로 소개되기도 하였다. 부모님을 위해 지인들과 함께 '김-홍기념재단'을 만들어 매년 목촌상도 시상하고 있다. 나는 장례식에서 조시를 써서 바쳤다.

목촌영가(牧村靈歌)

한국의 추로지향(鄒魯之鄕) 안동에서 태어나
일본, 미국, 독일에서 행정법을 연구하여,

해방 후부터 대한민국
법제의 기초를 놓는 작업에 매진하며

법치주의의 실천을 스스로 학리로 다져
평생 서울법대에서 강의를 이어오셨다.

만년에는 〈목촌문고〉 5천 권을 법대도서관에 기증하시고
학생증에서 졸업장까지 〈귀중문서실〉에 맡기셨다.

그렇게 단아하고 내실 있게
완결된 인생을 가꾼 큰 스승이여!

한국의 법치주의를 생각하면
'김도창행정법학'이 바이블이 되고

표류하는 민주행정을 보며
우리 사회의 병리를 걱정하시던 원로—

아, 인생은 저렇게 아름답게 가꿀 수 있다.
아, 인생은 신념과 덕행으로 성숙될 수 있다.

땅에서 의를 구한 자
하늘에서 지복(至福)을 누릴지니
평생 마음속에 그리시던 목촌의 향수
그 풋풋한 휴머니티 속에 영면하소서. (2005. 7. 21)

나는 금년(2012) 대학원동창회장직을 맡고 '40년사'를 정리하면서 새삼 목촌 선생의 생전 업적을 추모하게 되었다. 그는 16년간 동창회장직을 맡아 기초를 놓아 주셨던 것이다. 이런 선배 학자의 뒤를 이어 책임 있는 자리를 맡는 것이 보람되기도 하고 떨리기도 한다.

김치선 교수

김치선(1922-1996) 교수는 법대에서 가장 멋쟁이 교수셨다. 노동법이 전공으로 상당히 활동적인 학자셨는데, 나는 특별한 사제지간이 되었다. 상경하여 영락교회에 나갔는데 김 교수께서 집사로서 『영락』이란 교회잡지를 편집하고 계셨다. 자연히 그것을 도와드리며 일종의 아르바이트를 한 것이다. 이런 인연으로 대학원에서 노동법을 전공하게 되고 연구실을 사용할 수 있었다. 나보다 앞서 연구실을 사용한 현경대(전 국회의원) 선배로부터 물려받았는데, 그는 김 교수의 사위가 되었다. 김 교수는 한국법학원 일도 많이 하셨고, 만년에는 세계노동법학회 회장까지 하시다 과로였는지 불의에 일찍 작고하셨다. 나는 간간이 사적으로 충고해 주신 말씀이 기억나는데, 김종필 씨처럼 모든 일을 일단 "예스" 하고 시작해 보라는 말씀이었다. 내가 대학원을 졸업할 때 양복을 해 입으라고 티켓을

김치선 교수

하나 주셔서 처음으로 양복점에서 맞춰 입었던 고마움도 기억난다. 숭실대 총장으로도 수고하셨다. 나는 『한국의 법학자』에 스승의 생애를 정리해 실었다.[19] 지금도 그 서글서글한 눈매와 멋쟁이 스타일에 영어도 유창하게 하시며 세계 학계를 누비시던 모습이 눈에 선하다. 그런 어른이 어찌 그리 일찍 가셨는지….

배재식 교수

국제법학자 석암 배재식(1929-1999) 교수는 깐깐한 성격으로 행정을 잘하신 분이셨다. 나는 1984-1987년 한창 학생데모가 심하던 때 3년간 학생담당학장보로 배 학장님을 모셨다. 그때는 학교에 10처의 기관원이 상주한다는 말이 돌 정도로 보직교수는 거의 매일 학교에 밤늦게까지 머물러 있어야 하였다. 그러자니 학장과는 많은 얘기를 나누며 시간을 보내야 하였다. 때로는 낙성대 입구의 '물망초'라는 '맥주다방'에서 '주 마담'과 셋이서 시간을 보내기도 하였다. 배 교수는 불교 신자로서 화가 날 때에도 잘 참고 누르시는 것이 눈에 역력하였다. 길을 가다가도 한참 서서 다정하게 얘기하시기 때문에 보통의 3배 시간을 잡아야 하였다. 속정이 대단히 깊은 분이셨다. 대학원동창회장 일도 맡아서 치과대학의 김규식 학장이 가끔 찾아 오셔서 대화하고 가셨다. 내가 보직을 끝내

---

19 최종고, 「김치선」, 『한국의 법학자』, 서울대학교출판부, 2007, 463-478쪽.

배재식 교수

배재식 교수(오른쪽)와 법대 동료 김기선·배복식·이상조 교수 (1960년대 초)

고 1년간 해외 연구교수로 나가려 할 때 "최 교수는 날개를 둘 달아야 해." 하시며 꼭 미국으로 가라고 권하셨다. 지금 생각해도 참 고마운 충고였다. 그렇게 단단하시던 어른이 뜻밖에 일찍 작고하셨다. 나는 영결식에서 조시를 읊었다.

이승법 저승법
—고 배재식 교수 영전에

영겁의 어느 자락에서 회오리쳐
잠시 한반도 이 땅에 환생하시어

속세의 법 중에선 가장 넓은
국제법을 전공하여 법학자로
70년간 인권과 법치

법학교육과 남북통일

나아가 한국과 일본
키비탄과 휴머니즘을

때로는 學理로 때로는 훈계로
한 발짝씩 착실히 추구해 가신

큰 스승 석암 선생의
혼백 속에 산 正法은
분명 이승법을 넘은 저승법
국제법보다도 넓고 깊은
佛陀의 법, 涅槃의 법.
남다른 혜안과 경륜으로
한 시대를 살뜰히 챙기고 가신

큰 스승의 법을 따르는 중생에게
또 영겁의 법으로 머물진져. (1999. 10. 5)

나는 원로교수가 될수록 학교에 나오면 가장 많이 생각나는 분이 배 학장이다. 곳곳에 그의 정성이 묻어나기 때문이리라. 2013년 2월 5일 문인구 변호사의 장례식 때 풍산공원묘지에 간 길에 배 학장님의 산소를 찾아보았다. 그 사이 묘비를 잘 세웠는

배재식 학장 시절 법대교수 일동(1985)

데 읽다 보니 내가 「이승법 저승법」 조시를 영결하였다는 언급까지 들어 있어 놀랍고 감회에 젖었다.

서원우 교수

남하 서원우(1931-2005) 교수는 법학자이지만 사회과학적 호흡을 한 학자이시다. 법대를 나왔지만 미국에서 행정학을 공부하여 서울대 행정대학원에서 행정법을 가르치다 관악 이전과 함께 법대로 오셨기 때문이다. 도그마틱하지 않고 사회과학적 접근을 하는 법학자로서 끊임없이 노력하는 학자셨다. 법대 학장을 하실 때 내

졸업식을 마치고 서원우 학장과 함께(1992)

가 교무학장보를 하여 2년간 모시면서, 현재의 법학연구동(17동)을 건축하였다. 나를 전폭적으로 믿고 일을 맡겨 주셨다. 일본에도 함께 간 일이 몇 번 있는데, 일본 엥카를 잘 부르셨다. 일본에서도 가라오케에 가면 일본인들이 놀랐다. 가수 남인수의 음성과 똑 닮은 미성으로 '서인수'란 별명을 가지셨다. 장례식에서도 "철길이 인생이냐 인생이 철길이냐"라는 남인수의 노래가 불리어 조객들의 울음을 자아냈다. 장례식에서 이런 조시를 바쳤다.

南河送歌

한반도 남쪽 경상도 迎日灣風으로 자라
법학과 행정학을 겸비하여
대기만성으로 구축하신 행정법학.

주옥같은 논문들을 왕성히 발표하면서도
수험용 교과서 출판은 끝내 내치셨다.
만년에 이를수록 행정법을 넘어
법의 철학, 문화론으로 추구하시더니
이웃 나라 일본에서 한국법을 가르치시고
동아시아법학 건설에 혼신을 기울이셨다.

마침내 나고야 대학에서 명예박사학위로
국위를 선양하신 것은 학문적 영광이지만,
속정 깊은 그 훈훈한 웃음
이 세상 어디서 다시 볼까요?

곁에 계시면 늘 흔쾌한 情調
이제 가라오케를 누구와 같이 갈까요?
애창하시던 〈애수의 소야곡〉을
언제 다시 들을 수 있을까요?
먼저 가신 牧村 선생님 만나
천당에 한국행정법堂 하나 지어 놓으세요.

한중일 법문화를 프리즘론으로 설명하셨듯
무지개로 가끔 한국 하늘에 떠 주세요.

영원히 南으로 흐르는 강물처럼

남북의 밤하늘에 은하수로 흘러 주세요.

한국 법학의 학구적 정열, 活火山,
큰 스승 南河 선생이시여! (2005. 10. 16)

사모님 이두영 여사도 이화여대 영문과를 나오시고 문화와 예술, 특히 인도미술에 조예가 깊으시고, 내가 하는 인물전기학회 모임에도 나오신다.

백충현 교수

백충현(1940-2007) 교수는 이한기, 배재식의 뒤를 잇는 국제학자셨다. 법대에서 가르치는 일 외에도 사직동에 서울국제법연구원을 세워 정기발표회를 하고 저널까지 발간하였다. 그만큼 경제적 여유도 있어 보였고, 후배들이 많이 따르는 것 같았다.

이태진 교수와 친하게 지내며 역사에 기초한 국제법을 추구하고, 또한 역사학에도 도움을 주는 것처럼 보였다. 법대 학장을 역임하고, 한때 총장 입후보도 한 바 있고, 정운찬 총장 시절에 대학원장을 지내기도 하였다. 깔끔한 성격으로 일을 잘 처리하여 행정에 밝았다. 성질이 좀 급한 것같이 보였으나, 추진력에 감탄한 일이 있다. 불행히도 법대에 정신질환으로 연구 업적을 내지 않고 말썽을 일으키는 젊은 교수가 있었다. 배재식 학장은 부심을 하시며 "내가 불교 신자만 아니라면 벌써 정리했을 텐데."라고 하시다

서암법학관의 백충현 기념 세미나실에서 이태진 교수와 함께(2009)

결국 백 학장에게 넘기고 말았다. 백 학장은 깔끔히 일을 정리하였다. 나는 지금도 그 제자 교수가 이따금 기억나는데, 학자의 정신건강이 얼마나 중요한가를 생각한다.

백 교수는 성격처럼 연구실도 깔끔하게 유지하였다. 부인 이명숙 교수는 유명한 치과의사이고, 장인어른은 화가 이준 교수이다. 그래서 서암법학관의 '백충현 홀'에는 장인의 그림으로 장식되어 있다. 백 교수의 퇴임강연을 들으며 감명을 받았고, 얼마 후 갑작스러운 부음에 크게 놀랐다. 대학원장 때 너무 무리하신 게 아닌가 싶었다. 배재식 교수를 보낸 서울대학교병원 장례식장에서 나는 조시를 읊었다.

가시는 松賢 선생

연희동 자택에서 신림동 관악캠퍼스
그 사이 사직동에 서울국제법연구원 세워
한국 국제법학을 세계적 지평으로 끌어올리며
후배 학자들 자상히 다독거리시던.

'백충현식 국제법학'에는 법만이 아니라
독도문제, 한일조약, 문화재 반환청구
법학과 史學과 美學이 공존한다.

체구가 땅땅한 만큼 정신이 당당하게
명민한 사리판단으로 언제나
유엔 인권심판관, 재판관으로
국내외 이슈들에 접근하며
세계를 올코트 프래싱 하면서
가끔은 황동규, 마종기와의
서울고 문예반 시절도 회상하셨다.
그 깔끔하고 단아한 인상만큼
조촐한 미의식과 유머센스
이 모든 인생의 향기 잔인한 4월 하늘 흩날리우고
한미 FTA와 함께 홀홀히 가시나요?

이 정도 이루었으면 이제 한국도
국제적으로 당당하다는 뜻인가요?
"그건 너 때문이야" 그 십팔번 곡
우리 때문에 일찍 가신 건 아닌가요?

부디 저승에서 箕堂, 碩岩 다시 만나시어
한국 국제법학당 한 채 세우시고,
그 기민하신 종종걸음으로 이 강산에 내려오셔
세 분의 고견을 가끔 들려주세요.

그러나 당분간은 그 피곤했던 두 눈 감고
영원의 품 안에서 편히 쉬세요. (2007. 4. 13)

비법학 교수들

관악으로 오기 전 법대에는 법학이 전공이 아닌 교수들도 계셨다. 경제학의 임원택 교수, 재정학의 배복석 교수, 행정학의 이상조 교수, 외교학의 동덕모 교수, 체육학의 인영환 교수 등이었다. 사실 학생들은 이들 비법학 교수들에게 별로 관심이 없었지만, 지금 생각하면 법대의 세계가 그만큼 풍요로운 면도 있었던 것 같다. 여기서 일일이 회상할 여유가 없지만, 인영환 교수에 대한 기억 몇 가지만 적고 싶다. 나는 어릴 적부터 체육을 싫어하여 체육 시간만 되면 괜히 겁이 났다. 그런데 법대 체육시간에 나가니

인 교수께서 축구공을 하나 던지시며 운동장에서 맘대로 차고 놀게 하시곤 절반이 넘는 학생들과 둘러앉아 이것저것 잡담이나 하며 지내시는 것이었다. 세상에 저렇게 놀며 교수하는 편한 직업도 없겠구나 하는 생각을 그때 한 것 같다. 대학원 다닐 때도 나를 보면 "재미가 종고?" 하시며, 내 이름을 놀리기도 하셨다. 나와는 별 상관없는 분이라 생각하며 지냈다. 그런데 그를 다시 생각하게 된 것은 훨씬 후에 이항녕 교수의 자서전적인 글들을 읽고, 인영환 교수가 시조창의 권위자라는 사실을 알고 부터였다. 성균관대 앞의 어느 대폿집에서 교수들이 시조창을 배웠다고 한다. 그런 인 교수께서 학생들에게 한 마디도 내색을 하지 않으셨던 것이 놀랍고 궁금하다. 동기들이 모인 자리에서 그 얘기를 했더니 모두 금시초문이라 한다. 우리 법대생들에게는 공부에 지친 머리와 팔다리를 맘껏 풀라고 공이나 차라고 내버려 두는 것이 최상의 체육이라고 생각하셨던 것일까?

지금 생존해 계신 선배 학자는 생략했음을 양지 드린다. 위에 적은 조시들 외에 내가 아는 법학계 이외의 인사들에 관한 조시들도 있는데, 언젠가 단행본 조시집을 낼까 생각한다. 괴테의 기회시(Gelegenheitsdichtung)를 일본학자들은 경조시(慶弔詩)라고 부르기도 하는데, 사랑하는 사람의 경조사 때 수천 마디의 논문으로도 쓸 수 없는 것을 몇 줄의 시로는 쓸 수 있다. 나의 이런 성벽과 습관을 아는 사람은 "최 교수의 조시는 누가 써 줄까?" 하기도 하고 "나를 위한 조시를 미리 좀 받아 둘 수 없소?"라고 농담을 하기도 한다.

조시는 아니지만, 이왕에 이런 얘기가 나왔으니 나를 위해 어느 시인이 쓴 시 하나를 외람스럽지만 여기 인용해 둔다. 이인평(李仁平) 님은 오로지 인물시(人物詩)만 쓰는 시인인데, 『명인별곡』(황금마루, 2011)이란 시집에 나에 관한 시를 써서 실었다.

르네상스적인 선비
— 최종고 시인 법학자

그의 학문의 열정은 법을 넘어섰고
사색의 깊이는 藝의 상류를 흐르고 있었다.

그의 운명에 안겨있는 아호 '靑里'의 뜻은
그의 어린 시절에서 노년의 문턱에 이르기까지
역마살에 이끌린 순수와 求道의 첩경을 지녔기에
그가 어디를 가고, 그 무엇을 추구하더라도
심성이 지닌 자애가 스스로에게 위안을 주는 까닭에
그의 삶은 달빛을 보며 시를 읊는 정감을 지녔다.

그에게 있어 법학이 正室이라면
시·그림은 애첩 같았다. 정실의 폭이 넓고 예리한 반면
애첩의 사랑은 늘 부드럽고 애틋한 격정이라서
오히려 그는 때때로 고요의 화신처럼 외롭기도 했겠지만
그럴수록 그의 영혼의 불꽃은 더욱 강렬해졌으리라.

한 생애를 닦아가는 금강석 같은 그 마음이여!
동서양을 넘나들며 존재의 의지로 담아낸 존재의 빛을
두루 섭렵하여 사통오달로 비추는 그 자비심이여!

그는 내면에서 솟구치는 열정을 美로 다스렸다
그가, '내 안의 두 마음, 로고스와 파토스/환갑 이후에는
어떻게 조화할까? 디케와 뮤즈를 따라갈 밖에' 하였듯이
법이 법을 낳고, 예가 예를 낳는 이치에 따라
살아오고 살아가는 좌표를 삼라만상의 흐름으로 삼았으니

그는 어렸을 적부터 무지개의 꿈에 안겨온 학자이자
'가슴 속까지 찌르르 달빛이 저려'오는 밤에도
학문과 예술을 봉사로 섬겨온 르네상스적인 선비였다.

물론 나는 여기 적힌 내용에 백분지 일도 못 따라가는 위인이지만, 시인이 이렇게 나를 읊어 준 것에 깊이 감사한다. 한 인물의 전기를 수백 수천 마디로 쓸 수도 있지만, 이렇게 시로 표현하는 방법도 뜻있는 것 같다.

'법과 윤리' 강의

지금 로스쿨에서는 '법조윤리'가 필수과목으로 중요시되고 있는데, 서울법대에서 이 과목이 처음 개설된 것은 1980년대 후반이었다. 당시에도 법조비리사건들이 신문을 장식하고, 국민이 법률가를 바라보는 눈이 곱지 않았다. 나는 1988년 하버드 로스쿨에 있을 때 이 과목에 관심을 둔 바 있어, 서울법대에도 이 과목을 가르쳐야 한다고 교수회의에서 주장하였다. 한국에서는 제의하는 사람이 뒤집어쓰는 수가 많아 결국 내가 책임을 지지 않을 수 없었다. 그때는 사법연수원에서만 가재환 판사에 의해 '법조윤리론'이란 과목이 개설되어 있었다. 나는 과목명을 정하는데 '법조윤리'라는 명칭은 법률가만을 위한 경직된 감을 주는 것 같아 법학도를 위해서는 '법과 윤리' 정도로 하는 것이 좋을 것 같다는 생각이 들어 그리 정하였다.

그런데 첫 강의에 들어가 놀랐다. 수강생 수가 100명이 넘는데 법대생은 절반도 안 되고, 대부분 타과생들이었다. 법도 조금 윤리도 조금 배울 수 있는 부드러운 교양과목으로 생각하고 신청한 것같이 보였다. 사실 나도 미국의 법조윤리처럼 주로 변호사들을 위한 실무교육 같은 것은 바라지 않았기 때문에, 법과 윤리의 이론을 3분의 1, 법과 윤리의 실제 문제를 3분의 1, 그리고 나서 법률가의 법조윤리를 3분의 1로 구성하여 강의하였다. 그런 구성으로 교과서를 내었는데 그것이 『법과 윤리』(경세원)이다. 물론 처음

계절학기 수업에 저자가 강의하는 모습(1990년대 초)

나온 책이고, 지금도 이런 책명으로는 한국에서 유일한 책이다. 어찌 보면 법학에서 윤리가 그만큼 등한시되고 있는 반증이라고 할 수 있다. 그때 우연히 내가 아는 시민운동가를 만났는데, 그는 머리 좋은 법대생에게 윤리를 가르치면 달달 외워 다 되었다고 하니 차라리 안 가르치는 것보다 못할지도 모른다는 뜻밖의 논평을 해서 놀란 일도 있다. 아무튼 이 과목이 개설되고 책까지 내니, 한승헌 변호사(전 감사원장)께서 일부러 서평을 써 주시기도 하였다.

이렇게 출발한 『법과 윤리』 과목은 매년 2학기에 교양선택으로 20년가량 실시되어 왔다. 일방적 강의만 하지 않고 법과 윤리의 실제 문제를 다룰 때에는 학생들에게 발표도 시키고 토론도 하니 더 재미있어 하였다. 이 과목은 절대로 "이래야 한다, 그래서는 안 된다"는 설교를 하는 것이 아니라 왜 그래야 하는지를 설명하는 과목임을 강조하니 학생들이 흥미 있어 하는 것 같았다. 학생들은 나보다 더 첨단적인 프레젠테이션 방법을 사용해 발제하여 내가 놀라고 배우는 점도 있었다.

그런데 뜻밖에 한 사건이 일어났다. 내가 동성연애를 비판하는 말을 했다고 어떤 수강생이 『대학신문』에 제보했던 것이다. 나는 미국에서 처음 본 동성연애자모임 광고를 보고 왠지 옮을 것 같은 꺼림칙한 느낌을 받았다는 얘기를 했던 것이다. 강의실에서 한 말을 제보까지 하는 데에 충격을 받았다. 『대학신문』에도 나고 도서관에도 대자보가 붙었다고 누가 일러 주었다. 나는 이에 대응하면 문제를 점점 더 확대시켜 곤란해질 수 있다는 판단이 서서 아무 대꾸도 하지 않았다. 결국 조용해졌지만, 나는 이것이 소수자나 당사자들의 인권을 무시하는 얘기가 아님을 다음 시간에 해명하였다. 지금도 그때 일을 생각하면, '법과 윤리' 과목에 대해 학생들이 어쨌든 그만큼 진지하게 관심을 둔 것이라 흐뭇하게 여겨지기도 한다.

그렇지만 솔직히 이 과목을 20년간 가르쳤다고 법대생들의 윤리의식이 얼마나 제고되었느냐 생각하면 회의적이다. 특히 요즘 사법부의 신뢰가 흔들리도록 튀는 판사, 검사, 변호사들이 나오는 것을 보면 우울한 생각이 든다. 나는 법대생은 '논리, 윤리, 심리'의 삼리(三理)를 바르게 가져야 한다고 강조하는데, 논리가 강한 주지주의적 인간일수록 윤리에는 약하다. 그리고 논리를 바른 방향으로 구사해야지 꼬이거나 나쁜 방향으로 쓰면 무식한 자보다 더 해롭다.[20]

졸업식장에 나갈 때 식상한 경우가 많다. 윤리를 가르치는 교수로서 졸업의 마당에서 법대생들의 행동이 어떤지 눈여겨보지 않을 수 없다. 물론 졸업생으로 즐거운 날이라 다소 흥분도 되어 있겠지만, 너무 무질서하고 시간을 안 지키고 안하무인으로 희희낙락하는 모습을 보면 내가 무엇을 가르쳐 왔나 슬퍼질 때도 있었다.

어디에 가면 서울법대 교수라고 예우를 받는 것도 사실이지만, 왜 제대로 교육을 하지 못해 저런 졸업생이 나오느냐 질책을 받을 때도 있다. 미국에 갔을 때, 도둑놈보다 더 악질인 법률가를 가르치는 법대교수와는 악수도 안 하겠다고 돌아서는 교포를 만나 무척 당황한 일도 있다. 물론 대학교육이 인성 개조를 하려면 가정교육과 초중고교육, 그리고 사회교육을 모두 합쳐 대처해야 할 일이겠지만, 법률가의 비리를 보고 법대교수를 나무라는 것은 막을 수 없다고 생각한다.

강의시간에도 얘기하지만, 하버드 대학 졸업식에서 보크(Derek Bok) 총장의 식사가 늘 잊히지 않는다. 보크는 원래 로스쿨 교수인데, 졸업생들에게 거짓말하지 말라, 시간 지켜라, 약속 지켜라 등 마치 초등학교 교장처럼 당부하는 것이다. 유치한 것 같으나

---

20 최종고, 「법대생의 삼리」, 『법은 그러나 어두운 곳에서 빛난다』, 철학과 현실사, 1991, 280-283쪽. 이 책 제6장은 '서울법대생론'이라 하여 내가 본 서울법대와 법대생에 대한 글 12편을 실었다. 제목만 보면 「왜 법대에 오려는가?」, 「졸업앨범을 받아 보며」, 「관악캠퍼스 사계」, 「법대의 문턱, 법대생의 삼리」, 「서울법대생론」, 「여성법학교육」, 「나와의 싸움」, 「보직교수의 고민」, 「동창과 학생 사이에서」, 「법대생 사위론, 법학자의 신념」 등이다. 내가 낸 유일한 일반 수필집이지만 법대생들이 읽어 주길 바랐고, 지금도 도서관에서 읽고 심지어 리포트에도 인용하는 것을 보고 기뻤다.

지도반 학생들과 관악산에서(1986)

이것이 가장 중요한 일 같다. 법조문 하나 알기보다 이런 것을 실천하기가 더 어려운 것이다. 나도 정년이 가까워질수록 이런 생각을 많이 하게 된다. 내가 강의시간에 한 말들이 지식으로 암기되어 남는 것도 필요하지만, 삶 속에 실천으로 연결될 수 있기를 바라는 것이다. 정말 이런 면으로 서울법대 교수직의 보람을 느끼는가 묻는다면 솔직히 회의적이라고 말할 수밖에 없다.

그럼에도 최소한 가르치는 면에서는 이 과목은 내가 개발한 분야라서인지 가장 오랜 인연이 지속될 것 같다. 얼마 전 내 마지막 학기라고 내년에 한 과목 정년 후에도 해 달라는 요청을 받았다. 현재 강의하고 있는 '법학개론'은 다른 사람이 할 수 있겠지만, '법과 윤리'는 그렇지 않다. 그것은 로스쿨에서 가르치는 '법조윤리'와도 달리 반은 교양과목으로 서울대 전 타과에서도 수강하고 있다. 필요하다면 하고 싶은 심정에서 주저 없이 그 과목을 계속 강의하겠다고 하였다.

학내 보직과 해외활동

1981년에 전임강사가 되고 2년 후에 조교수가 되었는데, 1984년 봄에 학생담당학장보(부학장)로 재직 중인 강구진 교수가 운전 중 사당동에서 트럭이 덮쳐 불의에 타계하셨다. 내가 그 후임이 되었는데, 조교수가 너무 일찍 보직을 맡는다는 얘기도 들었다. 그러나 학생담당학장보는 교수들끼리는 청소당번이라 하였다. 학생들과 데모와 학내 집회를 몸으로 막으며 뛰어야 하였다.

총장이 보기 싫다고 학생들이 졸업식장에서 뒤로 돌아앉는 해도 있었는데, 우리 보직교수들이 학생들 틈에 들어가 "앞으로 봐." 하고 독려해야 하였다. 졸업식을 폐지하자는 논의도 나왔으나 나는 대학에 세리머니얼(ceremonial)한 것들이 남아 있어야 한다고 완곡히 반대하였다. 아무튼 제5공화국 말기에 매일 최루탄에 눈물을 흘리며 대학 현실을 듬뿍 체험하였다. 이러 하려고 교수가 되었나 하는 생각도 들었다.

학생사태가 나면 여러 기관에서 나와 교수들의 행적을 감시한다는 얘기도 있었다. 그러나 보직교수만 남고 다른 교수들은 귀가하였다. 나는 배재식 학장을 모시고 낙성대 입구의 파출소 옆 '물

학생담당학장보 시절(1985)

망초'라는 맥주집에 가서 시간을 보내며 학내 사정을 전해 들었다. 이 시절을 '물망초시절'이란 이름으로 회상하곤 한다. '물망초'는 서너 평 될까 하는 좁은 공간에서 '주 마담'이라는 주인이 혼자 꾸려 가는 '맥주다방'이었다. 이 초라한 곳이 서울의 명물로 일본에도 소개되었다 한다. 그 이유는 그때만 해도 야간 강의가 최고경영자과정이라는 것뿐이어서 사장들이 강의를 마치고 목을 축이러 가려면 이 일대에서 유일한 곳이었기 때문이다. 그리고 교수아파트에 사는 교수들이 들르기도 해서 이 집은 꽤 인기가 좋았다. 주 마담은 내가 가면 대구 시절 얘기를 가끔 해 주었다. 내가 배운 경북고의 음악교사 N 선생이 자기를 좋아해서 서울에 올라와서도 만났다는 등. 나는 고교 은사의 마지막 죽음의 얘기를 주 마담을 통해 듣고, 고교동창회지에 그 얘기를 적어 동창들 사이에 화제가 된 일도 있다. 어떤 때는 민병수 학생처장이 학생담당학장보들을 격려해 준다고 '우산속'이라는 꽤 넓은 맥주집으로 데려가 마시기도 하였다. 어쨌거나 학생사태로 치열했던 시절을 이렇게 저렇게 대처하면서 넘긴 것이 잊히지 않고 간혹 그립기도 하다.

이런 수고를 했다고 1987년 가을 문교부의 해외 연구지원을 받아 미국 버클리 대학으로 갔다. 다시 독일로 갈까 망설이는 나

법대생들과 다산 선생 묘소에서(1985). 조국, 김도균의 얼굴도 보인다.

법대 지도반 학생들과 함께(1985). 김난도, 나경원의 얼굴도 보인다.

에게 당시 배재식 학장은 "최 교수는 날개를 둘 달아야 해. 독일 날개만 갖고는 안 돼." 하시며 미국행을 강권하셨던 것이다. 나는 이 점을 지금도 고맙게 생각한다. 오클랜드 공항에 내려 캘리포니아의 맑은 하늘을 바라보며 10분간 훅훅 뱃속의 최루탄 가스를 뱉어

임 명 장

부교수 최 종 고

교수에 임함

서울 대학교 근무를 명함

1992년 4월 1일

대통령 노 태 우

정교수 임명장(1992. 9. 1)

내었다. 다시 자유로운 학생 기분으로 맘껏 도서관에 들어가 책도 보고 학생들과 어울려 지냈다. 6개월 후 하버드 대학으로 옮겨 동부의 보스턴 주변을 즐기며 반년을 지내고 귀국하였다. 귀국보고서같이 쓴 『하버드 스토리』(고려원, 1989)가 한때 베스트셀러가 되어 국내외에서 많은 팬레터를 받기도 하였다. 한국인의 하버드에 대한 동경이 얼마나 큰지 실감하였다. 실은 하버드도 그런 파라다이스는 아니라고 솔직하게 쓴 것인데.

한창 정열적으로 학자생활을 하고 있던 나는 1990년에 다시 교무담당학장보가 되었다. 서원우 학장께서 한사코 나를 점찍으셨던 것이다. 그러고는 학교 일을 거의 전폭적으로 나에게 맡기다시피 하셨다. 본부에서 한 학장회의에도 대리참석을 많이 하였다. 그런데 교수를 증원하면서 연구실이 모자라 연구동을 신축해야 했고, 함께 있던 환경대학원과 공간 문제로 불편한 관계가 되기도 하였다. 결과적으로는 법대도 연구동을 짓고, 환경대학원도 좋은 장소를 찾아 멋있는 건물을 지어 나갔다. 이런 건축 문제가 진행되다 보니 다른 교무행정에 지장을 받았다. 아무튼 1993년에 연구동을 개관하면서 '아시아의 법학교육'이란 국제심포지엄도 개최하고, 내가 주장한 '귀중문서실'도 개설할 공간이 생겼다. 1992년 4월 정교수로 노태우 대통령으로부터 임명장을 받았다.

이렇게 학내 보직을 일찍 끝내고, 그 후 남은 것이 학장직인데

미국 산타클라라 대학 법대 학장과 환송연에서(2001)

미국 산타클라라 로스쿨에서 '동아시아법'과 '비교법철학'을 강의하고 교수진과 함께(2001)

아예 뜻이 없었다. 나는 천성적으로 행정을 좋아하지 않는다는 것을 스스로 알았기 때문이다. 자유로운 연구자, 그것으로 족하였다. 보직에서 해방되니 저술도 많이 하고 해외 학계와의 교류도 활발히 할 수 있다. 한동안 만나는 사람들이 학장은 언제 하느냐, 총장 한번 해야지 하는 인사를 했지만, 시간이 지나니 그런 인사도 사그러졌다.

1990년대에 교육부에서 BK사업을 지원해 주는 정책을 실시하였다. 법대는 의사가 없는 것같이 보였지만, 나는 해야 한다는 생각이 들어 한인섭 교수를 불러 안을 짜 보자고 해서 신청하였다. 그 후 몇 년간 이 연구사업에 참여하여 한국법센터를 맡아 활동하였다. 이 사업을 하니 대학원 학생들과 접촉이 많아지고, 그들을 데리고 해외연수도 가고, 필요한 서적을 살 여유가 생겨 좋았다. 그러나 대학원생 지원은 되지만 실질적으로 교수연구의 지원은 되지 않아 연구 업적이 남는 것이 없다는 교수들의 불만이 컸다. 그리고 학생들의 논문이 나오지 않는다는 부정적 평가로 중도 탈락되었다. 법학은 학생 논문이 많이 나올 수 없는 것인데, 획일적 기준으로 평가하는 것 자체가 문제임을 알아서 교수들이 별로 애석해 하지도 않는 것 같았다. 나도 홀가분해지는 느낌이 들었다.

한국법사학회 회장직을 3년간 맡기도 했는데, 동아시아 국제 심포지엄을 열고, 『한국법사학회요람』과 『한국법사학연구문헌집』을 낸 것이 업적이라 하겠다. 법철학 쪽으로는 1987년부터 세계법철학 및 사회철학회(IVR)에 참여하여 2년마다 주로 유럽과 미국 등지에서 열리는 대회에서 발표도 하였다. 8년 동안 이사직을 맡아 정책결정에도 참여하고, 그 결과 『동아시아법철학』(*East Asian Jurisprudence*)이라는 연구서를 출간하게 되었다. 이것이 나의 학문적 결실이라 할 수 있는데 외국에서도 좋은 서평이 나오고, 국내에서도 2012년 봄에 3·1문화상을 수상하게 되었다. 가만히 생각해 보면 내가 학자로서 다소 여유를 갖고 이런 연구 업적을 낼 수 있었던 것은 학내 보직을 일찍 청산한 덕분이고, 서울법대라는 여건 때문이다.

외국에서의 연구와 강의를 여기서 자세히 적을 수는 없지만, 첫 번째이자 계속 관계된 곳은 역시 내가 유학한 프라이부르크 대학이다. 1979년에 박사학위를 하고 돌아올 때는 상상도 못했지만, 서울대와 자매 관계까지 체결하고 2년마다 번갈아 심포지엄을 개최하였다. 한 번에 10명 가까운 교수들이 오가니 큰 행사이다. 나는 독일인의 성격을 알기 때문에 처음에는 신중한 입장이었지만, 일단 시작한 이상 최선을 다해야 한다고 다짐하고 노력하였다. 1984년에는 '한독수교100주년기념 법학심포지엄'에 나의 지도교수 홀러바흐(Alexander Hollerbach) 박사까지 초청하여 서울법대에서 강연하게 하였다. 예거(Wolfgang Jäger) 총장은 은퇴한 후에도 연구실에 나오는데, 내가 프라이부르크에 갈 때마다 만나면 서울대와의 자매결연 당시를 즐겁게 회상하신다. 법대에서는 황적인·송상현 교수 등이 자매결연을 위해 수고하셨다. 동아제약의 강신호 회장은 서울대 의대를 졸업하고 프라이부르크 대학에서 의학박사 학위를 취득했는데, 프라이부르크 대학 명예이사(Ehrensenator)가 되셔서 양교 간의 우호 증진과 학술 교류에 큰 힘이 되어 주신다. 2007년은 프라이부르크 대학 개교 550주년이었는데, 나는 『한국과 프라이부르크』(*Freiburg und Korea*)라는 기념문집을 만들어 기념식에 참석하였다. 전 세계에서 모범적인 예라고 박수갈채를 받고 신문에 특필되기도 하였다. 이런 여러 인연으로 이듬해에 나는 그곳 법과대학에 객원교수(Gastprofessor)로 초

프라이부르크 대학 지도교수 홀러바흐 박사를
서울에 초청하였다(1984).

프라이부르크 대학을 방문한 서울법대 교수진과 학생들. 저자는 한복을 입고 있다(2008).

빙되어 동아시아법철학을 강의하였다. 박사학위를 한 모교에서 30년 만에 후배를 가르치는 것은 특별한 보람이었다. 게다가 여가에 주변 산천을 그림으로 그렸더니 쉬버(H. Schiewer) 총장과 메로트(E. Meroth) 동창회장이 나서 대학미술관(Uniseum)에서 전시회를 주선해 주었다. 그것을 후일 『아름다워라 프라이부르크』(*So schön ist Freiburg*)라는 시화집으로 출간하였다. 지금도 프라이부르크 대학 동창회 사무실은 내 그림 10점으로 장식되어 있다. 이러한 다면적 노력이 양교 간의 학문 교류에 도움이 된다고 생각하였다.[21] 무엇보다 이런 학술 교류가 서울법대의 로스쿨화로 퇴색되지 않기를 간절히 바란다.

내가 해외에서 강의를 시작한 것은 독일보다 미국에서 먼저였다. 1987년부터 1년간 버클리 대학과 하버드 대학에 visiting scholar로 있으면서 영어를 틔어 놓았기 때문에 가능했지만, 2001년에 뜻밖에 산타클라라 로스쿨에서 강의 요청이 왔다. 거기서 처음 동아시아법철학(East Asian Jurisprudence)을 강의하면서 조금씩 원고화한 것이 후일 2009년에 서울대학교출판문화원에서 나온 동명의 책이다. 그러니까 8년이 걸려 결실한 것인데, 그런 면에서 계기를 만들어 준 산타클라라 대학에 감사한다. 그 후 나의 동아시아법철학 강의는 점점 알려져, 거의 매방학이면 초청을 받아 여기저기서 가르쳤다. 영어권이 넓다는 것을 실감하였다. 지난 10여 년간 미국의 듀크 대학과 하와이 대학, 이스라엘의 텔아비브 대학, 인도의 구자라트국립법과대학 등에서 강의하였다. 남들은 매번 방학 때 무엇하러 나가느냐고 묻지만, 방학 때 한 달간 인텐시브 코스로 집중 강의를 하면 한 학기 분량을 충분히 가르칠 수 있

---

21 2012년 7월 프라이부르크 대학 국제동창회에 참석하였더니, 그곳 *Badische Zeitung* 신문에서 각국 동창회장 인터뷰를 했는데, 그 기사가 내 시화집 책명을 따서 So schön ist Freiburg라고 크게 나서 놀라면서 보람을 느꼈다.

(위)
하와이 한국학센터에서 세미나를 주재하는 저자(1997)
(아래 오른쪽)
에딘버러 대학에서의 세계법철학회(IVR)에서(1993)
(아래 왼쪽) 볼로냐 대학에서의 세계법철학회(IVR)에서(1995)

다. 몇 년간은 겨울방학 때마다 하와이에 가서 한 해 동안 발표할 영어 논문을 써 오곤 하였다. 이상하게도 거기 한 달 있으면 서울서 1년가량의 연구를 하는 것같이 성과가 올랐다. 세계에서 제일 좋은 한국학연구소는 하와이 대학의 한국학센터(Center for Korean Studies)이다. 경복궁 경회루와 수덕사를 합친 모양의 전통한옥으로 우람하게 지은 이 건물은 서대숙 교수가 박정희 대통령을 독대하여 따낸 업적이다. 서 소장은 나에게 그 과정을 자세히 얘기해 주었다. 나는 여기 머물며 매주 팔각정에서 '파고다 콜로키엄'을 이끌어 갔다. 지금도 거기에는 '파고다 콜로키엄'이란 내 시가 액자로 걸려 있다. 나는 그곳에서 쓴 시들을 모아 『플루메리아 바람개비』란 시

한때 저자의 집 서재에는 '한국법연구회'라 하여 젊은 제자들과의 스터디 그룹이 모였다. 중국 유학생들이 방문하기도 하였다(1991).

집을 내었다. 동서양의 중간 지점으로, 나의 '비교철학'(Philosophy East and West)의 관심을 살찌워 준 하와이는 나의 학문 생활에도 중요하고, 세계에서 가장 낭만적인 곳이라 생각된다.

나는 유럽과 미국에서 강의하고 학회에 참석하지만, '팔아먹는' 내용은 동아시아의 전통과 사상이기 때문에 1990년대에는 중국과 일본도 열심히 내왕하였다. 영어와 독어로 나온 동아시아연구들을 섭렵하였다. 내가 적어도 세계 법학계에 어느 정도 자리매김할 수 있었던 이런 연구 방향과 경험의 축적 때문이라 생각한다. 그러나 서양어로 된 동아시아 연구들에만 의존할 수 없어 그 후 중국, 일본에도 수차 다녀왔다. 교토의 리츠메이칸(立命館) 대학에서 여름방학 두 달을 머물며 일본 유학사와 관련된 현지를 답사하며 연구한 시절은 특히 보람이 있었다. 중국에도 난징대학을 필두로 베이징 대학, 산둥대학 등에서 강연도 하고 토론도 하였다. 중국어를 못하니 영어로 강의하면서 종종 흑판에 한문을 쓰니 중국 학생들이 놀랐다. 이런저런 인연이 생겨 난징대학과 산둥대학은 나를 명예교수로 위촉하였다.

2009년에는 이스라엘의 텔아비브 대학에서 '동아시아법철학'을 강의하였고, 예루살렘의 히브리 대학에서 '한국 역사 속의 유대인'(Jews in Korean History)이란 강연을 하였다. 스승 유기천-실빙 내외분의 음덕이라 생각하였다. 2010년에는 인도의 간디 고향인 간디나가르(Gandhinagar)에 있는 구자라트국립법학교(Gujarat National Law University)에서 '동아시아법철학'을 강의했는데, 인도의 '자비법철학'(jurisprudence of compassion)을 새롭게 알게 되었다. 인도 체류의 결과로 『이승만과 메논, 그리고 모윤숙』(기파랑, 2012)이란 책을 내게 되었다.[22]

22 이 책은 인도 외교관 K. P. S. Menon(1898-1982)이 해방 후 유엔한국위원단 단장으로 2개월 10일간 서울에 머물며 유엔을 통한 대한민국의 건국을 도와준 사실을 추적한 내용이다. 그가 이승만을 지지한 배경에는 모윤숙이 문학을 통해 애정 관계로까지 발전하였고, 낙랑클럽을 통해 한국 여성들도 적극 외교와 한국문화전파에 참여했다는 사실을 분석하였다. 이것은 내가 인도에서 가르치지 않았다면 상상할 수도 없는 저술이다. 한국을 떠날 때 모윤숙에게 맡겨 발간한 『메논박사연설집』(문화당, 1948)이 국회도서관에 유일하게 보존되어 있는 것을 발견하여 되살렸는데, 메논의 자서전 *Many Worlds*(1981) 같은 책도 서울대 중앙도서관에는 없고 한국외국어대 도서관에만 있다.

저술과 취미생활

나는 법학자로는 상당히 많은 저술을 하였다. 대개 법학교수는 자기 교과서를 써서 그것만 개정해 나가면 실제로 인세 수입도 짭짤하여 서울대 월급을 보충해 살아갔다. 그런데 나는 사법시험과는 관계없는 순수법학이기 때문에 잘 팔리는 책을 쓰는 것과는 처음부터 번지수가 달랐다. 오히려 이런 교과서주의를 타파하고 싶었다. 법학도들에게 많은 사고를 하고 폭넓은 교양과 지식을 제공해 주는 다양한 독서물을 제공해 주고 싶었다.

처음 교수직 발령을 받기 전 시간강사 시절에 앉은뱅이책상에서 이를 악물고 쓴 논문들을 모아 『법사와 법사상』(1980)이란 책을 내었는데, 이 책이 한국출판문화상 저작상을 타고 이어서 서울대 전임발령도 받았다. 나에게 행운을 가져다준 책일 뿐만 아니라 젊은 학자적 열정으로 쓴 하이 피치의 연구서였다.

2년 후인 1982년에는 『한국의 서양법수용사』라는 책을 내었는데, 서양법과 법학이 어떻게 한국에 들어오게 되었는가를 추적한 연구로 선구적이라 평가되었다. 나도 상당히 오랫동안 이것을 내 연구 업적으로 꼽았고, 대학원생들은 수용(reception)이냐 강제이식(imposition)이냐 열띤 토론을 하기도 하였다. 그때 제자인 한인섭, 홍준형, 김도균, 조국, 정긍식 등이 지금 서울대 교수가 되어 있다. 외국에 나가서도 이에 대해 강연을 하기도 했는데, 버클리

대학과 취리히 대학에서의 강연이 기억에 남는다.[23]

이듬해인 1983년에 내 전공분야의 교과서 『법사상사』를 내었고, 그것은 서양법사상사이라 『한국법사상사』를 서울대학교출판부에서 낸 것은 그로부터 6년이 지나서였다. 처음으로 한국법사상의 역사를 체계화한 연구서이자 교과서로 지금도 유일하다. '89 문화공보부 추천도서가 되었다.

그 사이 1984년에는 『위대한 법사상가들』이란 제목으로 세 권에 걸쳐 뛰어난 법학자, 법률가 34인을 전기적으로 서술한 책을 내었다. 나의 법사상사학은 인간연구를 중시한다는 평을 받는다. 그 무렵 방송통신대학 교재들이 서울대학교출판부에서 출간되었는데, 『서양법제사』 교과서를 내면서 교정지를 갖고 방송강의를 한 기억이 난다. 그 후 보강하여 박영사에서 단행본으로 내었는데, 지금도 꾸준히 교과서로 애용되고 있다.

한국의 법학개론 교과서 중 내가 1986년에 초판을 낸 『법학통론』이 가장 많이 읽히고 있는데, 라드브루흐의 『법학입문』처럼 생각하게 하는 입문서를 쓰려고 한 것이 주효했던 것으로 생각된다.[24] 그 후 『법과 생활: 케이스식 법학통론』이라 하여 전자의 책과 순서를 같이하면서 실제 생활에서의 법을 논하는 책을 내었다. 물론 나는 이 두 권을 교재로 법학개론 강의를 지금까지 해 오고 있다.

---

23 취리히 대학에서는 'Rezeption des Westlichen Rechts in Korea'로, 1987년 버클리 대학에서는 'The Reception of Western Law in Korea'로 강연하였다.

24 1970년대까지 김증한 교수의 『법학통론』(박영사)이 대표적이었는데, 나는 그 뒤를 이은 것을 자랑스럽게 생각해 왔다.

'동서양의 법과 정의의 이미지' 강연 포스터(왼쪽부터 산타클라라 대학, 듀크 대학, 프라이부르크 대학)

1993년에는 『북한법』이라는 책을 내었는데, 그때는 유일한 통서였다. 당시 북한법연구회 회장으로 매월 발표회를 끌고 나가며 외국에 나가면 도서관에서 북한법 자료를 복사해 와서 소개하기도 하였다.[25]

1995년은 나에게 독특한 뜻이 있는 해였다. 『G. 라드브루흐 연구』라는 단행본 연구서를 내었고, 그해 대법원이 서초동으로 이전하면서 대법원조형물건립위원회에 참여하여 법상징학에 대한 관심을 강화하게 되고, 마침 '미술의 해'이기도 하여 『법과 미술』이란 책을 시공사에서 내었다. 이대원 전 예술원 회장께서 서문을

25 북한의 영문법령들이 미국 도서관에 편편히 구매되어 있어 그것들을 모아 'North Korean Laws'라는 책을 가제본하여 출판할까 하다가 영어로 내면 내가 마치 북한학자처럼 보일까 싶어 그만두었다. 아직 영문북한법전이 없다.

써 주셨다. 외국에 나가면 '동서양의 법과 정의의 이미지'(Image of Law and Justice in East and West)라는 제목으로 슬라이드 강연을 많이 하였다. 지금도 법대 최고지도자과정에서 한 번씩 강의하는데, 취미연구가 대명사처럼 되었다.

2005년에 *Law and Justice in Korea*라는 첫 영문서를 서울대학교출판부에서 내었는데, 집필에서부터 8년이 걸렸다. 영문 출간의 어려움을 절감하면서도 그 중요성과 보람을 느꼈다. 미국 대학 도서관들에도 거의 소장되어 있는 것을 확인해 보았다.

『한국의 법률가』와 『한국의 법학자』를 서울대학교출판부에서 출간한 것이 2007년이었다. 내 회갑연이라 오신 하객들에게 두 권씩 기증하였다.

회갑 때 나는 취미로 그린 그림들을 법대동창홀에서 전시하였다. 그때 내 저서들도 함께 전시하였다. 마치고 걷을 때 조교가 그것을 쌓고 사진을 하나 찍어 두라고 해서 그렇게 해 보니 책 높이가 내 어깨까지 왔다. 60권에 가까운 것 같았다. 나는 지금도 내 책이 몇 권인지 정확히 모른다. 1990년대에 국립중앙도서관에서 감사편지를 받은 일이 있다. 한국의 인문과학에서는 조동일 교수, 사회과학에서는 내가 최다 저술가이며, 각 저술이 중앙도서관에 납본되기 때문에 감사편지를 보낸다는 것이었다. 그때는 그런가 보다 하고 받기만 했는데, 지금 생각하면 상당히 뜻있는 편지같이 느껴진다. 그런데 그것을 어디다 두었는지 찾을 수가 없다.

책을 저술한다는 것은 장단점이 있다. 나오고 나면 보람이 있고 두고두고 남는 것이다. 그래서 남은 몰라도 도서관에 가면 사서들이 알아봐 주고, 외국의 도서관에 가도 대우가 달라진다. 그런데 글이란 지울 수 없고, 자칫 부주의하면 이른바 '표절' 혹은 '이중게재'에 관련되기도 한다. 한번 그렇게 되면 학자가 지녀야 할 마음에 큰 상처를 입게 된다. 원숭이도 떨어질 때가 있다더니 나도 그런 일에 관련된 일이 있는데, 그때 한국 언론의 생리와 함께 인권과 인간성의 문제를 뼈저리게 느낀 바 있다. 아무튼 글을 쓴다는 것은 나에게 숙명과도 같은 것이다.

정년퇴임까지 쓴 책들과 함께(2013)

나의 취미는 시를 쓰는 것과 그림 그리기이다. 어릴 적 어린이 글짓기에서부터 평생 시는 끊지 않고 써 왔다. 시집을 몇 권 내고 보니 사람들이 시인이라 부른다. 나도 이제는 그렇게 받아들인다. 시의 세계에도 등단이니 추천이니 하는 제도가 있는데, 나는 그런 것은 하지 않았다. 여러 차례 그것을 해 주겠다고 작품만 달라 하는 것을 하지 않았다. 우리나라에만 있는 이런 제도는 언젠가 없어질 것이라 여기고 있다. 한편 이런 제도가 있기에 우리나라 시인과 문인들이 문학으로서 살 수 있는 것이라 생각한다. 굳이 따지면 나는 어릴 적에 꼬마 문사로 이미 등단했다 할까? 나는 스스로 법률적 사고보다 시적 사고를 하는 편이 강하다고 느낀다. 디케와 뮤즈를 동시에 따라가기 벅차긴 하다.

정년퇴임을 한다니 여러 가지 챙길 것이 있는데, 제자의 권유로 내가 쓴 책들의 서문만 모아서 『한 법학자의 학문세계』(민속원)라는 책을 내게 되었다. 출판사에서 와서 그동안 낸 74권의 책 표지들을 찍어 갔다. 그러면서 그 책들을 쌓아 놓고 사진을 찍으라고 해서 그렇게 하였다. 회갑 때 그렇게 찍고 난 5년 후에 책 높이가 좀 더 높아진 것이 기쁘게 여겨진다.

환갑기념

이런 삶의 페이스랄까 스타일로 2007년에 환갑을 맞게 되었다. 대학에서는 과거에 회갑이 되면 제자들이 기념논문집을 만들어 증정하는 것이 관례였다. 그러나 인간 수명의 연장 때문인지 이제 환갑은 노년 축에도 안 드는 것 같고, 축하 논문집 출간도 뜸해졌다. 법대도 회갑 때나 정년 때나 하나를 택하여 기념하는 분위기로 변하였다. 나는 법철학과 법사학의 몇 안 되는 제자들에게 그래도 이 분야의 연대를 보이자고 논문집을 만들겠다는 뜻에 동의하였다. 『한국근현대의 법사와 법사상』(민속원, 2007)이란 논문집을 2007년 11월 16일 근대법학교육100주년기념관에서 열린 회갑기념식에서 받았다. 동시에 같은 건물 '동창홀'에서 나의 그림전시회를 오픈하였다. 『동아일보』에 '그림 그리는 법대교수'라 하여 보도되었다. 거기 오신 하객들을 위해 『시 쓰는 법학자』라는 시집도 한 권 만들고, 후에 『최종고교수회갑기념자료집』을 만들어 발표논저목록 등을 실었다. 그리고 「나의 그림에 대하여」라는 글도 하나 써서 붙였는데, 다음과 같은 내용이다.

회갑기념 논문집봉정 및 출판기념회 초청장(2007)

나는 법학자로서 시를 쓴다고 '시 쓰는 법학자'라는 호칭을 받아 왔는데, 언제부터인가 '그림 그리는 법학자'라는 별칭이 하나 더 늘었다. 이런 '외도'가 칭찬인지 흉인지 잘 모르겠지만 사실은 사실이고 별로 개의치 않는다. 왜냐하면 본령은 역시 법학이고 학자생활의 여가에 즐기는 문화적 호흡의 표현이기 때문이다. 정치나 사회활동과는 거리를 두면서 사니 이런 여유가 있다는 것이 솔직한 고백이다.

내가 언제부터 그림에 대해 관심을 두었는지 잘 기억이 안 난다. 초등학교나 중고등학교 시절에도 그림을 좋아한 건 사실이나 대학으로 미술을 전공하려고 마음먹을 정도에는 전혀 미치지 못했다. 법대에 다닐 때 미술대가 옆에 있어 가끔 놀러 가기도 했지만 특별한 인연 같은 것은 생기지 않았다.

독일 유학 시절에도 어쩌다 미술관에 들어가 보면 현실세계와는 전혀 다른 역사와 예술의 세계가 있구나 하는 느낌을 강하게 받긴 했지만, 미술에 특별한 관심을 두지는 못했다. 귀국하여 젊은 학자로서 활동하면서도 마찬가지였다. 관악캠퍼스에서도 법대와 미대가 가까이 있어 미대생들의 졸업전시회를 가을마다 관람할 수 있었고, 평소에도 작업장에서 열심히 작품을 만드는 모습을 보면서 미술창조가 학문연구 못지않게 힘과 정열을 요하는구나 하고 느껴왔다.

그런데 우연인지 인연인지 미술에로 통하는 길이 하나 다가왔다. 법과 정의를 상징하는 그림이나 조각이 법원이나 법대에 필요하다는 사실의 발견이었다. 1995년이 한국근대사법 100주년이 되는 역사적인 해라고 미리부터 여러 가지 기념행사가 계획되고 있었는데, 무엇보다 대법원을 서소문에서 서초동으로 이전해 오는 일이었다. 그 대사업의 하나는 새로 설 대법원 건물 정원과 벽에 법과 정의의 상징물 조형을 어떻게 하느냐는 문제였다. 그래서 근 2년 전부터 대법원조형물건립위원회를 조직하여, 당시 법원행정처장이시던 최종영 전 대법원장과 그 뒤를 이어 이용훈 현 대법원장이 회의를 주재하면서 사상 처음으로 법률가와 미술가, 조각가, 건축가들의 대화가 이루어졌다. 이때까지 우리나라에는 이 방면의 연구가 전혀 되어 있지 않았기 때문에, 내가 쓴 『정의의 상을 찾아서』(서울대학교출판부, 1993)가 유일한 참고서였고, 위원들도 내 입만 쳐다보는 것 같았다. 나도 제대로 연구를 하지 않아서 속으로 전전긍긍하다가 여름방학 때 독일과 프랑스에 가서 이 방면의 자료를 보이는 대로 사 왔다. 이 무렵 유럽의 미술관을 많이 찾아다니고 화집도 많이 샀다(자세히는 졸고, 「나의 미술관 순례」, 『미술관소식』, 국립현대미술관, 1994년 5, 6월호). 역시 법문화가 성숙된 서양에서는 법미학(Legal Aesthetics), 법상징학(Legal Symbolics) 혹은 법도

상학(Legal Iconology)이라는 이름으로 이미 많이 연구되었다는 사실을 발견하고 열심히 이를 소개하였다(자세히는 졸고, 「법과 정의의 조형물」, 『미술광장』, 1994년 6월호; 「법과 미술의 만남」, 『미술세계』, 1994년 7월호). 마침 당시 서울변호사회에서 『시민과 변호사』라는 월간지를 창간하여 매월 '법과 미술'이라는 연재를 하기도 하였다. 1995년은 동시에 정부에서 정하는 '미술의 해'이기도 하여 나는 처음으로 미술 전문 출판사인 시공사에서 『법과 미술』이라는 책을 내었다. 지금도 고맙게 생각하는 것은 법대 대선배이신 이대원(李大源) 전 예술원 회장께서 '하서'를 써 주시고, 출간 후에도 특별히 축하해 주신 일이다. 이 책은 지금까지 이 방면의 대표적 저서로 인용되고 있다.

뜻밖에 대우재단에서 남이 하지 않는 창의적 연구를 지원한다 해서 '법상징학' 연구를 지원했더니 연구비를 주어서 그 결과로 『법상징학이란 무엇인가』(아카넷)란 책이 나왔다. 이 책은 사실 이 방면의 체계화를 한 세계에서 유일한 책이라 할 만하다.

이렇게 연구를 통하여 알려진 사실이 바로 법원이나 검찰, 법대 건축이나 장식에 바로 효과를 나타내어 특별한 보람과 감회를 느꼈다. 대법원 정원의 엄태정 교수의 조각이나 조각가 문신 씨의 추상적 해태상, 건물 안의 이종상 교수의 그림, 박충흠 교수의 한국 선녀 같은 정의의 여신상 모두가 내 책들을 읽고 대화하는 과정에서 창조된 작품들이다. 해태가 동양의 전통적 정의의 상징이라는 사실을 조명하자 대검찰청에서도 구내에 해태상을 세웠고, 사법연수원에서도 외뿔 달린 해태상을 해 세웠다. 내가 소속한 서울법대에도 동창회에서 근대법학교육100주년기념관을 세우면서 1996년에 외뿔의 해태가 새겨진 '정의의 종'을 만들어 세웠다. 당시 법대동창회장이신 이상혁 변호사께서 정열적으로 문의하시며 추진하시던 것을 잊지 못한다. 그래서 나는 환갑기념을 호텔이나 다른 곳보다 법과 정의의 상징물이 있는 이 100주년기념관에서 가지기로 결심했다.

나와 미술과의 인연을 다소 장황하게 얘기했는데, 실은 내 그림과의 직접적인 관계는 그 뒤 몇 년 후부터 시작된다. 내가 유학한 독일 프라이부르크에 다시 갔다가 미술사를 전공하는 한국 학생이 있어 자연히 내 『법과 미술』 책 얘기도 하게 되었다. 그 학생은 내 얘기를 열심히 듣더니, "선생님, 미술은 아무리 감상을 해도 직접 그려 보는 재미의 반도 못 됩니다."라고 하였다. 나는 좀 충격을 받았고, 이런 직언을 해 주는 학생이 고맙기도 하였다. 그래서 어떻게 그려야 하느냐고 물으니, 바로 작은 스케치북과 연필 하나를 사서 보이는 나무들을 그려 보라고 한다. 그대로 따라 했다. 거기에도 미술학원이 있다는 얘기를 듣고 갔더니 독일인 할아버지 선생님이 못생긴 호박과 정물 몇 점을 가리키면서 두 시간 동안 그려 보라고 한다. 나는 처음으로 큰 그림 종이에 그림 연필로 그려 보는데 어찌 그리는지도 모르고 팔이 떨어지게 아픈 것만 느끼며 대충 그렸다. 선생님이 내 눈앞에서 정물을 하나하나 쳐다보면서 내 그림을 수정해 주면서 설명을 해 주셨다. 나는 "아, 그림을 이렇게 배우면 많이 늘겠구나." 하는 생각이 들었다. 그러나 이미 귀국해야 할 시기라 더 이상 가 보지 못하였다.

한국에서도 그림을 배울 시간이 허락되지 않았다. 나이가 들면서 좀 시간이 날 것 같은데 더 바빠지는 것을 어쩔 수 없다. 국내에서는 한 학기가 얼마나 빨리 지나가는지! 방학 때는 미국이나 하와이에서 가르치고 영어로 논문을 쓰고 하면서 좀 여유를 가진다. 특히 하와이에는 시도 쓰고 스케치도 하고 바다 수영도 하고 심신을 충전하는 곳으로 이용하였다. 유럽에 갈 때도 반드시 내 시 노우트 겸 스케치북인 'Nothingbook'을 항상 휴대하고 다닌다. 내 'Nothingbook'은 실은 송병락 교수(전 서울대 부총장)께서 선사하신 것인데, 교보문고 같은 곳에서도 1,000원이면 살 수 있는 휴대용 공책이다. 나는 이 공책에다 시를 쓰기도 하고, 메모를 하기도 하고, 뒷부분에는 스케치를 한다. 물론 색칠도 하지 않는, 시를 쓰는 플러스 펜(Plus Pen) 그것으로 그린다. 그러니까 크기도 작고 색채도 없는 장난 같은 것이다. 그런 그림을 뭐라 그러는지 이름도 잘 모른다. 색칠을 하지 않고 흑백으로 비교적 정밀하게 그리니 일종의 펜화라고 하지 않을까 추측만 한다.

한번은 『주간조선』 지를 보니 김영택이라는 분이 펜화를 연재하는데, 그야말로 대단히 정밀하고 작품같아 보였다. 그래서 연락하여 저녁을 하면서 여러 가지로 문의해 보니 그분은 작품을 하나 그리는 데 엄청난 시간과 정성을 쏟는 것을 알게 되었다. 뭐든지 프로로 하려면 저래야 하는구나 하는 생각과 함께 겁에 질려 버렸다. 나는 역시 아마추어로 내 기쁨과 재미를 위해서 하는 범위를 넘어설 수 없구나 하는 것도 깨닫게 되었다. 시도 그렇고 모든 예술이 그럴 것이다. 그러고 보면 나는 일종의 딜레탄티즘을 즐기고 있는 것이다. 일종의 서양적 문인화 같은 기분이랄까? 나는 김원용 교수의 문인화를 보고 부러워하였는데, 이미 나는 서양물을 너무 많이 먹었다 할까, 서양화적으로 시작했으니 새로 붓으로 시작하기가 쉽지 않다. 실은 대학 시절에는 법대에 서예반을 만들어 미대의 원곡 김기승 교수와 법대 강의를 나오시는 안병욱 교수를 모셔 서예를 공부하기도 했는데, 언제부터인가 손 놓고 말았다. 지금은 오히려 아내가 서예를 배워 사군자도 그리고, 내 시집에 제자(題字)를 해 주기도 한다.

내가 그림에 박차를 가한 계기는 괴테를 새로 알면서부터이다. 2000년부터 매달 서울에서 모이는 '괴테를 사랑하는 모임'에 참석하게 되었는데, 과거에 『파우스트』의 저자, 문학가로서의 괴테가 아니라 전인(全人)으로서의 괴테를 새로 알고 매력을 사랑하게 되었다. 특히 괴테가 나처럼 법학을 공부하고 변호사, 법학박사이면서 바이마르공국의 국무총리인 재상까지 지내면서 불후의 작품을 썼을 뿐만 아니라 화가로서 평생 2,700점의 그림을 그렸다는 사실이 너무나 신선하게 느껴졌다. 나는 독일에서 괴테의 화집을 사 와서 그중 100점 정도를 슬라이드로 만들어 안삼환 회장의 요청으로 괴테학회에서 발표하였다. 그것이 한국에서는 화가로서의 괴테를 처음 소개한 것으로, 그 후 프랑크푸르트 괴테 박물관의 페트라 마이작(Petra Maisak) 소장이 방한하여 다시 한 번 화가 괴테를 조명해 주었다. 나는 이런 점들을 종합하여 나의 저서 『괴테와 다산, 통하다』(추수밭, 2007)에서 화가로서의 괴테와 다산 정약용을 비교하여 서술하기도 하였다.

나는 제대로 그림공부를 하지 않았기 때문에 내 스스로 깨치지 않으면 아니 된다. 그림을 그리다 나뭇잎의 질감을 어떻게 나타내느냐는 의문이 들면 괴테의 그림을 보면 힌트를 얻는다. 그래서인지 어떤 이는 내 그림이 괴테 그림을 좀 닮았다고 하기도 한다. 그런 얘기를 들으면 기분이 좋긴 하지만 솔직히 괴테의 그림과는 도저히 견줄 수 없음을 나는 잘 안다.

나는 주로 여행 중에 보는 풍경을 그린다. 여행시를 쓰기 때문에 여행하면 시 쓰랴 그림 그리랴 대단히 바쁘다. 여행시집을 내면 이렇게 그린 그림이 커트로 잘 어울린다. 어찌 보면 이런 용도로 그림을 그리는 정도 이상이 아니라고 말할 수 있다. 내 시가 그렇듯이 그저 사물을 즐기려고 그리는 것이라고 할 수 있다. 괴테가 수많은 글보다 그림을 그려야 사물을 정확히 볼 수 있다고 한 말은 실제로 그려 보면 알 수 있다. 요즘 사람들은 카메라 사진을 많이 찍는데, 사진을 아무리 찍어도 그림 하나 그리는 만큼 자세한 관찰을 할 수 없다. 그림 한 장을 그리려면 나뭇잎과 가지가 어떻게 뻗었는지, 건물의 창문이 몇 개인지 하나하나 점검하지 않을 수 없다. 나는 법을 전공하기 때문에 남에게 이래라저래라 하는 규범(명령)을 쉽게 말한다. 그러나 그림을 그리면 이런 규범이 함부로 쉽게 나올 수 없다는 사실을 느낀다. 사물은 모두 독특성을 갖고 있다. 괴테는 "예언자는 세상을 바꾸려 하고, 예술가는 세상을 즐기려 한다"고 하였는데, 그러고 보면 나는 근본적으로 예언자적이기보다 예술가적이지 않나 자문해 보기도 한다.

화가에게 미술여행이란 것이 중요하다는 것을 조금씩 깨달아 가고 있다. 나는 유럽과 하와이에서 그렸고, 2006년 2월에는 고갱의 발자취를 찾아 하와이에서 멀리 타히티까지 여행하면서 그렸다. 고갱처럼 색깔을 넣어 그릴 수 없는 것을 아쉬워하면서도 이국적인 남태평양의 풍경을 그려 보았다. 이번 7, 8월에는 유럽에 간 길에 한 달 남짓 괴테의 흉내를 내면서 독일은 물론 프랑스의 제젠하임, 체코의 칼스바트와 마리엔바트, 폴란드의 크라카우, 이탈리아의 로마와 나폴리, 시실리의 빨레르모 등을 찾아다니며 그림을 그렸다. 괴테가 로마에서 함께 그림을 그리며 사랑한 여류 화가 안겔리카 카우프만(Angelika Kaufmann)의 생가가 있는 스위스의 쿠어(Chur)까지 가서 그렸다. 괴테가 세 번 올라간 하르츠의 브로켄(Brocken) 산에 나도 세 번째 올라가 그렸다. 환갑을 맞은 나이에 이런 스케치 여행을 할 수 있는 것이 행복하고 즐거웠다.

환갑이 별것은 아니지만 교수직에서는 5년 후면 정년퇴직이라는 신호탄이라고 볼 수 있다. 그리고 어쩌면 새로운 제3의 인생을 미리 생각해 보라는 사인일지도 모른다. 정년을 맞이하고 시간이 생기면 더욱 그리고 싶은 마음은 확실하다. 그러나 그것이 어떻게 전개될지는 아직 모르겠다. 다만 지금보다는 더 아름다운 인생을 추구하고 싶은 희망이다.[26]

나는 국내보다도 외국에 나가서 많이 그렸다. 프라이부르크에서 한 학기 강의할 때 그린 것들로 대학 미술관에서 전시회도 하였고, 이스라엘 예루살렘에서도 전시회를 하였다.[27] 법대동창전시회에도 참가하였다. 그러나 나의 그림은 대형 전시보다 결국 책에

---

26 한국인물전기학회 편, 『최종고 교수 회갑기념자료집』, 관악문화사, 2007, 135-140쪽.

27 당시 이스라엘에는 가자지구가 전쟁 중이었는데, 놀랍게도 평온하였다. 마영삼 대사의 권유와 지원으로 예루살렘의 한국문화원에서 전시회를 하였다. 그리고 감람산의 독일인 숙소에서도 미니 전시회를 하고 '한국의 밤'을 했는데, 이런 경험을 독어로 "Wie ich als Koreaner nach Jerusalem kam"이란 제목의 글을 *Jerusalem* 지에 싣고, 「나의 이스라엘 체류기」를 『월송회보』 제4호, 2009에 실었다.

저자의 회갑기념 드로잉 전시회(2007, 법대 동창홀) . 가운데가 현승종 총리, 김춘봉 변호사

들어가기에 맞는 일러스트레이션적인 느낌을 가진다.

2012년 7월 나는 현직 교수직으로서는 마지막 여름방학을 그림에 집중하고 싶어 프라이부르크 대학 국제동창회에 참석하고, 바로 니스를 거쳐 로마, 피렌체까지 다니며 남유럽을 그렸다. 로마에서 괴테가 앉았던 자리에 앉아 유적지를 그리는 감회는 무척 깊었다. 이런 즐거움은 몸소 해 보지 않으면 모른다.

프라이부르크 대학 미술관에서의 전시회 초청장(20008)

원로교수의 처신

원로교수라는 말을 언제부터 듣기 시작했는지 기억이 안 나지만, 몇 년 전부터 신입생 입학식에서 교수로 제일 먼저 소개가 되면서 나도 이제 '시니어'이구나 싶었다. 최연소 교수로 들어와 30년 세월이 그렇게 만든 것이다.

새롭게 바뀌는 시대적 변화에 따라가기가 버겁게 느껴질 때도 있었다. 전에는 교수가 몇 명 되지 않으니 매사를 행정실 직원이 전화로 알려주고 독촉하고 했었다. 그래서 좀 잊어버리고 있어도 확인 혹은 독촉 전화가 오니 마음이 느긋하였다. 그리고 모든 것이 글로 쓰는 결제였다. 1990년대부터 컴퓨터가 일반화되면서 혁명적이다시피 달라졌다. 원고지에 쓰는 대신 컴퓨터로 치는 문화로 바뀌었다. 나는 천성적으로 컴퓨터 같은 문명의 이기를 좋아하지 않으면서도 억지 춘향이 되어 따라 하지 않을 수 없었다. 지금도 원고 쓰고 이메일 하는 정도이지 젊은 교수들처럼 각종 테크닉을 구사할 줄 모른다. 행정이 컴퓨터로 이루어지고 점점 뷰로크래틱하게 바뀌어 가는 것을 느끼며, 속으로 나는 20세기 인간이지 21세기 인간은 못 되는구나 생각하곤 하였다. 발상의 전환을 해야 한다느니, 미래를 정복해야 한다느니 하는 얘기를 들으면 왠지 거부감이 생겼다.

교수직이 좋은 점은 비교적 규칙적인 생활을 한다는 점이다. 출퇴근의 스트레스도 없고, 점심 식사도 구내에서 정시에 할 수 있

철쭉꽃 핀 교정에서 저자 (2007)

다. 이것을 일반적으로 소시민화되는 것이라 하는가? 환갑 때 쓴 시를 이 대목에 붙이면 어떨지?

시 쓰는 법학자: 환갑소감

세상의 영롱한 삼라만상을
법률가의 오직 일곱 무지개 색깔로만 본다는
라드브루흐의 경고를 두려워해서인가?

인간의 선량함은 정의보다 넓다는
괴테의 경구를 사랑해서인가?
아니면 자연 속에서 글짓기하던
청동초등 시절의 동심이 살아서인가?

시 쓰는 법학자로 어언 환갑

수백 편을 쓰고 시집도 몇 권.

법과 시, 학문과 예술
하루에도 수십 번 왔다 갔다 한다.

때로는 한없이 논문을 쓰고 싶다.
때로는 한없이 시를 쓰고 싶다.

내 안의 두 마음, 로고스와 파토스
환갑 이후에는 어떻게 조절할까?

디케와 뮤즈를 따라갈 밖에— (2007. 9. 13)

나는 되도록 행정에서 멀리 떨어져 살려고 노력하였다. 그래서 학장실이나 본부에는 잘 들르지 않았다. 젊은 후배 교수들과도 특별한 일이 없으면 잘 만나지 않았다. 그것은 그러려고 하기보다 하루 종일 연구실에 있다 보니 만날 시간이 잘 안 났던 것이다. 결과적으로 부담 없이 편안한 분위기에서 만년을 지냈고, 그것을 학교에 감사한다.

생각나는 일,
명심할 일

학자의 두 타입

정년이 얼마 남지 않았다니 만나는 사람마다 “정년 하고 나면 무얼 하시렵니까?”라고 묻는다. 그리고 나를 잘 안다고 하는 분들은 “최 교수는 정년 하고 나면 할 일이 더 많을 거야.”라고 하기도 한다.

이런저런 이유로 요즘은 학자의 삶과 스타일에 대해 생각하는 시간이 많아졌다. 나는 과연 어떤 학자로 보일까 자문해 보게 된다. 이럴 때마다 나는 공자와 괴테가 제시한 학자의 두 타입을 생각한다.

널리 아는 대로, 공자는 타인을 위한 학문(爲人之學)과 자기를 위한 학문(爲己之學)을 나누었다.

괴테는 『파우스트』에서 파우스트적 학자상와 바그너적 학자상을 보여주고 있다. 파우스트는 법학박사, 의학박사, 신학박사의 타이틀이 있는 박학자이면서도 세상이 궁극적으로 어떤 원리에 의해 운행되나를 고민한 나머지 마술에까지 의탁하는 지적 용기를 보여준다. 바그너는 인조인간을 만들기까지 하면서 지식을 위한 지식을 추구하는 학자이다. 어느 시대에나 이런 두 타입의 학자상이 있다.

서울대는 1990년대에 이수성 전 총장의 노력으로 명예교수동을 만들어 정년 하신 교수들이 계속 연구할 수 있도록 공간을 제공하고 있다. 여기에 열심히 나오시는 교수들은 말로는 집에 있기

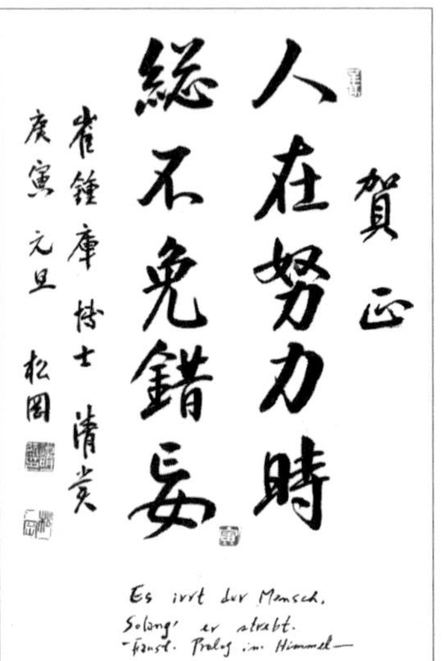

독문학자 지명렬 명예교수께서 써 주신 괴테의 『파우스트』의 한 구절 휘호(2011). '인간은 노력하는 한 실수한다'는 구절의 독어 원문과 한문 번역

가 싫어 이곳에 와서 소일한다고 하시지만, 대부분 교수는 연구를 계속하는 학자들이다. 그런가 하면 아예 전공은 정년과 함께 끝내고 그동안 못해 온 다른 것을 하시는 분들도 계시다. 사실 어느 쪽이 더 바람직한 것인가는 한 마디로 말하기 어렵다. 결국 학자의 타입에 따라 달라지는 것으로 보인다.

나는 과연 어떤 학자인가? 나는 열심히 무엇인가 추구하는 학자임은 틀림없지만 좀 철저하지 못한 데가 있다. 많이 벌이면서 결과를 잘 맺지도 못한다. 학자는 누구나 완전히 이런 중압감에서 해방되기 어렵다는 것을 알고 있다. 그래서 어떤 때는 끝도 없는 학문보다 '일이관지'(一以貫之) 하는 도(道) 같은 것을 찾아볼까 생각하기도 한다. 그렇지만 싫든 좋든 서양식 학문훈련을 받았기 때문에 그렇게 비약할 수도 없다. 그래서 늘 파우스트를 그리는지도 모른다.

이런 얘기는 거창한 얘기이고, 사실 나는 법학을 전공한다면서 논리와 감정의 사이에서 갈팡질팡하면서 살아왔다. 해석법학이 아니라 법사상, 법철학을 전공해서인지 인간에 대한 성찰과 고민 등 인문학적 사고를 하며 서성거리다 오늘에 이른 것 같다. 다행히 탐구욕이랄까 창작의욕은 아직 왕성하다.

서울대 역사관의 건립을 위해

서울대 총동창회에서 발간하는 『서울대총동창회보』에서 칼럼을 하나 청탁해 왔다. 나는 「서울대 역사관을 세우자」라는 다음과 같은 글을 써 주었다.

> 모교 교수라는 위치는 자연히 대학과 동창회의 가교 역할을 하게 한다. 자의 반 타의 반 그런 세월이 30년이 넘으니 나 자신이 하나의 역사적 증인이 된 느낌이다. 근년 동창회에서 개교원년을 1895년 법관양성소까지 소급하여 재조정하려던 진지한 노력을 보면서 대학의 역사인식이 얼마나 중요하다는 사실을 더욱 느꼈다. 그와는 별도로 법대에 1992년에 설치한 '귀중문서실'을 작년에 '법대 역사관'으로 확대 발전시키기까지 20년의 세월이 흘렀다. 나는 이제 정년 1년을 앞두고 새삼 서울대 역사관의 중요성을 실감하고 있다.
>
> 최근에 나는 춘원 이광수(1892-1950)가 경성제대에 입학했다는 짤막한 언급이 있는 책을 읽었다. 지금까지 춘원은 와세다 대학에서 철학을 2년간 공부한 학력만 알려져 왔기에 눈이 번쩍 뜨였다. 이것이라면 모교 교수로서 확인해 볼 책임이 있다 생각되었다. 기록관의 원칙에 따라 유족의 동의를 얻어 학적부 열람을 신청하니 놀랍게도 경성

제대의 학적부가 보존되어 있고, 1926년 경성제대 법문학부 개교에 춘원이 선과생(選科生)으로 입학한 사실이 확인된다. 뿐만 아니라 '재학번호 1번 이광수'라고 선명히 적혀 있다. 그는 곧 동아일보 편집국장이 된 35세의 나이에도 한국에 국립대학이 선다니 향학열에서 입학했던 것이다. 아마 같은 해 입학한 유진오와 동숭동 캠퍼스에서 만나 토론도 했을 것이다. 영문학 교수가 알아보고, "당신은 조선 소설계의 태두인데 왜 여기 왔는가?"고 묻자 춘원은 "와세다에서는 철학을 공부했지만 영문학을 공부하고 싶었다"고 대답했다. 춘원은 건강의 악화로 학업을 계속할 수 없어 2년 후 제적되었지만, 법적으로는 입학과 중퇴를 한 것이 사실이다. 아무튼 이런 학적부가 85년간 서울대 안에서 잠자고 있었고, 학계에도 까맣게 잊혀 있었던 것이다.

춘원의 예처럼 우리는 중요한 문서와 자료를 자체 안에 갖고 있는데 너무 무관심하여 왔다. 역사관이 대학의 얼굴이 되어야 한다. 일본은 말할 필요도 없고 이제는 중국의 대학들도 번듯번듯한 역사관을 만들어 방문자들을 사로잡는다.

역사관의 건물설립이 아니라 하더라도 대학사의 서술은 상시로 계속되어야 한다. 50주년, 60주년 개교기념을 할 때만 임시로 편찬위원회를 두어 발간하고 해체해 버리는 상습으로는 결코 좋은 역사를 쓸 수 없다. 일본에 교환교수로 가 있을 때 밤늦게까지 가장 불이 오래 켜진 방이 무엇인가 보았더니 대학사편찬실이었다. 연구원을 두어 상설적으로 가동하고 있는 것이다.

나는 제의하고 싶다. 가능하면 서울대 역사관을 세워 국내외 방문자와 재학생들에게 서울대의 역사를 진실되게 보여 주어야 한다. 대학과 동창회가 협력하여 해 나갈 가장 좋은 과제라고 생각한다. 동창회도 장학회관을 이루었으니 이제 성숙한 모습으로 역사의식을 실천에 옮길 필요가 있다. 지금의 기록관을 더욱 발전시켜 전시공간을 확보하고 대학사 편찬까지 담당하는 거교적 기구로 가꾸어 나가자.

나는 12년째 한국인물전기학회를 운영하고 있다. 여러 인물을 연구자들에게 발표를 시키고 있지만, 서울대를 거쳐 간 학자들은 한국의 지성이며 엘리트들인데 너무 주목되지 못하여 왔다. 대학원동창회가 있는데, 금년 처음으로 회보를 〈서울대 학문의 기초와 계승〉이라 하여 우선 6분야의 선구적 학자들의 생애와 업적을 서술해 특집으로 만들었다. 이런 서울대 아카데미즘이 앞으로 역사관을 통해 일원화되면서 서울대 학문의 역사가 생생히 저장되고 전시되어야 할 것이다.[1]

의외로 반향이 컸다. 임광수 총동창회장께서도 잘 읽고 공감한다고 전화를 해 주셨다.

며칠 후 서울대 출입 『중앙일보』 기자라며 전화가 왔다. 동창회보에 쓴 내 글 중에 춘원에 관한 몇 가지를 묻고 싶다며 연구실로 찾아왔다. 나는 몇 마디 경위를 말해 주면서도 일간지에서 이것을 어떻게 기사화할지는 감이 안 선다고 잘 생각해 보라고 하며 돌려보냈다. 그런데 바로 다음날(2월 29일 자) 『중앙일보』에 "서울대(경성제대) 학번 1호는 '26학번' 춘원 이광수"라 하여 대서특필

1 최종고, 「서울대 역사관을 세우자」, 『서울대동창회보』, 2012.

춘원 이광수의 학적부(서울대 기록관)에 관한 신문보도 일부(2012)

本籍地
族籍
生年月日 明治 二十五年 二月 一日
出身學校
入學 大正十五年 六月 一日
入學資格 選科生
學科 文學部
專攻學科
卒業
學士號
退學
保證人ノ住所氏名
其ノ他
在學番號 1 李光洙

로 나갔다. 나는 서울대 외교학과 출신이라는 기자의 능력에 깜짝 놀랐다.

그 후 얼마 지나 집으로 큰 소포가 배달되어 열어 보니 서울대 총동창회가 새로 발간한 『서울대인명록』이다. 1929년 졸업 연도에 이광수라는 이름이 올라 있고 괄호 속에 1926년이라는 입학 연도가 적혀 있었다. 졸업은 못했지만 동창으로 인정하여 올려 준 것이다. 나는 이렇게 급속히 춘원이 서울대 동창으로 기록되는 것에 가슴이 찡하였다. 85년 동안 잠자던 학적부 한 장의 발견이 역사를 새롭게 만드는구나 싶었다.

이런 것이 역사연구의 묘미이기도 하고 사명이기도 하다. 사실 모윤숙(1909-1990)도 선과생으로 입학했는데, 학적부를 발견하면 이런 절차를 밟아 동창명부에 올라가야 할 것이다. 이런 작업을 할 상설적 연구팀이 있어야 한다. 그래서 나는 '대학사포럼'을 출발시켜 매월 서울대의 역사에 관한 토론을 진행해 나가고 있다.

지난(2012) 11월 12일에는 호암교수회관에서 임광수 총동창회장과 오연천 총장 사이에 서울대 역사관 건립과 서울대 120년사 발간을 위한 MOU가 체결되었다. 나는 이 자리에서 대학 측에서 빨리 이 작업을 시작해야 할 것을 느꼈다. 서울대 역사관은 서울대를 찾는 국내외 방문객에게 서울대의 역사를 풍부하게, 그러면서도 일목요연하게 가시적으로 보여 주는 수준 높은 역사관이 되어야 할 것이다. 이어서 11월 20일에는 제4차 '대학사포럼'에 서울대 기록관 송기호 관장(국사학과 교수)을 초청해 '서울대 기록관의 현황과 전망'을 들었는데, 그는 앞으로 역사관이 선다면 기록관을 포함하는 방향으로 설계되기를 희망하였다.

『대학신문』의 회상

서울대에 학생 시절부터 몸담고 있으니 학교에 나오면 가장 가까이 접하는 것이 『대학신문』이다. 학생 시절에 쓴 글의 스크랩이 나와서 이곳에 옮겨 본다. 1968년 8월 25일 자이니 법대 3학년 때이다. 나에게 '외부에서 본 대학교수'라는 난에 글을 써 달라고 해서 '한밤중 높고 외로운 탑 속에 내 남폿불을 켜 있게 하라'는 타이틀로 글을 실었다. 내 미래 교수상의 예감이나 예언이었는지? 당돌한 면도 있다. 전문은 이렇다.

가정교사 족에게는 밤 버스가 제격이다. 하루 강의에 쫓기어 뛰어다니던 교정을 차창으로 내다보며 바쁜 마음으로 대학가를 지나 귀가한다. 하필이면 거리를 향해 앉은 두 도서관. 게다가 약속이나 한 듯 두 건물의 위층은 교수연구실(하여 서울대학은 어쩔 수 없이 공부하여야 할 학생과 연구하여야 할 교수의 학교이구나 하면 지나친 아날로지일까), 아무튼 오늘도 K교수의 연구실에는 파랗게 전등불이 켜져 있다. 평소 학생들이 존경을 아끼지 않는 K교수, "서울대 교수가 되는 순간부터 스톱이야 스톱." 어느 시간 흥분하시던 말씀이 귓전을 때리고 지나간다. 서울대 교수- 너무나 많은 요구와 기대를 향해 Nein을 선언하고 있는 그들, "당신들은 그래도 괜찮소이다." 하는 사립대학 교수의 선망에 "우리도 마찬가지요." 대꾸한다. 생활난 얘기다. 뭔가 자꾸 물으면 먼저 한국사회를 보라 한다. 이렇게 되면 말 안 하는 게 서로가 속 편하다.

중앙교육연구소의 조사에 의하면 그런대로 교수직에 만족한다는 분이 20%, 불만이 80%이다. 내재적 불만이 이럴진대 거기에 무엇을 더 요구할 수 있을까마는 배우는 이가 안 하면 누가 할까, 구체적인 두 가지만 얘기하고자 한다.

교수의 대한 최대 모욕은 "저 교수 실력 없다"다. 사실 어떤 교수는 10년을 가르쳐도 문자 그대로 개론교수다. 무난교수라 할까? 그래도 '○○개론'만 저술하고 나면 그 방면의 권위가 된다. 도대체 권위는 누가 만드나? 서울대학이다.

외국에서는 책이 나오기 전에 원고가 강의된 후 그 강의의 오리지널리티가 인정될 때 비로소 대학출판부에서 출판하는 것으로 안다. 역시 문제는 연구다. 연구실에 책 한 권 없고 숫제 학생들에게 환담장소로나 서비스하는 교수가 있다고 한다. 밤마다 도서관을 지나며 P교수의 시 한 구절을 되뇌어 본다. "한밤중 높고 외로운 탑 속에 내 남폿불을 켜 있게 하라." 실로 모든 연구실에 전등불이 아쉽다.

대학은 대화의 집이다. 넣은 것을 내놓지 못할 때 썩는다. 때로는 누군가 잡고 얘기하고 싶다. 호떡집이, 잔디밭이, 그리고 부정을 볼 땐 가두가 강의실보다 가까운 이유도 이것이다. 학생은 교수가 곁에 있으므로 든든하다. 그렇지 못할 때 외롭고 불행하다. 학생의 문제성과 교수의 문제성이 꼭 같을 수는 없지만 학문 더구나 같은 전공의 카테고리 속에 면밀이 이어지는 맥락은 한둘이 아닐 것이다. 그러나 지금까지 학생이 즐거워할 때 교수는 엄숙하였고 학생이 분노할 때 교수는 무표정하였다.[2]

그 후 시 한 편을 실은 것 같으나 못 찾겠고, 교수가 된 후에도 '관악세론', '자하연' 칼럼란에 쓰기도 하였다. 다 기억이 안 나지만 두 가지가 떠오른다.

이른바 문민정부가 들어선 후 1994년 졸업식에 김영삼 대통령

2 『대학신문』, 1968. 8. 25.

이 모교 서울대 졸업식에 참석한다고 화제였다. 본부에서도 환영하고 경호원들의 사전통제가 부산하였다. 그런데 김 대통령의 축사인지 치사는 아무 알맹이 없는 미미한 내용뿐이었다. 그런데도 『대학신문』은 아무 비판도 없이 환영하는 투의 기사였다. 나는 대학신문사에 전화를 걸어 도대체 정신이 어디 있느냐고 소리쳤다. 기자는 그때야 잘못했다며 나더러 다음 주 신문에 직접 써 달라 한다. 나는 문민 대통령이라면, 더구나 대통령의 오랜 불참석의 전통(?)을 끊고 모교의 졸업식에 왔다면 서울대의 발전을 위해 어떻게 하겠다는 내용 있는 연설을 해야지 그런 부실한 연설을 하려면 안 오는 것이 좋겠다고 썼다.[3] 그것을 읽은 교수들이 잘했다고 격려해 주었다. 다음 해부터는 대통령이 오지 않은 것으로 기억한다.

또 하나 기억은 『대학신문』의 '자하연' 칼럼에 글을 쓴 일이다. 2005년 11월 14일 자에 이렇게 썼다.

> 두 주 전 독일 프랑크푸르트에서 열린 국제도서전은 한국이 주빈 국가로서 일생에 한 번 있는 뜻깊은 기회였다. 하지만 한편으로는 서울대 교수로서 부끄러움을 지울 수 없었다. 내가 알기로 서울대출판부도 원래는 규장각과 함께 단독전시로 출품하려 했는데, 막상 출품할 영문 저서가 적어 포기하고 출판협동조합을 통해 겨우 10여 종을 내보냈다고 한다. 이것은 한마디로 해방 후 서울대 아카데미즘의 총체

3 최종고, 「대통령의 모교방문」, 『대학신문』, 1994. 3, '관악세론'.

적 평가라고 생각한다. 말로는 세계 속의 대학을 표방하면서 실제 이렇게 빈약한 성과는 일대 반성을 요구한다.

나도 이번에 출판부에서 *Law and Justice in Korea*라는 영문 저서를 내보니 서울대의 영문출판이 얼마나 초보적 단계에 있는지 실감하게 되었다. 영어편집능력이 없는 것은 물론 해외로의 판매망도 구축되어 있지 않다. 거대한 미국시장에 진출하려면 출판부 미국지사를 두거나 자매사를 가져야 하고, 이렇게 해야 최소한 '아마존' 같은 사이트에도 올릴 수 있다. 앞으로 서울대의 학문연구가 세계로 뻗어 나가기 위해서는 출판역량을 발전시키는 일이 시급하다고 할 수 있다.

'서울대학교출판부'(SNU Press)라는 특권적 상호를 갖고도 이를 살릴 수 없다는 것은 바보짓이다. 총장, 출판부장을 비롯하여 많은 교수가 이러한 생각을 갖고 있으면서도 실천에 옮기지 못하는 것은 재정적 어려움 때문이라고 한다. 국내 출판만으로도 적자운영을 면하기에 급급한 출판부를 살리려면 독립채산이라는 명분을 넘어 본부로부터의 대폭 지원이 있어야 한다. 지금부터라도 출판부 살리기에 한국학, 통일학 연구비 10억씩에 못지않은 지원이 이루어져야 한다.

나는 수년 전 '한중일 대학출판연합회 심포지엄'에서 기조강연을 통해 동아시아연구기금(East Asian Studies Fund)을 공동출자로 만들어 좋은 연구서를 영어로 출간하는 사업을 제안한 바 있다. 거기서 나는 우리가 하버드·예일 출판부의 책을 사 주어야 할 때는 지났다고 역설했다. 그로부터 몇 년이 지났지만 서울대의 출판은 근본적으로 제자리걸음을 하고 있다.

자연과학은 바로 세계학계에 논문을 제출하여 인정받을 수 있지만,

인문사회과학 쪽은 아예 세계 학계에 나갈 언어적 통로가 막혀 있다. 확실히 자연과학에서는 '황우석 효과'를 얻고 있는데 인문사회과학에도 통로에 대한 적절한 지원이 따른다면 세계적 학자를 낼 수 있는 곳이 서울대이다. 연구비 지원체제도 바꾸어, 연구한 결과를 심사하여 좋은 연구서의 출판에 대폭 지원해 주어야 한다. 일본학, 중국학과 달리 한국학은 우리 스스로 북 치고 장구 치지 않으면 아무런 성과도 나지 않는다.

다행히 한국학연구원의 설립이 추진되고 있는데, 한국학은 언어나 역사 같은 좁은 인문과학만이 아니라 각 학문분야를 포괄하고 있다. 이것을 총집결하여 결과를 국내외에 알리는 것이 대학출판의 사명이다. 서울대가 드디어 세계 100위권에 들어갔다고 기뻐하는데, 외국에 많이 알려지지 않은 인문사회과학의 성과가 출판으로 가시화되면 국제평가는 지금보다 훨씬 올라갈 수 있을 것이다. 세계 10위권의 싱가포르 대학이 좋은 예이다. 이제부터라도 서울대-세계화-한국학을 연장선상에서 진지하게 구상하는 비전과 전략을 세워 추진해야 할 것이다.[4]

작년(2012) 4월부터 『대학신문』을 새로운 관심을 두고 읽고 있었다. 그동안 지리멸렬하던 품위가 상당히 고양된 것 같고, 특히 대학원의 실상을 잘 보도해 주어 고맙기까지 하다. 9월 26일의

4 최종고, 「서울대-세계화-한국학」, 『대학신문』, 2005. 11. 14.

'SNU 대학원의 밤' 행사를 할 때는 12,000명의 대학원생에게 대량 이메일을 보내기도 하였다. 10월 18일에는 '대학원, 발전과 도약을 위하여'라는 좌담회를 개최하여 나는 홍기원 교무처장, 노성현 연구처장, 이재연 학생처장, 정진성 인권센터장과 함께 대학원 동창회장의 자격으로 참석하여 대학원의 발전책에 관해 토론하였다. 얘기가 학생 인권문제 쪽으로만 흘러가는 것 같아 나는 현재 대학원의 위상은 전체적으로 제도적 개선이 필요함을 지적하였다.

대학신문은 대학마다 나오지만, 서울대 『대학신문』은 한국의 대학의 소리, 지성의 반영이므로 정말 수준 있고 정론적인 내용을 담아야 한다고 생각한다.

서울대 아카데미즘과 출판

평생 책을 많이 저술해 와서인지 서울대 안에서도 출판부에 대하여 관심이 많았다. 출판부에서 낸 내 책도 몇 권이 되고, 저작상 같은 것을 받은 일도 있다. 그런데 출판부에서의 내 책들 가운데 머리에 제일 먼저 떠오르는 것은 『서울대 트리비아』라는 책이다. 1988년에 하버드 대학에 한 학기 머물고 있을 때 『하버드 트리비아』(*Harvard Trivia*)라는 하버드에 관한 토막지식적 문답서를

『서울대 트리비아』

서울대 개교 50주년 기념 미술전시회 오픈 후에(1996)

흥미 있게 읽었다. 그 후 하버드에 관한 얘기가 나오면 내가 많이 안다는 얘기를 들었다. 이런 간명한 '트리비아'서가 얼마나 중요한지를 알게 되어, 서울대를 대상으로 작업하였다. 문답식으로 재미있게 사진을 넣어 편집하여 『서울대 트리비아』라 하였다. 그런데 저자를 내 이름으로 밝히는 것은 어쩐지 망설여졌다. 그래서 '서울대를 사랑하는 모임 엮음'이라 하였다. 지금 보아도 재미있고 책도 예쁘게 잘 만들었다. 한때는 대학 측에서 선물용으로 쓰기도 하고, 호암교수회관 기념품 판매대에 놓고 팔기도 하였다. 그러나 나는 실망하였다. 서울대 자체에 대해 알려고 하는 학생이 너무 적은지, 아니면 모르면서 아는 체 하는 건지 초판을 찍고 절판되었다. 과연 교수나 학생이나 서울대 자체에 대해 얼마나 알고 있는가?

그건 그렇고 서울대학교출판부가 하나 이루지 못한 것이 있다. 그것도 하버드 등 외국 대학에서 얻은 힌트이지만, 서울대 캠퍼스를 예술적인 사진으로 찍어 우아한 '포토 에세이집'을 하나 내어 학생들이 선물용으로 사용하도록 하는 것이다. 서울대는 아직 연초에 달력 만드는 것밖에 없다. 외국 대학의 견본이 될 책들을 몇 권 출판부에 빌려 주었는데도 못한다고 되돌려받았다.

1990년대 말 정운찬 총장 때였다. 그해 프랑크푸르트에서 열리는 국제도서전에 한국이 주빈 국가라고 정부에서 큰 예산을 세우고 성대히 준비한다고 하였다. 서울대학교출판부에서도 규장각 도서 일부와 함께 영어출판물을 갖고 참여하려고 준비를 하였다. 그런데 막상 닥치니 출품할 영문 도서가 부족하여 포기하고 말았다. 나는 당시 출판부 감사로 있었는데, 그것을 떠나 이것은 서울대 아카데미즘의 총평가같이 느껴져 단독 총장을 면담하였다. 한국학, 통일학은 매년 10억씩 지원하는데, 출판부의 중흥을 위해, 특히 영문출판을 위해 10억을 지원해 주라고 강력히 제언하였다. 정 총장은 고마운 충고라고 하면서, 임기가 끝날 무렵에 3억을 마련해 주었다. 최성재 출판부장과 이를 갖고 영문출판위원회를 구성하고, 미국 시애틀의 워싱턴 대학 출판부와 제휴를 체결하기도 하였다. 그러나 막상 재정 문제가 호전되었는데도 적당한 영문 원고가 들어오지 않아 그리 큰 성과를 낼 수 없었다. 교수가 1,000명이 넘는데, 영문 원고를 내는 것이 1년에 몇 편도 안 되는 데에 놀라지 않을 수 없었다.

이런 면에서 책임을 져야 한다는 생각에서 두 권의 영어 저

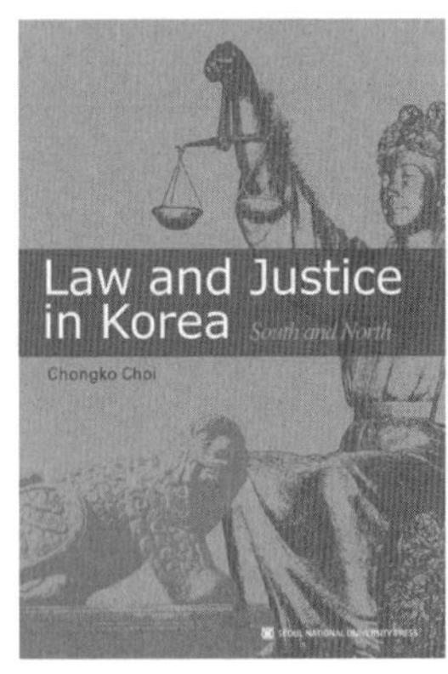

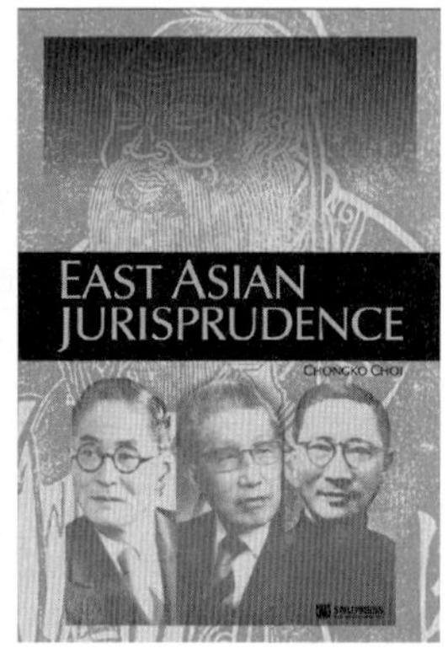

서울대학교출판부에서 낸 저자의 영어 저서 두 권

서를 서울대학교출판부에서 발간하였다. 2006년에 낸 *Law and Justice in Korea*와 2009년에 낸 *East Asian Jurisprudence*가 그것이다. 앞의 책은 재판까지 찍었고, 미국의 도서관에도 40여 곳에 소장된 것을 보았다. 뒤의 책은 세계법철학대회(IVR)에 전시되고 2012년에 3·1문화상을 시상하였다. 나는 독일에서 공부했기 때문에 영어가 능통하지 않지만, 마음을 먹으니 할 수 있었다. 오늘날 세계 학계의 추세에서 영어로 발표하지 않으면 없는 것과 마찬가지이다. 자기가 연구하고 싶은 내용을 어쨌든 영어로 쓰기만 하면, 그것을 다듬고 책으로 만드는 것은 부차적으로 해결할 수 있다.

사실 나는 이보다 앞서 동양사학과의 김용덕 교수께서 출판부장으로 계시면서 동아시아대학출판협회 회장으로 설악산에서 국제회의를 주최하실 때 주제강연 부탁을 받아 간 일이 있다. 나는 아시아연구서를 언제까지 하버드대나 예일대 출판물을 사서 읽겠느냐, 이제 아시아의 대학출판부가 기금을 모아 아시아연구서를 영어로 활발하게 자체 출판해 나가야 한다고 역설하였다. 그 기금을 '동아시아연구출판기금'(EARPF: East Asian Research Publication Fund)이라고 이름까지 붙여 주었다. 참석자들은 대단히 긍정적인 반응을 보여주었다. 그러나 그 후 나도 출판부의 책임 있는 자리를 맡지 않았고, 아무런 진전의 소식을 듣지 못하였다.

서울대 평의원회 의원으로 있을 때 최고심의기관이라고 심도 있는 심의를 하기 위해 연구도 할 수 있다기에, 출판부의 활성화를 위해 세계의 유명 대학출판부의 전략을 리서치하고 서울대학교출판부를 적극 지원해 주어야 한다고 역설하였다. 내가 평의원직을 만료할 무렵에야 출판부장이 출석하여 현황을 보고하고, 지원을 잘 부탁한다는 것으로 얘기가 싱겁게 끝났다는 말을 듣고 쓴웃음을 지었다.

이 자리에서 출판부의 실상을 자세히 말할 처지가 아니라고 생각한다. 다만 지금보다 훨씬 발전해야 세계의 대학이라는 위상에 부합할 수 있다고 생각한다.[5] 본부는 발전기금을 출판 쪽에 적극 지원하고, 교수들은 연구성과를 본 대학출판부를 통해 좋은 책으로 발간하는 데에 더욱 열의를 보여야 할 것이다.

5 지금은 서울대학교출판문화원이라고 부르는데, 영문으로는 여전히 Seoul National University Press로 불리고 있다.

이준 동상 세우던 날

이 부분은 후일을 위해 일기를 그대로 옮겨 둔다. 2012년 4월 25일 오후 3시 법대 서암법학관 도서관 앞 정원에 이준(1859-1907) 열사 동상을 세웠다. 김경한 법대동창회장(전 법무부장관)께서 사재 1억 원을 희사하셨다. 많은 사람이 왜 법대 앞에 이준의 동상을 세우는지 모르고 있다가, 그가 법관양성소 제1회 졸업생이라는 사실을 비로소 알게 되었다.

> 어제는 여름같이 무덥더니 오늘은 아침부터 종일 비가 내린다. 10시 반에 연구실에 나가니 오후 행사를 로비에서 하려고 준비하고 있다. 『대학원동창회보』 마지막 교정지를 넘겨주었다. 점심때는 법대교수들의 집담회 '법과 문화' 포럼에서 김도균 교수가 '판례와 법철학' 발표를 하였다. 내 석사 제자가 교수가 되어 동료로서 발표하니 유심히 들렸다.
>
> 연구실에 있으니 2시가 좀 넘어 전 이준열사기념사업회장 이선준 선생이 아들과 함께 오셨다. 아들도 교장을 지냈다는데 노인처럼 보인다. 두 분을 데리고 2층 역사관으로 내려가 전시장으로 안내했다. 이번에 족자 8점을 주셔서 전시가 시각적으로 괜찮게 보인다고 감사했다. 내가 그린 이준 초상화를 처음 공개하였다. 붉은 배경에 전체 이미지가 사진에 가까운데 콧날을 좀 높혀야겠다고 느껴진다. 전시회 끝나면 수정할까 한다. 아무튼 이번 전시회를 통해 내가 직접 이준 초

상화를 그렸다는 것은 내 일생에 의의 있는 일이다. 초상화 배운 보람을 느낀다.

이어 내빈들이 오기 시작, 오연천 총장, 박명진 대학원장, 그리고 내가 특별히 연락한 이문한 대학원동창회장도 도착, 개막식이 시작되었는데, 비는 여전히 억수로 쏟아진다. 우산을 쓰고 밖으로 나가 동상에 씌운 비닐을 걷었다. 전종익 부학장이 대에 올라서서 걷는데 비를 맞으며 힘들어하는 모습이 좀 우스워 보였다. 나는 이 순간을 잡으려 열심히 카메라를 눌렀는데, 우산 때문에 얼굴들은 보이지 않는다. 빗속의 행진 같다.

다시 로비로 들어와 역사관 앞 로비에서 개막식을 진행. '이준과 그 시대'라는 큰 현수막 아래서 하니 분위기가 난다. 거기에도 내가 그린 이준 초상화가 실루엣으로 그려져 있다. 전종익 부학장의 사회로 정종섭 학장의 인사에 이어 김경한 동창회장의 축사. 김 회장은 일부러 오늘 '법의 날'을 택했다고 하고, 이준의 위대함과 후학에의 교훈을 잘 연설했다. 이어 오 총장은 이준 동상이 서울대 전체에서 처음 서는 전신상이라 하고, 김 동창회장의 희사로 최인수 전 학장의 멋진 조각에 '서울대의 문장가' 최종고 교수의 글로 정종섭 학장의 명필 글씨로 큰 작품이 이루어졌다고 평을 하였다. 총장의 연설이 많이 발전했다 싶다. 이어 조각가 최인수 교수가 감사패를 받고 인사말에서 이준의 위대함을 배우며 즐겁게 제작했다며, 한 손은 하늘의 정의를 받고 한 손은 지상의 평화를 어루만지는 상으로 만들었다고 설명했다.

이어서 4층 교수회의실로 올라가 '법과 정의' 벽화 제막식을 했다. 윤두식, 염인섭 두 동창의 합작인데, 실은 작년 법대 동창 미전 이후 위

조각가 최인수 교수와 이준 동상 건립 첫날(2012)

양인 외에 안경은, 최경락, 나 이렇게 5명의 작품으로 하려고 몇 번 작업을 하다 내가 도저히 시간이 어려워 빠지고 이어 위 양인도 빠져 두 사람이 끝낸 것인데, 한겨울 애쓴 보람이 있어 대작을 완성했다. 내 책 『법과 미술』이 크게 도움이 되었다고 인사를 받았다. 염인섭 선배가 작품 해설을 좀 장황하게 했는데, 그래도 인류창조에서 법과 평화를 거쳐 종말에 이르는 21가지 인간상과 나르는 학의 모습 등 대작임에 틀림없다. 조금 입체감이 없고 역시 동양화가 갖는 평면감 때문에 멀리서 보면 뭔지 모르는 한계를 느낀다. 법무법인 '바른'에서 스폰서를 했는데, 김동건 대표변호사가 보람을 느낀다고 답사를 했다.

다시 2층으로 내려가 역사관에 '이준과 그 시대' 전시를 관람, 내가 안내를 했다. 오 총장은 처음 역사관에 들어와 본다 해서 상설전시까지 간단간단히 설명해 주었다. 이준 전시도 좋다고 해서 내가 그린 초상화 앞에서 사진도 찍고 한참 환담했다. 앞으로 서울대 역사관이 서면 좀 더 잘 전시해야 한다는 얘기도 나눴다. 오 총장은 내가 대학원동창회장을 맡은 것을 이미 알고 있다. 박명진 대학원장이 말해 준 것 같다. 불원간 이문한 회장과 함께 점심을 함께하자고 했다. 이번에 『대학신문』에 대학원의 실상을 특집으로 한 기사가 매우 뜻있다. 취재한 학생기자 이정원 군도 취재부장과 함께 왔다. 실로 대학원동창회의 할 일이 많은 것 같다. 손일근 총동창회 상임부회장도 한 번 만나자 한다.

좀 다른 얘기도 적혔지만, 나의 서울대 인생에서 가장 의미 있는 사건의 날 중의 하나라 기록으로 남기고 싶다. 정년을 하고 나면 서울대에 내 이름이 남을 곳이 세 군데 있을 텐데, 첫째는 법대 역사관 안에, 둘째는 중앙도서관에 기증한 책들에, 셋째는 이준 동상 뒷면이다.

그 후에도 학생들과 내방객이 이준 동상을 어떻게 받아들이나 관찰하였다. 지나가다 유심히 둘러보는 사람들이 적지 않고, 서울대를 견학 온 고교생들이 동상 전후에 적힌 글귀를 적는 것도 보인다. 서울대 캠퍼스의 명물이 된 느낌이다. 그저께는 일본 동경에 사는 북청 출신의 재일교포 두 사람이 참배하고 갔다.

내가 심은 백목련

정년이 가까워져 온다 생각하니 캠퍼스의 곳곳이 새삼 유심히 보인다. 예사로 보이던 나무들도 언제부터 이 나무가 있었나 생각하게 되고, 건물도 마찬가지이다. 특히 나무에 관심이 가는 것은 내가 떠나도 나무만은 여기 계속 서 있을 것이기 때문이다. 사실 대학의 주인이 누구냐, 교수냐 학생이냐 논쟁하는 때도 있지만, 실은 묵묵히 세월을 사는 나무들이 주인이라 할 만하다. 나무들은 캠퍼스에서 일어나는 모든 일을 목격한 증인이다.

서울대 캠퍼스에 백목련 한 그루를 심은 일이 있다. 교무담당 학장보를 맡고 있던 1993년 봄 식목일에 본부에서 몇 그루 나무를 보직교수들에게 내려 주어 적당한 곳에 식목하라고 하였다. 서원우 학장과 함께 나는 법대 연구동 앞 왼편 정원에 목련을 심었다. 심을 때는 손가락 정도밖에 안 되어 언제 커서 꽃이 필까 하는 생각이 들었다. 해마다 살펴봐도 별로 크는 것같이 느껴지지 않더니 어느 해 문득 꽤 큰 나무에 흰 목련꽃이 핀 것을 보고 놀랐다. 매년 봄이 오면 상당히 많이 핀 백목련을 바라볼 수 있어 매우 기분 좋다. 그때 잘 심었다고 생각되고, 내가 퇴임하고도 잘 피어 주기를 바라는 마음 간절하다. 어떤 때는 혼자 근처에 서서 "목련꽃 그늘 아래서 베르테르의 편질 읽노라"고 속으로 노래를 부르기도 하였다. 내가 이 노래를 부르려고 이 나무를 심었는가 하는 생각이 들기도 하였다.

금년(2012) 봄에 작곡가 김성태 교수께서 102세로 작고하셨다. 기억을 더듬으면 나는 대학생 시절에 동숭동 캠퍼스에서 선생님을 한두 번 먼발치에서 뵌 기억이 있을 뿐이다. 그의 자제 김기호 교수가 환경대학원 교수인데, 법대 연구동을 지을 때 설계를 부탁하였다. 준공 때 감사패를 드릴 때까지 긴밀한 접촉이 있었다. 나는 삼성의료원 영안실로 문상을 가서 조시를 하나 전해 드렸다. 법대 선배 교수들의 작고 시에 조시를 써 바친 습관이랄까. 괴테의 기회시(Gelegenheitsdichtung)를 생각하며 이런 시를 써왔는데, 김성태 선생님은 음악가이시라 짧고 분위기가 살도록 간명히 적었다.

산유화로 가시는 님

—김성태 선생님 영전에

꽃잎은 하염없이
동심초로 지던 날

102세의 한국 작곡가
산유화 되어 가시네.

서울대에 예술원에
남기신 발자국들

맘과 맘으로 다시 맺어
아름다운 선율에 실어

아, 너도 가고 나도 가야 할 길에서
기러기 울어 옐 제 다시 만나리. (2012. 4. 23)

나는 잘 모르겠다. 인생과 학문과 예술, 그리고 자연이 어떻게

관악캠퍼스의 마로니에(2012, 저자 그림). 저자의 연구실 앞에 서 있다.

연결되고 어떻게 이별하는 건지? 나는 법학교수이지만 무한히 인문학을 사랑하고 인간을 그리워하며 살아온 것만은 사실이다. 백목련 한 그루가 또 내 마음을 이렇게 상상의 나래를 펴게 하였나 보다. 지금까지도 그 나무에 내가 심었다는 팻말을 붙이지 않았는데, 정년할 때는 하나 붙일까? 아서라, 꽃은 만인이 함께 즐기는 것이다. 나만 속으로 기억하면 족하리.

경북고 동기인 경제학과의 강광하 교수가 금년 8월 정년퇴임식을 9일 앞두고 급서하였다. 같은 고교 동기인 황경식 교수는 퇴임식 답사를 강 교수의 죽음을 애도하는 말로 시작하였다. 우리는 이렇게 몇 개월 생월의 차이로 한 학기 앞뒤로 퇴임하는 것이다.

강 교수의 정년퇴임기념문집을 준비 중이었는데, 나는 원고청탁을 받고 이런저런 생각을 하다 「서울대 캠퍼스와 마로니에」라는 글을 써 주었다. 내가 그린 마로니에 그림도 곁들여 넣었다. 강 교수가 기획처장을 하면서 캠퍼스 미화에도 신경을 썼을 텐데, 사실 마로니에가 옛 연건캠퍼스에만 있는 것이 아니라 관악캠퍼스에도 열 그루 이상 심어져 있다는 것을 썼다. 이렇게 쓰는 나도 마로니에라면 연건캠퍼스의 마로니에만 생각했지 관악의 마로니에, 그것도 내 연구실 아래의 그것들을 깨닫기에는 30년에 가까운 세월이 걸렸다는 얘기를 솔직히 적었다. 그러면서 캠퍼스의 주인이 교수냐 학생이냐 떠들지만, 실은 말없이 서 있는 나무들이라고 맺었다.[6]

'귀중문서실'에서 법대 역사관으로

위에서 여러 번 언급되었지만, 1992년에 만든 귀중문서실이 2010년 로스쿨이 되면서 법대 역사관으로 발전하였다. 이것도 생각하면 속으로 나만의 감회를 느낀다. 로스쿨이 되면서 법학도서관을 새로 지어야 하는데, 법대 구내에 충분한 공간도 없어 기존의 국

6 『여백이 있어 삶은 아름답다: 새로운 길을 떠나시는 강광하 교수님께 바치는 42인의 글』, 예지, 2012, 227-238쪽.

산법학도서관을 헐고 거기에 새 도서관을 지어야 할 수밖에 없었다. 이런 얘기가 나오니 국산 선생의 유족과 이상혁 전 동창회장이 크게 반대하였다. 나는 묘하게 학교와 동창회 사이에서 곤혹을 느끼며 생각하니 굳이 구 건물을 헐지 않고 짓는 방법도 건축기술이 좋아 가능할 것 같은 생각이 들었다. 교수회의에서 그렇게 제의하고 나머지 일은 호문혁 학장과 뒤를 이은 김건식 학장, 남효순 법학도서관장 등이 추진해 나갔는데, 다행히 그렇게 되었다. 옛 건물 현관을 얼싸안고 중앙에 큰 로비를 만들고 전방으로 6층 현대식 도서관을 세우니 멋진 명물 공간을 얻게 된 것이다. 외부에서는 안 보이지만 들어가서 보면 우람하고 멋들어진 전망이다. 구 건물을 이렇게 영구히 살린 것도 멋있고, 구 도서관에 여유가 생기니 절반을 역사관으로 개조할 수 있었다.

이렇게 내가 노력하였다기보다 서암법학관이 서니 과거의 국산법학도서관은 공간이 남게 되었던 것이다. 아무튼 당시 김건식 학장과 정상조 교무부학장의 아이디어로 역사관으로 발전시킨 것은 좋은 일이었고, 나는 깊이 감사한다. 역사관으로 설계하면서 나는 한국에도 박물관산업이 얼마나 발달하였는가 실감하게 되었다. 자료만 주면 척척 아이디어를 내어 전시하는 것이 놀라웠다. 시공업체에서는 이윤을 남기지 않고 서울법대라는 명예로 해 준다고 해서 고마웠다.

역사관은 서울법대의 100여 년 역사를 되돌아보는 상설전시와 한 방은 학생들의 교육을 위해 학기마다 주제를 바꾸어 특별전시를 하는 공간으로 만들었다. 이제는 법학교육도 교과서만 외는 시

서울법대 역사관 개관식을 마치고(2010. 5. 6)

대가 아니라 역사적 사실, 가시적인 자료를 통해 산지식으로 공부할 수 있도록 제공을 해 주니 지금의 학생들은 행복하다 아니 할 수 없다. 이런 뒷면에는 나를 포함한 교수들의 배려와 관심이 있기 때문이라는 것을 학생들은 알아주면 좋겠다.

2010년 5월 10일 개관식을 가지면서, '법관양성소의 법학교육' 특별전시로 오픈하였다. 이듬해 두 번째 특별전시는 '유기천의 법학세계'로 하였다. 미국에서 가져온 유 총장의 장서와 유품 등을 전시하였다. 그 전시에 사용한 패널로 4층 406호의 '유기천 세미나실'을 장식하였다. 2011년 가을학기는 '이항녕의 법학세계'로 특별전시를 하였다. 장남 이재후 변호사는 법대동창회장까지 역임하셔서 부친을 위해 '이항녕기념강좌'를 개설하기도 하였다. 내가

춘원 이광수 선생의 따님 이정화 박사와 춘원 연구가 하다노 세츠코 교수의 법대 역사관 방문(2011)

첫 번째로 '동아시아법철학의 기초'라는 강연을 하고 책자로 냈다. 이항녕의 유고를 모아 『작은 언덕 큰 바람』(나남)이라는 문집을 내기도 하였다. 네 번째 특별전시는 '이준과 그 시대'였다. 그것은 이준 동상의 건립과 맞춘 것이었다. 이준기념사업회의 이선중 전 회장이 몇 점 기증해 주셨다.

금년(2012) 9월 15일부터는 '괴테와 다산과 법'을 전시하였다.

이렇게 학기마다 주제를 바꾸어 전시회를 기획하니 사실상 나는 박물관장 역할을 하는 것같이 느껴진다. 지금까지 잘 진행되어 온 것을 감사하게 생각한다.

내년 봄학기에는 내가 정년을 맞이하는 것을 계기로 '최종고 교수의 법학세계'로 하려고 준비하고 있다. 내 저서들과 소장품, 시와 그림으로 꾸며 볼까 한다. 앞으로 법대에서 정년을 맞이하는 교수들은 학생들을 위해 이런 전시를 할 수 있기를 희망한다.

작년 10월 정종섭 학장이 내가 30년가량 귀중문서실과 역사관을 돌보아 왔으니, 그동안 모은 자료를 일괄 정리하여 기증하는 형식을 취하고 감사의 기념패를 역사관 안에 박겠다고 하였다. 나는 정년 전에 그렇게 정리하는 것이 좋겠다 싶어 김나영 조교에게 정리하게 하였다. 그래서 『서울법대 역사관 최종고교수 기증자료집』(2011. 10. 1)이라는 책자를 하나 만들었다. 여기에 실린 자료목록이 948점에 이른다.[7] 나는 30년 전 무에서 시작하여 이렇게 축적된 자료를 생각하며, 모든 게 아이디어와 집념으로 이루어지는 것을 느낀다.

'괴테와 다산과 법' 전시회

법사상사학자로서 만년에 내 머리를 강력히 점령한 인물은 괴테(1749-1832)와 다산 정약용(1762-1836)이다. 한국인들이 이 두 인물을 각각 따로 알고 있는 것을 내 책 『괴테와 다산, 통하다』(추수밭, 2006)를 통해 13년 차이밖에 안 나는 호형호제의 동시대 동서 지성인으로 비교한 것은 나의 '탁견'이라 할 수 있다. '탁견'이라 자찬을 일부러 써 보았지만, 외국에 나가면 괴테와 스피노자, 괴

7 서울법대 역사관, 『서울법대 역사관 최종고교수 기증자료집』, 관악문화사, 2011, 41-112쪽.

법대 역사관의 '괴테와 다산과 법' 전시회에서(2012)

테와 톨스토이, 괴테와 타고르, 심지어 괴테와 공자 등을 비교하는 책들이 많이 나오고 있어 그것은 너무나 당연한 것이다. 한국에도 괴테 연구자들이 적지 않지만, 우리나라의 인물과 비교하려는 생각은 못하는 것 같고, 동시대인인 다산과 비교하는 것은 자연스럽다.

괴테를 찾아 나선 내 정신적 순례의 출발은 법학을 공부하고 법학박사, 변호사로서 재상(국무총리)까지 지내며 어떻게 60년에 걸쳐 『파우스트』라는 불후의 명저를 내며 화가도 되고 자연과학자도 되는 전인적 인간이 될 수 있었는가를 알고 싶은 데 있었다. 나를 위해서도 그렇고 법대생들에게 귀감으로 보여주고 싶기도 하였다. 독일에 가면 괴테에 관한 책들을 보이는 대로 사고, 그가 가본 곳은 거의 다 가 보았다. 괴테연구가 사전과 연보로 잘 발간되어 있어 독일어만 하면 무궁무진 들어갈 수 있음을 알게 되었다.

다산을 찾아서도 마재, 강진, 흑산도 등 '실학여행'도 하고, 괴테학과 비교하니 여러 가지 논점들이 발견되기도 하였다. 이것을 책으로 내니 학생들이 많은 반응을 보이고, 특히 다산을 세계적 지평에서 논하는 것이 자긍심을 갖게 한다는 평을 받아 기분이 좋았다.

저자의 저서 『괴테와 다산, 통하다』

금년은 다산 탄생 250주년이라고 몇 군데서 강연도 하였다. 내 책이 상당히 많이 소개된 것을 느꼈다. 예술의 전당 서예관에서 다산 전시회를 하면서 '괴테와 다산'에 관한 강연을 하였다. 가만히 생각하니 여기저기 불려 가서 강연하는 것보다 그야말로 한국 법학의 요람지이요 본산인 서울법대에서 '괴테와 다산과 법'이라는 전시회를 하면 독특한 의의가 있겠다 싶었다. 정상조 학장과 정해창 다산학술문화재단 이사장과도 상의하니 협조해 주겠다 해서 추진하였다. 2012년 9월 15일 법대 역사관에서 개막식을 하였는데, 법대교수와 학생들뿐만 아니라 '괴테를 사랑하는 모임'과 한국인물전기학회 회원들도 참석하여 성황리에 거행하였다. 내 '법학개론'을 듣는 학생들을 현장교육으로 관람시키고 그 자리에서 감상문을 쓰라고 했더니 대부분 지금까지 몰랐던 사실을 생동감 있게 배워 유익하다는 내용을 적었다. 서울대학교 홈페이지에도 올라와 있고, 다산의 고향 남양주군 간행물에도 소개되었다.

며칠 전에는 '광화문포럼'(회장 김종규)에 나가서 괴테와 다산에 대해 강연하였다. 거기서도 법대를 나온 선배 한 분이 괴테와 다산이 법과 그렇게 가까운 인물들인지 몰랐다는 말씀을 하였다. 사실 우리나라의 지식과 학문이라는 것이 아직 계몽적인 면이 많이 남아 있다. 객관식, OX식으로만 공부하여 암기력만 갖고 모범생들이라 들어온 학생들의 수준도 그러하다. 나는 연구와 강의, 그리고 한국적 상황이라는 것을 정년을 맞으면서 원점에서 생각하는 것 같은 감을 받을 때가 있다. 남을 위해서보다 나 자신을 위해 괴테와 다산은 앞으로도 큰 과제로 남아 있다고 느낀다.

나의 연구실과 장서

나는 대학원 학생으로 처음으로 동숭동 법대 연구실을 사용하기 시작하였다. 노동법을 전공하러 들어가니 김치선 교수께서 연구실을 사용하라고 하신 것이다. 나는 매우 기쁘고 감사하여 모든 시간을 연구실에서 보내고 싶었다. 그때까지 그 연구실의 조교로 있던 현경대(후일 국회의원) 선배로부터 '낙산다방'에서 커피와 함께 연구실을 잘 사용하라는 '인수인계'를 받기도 하였다. 법률도서관 3층에 있었는데 옆에는 유기천 교수, 이한기 교수의 연구실이 있었다. 나는 연구실을 지키며 김 교수께 오는 전화도 메모해 드리고, 주로 내 공부를 하는 편이었다. 매우 좋아 하루는 밤을 새우기도 하였다. 물론 금지되어 있어 숙직자에게 들키면 안 되므로 창문 커튼을 완전히 내리고 촛불을 켜고 가린 채 밤을 새워 책을 읽었던 것이다. 조마조마했지만 스릴 있게 공부하던 것도 잊을 수 없는 추억이다.

1979년 여름에 독일에서 박사학위를 하고 돌아와서 모교인 서울법대에 교수 공채에 응모하였다. 그런데 그해 가을에 10·26 사건이 일어나서 학교의 인사행정이 중단되었다. 시간강사 자격으로 강의는 하지만 연구실을 가질 수는 없었다. 한동안 규장각에 가방을 두고 독서하였다. 후일 국사학과 교수로 국사편찬위원회 위원장이 된 정옥자 교수도 발령이 늦어져 함께 규장각에서 연구하였다. 지나고 보니 그때가 최고의 피치로 연구하고 글 쓰던 때였던 것 같다고 환담한 일도 있다. 이런 어려운 때 경제학과 임원택 교수께서 연구실에 자주 안 나오니 나에게 사용하라고 하셨다. 법대에 계실 때 배운 은사이신데, 이런 인정을 베풀어 주셔서 무척 감사하였다.

1981년 1월에 전임강사 발령을 받으면서 비로소 내 연구실이 생겼다. 지금의 사범대 건물 3층인데, 건너편 학생식당에서 점심때면 밥 냄새가 풍겨 오기도 하였다. 그때 식사는 매일 그곳에서 하였다. 집에서 좋은 것은 모두 연구실로 옮겨 가니 아내가 작은 집 살림에 너무 가져간다고 불평을 하기도 하였다.

법대가 1983년에 현재의 위치로 내려가 앉은 것은 전적으로 김택수 동창회장이 도서관을 지어 주면서였다. 교문에서 되도록 가까운 곳으로 가야 한다는 희망도 담겼다. 당시 김치선 학장은 옮기면 빨간 양탄자(red carpet)를 깔아 놓고 멋있을 것이라 바람을 넣었다. 그러나 막상 옮기고 보니 날림공사의 건물이었다.

어쨌든 여기 15동에 한 연구실을 배당받았다. 창밖으로 연주봉이 바라보이는 좋은 전망이었다. 나는 젊은 교수로 최대한의 시간을 연구실에서 보내며 연구와 집필에 전념하였다. 그러나 15동은 환경대학원과 함께 사용하고 있어 공간 부족으로 고충이 많았다. 학장실과 행정실도 함께 있고 학생들의 서클룸들도 있으니 여간 시끄럽지 않았다. 방 하나도 서로 차지하려고 싸움이 벌어졌다. 교수의 채용은 많아지는데 도저히 새 건물 없이는 대책이 없었다.

교수연구동을 새로 지어 나간 것은 1992년이었다. 그때 나는 교무담당학장보였기 때문에 전 보직기간을 연구동 건축에 매달려야 하였다. 드디어 준공식을 가지며 '아시아아의 법학교육'이라는 심포지엄까지 함께 계획하여 마무리짓고 감회에 젖었다. 내 연구실은 3층 우측 끝방이었다. 그것은 내가 정한 것인데, 바로 맞은편에 내가 개설한 '귀중문서실'이 있어서였다. 나는 귀중문서실을 연구실처럼 드나들며 내용을 채워 나갔다. 이것이 후일 나의 최대 업적처럼 여겨지는 '법대 역사관'의 출발이었던 것이다. 내 연구실은 남향이어서 이제는 관악산의 다른 줄기가 눈에 들어오고, 규장각 건물도 아래로 내려다보는 전망이 되었다. 나는 규장각을 가까이 두고 있다는 것이 나의 학자 생활에 뜻있다고 생각하여, 되도록 발표회나 모임에 참석하려고 애썼다.

2000년대에 로스쿨이 되면서 6층짜리 도서관이 웅장하게 신축되었다. 국산도서관을 헐고 거기에 짓자는 학교 측의 안에 대해 국산의 유족과 동창회 이상혁 회장은 적극 반대와 유감을 표시하였다. 나는 가만히 생각하니 요즘 건축공법으로 옛 건물을 헐지 않고도 설계할 수 있을 것으로 판단되어 교수회의에서 강력히 그것을 건의하였다. 드디어 그런 방향으로 설계되어 지금처럼 국산도서관을 껴안으면서 서암법학관(서암은 SBS 윤세영 회장의 호)을 지었다. 법학관 안에 들어가자마자 계단을 오르면 이오니아식 석주가 선 국산도서관의 현관이 훤칠하게 보여 장관이다. 그리고 그 앞의 로비가 천장의 빛을 받아 다목적으로 사용할 수 있다. 여기서 행사도 할 수 있고, 최고지도자과정같이 만찬을 겸한 강의도 할 수 있다. 건축과 공간이 주는 혜택을 이렇게 만끽하게 된 것이다.

나에게 가장 큰 선물은 옛 국산도서관의 1층 한 편을 법대 역사관으로 만들어 17동의 '귀중문서실'을 모두 옮겨 올 수 있게 된 것이다. 나는 이미 원로교수로 학교행정에 그리 관심을 두지 않고 있었는데, 당시 김건식 학장과 정상조 교무부학장이 그렇게 추진한 것이다. 요즘은 박물관업체가 발달하여 일을 맡기니 잘 진행하여 주었다. 원래 박물관을 개관하려면 적어도 2, 3년은 걸리는 법인데, 원체 내가 귀중문서실에 20년 가까이 수집해 놓은 것들이 많아 분류만 하니 저절로 채워졌다. 그래도 남은 것은 창고에 보관하였다. 2010년에 법대 역사관으로 발전되면서 나는 그동안의 수집문서를 정리하여 『서울법대 최종고교수 기증자료집』(2011. 10. 1)이라는 이름으로 발간하였다. 2012년 5월에 정종섭 학장이 역사관의 한 구석에 '법대 역사관과 최종고 교수'라는 기념 동판을 만들어 붙여 주었다. 근 30년간의 숨은 봉사가 이렇게 종결되는데 감회가 남달랐다.

법대 역사관과 최종고 교수

청리(靑里) 최종고(崔鍾庫, 1947년 생) 교수는 1981년부터 서울대학교 법과대학 교수로 재직하면서 법사상사학과 법철학을 강의하는 한편, 남다른 모교애로 서울법대사와 법학사에 관한 자료들을 수집하여 1992년에 「귀중문서실」을 개설하고 보존과 정리를 하여 왔다. 이를 모태로 2010년에 「법대역사관」으로 발전시켜 자신이 소유하던 다량의 자료를 기증하였다. 이러한 그의 헌신적 공헌을 기려 감사의 뜻을 여기 새겨 둔다.

2012년 4월 25일
서울대학교 법과대학/법학대학원

Memorial Plate for Prof. *Chongko Choi*

SNU Law School erects this plate for Prof. Chongko Choi (born in 1974), who has served our College of Law since 1981 and established the Treasure Room in 1992 and the SNU Law Museum in 2010.

April 25, 2012

『서울법대 역사관 최종고교수 기증자료집』

법대 역사관에 붙은 기념 동판(2012)

내 연구실도 서암법학관으로 옮길 것인가에 대해 묻기에, 이제 얼마 안 있으면 정년인데 옮겨도 그만 안 옮겨도 그만이니 학교의 사정대로 하라고 하였다. 2009년 겨울방학 때 이스라엘 텔아비브 대학에서 강의하고 오니 연구실을 옮겨 놓았다. 역시 역사관이 있는 곳으로 함께 와야 한다고 생각했다는 것이다. 새 건물에 오니 모든 게 반짝반짝하고, 전망도 다시 연주봉을 바라보아 좋았다. 여기서는 4층의 연구실과 2층의 역사관을 오르락거리며 지냈다.

이렇게 수차에 걸쳐 연구실을 옮기는 동안 나의 교수직도 저물어 간다. 그동안 세월이 지날수록 연구실의 책은 늘어나 점점 비좁아졌다. 한때는 당장 안 보는 책을 옮겨 둘 공간을 마련해 주기도 하였다. 나는 일부를 과천에 있는 황적인 교수의 책창고에 갖다 놓기도 하고, 일부는 중앙도서관과 법학도서관에 기증하기도 하였다. 아마 도서관에 책을 많이 기증한 교수에 속할 것이다.

내 연구실의 책은 한마디로 '잡동산이'(雜同散異)이다. 법학교수의 서재치곤 법학 외의 책들이 많다. 물론 내 전공인 법사상사학이 학제적인 이유도 있지만 원래의 내 성향이 그렇다. 그리고 신간 서적으로 산듯한 책들보다 캐캐묵은 책들이 많다. 한 번도 그것을 분류하여 서가를 정리해 본 일이 없다. 연구실을 깨끗이 정돈하여 쓰는 것과는 거리가 멀다. 일 년에 두 번, 방학 때 아내와 함께 대청소 작업을 한다. 젊을 때는 한 시간이라도 일찍 연구실에 나와 지내려고 했는데, 점점 느긋하게 나오고 일찍 들어가게 된다. 아침에 스트레칭 운동부터 하고 10시쯤 되어 연구실에 나오는 습관이 붙었고, 그래야 컴퓨터를 하고 집에 갈 때까지 피곤을 모른다. 되도록 학교 캠퍼스를 많이 걷고 싶어 사범대 근처 후문행 버스정류소까지 걸어서 다닌다. 그래도 목과 어깨가 뻐근하다가 마을버스를 탈 때면 풀린다. 이렇게 반복되는 것이 교수생활인데, 단조로우면서도 규칙적이고 다소 여유 있는 것이 사실이다. 동창 친구들과 만나면 현직에 가장 오래 있고 건강이 좋아 보인다고 인사를 한다.

지난 봄에 박지향 중앙도서관장과 얘기 끝에 내 연구실과 집에 있는 책들을 서울대도서관에 기증하겠다고 하였다. 그 사이 도서관에서 주최하는 '도서장터'에 400여 권 기증하는 등 정년이 다

연구실 서가에 꽂힌 저서들(가운뎃줄 전체, 2013)

가오니 책을 처리하는 일이 고심거리이다. 이제는 도서관도 어느 정도 장서가 잘 되어 있기 때문에 교수들이 책을 기증한다 해도 그리 반가워하지 않는다. 물론 과거처럼 '누구문고'라고 따로 설치하는 것도 아니다. 어쨌든 나의 독특한(?) 취향을 알아서인지 중앙도서관에서 받아 준다니 고마운 일이었다. 아내와 나는 얼마 동안 정리를 하느라 땀을 뺐다.

지난(2012) 10월 8일 중앙도서관과 법학도서관 직원 3명과 이삿짐센터 3명이 와서 우리 집 책을 중앙도서관으로 실어 갔다. 다음날 모두 6,238권이라고 알려왔다. 문학 서적은 문학박사인 첫째 딸이, 종교 서적은 철학박사(종교학)인 둘째 딸이 뽑아 갔고, 전기 및 자서전은 내가 따로 계획하는 바 있어 뽑아 놓았는데, 나머지가 6,000권이 넘으니 적지 않은 장서라 할 만하다. 연구실의 책도 추가로 정리하여 기증하면 총 1만 권은 될 것 같다. 정년퇴임하면 내 책을 보러 도서관에 가야겠지만 그보다 학생들이 많이 이용하는 것이 중요하다. 그런데도 아직 내 연구실과 집 서재에는 골치 아픈 것이 남아 있다. 그것은 국내외에서 해 온 복사물이다. 무엇이 들어 있는지도 기억이 나지 않지만, 외국에 나갈 때마다 복사해 올 때 그것이 무게가 더 나갔던 것이 기억난다. 선배 교수 어느 분이 복사물은 결국 다 못 읽고 버리게 된다고 하신 말씀이 나에게도 그럴 것 같다.

서울대학교대학원동창회

내가 대학원중심대학이라는 말을 들은 것은 아마 관악캠퍼스로 옮긴 직후부터였던 것으로 기억된다. 그 후 무척 많이 들어 서울대는 대학원중심대학이라는 생각을 강하게 가지면서, 그러면서도 그것이 구체적으로 어떻게 나타나는지 궁금한 생각을 버리지 못하고 있었다. 듣기로는 박정희 대통령이 말레이시아를 방문하고 돌아오면서 한국에도 모든 박사학위는 서울대에서만 수여하는 것으로 서울대를 발전시켜야 한다는 발언 이후로 그런 표현이 나왔다고 한다. 정말 세계적으로 수월한 국립대학을 만들어 보고자 하는 대통령의 의지를 읽을 수 있다. 그러나 박사과정을 거의 다 두고 있는 각 대학이 반대하여 사실상 대통령의 생각은 실현되지 못하였다. 수월성(秀越性)을 거부하고 하향식 평준화를 정의로 생각

대학원동창회 임원진이 박명진 대학원장과 간담회를 마치고(2012)

하는 한국사회의 여론에서 이런 생각이 실현되기란 어쩌면 처음부터 불가능했을지도 모른다.

그런데 대학원중심대학이라는 표현이 서울대에 계속 남아 그 뜻도 잘 모르면서 후작용을 행사하였다. 실제로 대학원 교육이 크게 개선되는 것은 보이지 않고 학생 수를 줄인다는 명분으로만 작용한 것 같다. 학생 수를 늘리는 것만 능사는 아니지만, 실제적 내실화 없이 축소하는 것을 발전이라 할 수는 없을 것이다. 연건동 캠퍼스에서는 본부에 들어서면 맨 먼저 대학원 간판이 크게 보였는데, 관악캠퍼스에는 대학원이란 간판조차 볼 수 없다. 지금은 더욱 후퇴하여 대학원장이란 이름도 교육부총장이 겸하는 식이 되어 있고, 본부에는 직원 한 사람이 전 대학원 업무를 담당하고 있다.

한때 대학원장을 지낸 김채윤 교수는 1974년 6월, 그러니까 관악으로 올 준비를 하고 있을 무렵 국무총리실 산하 평가교수단이 내어놓은 서울대학교의 대학원대학안을 이렇게 논평하였다.

> 지난 11일 국무총리 기획조정실 평가교수단은 서울대학교를 이른바 '대학원대학'으로 개편할 것을 총리실에 건의한 것으로 알려져 한동안 항간에 적지 않은 물의를 일게 하였다. 가위 어불성설인 이 안은 기실 일고의 여지조차 없는 것이었지만, 그래도 그것이 그 방면의 유력한 교수들로서 구성되어 있어 우리도 적지 않은 관심을 기울이지 않을 수 없다. 그러나 다행히도 최근 그것은 평가교수단의 정식 건의안이 아니라 특정교수의 사견이었다는 사실이 해명됨으로써 일시적이나마 우리가 경험했던 실망과 불안은 일단 해소된 셈이다. 정말 불행 중 다행이었다고 하지 않을 수가 없다…. 이 안의 강조점은 어디까지나 서울대학교 학사과정 폐지에 있는 것이고 대학원대학 운운은 하나의 궁여지책에 지나지 않는 것임을 알 수가 있다.[8]

이처럼 대학원중심대학이란 개념 자체가 애매한 것이지만, 어쨌든 서울대학교는 이 개념으로 정부(교육부)와 길항 관계를 유지해 왔다고 해도 과언이 아니다. 그동안 국립서울대학교가 막연히 통념적으로 최고 대학이라 인정되어 왔지만, 법인화된 이후에는 사정이 달라졌다. 서울대가 생산한 인재가 누구누구인가를 정확

8 김채윤, 『선정만필』, 글모음, 1994, 102-103쪽.

서울대학교대학원동창회 회장으로 주최한 'SNU 대학원의 밤' 행사를 마치고(2012)

히 파악하고 관심을 두어야 하게 되었다. 무엇보다 학문의 전당으로서의 서울대의 역사와 위상을 확인하는 작업을 시작해야 한다. 그러려면 서울대학교 대학원 교육이 어디에 서 있는지를 정확히 자기점검을 해야 한다.

나는 무엇보다 대학원 시절에 석사논문, 박사논문을 쓸 때가 인생에서 가장 순수하고 진지한 발상을 할 때라고 생각한다. 일생에 한 번 있는 참으로 귀중한 시간이다. 이런 시간의 노력 위에서 우리는 일생을 살아가고 있다고 해도 과언이 아니다. 그래서 나는 대학원동창회를 통해 '나의 대학원 시절'이라는 회상기들을 모집하였다. 우선 지난 9월 26일 'SNU 대학원의 밤' 행사 때 대학원생들을 위해 약식으로 책을 만들고, 정식으로 출판부에서 출판할까 한다. 이것은 한국의 학술사와 문화사, 사회사에 중요한 기록이 될 것이다.

사실 최근 서울대 대학원의 현실을 보고 많은 생각을 하고 있다. 서울대 학부생들은 취직해서 나가고, 타 대학 출신들이 오히려 서울대 대학원에 많이 들어온다는 사실도 알고 있고, 박사학위가 양산되고 있다는 사실도 알고 있다. 아무튼 이런 현실을 진지하게 검토하고 능력 있는 학문 후속세대가 계속 배출되도록 해야 할 것이다. 본부에서도 대학원 교육과 대학원생의 실상에 진지한 관심을 기울여 개선해 나가야 할 것이다.

나는 대학원동창회에 10여 년 전부터 부회장직을 맡아왔으나 감투가 아니라 책임을 지는 것이기 때문에 할 일이 있고 하고 싶은 의욕이 있기도 해서 회장직을 응낙하였다. 대학원동창회는 1972년 6월에 창립되었으니 금년이 40년이 되는 해이다. 초대 회장은 의대의 유석진 박사이셨고, 그 후 법대의 김도창 교수, 공대의 이광로 교수, 법대의 배재식 교수께서 많이 애를 쓰셨다. 후임인 치대의 김규식 교수, 자연대의 하두봉 교수에 이어 수의대의 이문한 교수로 이어졌다. 나는 무엇보다 '40년사'의 정리부터 시작하고 있다.

서울대는 지금까지 약 34만 명의 졸업생을 배출하고 있는데, 그중 10만여 명이 대학원 출신이다. 석사가 약 8만 명, 박사가 2만여 명이다. 어마어마한 숫자라고 아니할 수 없다. 이들이 한국에서의 최고의 지식인 집단임은 설명할 필요가 없다. 서울대 학문 또는 아카데미즘이 뭐냐 물으면 이들을 가리킬 수밖에 없을 것이다. 그런데 솔직히 지금까지 이들에 대한 교내외적 관심이 별로 기울여지지 않았다. 왜냐하면 국립대학교이기 때문에 사립대학처럼 그것을 부각할 필요성도 없이 그저 최고라는 막연한 '권위'에만 싸여 있었기 때문이다. 한때 서울대의 이념이 있느냐 없느냐

『서울대학교대학원동창회보』, 『서울대 학문의 개척자들』, 『나의 대학원 시절』(2012)

하는 물음이 제기되기도 했지만 공론으로 끝나고, 서울대가 배출한 인재들에 대한 실제적 점검은 한 번도 이루어지지 않았다.

나는 작년 총회에서 서울대의 학문이 저절로 이루어진 것이 아니고 모두 선배 학자들에서 후배 학자로 계승 발전되어 온 것이니 이를 점검하고 보여주는 일을 대학원동창회가 맡아야 한다고 주장하였다. 모두 동감을 표시하여 우선 『서울대학교대학원동창회보』 제17호에 '서울대 학문연구의 기초와 계승'이라는 특집을 만들어 각 학문 분야의 '개척자' 한 분씩을 뽑아 후배 학자가 생애와 업적을 정리하여 싣기로 하였다.

편집책임 일을 맡아 이리저리 알아보았더니 우선 다음과 같이 6개 분야의 원고를 받을 수 있었다. 국문학의 이희승에 대해 심재기 교수, 철학의 박종홍에 대해 소광희 교수, 음악의 현제명에 대해 서우석 교수, 농학의 현신규에 대해 이경준 교수, 수의학의 스코필드(Schofield)에 대해 이문한 교수, 그리고 법학의 유기천에 대해서는 내가 썼다. 모두 좋은 글을 써 주셔서 '대학원동창회보'의 품위가 격상되었다고 호평이었다. 제18호에도 이 특집을 계속하여 국사학의 이병도에 대해 한영우 교수, 사회학의 이상백에 대해 김경동 교수, 경제학의 신태환에 대해 김세원 교수, 의학의 윤일선에 대해 지재근 교수, 미술의 장발에 대해 유근준 교수께서 집필해 주셨다. 이 호에서부터는 '나의 대학원 시절'이라는 회상기 코너를 마련해 제1회로 지명관 교수(전 KBS 이사장, 한림대 일본학연구소장)께서 1950년대 종교학과 석박사과정을 다닐 때의 회고를 실감 나게 적어 주셨다.

나는 이 특집을 계속하여 앞으로도 영문학의 권중휘, 고고학의 김원용, 외교학의 이용희, 정치학의 민병태, 행정학의 박동서, 화학의 이태규, 공학의 이승기 등 다른 분야도 점검하려 한다. 그리하여 이것을 단행본으로 만들어 대학원 재학생뿐만 아니라 서울대 공동체의 모든 구성원에게 읽히려고 한다. 나아가 앞서 말했듯이 서울대 대학원 동창들에게 '나의 대학원 시절'이란 회상기를 공개 모집하여 서울대 학문공동체에 대한 소속감을 고양하려 한다.

지난 4월 16일 출근길에 『대학신문』을 보고 나는 아연실색하였다. 1면에 '서울대 대학원, 이대로는 안 된다'는 제호와 함께 3면에 걸친 파격적인 특집기사가 났다. 이정원이란 학생기자가 1,200명에 가까운 대학원생들에게 이메일로 대학원 재학의 애로점을 토로하고 의견을 종합한 내용이다. 연구 조건, 교수와의 관계, 진로에 대한 불안 등 모든 항목에서 5점 만점에 평균 3.5 이하의 반응을 하고 있다. 나는 당장 대학신문사로 전화하여 취재기자를 불러

점심을 사 주며 격려하였다. 이런 실상을 알려준 데 고마움을 표시하고, 대학원동창회로서도 무언가 돕겠다고 하였다. 얼마 후 대학신문사에서 '법인화 이후 서울대의 진로'에 대한 릴레이 제언의 난에 글을 써 달라고 해서 「서울대와 대학원 아카데미즘」이라는 다음과 같은 글을 써 주었다.

국립서울대학교가 법인서울대학교로 바뀐 지도 수개월이 지나는데 분위기는 유쾌하다기보다 스잔하다 표현할만하다. 구성원의 사기는 떨어진 것 같다. 어떻게 되어 가나 보자 관망하는 것 같다. 원래 좀 더 잘해 보자는 취지로 오래전부터 모색해 온 서울대학만의 특수법인적 지위를 위한 자구책이 정부의 모든 국립대학의 일괄적 법인화정책으로 희석되면서 서울대는 관성처럼 정치논리에 따라가다 발전에서 오히려 멀어지는 것 같다. 재정확충이 그렇고 거버넌스에서도 그렇다. 여러 가지를 얘기할 수 있겠지만, 대학의 근본인 학문연구에 관한 논의 하나만 하겠다.

지난 4월 16일 자 『대학신문』은 '서울대 대학원, 이대로는 안 된다'는 제목으로 현재 대학원생들의 실상을 심층 보도하였다. 이에 따르면 현재 대학원생들이 수업내용, 학업지도, 연구시설, 진로지원, 연구자료 등의 조건에서 5점 만점에 평균 3.5점 이하의 만족을 답하고 있고, 무엇보다 불확실한 진로에 고민하고 있다. 대중사회로 치닫는 이 시대에 학문연구는 불가피하게 점점 소외되고 왜소하게 느껴질는지 모른다. 그렇더라도 당자인 학문후속세대가 그것을 감수하고 공부하면서 보람을 느낄 수 있는 환경을 만들어 주는 것은 대학, 특히 대학원의 책임이다.

서울대학교가 대학원중심대학이라고 불려 온 지는 오래전부터다. 내 기억으로는 1970년대에 박정희 대통령이 말레이시아를 방문하고 돌아오는 비행기에서 한국도 박사학위는 서울대학교에서만 주는 것이 좋겠다는 발언을 한 데서 대학원중심대학이란 말이 시작된 것으로 안다. 타 대학들의 반발로 성취되지 못하고 역대 정권들은 대학과 대학원을 우후죽순처럼 양산시켰다. 그러면서도 서울대학교는 계속하여 대학원중심대학이라는 명분으로 학부의 입학정원을 제한해 왔고, 대학원 교육의 내실화를 구두선(口頭禪)처럼 강조해 왔다.

그런 대학원 교육의 현실이 어떤가를 『대학신문』의 보도가 보여준다. 서울대학교 아카데미즘의 현실이 여실히 드러난다. 학문과 지식산업을 담당하고, 나아가 이 나라의 지도적 인물을 배출하는 대학원의 현실이 이렇다면 법인서울대학교의 장래에 무슨 기대를 하겠는가? 그러지 않아도 법인화에로의 과정에서 기초학문의 고사(枯死), 학문 간의 격차에 관한 비판이 심각히 제기되었다. 하버드대 총장이었던 보크(Derek Bok) 교수는 대학이 기업과 '파우스트의 거래'를 하는 것을 가장 경계해야 한다고 지적하였다. 대학원생들은 정부적 차원의 대폭적 지원이 있기를 바라고 있다.

나는 법인화된 서울대학교가 앞으로 가장 지켜야 할 것은 학문연구의 환경을 어떻게 확보하느냐에 있다고 본다. 다른 것은 모두 부차적인 것이다. 이런 면에서 법인화의 단추는 분명 잘못 끼워졌다. 이제부터라도 새 국회에서 전면적인 논의를 하고 서울대 학문연구의 근원적 지원책이 있어야 한다. 대학 당국도 대학원생의 사기앙양을 위해 적극 노력해야 할 것이다. 민족의 대학으로서의 서울대학교의 오랜 학문연구의 전통이 이렇게 허술하게 무너질 수는 없다.[9]

나는 다시 서울대라는 커뮤니티를 생각하게 되는 것이 솔직히 좀 착잡한 심정이다. 이제 정년을 맞이하면 서울대의 울타리를 벗어나 좀 자유로운 지성이 되고 싶은 욕망을 가져왔다. 다시 서울대에 빠진다는 것이 갑갑한 감도 있었는데, 어느 면에서 가장 서울대를 되새기는 직책을 맡았으니 이를 어떻게 받아들여야 할까? 그동안 혜택을 받았으니 생전에 갚으라는 것인가? 누구도 하지 않은 일을 발설했으니 뒷감당을 하라는 것인가? 사실 서울대 교수직도 자기 전공에 매달려 30년간 허덕이다 보면 어느새 정년이다. 서울대 전체, 그리고 자신을 조용히 들여다볼 시간이 없다. 나는 그동안 기억력 좋으신 선배 학자들과 서울대 야사 같은 오리지널한 것을 기록으로 남기자고 했지만, 막상 정년을 맞이하면서 그런 여유를 갖는 교수를 보지 못하였다. 정년을 맞고 나서도 마찬가지라고 한다. 어느 교수는 나더러 "정년 하기 전에 많이 쉬어두라"고 농담인지 진담인지 말씀하시기도 한다.

지난 10월 25일에는 마포의 총동창회 장학회관에 '베리타스홀' 개관식이 있었다. 총동창회 행사이고 임광수 회장의 집념 어린 장학빌딩의 완공 마지막 행사이라 많이들 참석하였다. 인사

---

9 최종고, 「서울대와 대학원 아카데미즘」, 『대학신문』, 2012. 5. 14. 여기에는 대학원 동창회 부회장이라 나왔는데, 그날 점심때 동창회장으로 피선되었다.

말에서 임 회장은 이제 서울대 역사관을 짓고, 2015년에 '서울대 120년사'를 출간하겠다고 밝혔다. 오연천 총장은 이곳에 '베리타스 홀'을 지었으니 관악캠퍼스에 '룩스 메아 홀'도 있으면 좋겠다고 하면서, 예컨대 한국전쟁이나 4·19 때 희생된 학생과 교수들을 추모하는 공간이 있어야 한다고 하였다. 좋은 말씀이다. 이제 서울대 역사관을 지으면 '룩스 메아 홀'이라 이름을 붙여 이들을 위한 명예의 전당을 설치해야 할 것이다.

정년을 맞으며

정년을 맞으면서 무엇보다 서울대가 나의 평생직장이었다는 것을 감사하게 생각한다. 내가 배우고 가르친 서울대가 아니었다면 나의 인생도 이만큼의 안정과 보람을 느낄 수 없었던 것은 말할 나위가 없다. 어디를 가도 서울대 교수라는 직함 때문에 홀대받은 일 없이 예우를 받은 것도 한국에서는 중요한 일이었다.

한걸음 나아가 서울대 교수로 정년을 맞는 것이 무엇을 의미하는가 하는 근원적인 물음도 자문하게 된다. 나는 인간적으로 서울대 교수가 아니었다면 무엇이 되어 살 수 있었을까? 책밖에 모르고 세상 물정에 어두워 판판이 속거나 실패하지 않았을까? 서울대 교수직이 그렇게 만든 것일까? 자의 반 타의 반으로 한국 지식인의 대명사처럼 된 것이 사실일진대, 과연 내가 아는 것이 얼

강의를 마치고 수강생들과 함께(2012)

마나 되는가? 솔직히 나는 인생의 분쟁을 심판해 주는 판사가 자신이 없어 교수직에 있으면서 내가 주로 관심 둔 학문 외에는 다른 것을 돌아볼 여유도 없었다. 다른 직종과는 달리 일시도 연구의 관심에서 해방되어 자유로운 시간이 없었다.

정년이 누구에게나 즐거운 일은 아니겠지만, 나도 마음이 그리 편치 못한 것이 사실이다. 아무리 생각해도 서울대가 지난 몇년 사이 취한 로스쿨과 법인화의 길이 바른길인지 우려가 떨쳐지지 않는다는 것이 나의 솔직한 심정이다. 나는 국립서울대학교에서 공부하여 독일 국립대학에 유학하여 국립대학인 모교에서 교수생활을 해 왔기 때문에 내 발상에 원초적 한계가 있는지 모른다. 나는 법인화에 대해 비판적 견해를 가졌지만 다른 동료나 후배 교수들에게 내 의견을 강요하려고 하지 않았다. 그렇다고 될 일도 아니다. 내 동료가 누구인가? 그것을 추진해 나가는 총장 이하 본부

임원 및 학장단이 아닌가? 그리고 동창회에서도 이를 지지하지 않았는가? 그들은 서울대가 세계적으로 더욱 뛰어난 순위에 오르는 것을 보고 싶어 하고, 경쟁의 원리에 맡겨야 한다는 논리가 지배적이었다. 이러한 모습을 보면서 우려하며 정년을 맞는다면, 후배 교수 중에는 내가 이미 노파심에 젖은 선배라고 할 사람도 있을 것이다. 그렇다. 나는 나에게 주어진 현실에 충실히 노력하다 물러나면 그만이다. 후배들은 다른 시대 상황에서 다른 실험을 해 보는 것도 나쁘지 않을지도 모른다.

재작년엔가 서울대 홈페이지에서 서울대문예회가 있다는 것을 발견하고 연락을 하였다. 마침 모임이 있어 나가 보니 교직원 20여 명 모여 화기애애한 담소를 나누며 회식을 하고 있었다. 나는 넓은 서울대 공동체 속에 이런 정스러운 모임도 있구나 싶어 마음 깊이 격려해 주었다. 그 후 지금까지 마음을 나누며 시와 그림을 얘기하며 지내고 있다.

작년에는 구내식당에서 점심을 먹고 옛 생각이 나서 학생회관에 들어가 보았다. 1980년대 학생시위가 심할 때 이 건물에서 학생들과 대치하던 일을 회상하며 이 방 저 방 기웃거리며 돌아보았다. 한 방에 들어가니 학생들이 그림을 그리고 있다가 나를 보고 화들짝 놀란다. 법대교수가 그림을 그린다니 신기한지 자주 들러 달라 한다. 그러나 다시 갈 시간을 못 내고 지내고 있으니 내 연구실로 찾아왔다. 자율학습을 하는데 지도교수가 되어 달라는 것이다. 미대생들이 아니면서 미술을 좋아하는 것이 예쁘게 보이고, 학생들이 무얼 하려는 데 지도교수를 못 찾는다는 것이 딱하게 보여 응낙하였다. 그 후 한 번 대화식 수업을 한 외에는 한 것이 없지만, 학생사회는 내가 공부할 때나 지금이나 교수의 도움이 필요한데, 여전히 아쉬움이 있다는 것을 느꼈다.

그저께는(2012. 10. 26) 졸업 30주년 기념 홈커밍을 한다고 제자들이 연락을 해 와서 토요일인데 학교에 나왔다. 내 연구실 앞의 마로니에 나무가 유심히 보여 시를 하나 썼다.

낙엽의 마로니에

가을비에 너도 낙엽 지는구나
황갈색 잎 우수수 떨어지고
검은 둥치를 등뼈처럼 내보이는구나.

성장의 잎새들로 가려졌던 등뼈
이제는 내놓을 때가 되었지
낙엽 지는 것이 무슨 흉이냐
실존은 원래 초라한 모습.

계절에 맞추어 사는 게 이치
자연도 인생도 벗어날 수 없는 법.

연건동 대학로에서 관악캠퍼스까지
평생을 따라온 친구 마로니에

바뀐 건 내 쪽이지 네가 아니다.

그렇지만 오늘 내 연구실 앞을 보니
연상 내가 너, 네가 나
같이 떨어지고 있구나 낙엽으로.
한 계절 건너 내년 봄에 만날 때까지
우선 한 겨울을 춥게 견디어야지
하루하루 조심스레 살아남아야지. (2012. 10. 26)

지난 11월 8일에는 문화관에서 '인간문화재 이애주 교수의 삶과 춤'이라는 행사가 있었다. 이 교수는 나와 함께 정년을 맞기 때문에 이것이 사실상 '고별강의'인 셈이라 참석하였다. 역시 춤과 음악에 강의까지 섞어 감동적이었다. 80년대 그가 아크로폴리스 학생들 앞에서 신들린 듯 춤을 추는 것을 보직교수들과 본부 4층에서 "교수 체면이 저게 뭐야?" 하며 내려다보던 것이 주마등처럼 스쳐 지나갔다. 이 교수는 서울대에 춤학부나 춤대학이라도 생기면 좋겠다고 하여 박수갈채를 받았다. 그런 주장을 당당히 하는 모습이 부럽게 보였다. 우리는 모두 이렇게 저렇게 관악캠퍼스에서 정열을 바치다 이제 함께 정년에 이른 것이다.

어언 날씨가 쌀쌀해졌다. 베레모를 꺼내어 쓴다. 나는 프라이부르크 유학 시절부터 겨울에는 베레모를 쓰고 있다. 모자는 중독성이라 하는데 머리가 벗어지면서 겨울에는 더욱 베레모가 필수적이다. 정년 하신 교수들은 앞이 납작한 캡을 많이 쓰시는데, 나는 베레모를 버릴 수 없을 것 같다.

해가 바뀌면서 겨울방학만 지나면 2월 마지막 날로 정년일자가 정해졌다. 나는 마지막 겨울방학을 잠시라도 하와이에서 지내고 싶었다. 나의 동서비교철학의 관심으로 하와이 대학과 한국학연구소, 그리고 동서센터(East-West Center)는 내 일생에 중요한 부분이 되었다. 1월 2일 교수신년하례식에 참석하고 다음날 호놀룰루로 날아갔다. 80년대 서울대 총학생회장을 지낸 백태웅 군이 작년부터 하와이 대학 로스쿨의 한국법 담당 교수로 있어 강연을 하나 부탁하였다. 나는 '한국의 법률가와 법학자'(Lawyers and Legal Scholars in Korea)라는 제목으로 한국의 법률가 5인(이인, 김병로, 이병린, 이태영, 김홍섭)과 법학자 5인(유진오, 유기천, 이항녕, 고광림, 함병춘)의 생애와 업적을 소개하였다. 미국 법학도들은 처음 듣는 이름일 뿐 아니라 영어나 독어로 된 『법률가사전』(*Juristenlexikon*)에 한국인은 한 사람도 오르지 못한 사실을 알고 있기 때문에 일부러 이런 강연을 한 것이다. 이것은 한국인으로 법과 법학에 종사한다는 것이 세계적으로 무슨 의미인가를 되새겨보게 하는 것이기도 하다. 동서로(East-West-Road)를 뛰면서 뉴욕에서 철새같이 날아와 함께 뛰던 드 배리(William Theodore de Bary) 교수도 90세를 넘기고, 그 사이 고인이 된 것을 생각하며 앞으로의 건강관리를 위해서라도 겨울에는 이곳에 와서 지낼 수 있을까 생각하였다.

돌아와 이메일을 체크하니 한국하이데거학회에서 2월 16일에 서울대 캠퍼스에서 학회를 하는데 발표자를 물색한다고 하였다. 나는 자원하였다. 하이데거는 유학 시절 이후 늘 가깝게 생각하고

2012학년도 법과대학 및 법학대학원 학위수여식(2013. 2. 26)

현직 교수로서 마지막 기념 촬영
(2013. 2. 26, 유기천 세미나실에서)

있었고, 지난해 여름방학 때 프라이부르크에 갔다가 그의 고향 메스키르히(Messkirch) 근처의 헤르만 헤세(Hermann Hesse)가 살던 가이엔호펜(Gaienhofen)에 들러 헤세문학박물관을 관람하고 그 동네에서 하룻밤 자며 시를 쓰고 그림을 그린 얘기를 하고 싶었다. 「헤세와 하이데거: 시와 철학의 만남」이란 제목으로 20여 일 준비하여 발표하였다. 이 두 인물은 괴테처럼 철학, 신학, 문학은 한 학문이 되어야 한다고 주장했다는 사실도 언급하였다. 정년퇴임을 열흘 남짓 앞두고 마지막 학술활동을 심신이 왕성하게 하는 것이 존경스럽다는 철학교수들의 찬사를 들으며 마치고 회식 때 술잔도 나누었다.

며칠 후 퇴직 예정 증명서와 함께 명예교수 임명장이 오고, 명예교수증도 나왔다. 이런 증명들을 받으니 명예교수라는 것이 무엇을 해야 할 책임이 있는가, 새삼 생각을 불러일으킨다. 퇴직하기 전에 종합검진을 받으라고 아내가 강권해서 서울대학교병원에서 받았다. 이렇게 대학로의 옛 캠퍼스에 점점 자주 가게 될 것이다. 정년퇴임하면 연금으로 살아야 하기 때문에 공무원연금관리공단에도 다녀왔다. 이런 일을 하면서 퇴직하는 나보다 아내가 더 바쁘다고 싫지 않은(?) 푸념을 한다. 공단에서는 32년 8개월 동안 연금을 한 번도 조회한 일도 없고 삭감해야 할 금액도 없어 연금을 100% 깨끗하게 받게 된다며 축하를 해 준다. 주차권을 준다고 해서 차를 안 갖고 있다고 하니 또 놀란다. 나오며 생각하니 내가 이렇게 살아왔구나 싶고, 아내가 새삼 고맙다.

Epilogue

'서울법대시대'를 되돌아보며

이런 형식의 책을 내겠다고 생각한 지는 꽤 오래되는데, 긴 기간 동안 시동만 걸고 발진은 못하였다. 교수생활은 결코 한가롭지 않았다. 정년을 앞두고 다소 급한 마음으로 생각나는 대로 적으니 빠뜨린 것도 적지 않은 것 같고, 차분한 서술이 되었는지 걱정스럽기도 하다. 기억을 더듬어 적는 것이 학술논문 쓰는 것보다 쉽지 않다는 사실을 실감하였다. 인간의 기억력은 약하기에 그래서 더욱 이런 기록이 필요한지 모르겠다. 또한 정년이라 하지만 인생은 진행형이기 때문에 어디까지 쓰고 끊어야 할지도 모르겠다.

1960년대 후반부터 오늘에 이르기까지 한국사회도 많이 바뀌었지만 서울대도 많이 변하였다. 뭐니 뭐니 해도 가시적으로 시설면에서는 놀랄 정도로 발전한 것이 사실이다. 오늘날 편히 공부하고 연구하는 학생과 후배 교수들을 보면 격세지감을 느끼기도 한다. 그러한 눈부신 발전의 면모에 좀 둔감하여 이 책에서 제대로 담지 못한 것이 아닌가 하는 생각도 든다. 그렇지만 그것은 서울대학교 50년사, 60년사 같은 공식 역사를 읽어 보면 알 수 있다. 오히려 내가 해야 할 일은 그 속에 모자라는 점, 아쉬운 점, 나약

진리를 뿜어 내는 SNU(2012, 저자 그림)

감골 규장각 앞 감나무 아래서(2007)

해지는 점을 점검하고 지적하는 것일 것이다. 솔직히 편안해질수록 나약해지는 것이 인간의 정신력이다.

나는 법대교수로서 시대적 변화를 둔감하게 느끼면서 연구에만 매달려 온 것이 새삼 되돌아보인다. 2000년대에 들어서는 주로 외국 대학에서 강의하고 국제학회에서 활동하다 보니 국내, 학내 일에 상당히 덤덤히 둔감해지는 것을 느꼈다. 학내외에서 악착같이 활동하고 주장하는 동료 후배를 보면 겁 같은 것이 나기도 하였다.

기억에도 초기의 기억과 비교적 근년의 기억이 있는데, 솔직히 근년의 기억이 더욱 희박하다. 30년 가까이 관악캠퍼스에서 겪은 체험을 적으려면 훨씬 더 많이 적어야 할 것이다. 그런데도 오히려 동숭동 시절, 더 거슬러 올라가 부산 피난 시절과 경성제대 얘기가 더욱 자세히 서술된 것 같다. 그것은 내 전공이 법사상사로 꼬리에 사(史)자가 들어가는 분야이고, 그런 독서를 하다 보니 확대체험 또는 대리체험이 된 때문이라 하겠다. 앞으로 이런 회고를 할 학자도 나오기 드물 터이니 역사적 기록으로 받아 주시기 바란다.

사실 나는 국내 유일의 법사상사학자로서 내 나름대로 저술을 통해 법사상사학이 어떤 학문인지 기초를 놓으려고 노력하였다. 적지 않은 연구서와 교과서의 저술로 어느 정도 이루었다고 생각한다. 로스쿨의 시대로 바뀌면서 이런 순수 연구 학문이 설 자리는 현저히 위축되었다. 그렇지만 세계의 학문 발전에 역행해서는 아니 될 것이므로 이 분야가 내 퇴임 후에도 계속되기를 희망한다.

나는 법대교수로서 법학적 지식을 갖춘 지성인을 국가적 지도자로 양성한다고 자부하며 살아왔다. 그들을 통해 한국의 법치를 통한 민주주의가 실현될 수 있을 것으로 믿었다. 그런데 솔직히 말하면, 1980년대 이후 군사정치가 끝나고 문민정부가 들어서도 민주주의는 더욱 꼬이는 것같이 느껴졌다. 법학에서 가르치는 것과는 너무 다른 현실이 전개된다. 나는 법학교양을 지닌 지성인에 의한 '위로부터의 민주주의'가 일대 도전을 받는 것처럼 느꼈다. 대학이 여기에서 어떤 역할을 해야 하는가에 자신을 잃어버리는 것같이 느껴졌다. 고급문화에 대한 마지막 책임을 포기하는 것같이 느껴졌다. 그렇지만 어찌하겠는가, 후배와 학생들과 대화하며 공존하는 수밖에. 법치주의와 민주주의, 이것은 끝없는 난제로 진행형인 것처럼 느껴진다.

대학을 퇴직하면 뭘 하면서 살 것인가 스스로 묻게 된다. 나는 기본적으로 자유인이기 때문에 더욱 자유롭게 읽고 쓰고 그리는 일에 만족하며 살 것이다. 새삼 인간을 교육한다는 것이 무엇인가 하는 생각도 떠오른다. 좀 더 폭넓은 인간적 대화와 봉사를 꿈꾸기도 한다. 그러나 현실이 어떻게 전개될지는 나 자신도 예측할 수 없다. 아무튼 이 정도로 '서울법대시대'의 증언을 내 인생 하나의 큰 마디로 맺고 싶다. 이것이 후배 교수들과 학생들에게 어느 정도 도움이 되는 책이 될는지 모르겠다. 새 시대의 새 주인공들에게는 이미 영양가 없는 지난 얘기로 들릴지도 모르겠다. 그러나 시대를 산 장본인의 입장이 되어야 역사를 바로 이해할 수 있다는 사실을 환기시키고 싶다. 그리고 앞서 간 선배들이 놓아 준 다리를 건너면서 손 흔들어 주는 미덕이 역사를 조금씩 발전시켜 주는 힘이 된다고 말하고 싶다.

부록

교수 재직 중에 각종 글을 썼지만,
여기에 법대와 관련된 강연과 뜻있는 글 몇 편을
부록으로 싣는다.

서울법대 교수와 한국 법학

서암법학관 교수회의실 동판 제막식에

서암법학관 동판 제막식 강연(2009. 4. 14)

오늘 새 서암(瑞巖)법학관의 개관과 함께 대회의실에 38분 명예교수의 동판을 박는 것은 몇 가지 특별한 의미가 있다. 그간 해방 후 서울법대시대라고 할 만한 63년 동안 38분의 명예교수를 산출한 역사가 길다면 길고 짧다면 짧은 세월이지만 한 번도 이렇게 공식적으로 함께 기념하고 동판으로 영원히 조형화하는 일은 처음 있는 일이다. 이럴 때 흔히 '역사적'이란 말을 쓰는데, 정말 오늘은 서울법대 학술사 나아가 서울대학교 학술사와 한국법학사에 문자 그대로 기념비적인 날이라고 할 만하다.

김건식 학장이 학장 취임하기 전부터 가끔 명예교수님들을 어떻게 기려 드려야 할까를 상의하여 올 때마다 내가 명색이 현재 제일 시니어 교수라고 상의해 주는 것도 고맙지만, 그 태도가 무척이나 진지하고 열성적이어서 감동을 받았다. 사실 지나간 편편의 기록을 찾고, 유족을 접촉하고, 어떤 사진을 사용해 동판으로 고착화할까 등등 기술적이고 절차적인 문제가 절대 간단치 않다.

그런 면에서 오늘의 제막은 큰 프로젝트의 성취라 김 학장의 노고에 진심으로 경의를 표하고 싶다.

나는 1986년, 지금부터 20여 년 전에 15동 강의동을 짓고 학생들에게 귀감이 되는 법률가, 법학자의 초상화를 20개 정도 제작하여 복도와 국산(菊山)법학도서관에 걸었던 일이 있는데, 학교 예산도 없고 그저 흑백사진을 확대하여 간단한 생애서술을 하여 액자에 넣어 걸었는데, 세월과 함께 사라지고 지금은 '귀중문서실'에 보관되어 있을 뿐이다. 이런 모든 것이 뜻과 돈이 합쳐져야 가능한 것인데, 이렇게 멋있게 동판으로 예술작품화까지 하여 영원히 기념할 수 있게 하는 것은 한번 경험을 해 본 나로서는 더욱 큰일을 하였다고 진심으로 치하하고 싶다. 물론 이것으로 전부 끝나는 것은 아니고 교내 적당한 공간들에는 외국의 로스쿨이나 법대에서 보듯이 품위 있는 초상화들도 하나둘 걸리기 시작해야 대학 분위기도 더욱 성숙하고 격조 있어 보일 것이다. 이 건물 아래에는 국산도서관 공간과 동창홀도 있기 때문에 잘 구상하면 이런 생각을 잘 발전시킬 수 있을 것이다.

학자는 학자가 이해하고 사랑해 주지 않으면 세상은 외면하고 자칫 외로운 법인데, 서울법대에 이런 학문 제1, 2세대에 대한 존경과 사랑의 역사가 이어진다는 사실은 대단히 자랑스럽다. 사실 법학이 그리 정감 있는 학문이 아니고, 오히려 건조하고 개인주의적인 학문이기 때문에, 사실 마음은 있어도 어떻게 적절히 표현할지 법학자인 우리는 스스로 느끼며 살고 있다. 그러나 이러한 마음의 응집이 아름다운 역사를 이루어 나가는 것이라고 생각한다.

1981년에 전임강사로 시작하여 28년을 지켜보면서, 지금은 교수가 갑자기 60명에 이르니 누가 학교에 나왔는지, 외국에 나갔는지 알 수도 없는데, 나에게도 상당히 오랫동안 최연소 교수로 지내면서 선배 교수님들을 거의 매일 뵙고 관찰할 수 있었던 행복한 시절이 있었다. 아마 이런 얘기 자체가 여기 젊은 교수들에게는 전설처럼 들릴지 모르겠지만, 이런 역사적 체험을 배경으로 지나가신 스승, 선배 학자들에 대해 자유롭게 몇 가지 증언해 달라는 주문인 것 같다. 우리 모두 함께 생각하고 즐기는 시간이 되어 주기를 바란다.

1. 학술사에서의 서울법대

내가 재작년 환갑에 맞추어 서울대학교출판부에서 낸『한국의 법학자』(2007)에 수록된 31분의 법학자 가운데는 오늘 이곳의 38분 중 작고하신 최태영, 정광현, 고병국, 유기천, 황산덕, 이한기, 정희철, 김증한, 김기두, 서돈각, 김치선, 김도창, 배재식, 서원우 등 14분이 수록되어 있다. 한국법학사의 거의 절반을 차지한다. 이런 일을 할 때마다 어떤 기준으로 뽑느냐는 질문을 받게 되는데, 학문적 업적과 그 의미에 따른다는 것 외에는 객관적 기준이 없다. 서울법대 교수들이 한국법학사에서 가장 중요한 공헌을 했다는 사실은 설명이 필요 없고, 우리는 다만 보여주기만 하면 되는 것이다.

그런데 사실 해방 후 서울법대 63년 역사 속에 몇 분의 교수들이 재직했는지도 정확히 말하기는 쉽지 않다. 다 아는 대로 해방 후 경성제국대학에서 1년간의 경성대학을 거쳐 서울대학교 법과대학으로 이름을 붙여 구 법관양성소로부터 내려오는 법학교, 경성법학전문학교의 전통과 통합하는 역사는 절대 순탄치 않았고, 법학교 동창과 경성제대 동창의 화합, 교수 사이에도 이른바 동대파와 성대파의 갈등 극복 등 선배 교수 및 동창의 노고는 감사하고 잊을 수 없다.

1950년 전쟁으로 이어지는 기간 동안 대학도 매우 혼란스러웠고, 서울법대 교수도 월북, 납북 등 예외는 아니었다. 나는 명색이 법사상사 담당 교수이면서도 아직 당시 법조계와 법학계의 좌우대립에 관한 혼란상을 제대로 연구하여 발표하지 못한 것을 크게 부담스러워하고 있다. 아무튼 『서울법대100년사』(2004)에는 1960년대까지만 해도 40분의 교수진에 관하여 소개되고 있는데, 심지어 생몰년이 불분명한 분들이 있어 서술의 분량이 들쭉날쭉한 것을 볼 수 있다. 험난한 한국현대사가 서울법대만 비켜 갈 리 없었던 것이다.

유진오 박사께서 쓰신 글에 보면, 1950년에 전쟁을 처음 겪어보니 다른 직장인은 그래도 뭉쳐서 피난을 가고 대처를 하는데, 교수들은 뿔뿔이 아무 힘도 없이 간신히 부산에 구사일생 남하하여 강의에 임하게 되었다 한다. 당시 '조선법제사'를 담당한 김성칠 교수는 일기에 이렇게 적었다.

1951년 3월 4일 개다.

오전 중에는 툇마루에 나가서 한나절 햇볕을 쬐고 오후엔 아직도 부기가 가시지 않은 얼굴 그대로 法大의 강의에 나갔다. 남하한 후 처음의 강의이므로 몸이 아프다고 쉬기엔 내 마음이 허락지 않았다. 재판소 앞 卞씨의 법률사무소 방 한 간을 빌려서 학생 스무나믄 명이 그 툇마루에까지 넘칠 지경이고, 그리고 이 우리들의 교실의 한구석엔 너댓 살 먹어 보이는 아기가 낮잠을 자고 있었다. 이렇듯 苛烈한 현실 속에서도 이러한 학문적 분위기를 가질 수 있는 것이 여간 다행한 일이 아니며, 또 제군은 아무리 비통한 현실 속에 처하여서도 그 현실의 힘에 짓눌리기만 하지 말고 이성적인 눈으로 현실을 볼 수 있는 젊은 학도가 지녀야 할 긍지를 가져야 한다고 이야기한다는 것이 그 가열한 현실, 비통한 사태를 표현함이 좀 지나쳤는지 학생들이 이 구석 저 구석에서 훌쩍거리기 시작하여 나 자신 자꾸만 목이 메었다. (김성칠, 『역사 앞에서』, 1993, 314쪽)

이런 참담한 상황에서 법학교수들은 1952년 12월 어느 날 부산의 서울법대 학장실에서 한국법학교수회의 발기 모임을 갖고, 다음 해 1953년에 발족하여 초대 회장에 고병국 교수가 선출된 것이다. 이렇게 민족의 수난사 속에서 서울법대 학장실에서 한국법학계의 윤곽이 형성된 것이다. 이때부터 서울법대는 한국 법학의 구심점으로 역할을 해 왔다. 봉급은 적지만 서울법대 교수직은 한국에서 가장 명예로운 직장이라고 여겨져 왔다. 이런 전쟁의 와중에 이한기, 김기두, 황산덕, 신태환이 1952년 1월 8일 같은 날 모두 조교수로 발령받는다.

서울법대는 그래도 한국에서 유일하다시피 법학은 물론 필요한 교양교육을 위한 교수까지 진용을 갖춘 교육기관으로 자리 잡았다. 초기의 최태영, 고병국 학장을 거쳐 유기천 학장의 숨결은 법대의 곳곳에서 느끼게 된다. 전시의 법대 가교사 교문에 'Fiat Justitia, Ruat Caelum', 하늘이 무너져도 정의를 세우라고 배포 유하게 라틴어로 철제 아치를 세우던 그 여유가 국난을 극복하고 대한민국 법치주의의 기초를 놓았던 것은 하나의 쾌거이다. 그리고 하버드-예일의 최신 학풍, 이른바 New Haven School of Jurisprudence를 곧바로 서울법대 법학교육에 연결한 것은 서울법대 법학의 수준을 여실히 보여주는 것이다. 그리고 능력 있는 제자들을 미국과 독일로 유학을 보내려고 애쓰신 것도 평가받을 공헌이다.

이렇게 형성된 서울법대의 교수 진용은 상당히 폭넓었다. 그것은 법의 지배를 통한 민주주의의 실현, 그리고 실력 있는 엘리트 법대 출신들에 의한 '위로부터의 민주주의'(democracy from above)의 지향이었다. 이러한 서울법대 법학교육의 이념이 그 후 4·19 학생혁명과 5·16 군사쿠데타로 이어지는 정치적·경제적 불안정과 대중사회화와 하향식 평등주의 등의 장애요인으로 법치주의에 의한 민주주의의 성장은 대단히 지둔하고 굴절되었다. 이러한 혼돈 속에 사는 법학교수의 삶은 결코 평탄할 수도 보람되기만 할 수도 없었다. 무엇보다 대중사회에서 지식인은 고독해질 수밖에 없다. 때로는 정권에 의해 자의 반 타의 반으로 참여를 강요당하기도 하고, 때로는 자신의 저술이 권력에 의해 자유롭게 출판되는 것마저 방해받기도 하였다. 이런 굴절 속에서도 초기의 교수들은 『사상계』 지에 기고와 대담을 통해 국민의 사표 역할을 했고, 심지어 「자유부인」 논쟁 등 교수의 권위, 학문의 자유를 수호하기 위해 싸우시기도 하였다.

법학 이외의 분야였던 교수로는 신태환, 이상조, 인영환, 임원택, 배복석 선생님들이 계신데, 경제학, 정치학, 재정학, 체육 등이 국가지도자적 인격의 양성을 지향한 서울법대 교육을 책임지신 분들이었다. 이것은 오늘날 로스쿨로서 프로페셔널한 교육을 지향하면서 새삼 되새겨지는 측면이기도 하다.

2. 서울법대 교수진

서울법대에서, 아니 서울대 전체에서 첫 강의를 한 교수는 김증한 교수로 알려져 있다. 1946년 9월 18일 개교 첫날 아침 9시 강의를 하셨던 것이다.

서울법대 법학은 1953년 환도 후 1960년대에 진입할 때까지 착실한 기초를 놓았다. 그 후 헌법학은 한태연, 김철수, 권영성, 최대권으로 이어졌다. 행정법학은 김도창, 김동희, 최송화로 이어졌다.

민법학은 고병국, 정광현, 김기선, 김증한, 곽윤직, 황적인, 박병호, 이호정으로 이어졌다.

상법학은 최태영, 서돈각, 정희철, 양승규, 최기원, 송상현으로 이어졌다.

형법학은 유기천, 황산덕, 이수성으로 이어졌다.

국제법학은 이한기, 배재식, 백충현으로 이어졌다.

기본법이 아닌 분야는 전국에서 서울법대에서만 가능한 선구적 개척이었다. 노동법의 김치선, 김유성이 그러하였고, 법철학의 황산덕, 심헌섭이 그러하였고, 세법의 이태로가 그러하였다. 어쩌면 이러한 기초적이고도 개척적인 것이 서울법대가 한국 법학의 지평을 넓히는 데에 기여한 중요한 측면일 것이다. 이러한 전통은 로스쿨이 된 지금도 학문후속세대의 양성이라는 중차대한 과제를 남겨 준다고 하겠다.

3. 한국 법학의 주춧돌

여기 38분 중 작고하신 분이 19분이고, 19분이 생존해 계신다.

작고인의 수명을 보면 최태영(1900-2005) 105세, 고병국(1909-1976) 67세, 신태환(1920-1988) 81세, 황산덕(1917-1989) 72세, 김도창(1922-2005) 83세, 정광현(1902-1980) 78세, 유기천(1915-1998) 83세, 서돈각(1920-2004) 84세, 인영환(1913-1995) 82세, 임원택(1922-2006) 84세, 배복석(1915-2007) 92세, 이한기(1917-1995) 78세, 김증한(1920-1988) 68세, 김기두(1920-1993) 73세, 정희철(1919-2006) 87세, 김치선(1922-96) 74세, 배재식(1929-1999) 70세, 서원우(1931-2005) 74세이다. 평균 79세를 사신 셈이다.

한 인간이 자서전이나 회고록 혹은 전기를 남기고 죽기는 그리 쉽지 않다. 법학서만 쓰는 법학자에게는 어쩌면 더욱 그럴는지 모른다.

자서전이 나온 경우는 최태영의 자서전 『인간 단군을 찾아서』(학고재, 2000), 황산덕의 『자화상』(1966)과 『무엇이 돌아오나』(1971), 서돈각의 『부처님과 함께』(2006)와 같은 예가 있다.

전기로는 유기천에 대한 최종고의 『자유와 정의의 지성 유기천』(한들출판사, 2005), 배재식에 대한 최종고의 『석암 배재식』(서울법대 귀중문서실, 2000) 이 있다.

제자들이 추모문집으로 낸 경우는 『삶으로 가르치신 큰 스승 이한기』(오름, 1996), 『영원한 스승 유기천』(지학사, 2003), 『진리와 사랑으로 이끄신 참 스승 백충현』(경인문화사, 2008) 등이 있다.

38분 가운데 재단을 만들어 당신의 유지를 이어가는 경우는 유기천기념재단, 서돈각기념재단, 김도창기념재단이 있다.

현재 생존해 계신 원로는 한태연(1916년생) 선생님께서 금년 93세, 김기선(1918년생) 선생님께서 금년 91세로 노익장을 보이고 계시다. 곽윤직(1926년생), 박병호, 황적인 3분 선생님도 팔순을 넘기셨다.

유기천은 미국 샌디에이고에서 작고하셨지만 부인 헬렌 실빙 교수와 함께 한국의 포천 산정현교회 묘지에 안장되셨고, 정광현은 미국에서 살다가 작고하여 볼티모어에 영면하고 계시다. 정희철은 캐나다에서 작고하셨다. 임원택은 대전국립묘지에 안장되셨다.

참고로 재직기간을 보면 최태영 2년, 고병국 11년, 한태연 12년, 신태환 13년, 김기선 18년, 이상조 17년, 황산덕 14년, 김도창 5년, 정광현 17년, 유기천 26년, 서돈각 21년, 인영환 25년, 임원택 13년, 배복석 31년, 이한기 28년, 김증한 39년, 김기두 33년, 정희철 27년, 김치선 22년, 곽윤직 33년, 배재식 36년, 이수성 27년, 황적인 27년, 서원우 36년, 박병호 33년, 이태로 33년, 김철수 36년, 양승규 31년, 권영성 22년, 심헌섭 24년, 최기원 36년, 이호정

34년, 최대권 30년, 백충현 36년, 김동희 33년, 김유성 37년, 최송화 35년, 송상현 35년이다.

대를 이어 법학자가 나온 경우는 김증한-김학동, 서돈각-서정항, 한태연-한수웅, 최종길-최광준의 예를 본다.

대한민국학술원 회원이 되신 분은 고병국, 신태환, 유기천, 서돈각, 김기두, 김치선, 황적인, 김철수, 박병호 등이고, 신태환, 서돈각은 대한민국학술원 회장을 역임하기도 하셨다.

서울법대 교수의 삶이 어떠한지, 그들의 학문과 사상이 어떤 영향을 주고 있는지, 그것은 한국법학사의 중요한 테마가 아닐 수 없다. 그것을 위해 우리 법대 '귀중문서실'에는 이 어르신들의 오리지널 문서를 수집 보관해 오고 있으며, 앞으로 이들에 대하여 연구하려면 무엇보다 이곳의 문서를 핸들링하는 것이 중요하다. 현재 대표적인 것은 유진오 문서, 정광현 문서, 유기천 문서, 김증한 문서이다. 이 자리를 빌려 다시 한 번 생존하신 명예교수님들은 메모 한 장, 사진 한 장도 버리지 마시고 귀중문서실에 기증해 주시기 바란다.

4. 후배 학자의 과제

우리는 후배 교수로서 적어도 이 자리에서 교수회의를 하거나 모임이 있을 때 동판 속의 38분의 선배들을 늘 보면서 생활할 것이다. 이 중에는 물론 직접 배운 제자도 있고, 그렇지 않은 교수들도 있다. 그에 따라 느끼는 감정의 차이는 각각 다를 것이다. 그러나 한 가지 분명한 것은 모두 저 선배 학자들을 뒤이어 교수로 있다는 사실, 언젠가 저곳에 자신의 모습도 새겨지기를 바란다는 사실이다.

이 선배 교수들께서 오늘 이 자리에 오셨다면, '이런 좋은 도서관과 연구실이 부럽다'고 하셨을 것이다. 우리는 그러나 연구 환경이 좋다고 연구 성과가 높고 반드시 정신력도 높아진다는 것은 아니라는 것을 알고 있다. 어쩌면 안락하면 나태해질 수 있다. 솔직히 오늘에는 과거 못지않게 많은 연구 과제와 스트레스가 있는 게 사실이다. 전에는 상상할 수 없었던 컴퓨터 지식이 축복일 수도 있고 저주일 수도 있다. 아무튼 지난날 교수들이 쓰던 연구실의 책상과 집기들은 그때그때 거의 없어졌지만 정광현·박병호 교수께서 대물려 쓰신 책상과 배재식 교수께서 쓰시던 옷걸이 등은 '귀중문서실'에 보관하고 있다. 이번에 '귀중문서실'이 이곳 서암관으로 일체 옮기는데 이런 '유물'들도 학생과 교수들에게 더욱 가까이서 전시될 것이다.

우리 후배 교수들은 선배 학자들의 학문적 전통을 이어 나아가야 할 책임이 있다. 학문의 세계에 왕도가 없다는 것을 잘 알고 있다. 그런 면에서 이수성 선생님께서 때마다 후배들에게 겸손하라고 당부하시는 뜻을 알 수 있고, 최송화 선생님의 표현처럼 후배는 선배가 놓아 준 다리를 건너면서 감사의 손을 흔들어 주어야 한다.

요즘 캠퍼스에 개나리, 목련, 벚꽃이 한창 아름답게 피었다. 점심을 먹고 한 바퀴 산책을 하고 나면 무슨 꽃놀이가 따로 필요 없다고 느껴진다. 만발한 꽃을 볼 때마다 나는 김증한 선생님을 회상한다. 1985년에 김기두 선생님과 함께 정년퇴임을 하시면서, “봄마다 캠퍼스에 꽃들이 만발하였는데도 최루탄 가스 때문에 감상할 수 없는 것이 가슴 아프다”고 하셨다. 우리가 몸담은 캠퍼스는 한국사회의 부정의를 묵과할 수 없이 투쟁과 긴장으로 점철된 현장이었다. 정치권력과 학생지도의 사이에서 남몰래 고생하고 괴로워하던 선배 교수들의 가슴앓이가 얽힌 격전장이다.

오늘 우리는 이런 모든 역사를 선배 교수들의 면면을 동판에 새겨 함께 붙박고, 다음 주 20일에는 『서울법대 학생운동사』를 출간한 기념식과 함께 서울법대에서 정의를 외치던 왕년의 학생 주역들이 홈커밍을 하여 동판에 새겨진 선생님들의 면면 앞에 묵념을 올리게 될 것이다. 우리는 교수나 학생이나 함께 우리의 역사를 만들고, 방관자가 아니라 주인공으로 이 나라를 책임지고 있다. 결국 우리는 한 민족사의 같은 길을 가고 있다. 마지막으로 지금 생존해 계신 19분의 명예교수님들과 유족, 후손 모든 분의 건강과 행운을 빈다.

마침 어제 우편으로 책 한 권을 받았는데, 권이혁 전 총장님의 다섯 번째 수필집이었다. 그런데 그 제목이 『어르신네들이시여, 꿈을 가집시다』이고, 부제는 영어로 ‘Old Boys, Be Ambitious!’라고 적혀 있다. 소년에게만 꿈이 있는 것이 아니라 노년에도 꿈이 필요하다고 서문에 적으셨다. 어쩌면 법도 영원히 다 이룰 수 없는 꿈이 아닐까? 그런 한에는 한국사회에 법학자의 생애는 그리 화려한 삶은 아닐지라도 계속 의미 있는 교훈으로 전승되는 것이라 생각한다.

저는 지난 1, 2월 겨울방학을 재작년에 자매결연한 이스라엘의 텔아비브 대학에서 '동아시아법철학'을 강의하고 왔습니다. 전쟁 중이라 걱정하는 분들이 많았지만 현지에서는 오히려 편안히 여유 있게 지내다 왔습니다. 그래서 그림을 그리고 시를 100여 작품 썼는데, 마침 예루살렘에 한국문화원이 있어 전시회를 하였습니다. 그 작품들을 갖고 와 오늘 선배 선생님과 가족들께서 오신다기에 볼거리로 아래 동창홀에 전시를 하였습니다. 특히 이스라엘은 유기천 선생님의 사모님 헬렌 실빙(Helen Silving) 교수가 유대인이셔서 두 분에 관한 몇 가지 새로운 자료도 함께 전시하였습니다. 세월과 함께 최연소 교수가 이제 최고참 시니어 교수가 되어 어떻게 지내고 있는지 보실 겸 제가 식사 후 직접 모시고 안내해 드리겠습니다. 감사합니다.

‘서울법대 역사관’의 의의와 과제

서울법대 역사관 개관기념 강연(2010. 5. 6)

1. ‘서울법대’라는 곳

지금부터 115년 전 오늘 서광범 법부대신의 상주로 고종 임금께서 윤허하여 설립된 법관양성소의 제1회 졸업생 43명 중 이준(李儁)과 함태영(咸台永)은 대표적 인물이다. 이들의 입학시험에 “자기 고장의 명산물을 쓰라”는 문제가 있었다. 당시 이선재(李璿在)란 이름의 이준은 함경도 태생이기 때문에 당연히 북어(명태)를 써야 하는데, 다른 것을 썼다. 시험관은 이준이 자기 고장 명산물도 모르는 상식 미달이라고 불합격 처리하려 하였다. 그러나 이준을 잘 알던 당시 형사국장 장박(張博) 씨가 힘을 써서 합격하였다. 졸업 때는 함태영이 수석이고 이준은 16등이었다. 그런데도 이른바 ‘빽’이 든든했던 이준은 한성지방재판소 판사가 되었다. 갑신정변이 일어나자 장박 법부대신의 체포령이 종로에 나붙은 것을 이준이 보고 빨리 피신해야 한다고 알렸다. 이로 인해 이준도 위험해져 일본으로 망명하여 함태영이 이준의 검사시보 자리를 맡게 되었다. 둘이서 미묘한 선·후임자가 된 것이다. 그 후 한 사람은 화란의 헤이그에 가서 순국하였고, 한 사람은 대한민국 부통령이 되었다. 함 부통령은 이준 열사 기념사업회장의 직을 맡기도 하였다.

1957년 부통령직을 그만두고 세계일주의 길에 오른 함태영은 헤이그에 들러 이준의 묘를 찾아 참배하면서 뜨거운 회한의 눈물을 흘렸다. 수행한 김정준 교수가 쓴 『함태영옹 세계일주기』(1958)에 따르면, 이준과 함태영은 친구로서 은근한 라이벌이었던 것 같다. 우리는 여기서 법관양성소 시절부터 유능한 법학도들이 학창 시절에는 성적으로 경쟁하고 사회에서는 직장을 두고 경쟁하면서, 결국 한국인으로서 국내외적으로 나라를 위한 인생의 길을 가는 사실을 또렷이 보게 된다. 이것은 어쩌면 예나 지금이나 우리가 지금 서 있는 이 서울법대라는 곳의 풍토요 생리일지도 모른다. 좋든 나쁘든 이런 분위기가 한국의 현대사에 큰 함수를 형성해 왔다.

2. 민족사와 법대사

실로 법대의 역사는 민족사의 파란과 궤를 같이해 왔다. 법관양성소의 후신인 경성법학전문학교 15회(1937) 졸업생으로 후일 서울대 동양사학과 교수가 되어 법대에서 '조선법제사'를 강의했던 김성칠의 6·25 전쟁 일기를 보면, 전쟁 중 부산에서 가교사를 짓고 강의를 하던 광경이 이렇게 적혀 있다.

1951년 3월 4일 개다.

오전 중에는 툇마루에 나가서 한나절 햇볕을 쬐고 오후엔 아직도 부기가 가시지 않은 얼굴 그대로 法大의 강의에 나갔다. 남하한 후 처음의 강의이므로 몸이 아프다고 쉬기엔 내 마음이 허락지 않았다. 재판소 앞 卞씨의 법률사무소 방 한 칸을 빌려서 학생 스무나믄 명이 그 툇마루에까지 넘칠 지경이고, 그리고 이 우리들의 교실의 한구석엔 네댓 살 먹어 보이는 아기가 낮잠을 자고 있었다. 이렇듯 苛烈한 현실 속에서도 이러한 학문적 분위기를 가질 수 있는 것이 여간 다행한 일이 아니며, 또 제군은 아무리 비통한 현실 속에 처하여도 그 현실의 힘에 짓눌리기만 하지 말고 이성적인 눈으로 현실을 볼 수 있는 젊은 학도로서의 긍지를 가져야 한다는 것이 그 가열한 현실, 비통한 사태를 표현함이 좀 지나쳤는지 학생들이 이 구석 저 구석에서 훌쩍거리기 시작하여 나 자신 자꾸만 목이 메었다. (김성칠, 『역사 앞에서』, 1993, 314쪽)

그러면서도 법대 가교사 교문에는 유기천 학장이 '하늘이 무너져도 정의는 세우라'라는 표어를 라틴어로 FIAT JUSTITIA RUAT CAELUM이라고 철제 아치로 세워, 전란 속에서도 매일 쳐다보며 공부하였다. 이러한 배포유랄까 자신감이 국난을 극복하고 대한민국의 민주주의와 법치주의의 초석을 이루었던 것이라 하겠다.

물론 서울대에 이데올로기의 갈등이 동란의 소용돌이 속에서 얼마나 상처를 주었는지 자세히는 모른다. 후일 본부에서 부역 교수들을 조사해 보고하라 했을 때 법대는 끝내 올리지 않아 공백으로 남아 있다.

그 후 제1공화국, 4·19 학생혁명, 5·16 등의 정치적 불안정과 사회적 급변화 속에서 서울법대는 가장 뛰어난 젊은 인재들을 뽑아 '법의 지배'(rule of law)의 정신을 고취시키는 교육을 면면이 실시해 왔다. 한때는 육사와 법대가 야합했다는 '육법당'(陸法黨)이란 별칭도 나왔지만, 가히 '서울법대시대'라는 말이 틀리지 않을 것이다. '천하제일 서울법대'라는 대내용 찬사는 무한경쟁의 세계화 시대에는 퇴색해 버렸다. 그러다 21세기를 맞으며 새 시대에 맞는 로스쿨이라는 법학전문대학원 제도를 채택하여 새 출발을 하고 있다. 이렇게 시대에 따라 이름은 법관양성소, 법학교, 법학전문학교, 법문학부, 법과대학 등으로 바뀌어 왔지만, 법과 정의를 가르치는 법학교육의 실체와 정신은 면면히 계속 발전되어 온 것이다.

3. 세계 개방적 교육

또 다른 측면으로 주목해야 할 사실은 115년 전 법관양성소부터 법대의 교육은 세계 개방적이었다는 사실이다. 1908년도 교과과정을 보면 법학통론, 민법총론, 민사소송법, 형법총론, 형법각론, 형사소송법, 상법총칙, 상행위법, 어음법, 채권법, 물권법, 평시국제공법, 경제학, 회사법, 수학, 일어실무연습으로 되어 있다. 다른 연도의 과목에는 현행법률, 법국율례(法國律例), 소송연습 같은 과목도 보인다. 『법국율례』란 1804년 나폴레옹이 주재하여 입법한 프랑스 민법전(Code Civile)을 말하는데, 이것을 한문으로 번역 필사하여 교과서로 가르치고, 그 필사본 수십 권이 아직도 법대도서관에 간직되고 있다는 것은 매우 흥미 있는 사실이다.

로랑 크레마지(Laurent Crémazy, 金雅始, 1837-1909)는 파리 대학에서 법학을 공부하여 베트남에서 법원장까지 지낸 원로 법률가인데 대한제국의 법률고문으로 와서 법관양성소에서 프랑스법 『법국율례』를 가르치고, 관립법어학교의 우등생을 개인 교수하여 5명이나 법관양성소 교관으로 만들었다. 미국인 판사 출신 그레이트하우스(Clarence R. Greathouse, 具禮, 1846-1899)도 법관양성소에서 강의를 하다 한국에서 일찍 서거하여 현재 양화진 외국인 묘지에 잠들어 있다.

에른스트 프랭켈(Ernst Fraenkel, 1898-1974)은 독일에서 라드브루흐(Gustav Radbruch) 등에게 법학을 공부하고 유대인이기에 미국으로 망명하여 미국법을 다시 공부하여 한국의 미군정 법률고문으로 와서 서울법대에서 최초로 '국제사법' 강의를 하였다. 당시의 제자들은 지금도 훌륭했던 스승의 기억을 떠올린다.

헬렌 실빙(Helen Silving, 1906-1993)은 폴란드 태생으로 비엔나 대학에서 한스 켈젠(Hans Kelsen)의 제자이자 조수를 지내고 유대인의 운명으로 미국으로 망명해 하버드 로스쿨에 있을 때 유기천 교수를 만나 결혼하여 1960년대에 서울법대와 사법대학원에서 강의를 하였다. 유-실빙의 라이프 스토리는 세계법학사의 축약판이며, 이것이 서울법대의 역사가 세계법학에 직결되는 학문적 지평이기도 하다. 이들은 하버드-예일에서 민주주의를 위한 법학, 사회과학과 학제적으로 대화하는 법학을 배워 와 바로 서울법대의 법학교육의 기초로 삼았으니 서울법대의 학문 수준은 당시부터 그처럼 높았던 것이다.

오다카 도모오 교수

일제시대의 경성제대의 법문학부 법학과에는 비교적 리버럴한 교수들이 있었는데, 오다카 도모오(尾高朝雄) 교수는 제자 이항녕, 황산덕 등에게 감화를 주어 서울법대의 법철학사에도 계속 연결되고 있다. 로마법과 법사상사를 가르친 후나다 교지(船田享二) 교수는 경성제대 중앙도서관장으로 특히 귀중한 독일 서적을 구입하여, 지금도 서울대 중앙도서관의 구관도서(지금의 고문헌자료)는 '국보급'으로 자랑할 만하다. 후나다 관장 자신이 당시에 만든 『귀중문서해제집』은 서울대 중앙도서관이 자랑하는 가치 있는 자료이다. 그의 노력으로 에른스트 치텔만(Ernst Zittelmann) 교수, 페르디난드 크니이프(Ferdinand Kniep) 교수 같은 독일 굴지의 학자들의 개인 장서를 몽땅 입수하여 소장하고 있는 것도 지금 보면 쾌거이다. 사실 우리는 지금도 독일 교수들이 와서 놀라는 이런 귀중한 문서를 많이 소장하고 있는 것을 자랑스럽게 생각한다.

1980년대에는 구한말 선교사의 손자 윌리엄 쇼(William Shaw) 박사가 하버드에서 한국법제사로 쓴 *Legal Norms in A Confucian State*(1981)를 출간하고 바로 서울법대에서 한국어로 한국법제사 강의를 하기도 하였다. 그의 요절은 한국법사학계의 큰 손실이다.

2000년대에 들어서면서 시작된 'Foreign Authority Forum'은 벌써 200회에 가까이 외국의 저명학자를 초청하여 강연과 토론을 하고 있고, 법대교수진도 전 세계를 무대로 활발한 국제적 학문활동을 전개하고 있다.

4. 법대 역사관의 연혁

이런 법대의 역사를 빠짐없이 담아 오늘의 교훈으로 삼으려는 것이 역사관의 의의이다. 서양에서는 산 지식은 어릴 적부터 거의 Museum에서부터 얻는다는 사실이 상식으로 되어 있다. 그러기 위해서는 우선 좋은 풍부한 Museum이 있어야 한다. 유대인 박물관(Jewish Museum)을 한번 들어갔다 나온 사람 중에 유대인이야말로 세상에 가장 위대한 민족이라는 감동을 받지 않는 자가 있는지 모르겠다. 나도 베를린, 프랑크푸르트의 유대인박물관, 워싱턴의 '홀로코스트 뮤지움' 등을 보고 매우 큰 감동과 함께 Museum의 중요성을 실감하였다.

1988년 내가 처음으로 하버드 로스쿨에 가 있을 때 Treasure Room이란 문서고를 보고 크게 자극을 받았다. 거기에는 명성으로만 듣던 올리버 홈즈(Oliver W. Holmes), 로스코 파운드(Roscoe Pound), 론 풀러(Lon Fuller) 같은 저명 교수들의 오리지널 문서들이 고스란히 분류 소장되어 있었다. 창의성 있는 연구를 하려면 학자들이 이곳에서부터 연구를 시작하는 모습을 옆에서 부럽게 관찰하였다. 그리고 이러한 시설이 이루어지기에는 조셉 비일(Joseph Beale)이라는 한 교수의 숨은 노력이 깃들어 있었다는 사실을 알았다. 그의 초상화 밑에는 이런 구절이 적혀 있었다. "Out of the Old Fields Must Spring and Grow the New Corns(해묵은 들판에서 새 곡식이 자란다)". 우리의 온고지신(溫故知新)이라 할까? 귀중한 전통은 아름다운 것이다.

이런 구상을 하고 있을 때 고 김증한(金曾漢) 교수께서 정년퇴임하시면서 연구실에 갖고 계시던 학생출석부, 사진 및 편지, 메모 등을 맡기셨다. 고 전봉덕(田鳳德) 전 대한변협회장이시며 한국법사학회 회장께서 미국으로 떠나시며 『대한변호사협회사』를 집필할 때 모은 자료를 모두 기증해 주셨다. 전 경기도지사를 지내신 이흥배(李興培) 변호사께서 경성제대 시절에 쓴 노트 등 귀한 자료를 주셨다. 이항녕(李恒寧) 교수의 귀한 자료도 아드님 이재후(李載厚) 전 법대동창회장께서 기증해 주셨다.

1993년에 법학연구동이 설립되면서 '귀중문서실'이라 이름 붙여 공간을 확보하였다. 책장과 진열대도 갖추어 꽤 아담한 문서고가 탄생한 것이다. 『동아일보』에 한국 최초의 법학전문문서고라고 꽤 크게 보도가 나가고, 그것을 본 현암사의 조상원(趙相元, 玄岩) 회장께서 80세 노구를 이끌고 해방 후부터 발간한 법전 초간본들을 손수 들고 와 기증해 주셨다. "위대한 일은 항상 한 사람의 뜻과 정성으로 되는 거요." 하시며 손을 꼭 잡아 주시던 것이 매우 고맙고, 큰 힘이 되었다.

그 후 안경환(安京煥) 학장은 학생들을 위해 상시 관람할 수 있도록 전시공간을 두 배로 확대시켜 주었다. 이런 격려를 받으며 본인은 틈틈이 챙겨 온 것인데, 지난해 로스쿨을 시작하고 '서암법학관'을 다행히도 '국산법학도서관'을 껴안으며 신축할 수 있게 되어 이런 훌륭한 공간이 생기고 김건식(金健植) 학장의 배려로 '국산법학도서관'의 한복판에 역사관을 앉히게 되었다. 아는 대로 '국산'(菊山)도서관은 고 김택수(金澤壽) 국회의원께서 거금을 쾌척하여 지어 주신 국내 유일의 법학전문도서관으로 선구적 역할을 담당해 왔다. 이번에도 이상혁(李相赫) 전 동창회장께서 '국산'을 지을 때의 기억을 되살리시며 자상한 조언과 협조를 주셔서 무척 감사하였다. 그래서 동창회의 측면도 최대한 전시하려 하였다. 졸업생들이 자식들과 함께 모교를 방문하여 자신의 학생 시절의 얼굴을 보여주는 것도 역사관에서 이룰 수 있는 삶의 낭만이라 생각하였다.

또한 법대의 학생문화, 즉 학생들의 각종 학회와 동아리, 그리고 불의에 항거하여 거리로 뛰쳐나가던 학생운동의 역사도 충실히 담으려 하였다. 자유와 정의, 민주화의 여정에 목숨을 바친 고 최종길 교수, 김영배 학우, 박동훈 학우, 조영래 학우 등을 추모하게 된다. 또 그들이 손가락을 깨물어 쓴 혈서의 원본과 지하신문 『자유의 종』 등 각종 유인물을 전시한다. '하늘이 무너져도 정의를 세워라'는 석판도 오랜 세월의 곡절을 거쳐 원래의 자리에 다시 박히게 되었다.

5. 역사관의 과제

본 역사관은 이처럼 법관양성소에서부터 오늘에 이르는 115년간의 역사를 여러 정치적 굴곡 속에서도 면면히 정체성(identity)을 유지하면서 시대적으로 발전해 온 면목들을 축약적으로 보여준다. 무엇보다 그것을 이룩해 온 법대교수진의 노력과 학생들의 학회활동 및 학생운동을 총체적으로 담으려 하였다.

나는 5년 전 유기천 전 총장의 전기『자유와 정의의 지성 유기천』을 집필할 때 그가 다닌 히메지 고등학교를 답사한 일이 있다. 당시의 구제 고등학교는 대학으로 승격하여 코베 대학 교양학부가 되어 모든 자료는 코베 대학 역사관에 있었다. 그 속에 들어가 보니 눈이 휘둥그레질 정도로 옛 문서들이 잘 보관되어 있었는데, 버튼만 누르면 완벽히 정리 보관된 문서들이 눈앞에 펼쳐져 손쉽게 이용할 수 있었다. 유기천의 히메지 고등 입학 시의 호적등본, 부모의 학비재정보증서, 1학년부터 3학년까지의 학적부가 고스란히 보관되어 한국서 구할 수 없는 자료를 쉽게 구할 수 있었다. 이처럼 역사관은 연구에 직결되는 곳이다.

역사관은 상설전시 자료만 가지고는 부족하다. 같은 자료를 영구히 전시하면 지루하다. 그래서 방 하나를 따로 '기획전시실'로 만들어 한 학기당 주제를 바꾸어 전시하여 학생들에게 교육적으로 신선하게 운영해 나가려고 한다. 첫 번째 기획전으로 '법관양성소의 법학교육'을 잡았는데, 눈여겨보시면 법관양성소가 초기부터 얼마나 규모 있는 세계 개방적 교육을 하였는지를 알 수 있을 것이다. 앞으로 예컨대 '유기천의 학문세계', '김증한의 학문세계', '괴테와 법학', '법과 정의의 상징물', '법대교수들의 저작물' 등 다양하게 기획해 나갈 것이다.

권이혁 전 서울대 총장께서는 지금 한국에도 아카이브(Archive)

의 중요성을 고취시키기 위해 '아카이브즈 포럼'을 운영하고 계시는데, 오늘날은 도서관 Library와 문서고 Archive와 박물관 Museum을 합한 Larchiveum이 필요하다고 최근 『동아일보』에 귀한 글을 쓰셨다. 바로 이곳 '서암법학관'이 그런 곳이다. 법학도서관과 문서고와 박물관이 함께 작동하고 있다. 오늘 개관하는 역사관은 서울법대와 한국 법학의 역사를 일부 가시적으로 보여주지만, 이것이 전부는 아니다. 그보다 어쩌면 더욱 중요한 것은 연구자들을 위해 원래 가지고 있던 '귀중문서실'의 기능을 발전시켜 나가는 것이다. 한국 법학에 관한 연구를 하려는 사람이 바로 이곳에서 가장 오리지널한 자료를 접하면서 출발할 수 있도록 자료를 계속 모으고 제공해 줄 수 있어야 전시와 연구가 계속되어 나갈 것이다.

결론적으로, 오늘의 서울법대 역사관의 개관은 이상의 모든 의미를 담아 서울대 캠퍼스 한복판에 심는 역사적인 날이다. 나 개인적으로도 22년의 세월에 걸쳐 학교를 위한 자원봉사로 음지에서 행해 온 숨은 작업이 이렇게 훌륭한 Larchiveum으로 탄생되니 실로 감격하지 않을 수 없다. 역사관은 결코 지난 과거의 골동품적 취미의 집합이 아니라 과거를 보면서 더욱 나은 미래를 다짐하는 기도처와 같은 곳이다. 앞으로 더욱 많은 관심과 보살핌으로 계속 풍부해지고 비옥화할 수 있기를 한마음으로 빌고 싶다. 역사가 사료에 충실하지 않고 주관적 이데올로기로 각색될 때 끝없는 논쟁으로 번지는 불행을 초래한다. 발전을 위해 도서관의 Librarian만이 아니라 Archivalist도 두어 계속 문서고의 역할을 발전시켜 나아가야 할 것이다. 그동안 물심양면으로 도움을 주신 학내외 모든 분에게 깊은 감사를 드리며, 오늘의 시간을 축하하면서 좋은 고견들을 주시기 바란다.

서울법대의 문학전통

법대문우회 발족에

Fides(법대문우회보) 1호, 2012

2010년 6월 18일에 서울법대 동창 중 글을 좋아하는 이들이 모여 '법대문우회'(회장 이동진)를 조직하였다. 글을 쓰고 좋아한다는 것은 기본적으로는 개인적 사항이지만 모임이나 단체를 만들고 나면 뭔가 공식적 명분과 의의를 생각하게 된다. 첫째는 법과 문학이라는 것이 어떤 관계를 갖느냐이고, 둘째는 이른바 법조문학이란 것이 한국에서도 어떤 역사를 이루어 왔는가를 돌이켜 보는 작업이다.

전자에 관하여는, 서울법대에는 안경환 교수가 '법과 문학'이란 선택과목을 강의하고 그 방면의 책까지 내어 결코 새삼스런 얘기가 아니다. 그러나 아직 법학교육에서 반드시 포함되는 것은 아니고, 새로 시작된 로스쿨 교육에서 어떤 위상을 차지할지는 미지수이다. 미국의 로스쿨에서 이 과목이 가르쳐지고 있는 것은 다 알고 있다. 법도 문학도 인간을 대상으로 하는 것이기에 공유하는 폭이 얼마나 넓은지는 설명할 필요가 없다.

그런데 근년에 법학도들의 실용적 사고방식으로 문학과 연극 등 문화활동이 더욱 침체되고 있는 현실을 보는 것은 안타까운 일이다. 그런 면에서 서울법대도 예외가 아니어서 동창 문우회 모임에서 후배 재학생들의 문학활동을 복원해야 한다는 진지한 논의가 이루어지기도 하였다. 법학과 전문성에서 유비되는 의학의 분야를 보면 작년에 '의학문학회'라는 학회까지 창립되어 『의학과 문학』이란 저널을 내는 등 상당히 심도 있는 활동을 하고 있다.

법학분야는 그 정도는 못 되지만 이번 기회에 법조문학의 역사를 정립해 보자는 논의가 활발하다. 필자는 법대 재학 시절 낙산문학회에 속하여 시화전도 열고 문집을 내기도 했지만, 모교 교수가 된 후 별다른 문학활동을 못해 오다가 이제 정년을 바라보는 때에 이르러 법대에서 로스쿨로 바뀌는 현장에 서서 여러 가지를 느끼고 있다. 법이 무엇인지 교육이 무엇인지 근본적인 고민과 회의가 들 때도 있다. 이런 것을 자유롭게 담을 수 있는 장은 역시 문학이 아닌가 싶다. 여기서는 모교 법대의 긴 전통 속에서 문학이 어떻게 접근 또는 시도되어 왔는지 더듬어 보려 한다.

1. 법관양성소의 문학

서울법대는 구한말 법관양성소의 면면한 전통에 경성제대의 계통이 통합하여 이루어진 한국 최초 최대의 법학교육기관이다. 1895년에 서광범 법부대신의 상주로 고종 임금이 윤허한 이 기관에서 최초로 근대적 법학교육이 시작되었다. 이런 과도기에 신식 법학을 공부하지 않은 교수가 필요했음은 한문으로 된 대명률을 가르

권병훈

쳐야 했기 때문이다. 이 과목을 맡은 갓 쓴 교수가 성대(惺臺) 권병훈(1867-1943)이었다. 김포 출신으로 1896년 양주군 세무사로 관직을 출발하여 1903년에 법관양성소 교관으로 임명되었다. 1906년에 충남재판소 검사로 임명되고, 원산지방재판소 및 해주지방재판소 판사를 지내다 1907년 사법권이 일본에 상실되자 변호사 개업을 하고 공주에서 한문학 연구에 전념하였다. 그 결과로 『육서심원』(六書尋源)이라는 방대한 저술을 내어 중국의 동작빈(董作賓)도 격찬하였다. 이에 대한 연구는 숙명여대 한문학 교수 권덕주 편저 『육서심원연구자료』(해돋이, 2005)가 나왔고, 현재 서울법대 역사관에서 개최되고 있는 '법관양성소의 법학교육' 전시회에 그의 친필과 사진이 전시되고 있다. 법대문학이 탄탄한 전통한문학으로 기초를 두고 있다는 사실을 주목할 필요가 있다(자세히는 최종고, 『한국의 법학자』, 서울대학교출판부, 2007, 33-44쪽 참조).

이러한 법관양성소에서 배운 학생 가운데 산강(山康) 변영만(1889-1954)이 제4회 졸업생이었다. 그는 다시 보성전문학교(고려대 전신)에 입학하여 졸업하였고, 1908년에 광주지방법원 판사로 임명되었다. 일제에 사법권이 넘어가자 1909년 변호사로 개업하고, 3년 뒤에는 6년간 중국으로 외유하였다. 그래서 그는 한문학과 영문학에 조예가 깊었다. 그는 셰익스피어와 괴테의 '신묘한 경지'에 반했다고 기록하였다. 그는 1908년에 『세계의 3괴물』이란 책을 써서 금전정치, 군국주의, 제국주의가 세계를 망치고 있다고 지적했고, 1909년에는 『20세기의 대참극 제국주의』라는 책을 내기도 하였다. 해방 후 이승만 대통령이 법무부 장관을 제의했으나 거절하고, 동생 변영로(1892-1961)와 함께 성균관대 교수로 있었다. 다수의 한시를 포함한 문집 『산강재문초』를 포함하여 『산강 변영만 선생 전집』 3권이 2006년 성균관대학교출판부에서 번역 출판되었다. 산강은 문학은 "개인과 세계의 금일까지의 관계를 근본적 또는 전일적으로 변혁하는 일" 또는 "인류생활의 종합적 지도"라고 하였다(자세히는 최종고, 『한국의 법률가』, 서울대학교출판부, 2007, 249-260 참조).

석진형

반아(槃阿) 석진형(1877-1946)은 일본에 유학하여 법정대학의 전신 화불(和佛)법률학교를 졸업하고 한말에 법률가로 활동하다 일제 강점기에는 도지사를 지낸 법률가이다. 그는 「몽조」라는 소설과 한시를 많이 써서 국문학계에서 계몽적 문학 선구자의 일인으로 연구되고 있다(자세히는 최원식, 『한국계몽주의 문학사론』, 소명, 2002 참조).

2. 경성법학전문학교의 문학

법관양성소는 일제에 의해 1909년에 법학교, 1911년에 경성전수

방준경

학교, 1922년에 경성법학전문학교로 개명되면서 명맥을 유지하였다. 그때 학생들이 낸 『육조』(六曹) 지가 있었다.

경성법학전문학교 제2회 동창인 방준경(1905. 3. 6-1970. 11. 18)은 서울 태생으로 경성고보를 거쳐 1921년에 경성법전에 입학하여 1924년 3월에 졸업하였는데, 동기는 43명이었다(동기 장윤식 변호사, 한격만 변호사, 윤기학 한국흥업은행장, 오학근 변호사, 박팔양 조선일보, 동아일보 기자). 방준경은 재학 시절부터 문학에 재능을 발휘하였다. 졸업 후 법원서기로 있다가 1930년에 사법관후보고시에 합격하여 1933년 공주지원 판사로 시작, 해방까지 판사로 재직하다 1947년에 변호사로 개업 활동하다 1957년에 대법원 판사, 1964-66년 대법관을 역임하였다. 방준경은 김화산(金華山)이란 필명을 갖고 경성법전 재학 시절부터 시인, 소설가, 문학평론가로서 이름을 날렸다. 그는 1927년에 「계급예술론의 신전개」라는 평론을 발표하여 김기진, 박영희와 논쟁하였다. 이것은 '아나키즘 논쟁'이라 한국 문학사에 알려져 있는데, 한설야, 윤기정, 임화의 비판을 받고 KAPF에서 제명되었다. '맑스주의의 문학론 음미'라는 평론도 있고, 소설 「악마도」, 「이대장전」이 있다. 김화산에 대하여는 국문학계에서 연구가 있고, 인터넷에도 올라 있다. 여기서 우리는 법학만이 아니라 물론 문학과 이데올로기, 사상의 문제를 깊이 고민하고 씨름한 법대문학의 선구자의 모습을 보게 된다.

김성칠

법전 출신으로 후일 역사학자로 유명해진 김성칠(金聖七) 교수 역시 문학적 소양이 높은 분이셨다. 『조선역사』를 유려한 한국어 문체로 써서 많은 한국인의 마음을 사로잡았던 그는 펄 벅(Pearl Buck) 여사의 「대지」(*The Good Earth*)를 한글로 번역하기도 하였다. 필자는 법대 동창회 사무실에서 '法專15回'라는 팸플릿 같은 자료를 보았는데, 법전 15회 동기생들이 매월 월보를 내었는데, 거기에 김성칠 동기의 글이 여럿 실려 있다. 김성칠 연구에 중요한 자료라고 생각된다. 김성칠의 6·25 일기 『역사 앞에서』는 책뿐 아니라 텔레비전 드라마로도 만들어졌는데, 여러 가지 연민을 자아내는 지식인 선배이다.

방준경과 교분이 깊었던 김홍섭 대법원 판사도 『창세기초』라는 시집과 『무상을 넘어서』라는 수필집을 내었는데, 『한국수필문학대계』에 실릴 정도로 문재를 인정받았다.

3. 경성제국대학의 문학

방준경, 즉 김화산이 법전을 졸업하던 해인 1924년에 일본인에 의하여 경성제국대학 예과가 설립된다. 여기에 유진오(1906-1987)가 입학하여 문학활동을 하였는데, 이것이 낙산문학회의 원조로 알려져 왔다. 유진오 역시 당시 경성제대를 다닌 한국인 학생들이 일본인에 뒤지지 않으려고 민족은 비록 식민지배를 당하고 있지만 인류와 계급에 의지하여 독립을 추구하던 일반적 경향처럼 사회주의에 관심을 두고 있었다. 그는 후일 다시 법학자, 교육자, 그리고 정치가로서 명성을 날렸지만, 그의 법학과 문학의 세계에 대하여는 연구할 여지가 많이 있다.

한 가지만 에피소드로 얘기하면 낙산문학회에 춘원 이광수도 간접적으로 관계되고 있었다는 사실이다. 그것은 유진오를 통해서였다. 유진오는 이렇게 회고한다.

> 내가 『동아일보』 쪽에 글을 쓰게 됨으로써 만난 사람 중에 춘원 이광수가 있다. 그는 내가 1학년이었을 적에 무슨 생각이었던지 영문학과 1학년에 청강생으로 몇 달 다닌 적이 있다. 하루는 운동장에 나가니까 학생들이 그를 둘러싸고 이야기를 나누고 있었다. 그는 "유진오 씨죠. 나 이광수입니다." 하면서 먼저 인사를 걸어왔다. 그는 『문우』에 발표된 나의 단편소설 끝에 "대단히 흥미롭게 읽었습니다."라고 적어 놓았다. 그 후에 춘원은 내가 『동아일보』에 발표했던 단편소설 『창랑정기』를 읽고 "걸작입니다. 읽고 나서 무릎을 쳤습니다."라고 말했다. 나의 작품에 대해서 좋게 평가한 것은 처음이자 마지막이었다.
>
> 그는 재주가 비상하다는 것은 인정해야 할 것이다. 영어 실력도 대단했다. 그는 무엇에 열중하는 성격이었다. 내선일체(內鮮一體)를 주장한 것도 그의 이러한 성격으로부터 연유된 것이라고 생각된다.[1]

1 유진오 외, 『현대사를 엮어온 사람들의 이야기』, 중앙출판인쇄, 1977, 17-18쪽.

저자가 쓴 소전기『소고 이항녕』과 유고집『작은 언덕 큰 바람』

이광수는 당시 이미『동아일보』편집국장직에 있었던 저명인사임에도 조선에 대학이 제국이 선다니 기꺼이 선과생으로 입학했던 것이다. 와세다 대학에서는 철학을 공부했지만, 경성제대에서는 영문학과에 입학하였다. 건강이 악화되어 1년도 채 못 다니고 자동 제적이 되고 말았지만, 그의 입학은 의미 깊다. 지난해(2011) 가을 필자가 서울대 기록관에 있는 학적부를 발견하여 화제가 되었는데, 학적부에는 학생재학번호 1번이라 명시되어 있다. 그러고 보면, 사실상 경성제대를 서울대가 물려받은 것이라면 서울대 학생번호 1번이 이광수가 된다(2012년 발간『서울대인명록』에 이광수가 올라갔다). 아무튼 이런 배경에서 유진오와 함께 문학을 논하고 교류했다는 것은 매우 흥미 있다.

경성제대 졸업생으로 고려대에서 법철학을 가르친 이항녕(1915-2008) 교수는「객설록」,「청산에 살리라」등 시조, 소설 등 문학작품을 다수 발표하였다(자세히는 최종고,『이항녕의 법사상과 문학』, 『법철학연구』 8-1, 2005 참조). 금년(2012) 봄학기 서울법대 역사관에서 '이항녕의 법학세계' 전시회가 있었는데, 많은 문학계 인사들과 교류를 가진 면모를 보여주었다. 원래 그는 문학을 하려고 『동아일보』 신춘문예에 응모하였다. 심훈의 「상록수」가 당선되는 바람에, 춘원에게 찾아가 조언을 구하니 문학보다 법학을 하라고 권해 경성제대 법학과에 진학했다고 적고 있다(이항녕, 『작은 언덕 큰 바람』, 나남, 2012). 90세가 되던 해에도 단편소설을 발표하였다.

서울법대 황산덕 교수는 「자유부인」의 작가 정비석과의 논쟁을 통해 유명하였고, 국제법학자 이한기 교수는 법대에서 에커만의 『괴테와의 대화』(*Gespräche mit Goethe*)를 교재로 원서강독을 하였고, 『회귀회』란 문학동인으로 김광균, 구상 등과 문우애를 나누었다.

김정진 교수는 경성제대 법학과를 제16회로 1942년에 졸업하고 독문학으로 전향한 후 서울대학교 사범대학 독어독문과 교수로 재직하다 정년퇴직하였다. 많은 독일 문학 작품을 번역 소개하였다. 먼 후배인 필자에게 많은 증언을 남겨 주신 추억을 간직하고 있다.

형법학자 김기두 교수는 낙산문학회 지도교수로서 『한국에 태어난 행복』이란 문학 취향의 수필집을 내었고, 『수재론』이란 책을 번역하기도 하였다.

법대에 입학하지는 않았지만, 모윤숙(1909-1990)도 이광수나 안호상의 권유를 받아서인지 경성제대에 선과로 입학하여 1935년 봄에 수료하였다. 그 무렵 시집 『빛나는 지역』을 출간하여 호평을 받았다. 해방 후 이승만과 메논(K. P. S. Menon) 유엔한국위원

단장을 결합하여 대한민국을 건국하는 데에 막후 역할을 하였고, 1960년대 초까지도 문리대와 법대에 강의 및 강연을 오기도 하기도 하였다(최종고, 『이승만과 메논, 그리고 모윤숙』, 기파랑, 2012).

4. 서울법대 낙산문학회

경성제대의 낙산문학회가 몇 번 모이지 않고 해산되었지만, 그 이름을 뒤받아 해방 후 서울법대에서 문학회를 살린 것이 의미 깊다. 낙산문학회라는 명칭이 언제부터 사용되었는지 잘 확인되지 않지만, 대체로 1954년 법대 10회 졸업생들이 3학년 올라간 해에 각종 학회가 창립될 무렵 출발한 것이 아닌가 추측된다(황적인). 1960년대에 들어서면서 안동일(변호사)이 회장으로 시화전을 개최하였다. 고재천(현 웨스탈 코리아 사장)도 *Fides*, 『대학신문』 등의 편집에 오래 참여하였다.

홍성유는 법대 6회(1952년 졸업)인데, 한국소설가협회 회장을 지냈다. 그의 「비극은 없다」는 김증한 교수를 주인공 모델로 삼았다 하여 화제가 되었다(동기 오성식, 유순현).

서울법대문우회 창립 및 박구하 동문 추모 모임 초청장(2010)

최인훈은 법대 10회(1956년 졸업)인데, 그의 소설 「광장」은 높이 평가받았다.

전혜린은 법대 10회(1956년 졸업)인데, 성균관대 독문학 교수로 있으면서 서울법대에도 출강하였다. 그의 문집 『그리고 아무 말도 하지 않았다』가 큰 반향을 불러일으켰고, 후배 이덕희에 의한 평전이 나오기도 하였다. 법대 13회(1959년 졸업)인 이덕희는 언론인으로 활동하다 수필가, 무용평론가, 전기작가로 필명을 높였다.

박영희는 법대 19회(1965년 졸업)로 시인으로, 화가로 작품을 창조하고, 전시회도 개최하였다.

1966년에 『駱山文苑』 창간호가 27면으로 시 7편, 수필 6편으로 발간되었다. 발행인은 서울대학교 법과대학 학생회 학술부, 편집인은 낙산문학회, 인쇄처는 서울대학교출판부로 되어 있다. 그런데 지도교수 김기두 학장의 머리말에 따르면 이것은 두 번째 출간이 된다. 뒷면에는 낙산문학회원의 명단이 실려 있는데, 아래와 같다.

1학년 - 곽희명, 오홍식, 양건, 박종우, 최종고, 박구하, 송광준, 김영수, 이철규, 조경제, 박민환, 김봉수, 지성만, 서재현, 오병선, 이동진, 이상국, 이석희, 임학언

2학년 - 김대희, 김인수, 이홍훈, 오치룡, 정영일, 황우여, 김종상, 김손빈, 김록규, 윤경희, 윤석분

3학년 - 오윤경, 김남수, 한정길, 이정수, 윤태남, 이규장, 조용상, 박수혁, 이찬욱, 황인행, 권선각, 이홍재, 송치홍, 이창식, 홍정표, 전수철

4학년 - 최경원, 이승진, 권호장, 옥정화, 송쌍종, 유근원, 염인섭, 김평우, 정재근

황적인 교수는 법대 재학 시절에도 *Fides* 지에 「새 출발」이란 단편소설을 실었고, 교수가 된 후에도 독일 단편을 번역하여 실었다.

이동진은 법대 24회로 졸업하여 외교관으로 활동하면서 많은 시집과 번역서를 내고, 퇴직 후 해누리출판사를 설립, 운영하고 있다. 법대운우회 초대 회장직을 맡고 있다.

최종고 교수는 『법 속에서 시 속에서』, 『시 쓰는 법학자』, 『괴테와 다산, 통하다』 등의 시집과 문학 취향서를 내었다.

박구하는 법대 24회(1970년 졸업)로 부산은행에 근무하면서 시조와 국악에 심취하여, 특히 『시조문학』의 발행인으로 시조의 국제화를 위해 헌신하다 2007년에 작고하였다. 박구하는 유작시집 『햇빛이 그리울 때』를 남겼다. 그의 2주기를 기하여 2009년에 서울법대 문우회가 조직되었을 때 '박구하의 삶과 문학'을 조명하였다. 강연은 사범대 동문인 유자효 시인이 맡았다.

김진환, 조성기 등은 재학 시절 『대학신문』, 『동아일보』 신춘문예에 당선되기도 하였다. 낙산문학회장을 지낸 박수중은 시인으로 등단하여 최근 『꿈을 자르다』라는 시집을 내어 문우 회원들의 축하를 받기도 하였다.

5. 관악산 법대문학회

1975년 이후 법대에는 문학회라는 것이 있었지만 그렇게 활성적이지 못하였다. 그 이유는 무엇보다 학생들이 운동 지향적이고 실제적으로 되어 문학은 별 관심을 못 받는 처지였기 때문이다. 그럼에도 몇 재능 있는 학생들이 법대문학회를 이끌며 시화전도 개최하였다. 특이한 사항은 법대가 종합캠퍼스로 들어와 다른 대학들과 함께 있어서 인문대 국문과나 독문과에 수강하는 법대생이 많고, 그중 아예 전과하거나 학사편입하여 문학의 길로 나가는 사람도 생겼다는 사실이다. 그리고 안경환 교수가 담당한 '법과 문학' 강의가 개설되었다. 이동하는 국문학과로 편입하여 서울시립대 국문학과 교수가 되었고, 손정수는 계명대 국문학과 교수, 윤대석은 명지대 국문학과 교수가 되었다. 김태환은 서울대 독문학과로 편입하여 현재 동대학 동과 교수가 되어 있다.

80년대 말과 90년대 초에는 법대문학회가 잠시 생겨나 문학에 대한 법대생들의 열정을 보여주었다. 법대문학회는 1988년 발족하여 안경환 교수의 지도로 『법대문학』을 2호까지 내고, 시화전을 몇 차례 개최하는 등 의욕적인 활동을 보였으나 아쉽게도 1995년 해산하였다. 『법대문학』 2호에 따르면 그 회원은 아래와 같다.

85학번 - 이동민, 문수생
86학번 - 우병렬, 심석태
87학번 - 오경미, 박용현, 정형기
88학번 - 안지선, 박동훈, 오영신
89학번 - 배성진, 임은옥, 박준영
90학번 - 오학수, 나현채, 윤대석
92학번 - 권종선, 박경식, 이정인, 박인우, 김영진 그러면서도 안타까운 것은 1990년대 말까지 있던 *Fides*도 간행이 중단되었고, 법대문학회도 휴면 상태에 들어가 있다는 사실이다. 로스쿨이 되어도 이렇다 할 기미가 보이지 않는다. 일종의 과도기의 혼란상으로 보이며, 선배들의 따뜻한 지도가 필요한 때라고 생각된다.

맺는 말

법학과 문학은 따로 동떨어진 것이 아니라 인간을 다루는 방법의 편의적 차이에 불과하다. 이 두 영역이 서로 깊이 대화하는 폭이 넓을수록 법문화가 성숙해질 수 있다. 우리는 자금 지난 1세기 동안의 법조문학의 전통을 새롭게 돌이켜 보고, 앞으로도 한국인의 법문화를 발전시켜 나가기 위해 이런 전통을 계승 발전시켜 나가야 할 것이다. 이것은 로스쿨 시대가 되어서도 달라질 수 없는 더욱 큰 과제라 하겠다.

필자가 직접 들은 한 가지 에피소드. 작고한 시조 명창 김월하 여사는 부산 피난 시절 구덕관 계곡에서 저녁마다 노인들이 시조창을 하는 것을 보고 입문했다 한다. 그분들이 알고 보니 대법원 판사들이었다고. 한국 법률가들은 국난 중에도 이런 풍류를 즐겼고, 아니 그런 정신이 국난을 극복했다 할 수 있지 않을까? 문학 정신은 이렇게 필요한 것이다.

다행히 2009년에 필자는 법대에 재직하고 있는 낙산문학회 회원임을 자각하고 법대동창회에서 '법대문화의 르네상스'를 표방하면서 법대문우회와 법대화우회를 거의 동시에 출발시킬 수 있었다. 문우회의 출발은 24회 박구하 동문의 2주기 추모식을 겸하여 이루어졌다. 불의에 일찍 타계하였는데, 법대문우회의 탄생에 큰 자극이 되었다.

앞으로도 유수한 법대문학 정신이 계속 전승 발전되기를 기원한다. 마지막으로 2010년 6월 18일 법대문우회 창립일에 필자가 지어 낭송한 시를 붙인다.

법대문우회 여는 날

그때 우리는 모였다
법과 정의를 배우러 동숭동 낙산 아래

그 후 우리는 배웠다
세상은 법만으로 되지 않고
역사는 정의로만 흐는 게 아니라는 걸

결국 우리는 깨달았다
논리와 감정을 어떻게 조화하여
어떤 인간이 되느냐가 중요함을
세월은 사정없이 흘러
젊음은 잿빛머리로 바뀌고,

그래서 우리는 다시 모였다

새 시대는 새 시대이고
우리에겐 우리의 문화가 있었고
우리의 정서가 있었다고

잘 삭이지 않으면 역사의 한이 되리라
우리의 문학정신으로 순화하자고
옛 법대 아니라 로스쿨 출발점에서

역사와 문학, 그리고 인생
되씹어 보자고, 되살려 보자고. (2010. 6. 18)

'민족의 대학'과 '세계의 대학' 사이에서

『서울대인』(2010) 수록

'민족의 갈 길을 묻거든 눈을 들어 관악을 보라'는 시어(詩語)를 가슴 설레며 들으면서 1975년에 대학원생으로 관악캠퍼스로 이사 왔다. 모교의 교수가 된 행운으로 작년 개교 60주년 환갑을 넘기면서 관악시대가 동숭동시대보다 길어지는 역사를 체험하게 되었다. 1960년대의 동숭동 시절은 말할 필요도 없고, 관악시대에도 70년대, 80년대가 달랐고, 90년대를 지나 21세기 오늘 서울대인의 모습은 또 다르다. 대학은 변하지 않는 것 같으면서도 시대의 과제 앞에 명민하게 대처하지 않을 수 없다. 해마다 관악의 캠퍼스는 더욱 무성하게 아름다워지는데, 민족사에서 서울대의 위상은 시간과 정비례하는 것은 아닌 것 같다는 것이 솔직한 느낌이다.

요즘은 민족보다도 세계와 인류를 더 많이 얘기하고 있다. 서울대도 세계 대학 속의 몇 위를 랭킹한다는 뉴스가 싫든 좋든 우리의 지표같이 되어 버렸다. 이것은 서울대에만 해당되는 얘기가 아니겠지만, 이런 맥락에서 서울대의 위상을 더욱 심각히 성찰해 볼 필요가 있다고 생각한다. 한마디로 우리는 민족의 대학과 세계의 대학의 양자 사이에서 어떤 조화를 이루느냐에 우리의 정신을 집중해야 한다. 민족의 대학으로서 '한국학'을 포함하여 한국 최고의 수준을 유지하여야 한다는 것은 설명할 필요도 없다. 전국에 다른 국립대학들도 있지만 서울대에 특히 지워진 사명이 있다. 민족의 유산인 규장각을 갖고 있고, 규장각한국연구원으로 이름을 바꾸어 더욱 '한국학'을 진흥해 보자는 이유도 여기 있다.

이러한 민족적 수월성(秀越性)이 자만과 권위의식으로만 머물 수 없는 것이 바로 국제적으로 무한경쟁에 가까운 국제경쟁 속에서 평가되고 랭킹되고 있다는 사실이다. 한국학도 국내 연구로만 머물 수 없고, 그것이 영어로 표현되어 세계 학계에 참여하고 인정을 받아야 하는 것이다. 솔직히 이 점에서 우리는 아직도 많이 뒤떨어지고 있다는 사실을 알아야 한다. 교수들의 연구 업적도 출판부를 통해 영어로 출판되고, 매년 프랑크푸르트에서 개최되는 국제도서전에도 서울대 출판물이 전시되고 출판을 의뢰받아야 한다. 이것이 바로 서울대의 국제적 평가에 직결되는 것이다.

'세계 속의 서울대'라는 생각은 하나의 모토로서 가능한 것이 아니라 대학본부와 각 대학, 연구소는 머리를 짜내는 아이디어를 개발하고, 학생들은 세계인으로서의 자질을 함양하기 위해 사고와 행동을 그렇게 하려고 열심히 노력해야 한다. 어찌 보면, 여건이 열악했던 50년대, 60년대에 영어책, 독일어책 한 권 사기가 힘들던 그때가 더욱 외국어와 개방적 사고를 더 열심히 했던 것 같다. 요즘처럼 온갖 직접적 기회와 도구들이 많은 때 왜 어학 실력은 더 떨어지고, 이상한 국수주의적 생각이 팽배하고 있는지 납득하기 힘들다. 우리는 지금 이 시간 하버드, 베를린, 동경대의 학생들이 무엇을 생각하며 공부하는지 스스로 생각하며 공부하는 서울대생이 되어야 한다. 중국에 갈 때마다 학생들의 진지한 향학열에 놀란다.

사회대 건물 중앙계단에 '한국 최대의 사회과학자'로 다산(茶山) 정약용의 초상화가 걸려 있다. 18세기 한국의 지성이 당시 서양의 지성 괴테와 견줄 수 있을 만큼 코스모폴리탄적이었다. 모름지기 괴테와 다산 같은 코스모폴리탄적·파우스트적 인간상을 21세기에 다시 한 번 설계하여 민족과 인류에 공헌하는 서울대인이 되어야 할 것이다. 이것이 민족과 세계를 연결하여 자신을 최대한으로 발전시켜 가는 길이라 생각한다.

황병기 교수와의 대화 : 법학적 사고방식과 음악의 관계

제27회 관악초청강연 패널리스트로 참석하여(2007)

최종고 교수　저는 선생님의 법과대학 11년 후배여서 그동안 가끔 뵙긴 했습니다. 제가 '법학개론' 강의시간에 '법과대학을 나와서 법률가만 되는 것이 아니다'라는 좋은 예로서 미술계에서는 존경하는 이대원 전 예술원 회장님이 계시고 음악계에는 황병기 선생님이 계신다는 말을 꼭 학생들에게 해 왔었습니다. 오늘 선생님 말씀을 듣고 보니까 제가 현직 법대교수로서 이 자리에 나와야 할 보람을 새삼 확인하는 것 같은 느낌을 갖게 됩니다. 저희에게 마음 편안하게 말씀하시면서도, 또 솔직한 제 느낌을 말씀드린다면, 예술 음악 감성의 세계에 계시지만 어쩐지 논리적이고 합리적인 사고라고 할까요, 뭔가 체계적인 분위기 같은 것을 느끼게 했습니다. 적어도 저는 선입견인지는 몰라도 그런 생각을 했습니다.

11년 선배 되시는 동기 중에 어떤 분들이 계시는가 하고 좀 찾아보았더니, 여러 분 가운데 가수 최희준 선배님이 계시더라고요. (좌중 웃음) 그래서 공교롭게 제가 1966년 입학할 적에, 신입생 오

황병기 교수

최종고 교수

리엔테이션 때, 최희준 선배께서 오셔서 '하숙생'을 부르기 전에 바로 방금 전에 제가 말씀드린 '법대를 나왔다고 꼭 법률가가 되라는 법이 있느냐' 그 말씀을 하셨습니다. 또 선생님께서 쓰신 『깊은 밤 가야금 소리』를 읽어 보니까 법과대학에서 공부하실 적에 기억나시는 일들을 상당히 자세하게 적으시고, 어느 교수가 이런 강의를 했다는 것을 구체적으로 유기천, 한태연, 김증한 등 성함을 거론하시면서 기억을 해 주시는 걸 보았습니다. 또 한 십여 년 됐습니다만, 저희가 '자랑스런 서울법대인 상'을 드릴 적에, "많은 사람이 나를 법을 배워서 외도하는 것같이 생각하실지 모르지만, 법률의 '율'자는 '음악 율'자다"(좌중 웃음)고 말씀하신 것을 지금도 기억합니다. 또 어디선가 그래서 법학을 공부하는 것의 장점은 체계적 사고를 하게 하는 것이다, 그런 말씀을 하신 것도 기억납니다. 그래서 제가 이제 질문 삼아 말씀드리고 싶은 것은, 우리가 법학 같은 분야에선 원리와 체계 이런 대단히 중요한 것을 알고 있지만, 이 음악의 세계, 예술의 세계에서 체계적 사고라는 것이 정말 어떤 걸 의미하는 것인가? 하는 것이 제가 전공하고 있는 법학과 관련해서 드리는 한 가지 질문입니다.

그리고 저희에게 들려주신 그 「낙도음」, 그것을 선생님께서는 누구든지 술 한잔 먹고 자유자재로 나올 수 있는 그런 분위기의 곡이라는 말씀을 하셨고, 중간 중간 미술 말씀은 좀 하셨지만, 춤 얘기는 오늘 안 하신 것 같은데, 저는 순간적으로 춤이 저절로 나올 수 있는 곡 같은 느낌을 받았습니다. 그리고 공자 말씀을 하시면서 70이 넘은 사람이 하고 싶어도 아무런 법을 어기지 않는다는 말씀까지 곁들어 주셨는데, 우리 법과대학을 빼고, 서울대학 전체에서 음악대학 학생들이 법률과목을 제일 많이 듣는다는 소문이 있습니다. 사실 제가 가르치는 '법학개론' 강의도 음대생들이 많이 듣습니다. 그런데, 그런 뜻이 아니라 요새는 전산화로 모든 것을 처리하기 때문에, 음대생들이 연주법, 발성법, 작곡법, 대위법 뭐 이름 뒤에 법자가 들어가는 과목을 많이 배우니까 본부에서 그렇게 생각한다는 이런 진담 같은 농담이 있습니다. 사실 법이라는 게 뭔가 그 분야에서 바람직하다고 할까요, 아니면 나아가야 할 그 방향 내지는 원리, 이걸 법이라고 한다면, 굳이 직업적인 법률가가 되건 아니건 그건 둘째 문제이고, 인생에서 이 법이라는 것이 무엇인가, 정말 그것을 초월 내지는 다 무시하고 정말 자유인으로서 활달하게 살 수 있는 세계 같은 것도 없지 않아 있다고 생각합니다. 그러면서도 이 지상에 있는 한, 법이라고 하는 것의 의미 뭐 이런 것이 선생님께서는 과거의 경험과 기억으로만 머무시는 것인지, 아니면 지금도 법의 세계 속에서 나름대로 법과 뭔가 관련성을 지으면서 계시는 것인지 이런 생각도 해 보았습니다. 이런 말씀을 드리는 것은 제가 법학교수라서가 아니라 오늘의 우리 상황과 직결되는 문제이기 때문입니다.

사실 이 자리에 학생들 청중이 참 적다고 하는 사실이 가슴 아프게 생각합니다만, 이게 한국의 법의 현실하고 무관하지 않습니다. 선생님께서도 신문 보도를 통해 아시겠지만 '관악의 고시화'라고 해 가지고 지금 법학교육이 많은 다른 분야에까지 영향을 주고 있습니다. 공대에도 고시반이 있다고 합니다. 선생님께선 그렇게 동서양 음악, 미술 이런 분야까지 다 섭렵을 하시면서도 우리 전통을 지키고 계시고, 또 대학의 현장에서도 음악교육을 또 담당하시고 계신데요. 현재 50년 간격을 두고 오신 모교에 현재 대학생들에게 정말 이런 정신으로 살고 배워라 하는 걸 말씀을 해 주실 수 있는 기회가 아닐까 생각합니다. 한말씀 해 주실 수 있으실지요?

황병기 교수 예, 말씀 중에서 우선 그 제가 미술에 대한 얘기는 하고 그랬는데 춤에 대한 얘기는 안 했다는 말씀을 하신 것 같은데, 제가 사실은 다른 어느 분야보다 춤하고 제일 연관이 깊습니다. 왜 그러냐 하면 제 곡 중에서 무용화가 안 된 곡이 거의 없어요. 무용가들이 전부 끌어다가 썼습니다. 그리고 요즘 제 개인적인 얘기는, 그 우리나라 현대 무용가에 원로 현대 무용가 육완순 선생이라고 계시는데, 그 양반이 얼마 전에 찾아와 가지고요, 저보고 무용음악 좀 하나 제 음악만으로 곡을 하나 구성해 달라, 그래서 바로 어저께 드렸어요. 그래서 제 곡 중에서 2집에 있는 「비단길」이라는 곡이 있는데요, 그것이 15분짜리 곡인데요. 국제적으로 오스트리아의 인스부르크에서 하는 빅 무용 페스티벌에 가서 1부, 2부 중 2부 전체를 자기 혼자 안무를 맡았다고 하시더라구요. 그러면서 「비단길」을 한 30분짜리로 만들어 줄 수가 없겠느냐고 하셨죠. 왜냐하면 15분은 너무 짧다는 거죠. 그래서 제가 만들어 드렸어요. 그것뿐만이 아니라 제가 1965년에 처음으로 미국에 갔는데요. 그 당시, 65년은 미국 경제가 아주 참 좋을 때입니다. 그래서 하와이에서 매년 '20세기 음악 예술제'를 열었었는데, 제가 65년도에 동양 작곡가로서 거기 초청받았죠. 연주자로 초청받은 것보다는 작곡가로 초청받아서 갔는데, 저의 최초의 가야금 곡이 「숲」이라고 하는 곡이거든요. 그러니까 제 처녀작은 아까 들려드린 「국화 옆에서」고 두 번째 작이 가야금 독주곡 「숲」인데, 그것이 가야금으로써는 첫째 곡이고 제 곡 전체에서는 두 번째 곡이죠. 그 「숲」을 미국의 그 안무가가, 칼 월스라고 하는 안무가인데, 그 사람이 현대 무용으로 안무해 가지고 일본 현대 무용가 넷이서 추었습니다. 그래서 저는 첫 번째 곡서부터 계속 무용화가 되고, 무용 관계가 깊어서 음악 쪽보다도 오히려 무용 쪽에 더 높게 평가해 주는 사람들이 많이 있을 지경입니다.

또 춤이라고 하면 생각나는 것이 미국에 서부 샌프란시스코 근처에 산타크루스라고 하는 데가 있습니다. 그 산타크루스라고 하는 데서 제가 2005년에 연주회를 가졌었는데, 그 산타크루즈에 사는 미국 무용가 캔디 빌이라는 사람이 저보다는 어리지만 나이도 꽤 먹었더라고요. 근데 제가 그분한테 굉장히 감명 깊은 말을 들었는데요. 전 그분을 알지 못하고 2005년 연주회 때 처음 만난 분인데, 그분이 지난 35년간 한 해도 거르지 않고 가을에 첫 번째 비가 오는 날 제 곡을 틀었다고 하더라구요. 무슨 말씀이냐 하면 산타크루스는 지형상 봄하고 여름하고 약 6개월간 비가 안 와요. 안 오다가 가을 10월 말, 11월 초에 첫 비가 오는데, 첫 비가 오는 날은 35년간 한 해도 거르지 않고, 제가 65년에 하와이 가서 만든 그 음반에 실린 「가을」이라는 곡을 첫 비 오는 날 꼭 틀었다는 거예요. 그러면서 너무 자기가 그 곡을 좋아하는데, 그 작곡가를 만날 줄 꿈에도 몰랐다고 그러면서 굉장히 반가워하는데, 또 제가 놀란 것은 그 남편이 작곡가예요. 자기 남편도 작곡가면 자부심이 있을 텐데, 그 남편과 둘이서 함께 「가을」을 좋아한다고 하더라구요. 그래서 춤하고 저는 떼려야 뗄 수 없는 그런 관계가 있습니다.

『가야금 선율이 흐르는 자유와 창조』(황병기의 삶과 예술세계),
황병기·서울대기초교육원 지음, 생각의 나무, 2008 수록

교양교육과 동서 고전

컬럼비아 대학 국제심포지엄(2009) 참가보고

교양교육에서 고전이 얼마나 중요한가를 새삼 설명할 필요는 없을 것이다. 대학이 인류의 지성을 전승하면서 앞으로도 세계사의 진행을 가장 확실하게 담보할 수 있는 기관이라면 고전교육의 유효성은 거의 영원에 가깝다 할 것이다. 그럼에도 불구하고 오늘날 점점 기능주의에 의해 지배되는 산업사회를 위한 대학의 현장에서 고전이 그렇게 충분히 존중되고 교육되고 있지 못하다는 사실도 부인할 수 없을 것이다. 과연 '고전'(clasic)이란 것이 어떤 면에서 오늘날의 교육에도 적합성(relevance)을 갖는가 하는 문제는 그 자체가 진지한 논의를 필요로 한다. 더 나아가 과연 고전이란 무엇이며, 오늘의 관점에서 보는 고전이란 무엇인가 하는 근원적인 물음도 계속 제기된다. 그런가 하면 이러한 고전을 어떤 대학 구조와 환경에서 어떻게 가르쳐야 하는가 하는 실천 내지 전략의 문제가 더욱 중요할지도 모른다.

발표자는 이런 엄청나게 거대한 물음들에 대하여 시원한 해

답을 제공할 만한 위치에 있는 사람이 물론 아니다. 또한 이런 일을 담당해 본 일도 없고, 평소에 오랫동안 연구해 본 일도 없다. 다만 법사상사라는 일종의 종합과학적 성격을 띤 분야를 전공하면서 법학 내지 사회과학에서의 고전의 중요성을 느끼고 나름대로 주장해 온 터인데, 뜻밖에 지난(2009) 1월 19-20일에 뉴욕 컬럼비아 대학에서 개최된 '다가오는 세계를 위한 고전'(Classics for An Emerging World)이라는 국제심포지엄에 초청받아 참석하게 되었다. 매우 뜻있고 중요한 과제를 안겨 주는 학술회의였기 때문에 그 논의 내용을 보고하고, 우리의 할 일이 무엇인가를 함께 토론해 보는 자료로 삼고자 하여 이번 발표를 맡게 되었다.

1. 다가오는 세계를 위한 고전

'다가오는 세계를 위한 고전'(Classics for An Emerging World) 국제심포지엄은 사실상 1950년대부터 무려 50년간에 걸쳐 『동아시아 문명자료집』(*Sourcebook of East Asian Civilization*) 8권을 발간해 온 저명한 드 배리(William Theodore de Bary) 교수의 생의 마지막 작품 같은 뜻깊은 행사였다. 89세의 노구를 끌고 이틀에 걸친 회의를 손수 주재해 나아가는 모습을 보며 한 학자의 집념 어린 학문적 성과가 인류의 지성사에 이렇게 강하게 각인 지어지는구나 하는 감회에 잠겼다.

이 심포지엄의 전체 취지는 지금까지 미국의 대학들에서 이른바 핵심교양과목(Core curriculum)이라 하여 고전을 가르쳐 오고 있는데, 이제 '세계화'(Globalization) 내지 '문명공존'(co-existence of civilizations)의 시대가 되었으니 교양교육의 내용을 서양 고전 중심으로서가 아니라 세계적 지평으로 확대해야 하지 않느냐는 것이다. 그러자면 그리스-로마문명과 함께 가장 오래고 풍부한 아시아의 고전을 어떤 것을 가르쳐야 하느냐는 문제에 부딪히는데, 그것을 중장기적으로 논의해 보자는 것이었다. 미국에서 이 방면에 관계하는 학자들과 중국, 일본, 한국의 학자가 모두 80명 정도 참가하였다. 드 배리 교수 외에 하버드의 옌칭연구소 소장 투웨이밍(Tu Weiming) 교수, 컬럼비아 대학의 일본학 교수 킨(Donald Keene), 노트르담 대학의 달마이어(Fred Dallmayr) 교수 등 명성이 높은 학자들도 참석하여 허심탄회한 토론과 의견을 교환하였다. 특히 청화(清華)대학을 비롯하여 중국과 대만의 대학들에서 고전교육을 적극적으로 지향하고 있는 현황을 보여주어서 인상적이었다. 한국에서는 유일하게 참석한 필자는 「서울대에서 본 한국교육을 위한 고전」(Classics in Korean Education at Seoul National University)이란 논문을 발표하였다. 컬럼비아 대학의 동양학부 레이첼 정(Rachel Chung) 교수, 러거스 대학의 김진홍 교수가 준비과정에서부터 실질적인 역할을 맡고 있고 앞으로도 이 방면에 관한 지속적 관심을 갖고 발전시켜 갈 것을 확인하여 든든하고 더욱 책임감을 느끼게 하였다. 특히 중국, 일본보다도 유교 문명에 대하여는 한국이 내용적으로 제시할 '고전'이 풍부하다는 사실을 주최측에서도 알고 있는데, 다만 이것이 영어로 번역이 제대로 되지 않아 서양의 대학교육에 연결되지 못하고 있다는 사실을 지적받아 앞으로 한국, 특히 서울대가 해야 할 중요한 과제를 발견하는 것 같았다.

2. 서울대 '권장도서 100권'과 소그룹 고전 원전 읽기 강좌

서울대에서는 미국 대학들과 꼭 같은 프레임은 아니지만 교양교육에 도움이 되고자 기초교육원에서 『창조적 지식인을 위한 권장도서 해제집』을 내었다. 필자는 이것을 컬럼비아 대학 심포지엄에서 소개하여 서울대에서 어떤 '고전'이 교육되고 있는가에 갈음하였다. 아는 대로 이 책은 2005년 정운찬 총장 재직 시에 '서울대 학생을 위한 권장도서 선정위원회'를 만들어 '서울대 학생을 위한 권장도서 100권'을 기획하여 만든 것이다. 여기에는 각 학과에서 16분의 교수들이 참여하였는데, 참고로 보면 이태수(철학과, 대학원장), 변창구(영어영문학과, 교무처장), 임현진(사회학과, 기초교육원장), 김길중(영어교육과), 김영식(동양사학과), 김희준(화학부), 이승종(화학생물공학부), 이준구(경제학부)가 자문위원이고, 실행위원으로는 강현배(수리과학부, 기초교육원 부원장), 김준기(행정대학원), 박성창(국어국문학과), 여정성(소비자아동학부, 교무부처장), 유홍림(정치학과), 임홍배(독어독문학과), 조홍식(법학부), 정영목(서양화과), 허남진(철학과), 홍성욱(생명과학부) 교수이다.

『창조적 지식인을 위한 권장도서 해제집』

정운찬 총장은 발간사에서 "길지 않은 대학생활 동안 학생들이 접하는 도서목록에는 다양한 종류의 책들이 들어 있겠지만, 그중에는 학문의 기초가 되며 앞으로 사회에 나가 선도적인 역할을 하기 위해 필요한 품성을 도야할 수 있는 내용이 담긴 책이 반드시 포함되어야 한다"고 지적하고, "여기서 100이라는 숫자는 어느 정도 임의적인 것이며 결코 완결된 전체를 의미하지 않는다. 권장도서는 인생과 학문의 주어진 문제를 해결하기 위해 우선적으로 출발할 수 있는 도서들이며, 문제를 풀어 가는 과정에서 얼마든지 새로운 책들이 추가되고 보완될 수 있는 것이다." 또 "권장도서 100권에는 문학과 철학을 위시하여 과학과 예술에 이르기까지 인간을 이해하고 삶을 성찰하는 데 기본이 되는 여러 분야의 고전들이 포함되어 있다. 따라서 고전이라고 하면 따분하고 고루한 분위기를 떠올리는 상투적인 연상을 이제 버려야 할 필요가 있다"고 설명한다.[1] 이 책에 선정된 100권은 다음과 같다.[2]

한국문학	1. 고전시가선집	2. 연암집
	3. 구운몽	4. 춘향전
	5. 한중록	6. 청구야담
	7. 무정	8. 삼대
	9. 천변풍경	10. 고향

1 서울대학교 기초교육원 편, 「발간사」, 『창조적 지성인을 위한 권장도서 해제집』, 서울대학교출판부, 2007, 5-7쪽.

2 선정기준으로, 지성인으로서 갖추어야 할 교양, 문화적 다양성에 대한 이해의 증진, 현재적 적실성의 문제, 난해하고 방대한 저작의 문제, 우리말 번역 문제를 제시하고 있다. 위의 책, 10-15쪽.

11. 탁류 12. 인간문제
13. 정지용 시집 14. 백석시전집
15. 카인의 후예 16. 토지
17. 광장

외국문학

18. 당시선 19. 홍루몽
20. 루쉰소설전집 21. 변신인형
22. 마음 23. 설국
24. 일리아스, 오디세이아 25. 변신 이야기
26. 그리스 비극 27. 신곡
28. 그리스로마신화 29. 셰익스피어: 『햄릿』 외 3편
30. 위대한 유산 31. 주홍글자
32. 젊은 예술가의 초상 33. 허클베리 핀의 모험
34. 황무지 35. 마담 보바리
36. 스완 씨 댁 쪽으로 37. 인간의 조건
38. 파우스트 39. 마의 산
40. 변신 41. 양철북
42. 돈키호테 43. 백년 동안의 고독
44. 픽션들 45. 고도를 기다리며
46. 카라마조프家의 형제들 47. 안나 카레니나
48. 체호프 희곡선

동양사상

49. 삼국유사 50. 보조법어
51. 퇴계문선 52. 율곡문선
53. 다산문선 54. 주역
55. 논어 56. 맹자
57. 대학·중용 58. 제자백가 선독
59. 장자 60. 아함경
61. 사기 62. 우파니샤드

서양사상

63. 역사 64. 의무론
65. 국가 66. 니코마코스 윤리학

	67. 고백록	68. 군주론
	69. 방법서설	70. 리바이어던
	71. 정부론 2편	72. 법의 정신
	73. 에밀	74. 국부론
	75. 실천이성비판	76. 페데랄리스트 페이퍼
	77. 미국의 민주주의	78. 자유론
	79. 자본론 1권	80. 도덕계보학
	81. 꿈의 해석	82. 프로테스탄티즘의 윤리와 자본주의 정신
	83. 감시와 처벌	84. 간디자서전
	85. 물질문명과 자본주의	86. 근현대사 4부작—『혁명의 시대』, 『자본의 시대』, 『제국의 시대』, 『극단의 시대』
	87. 슬픈 열대	88. 문학과 예술의 사회사
	89. 미디어의 이해	
과학기술	90. 과학고전선집	91. 신기관
	92. 종의 기원	93. 과학혁명의 구조
	94. 괴델, 에셔, 바흐	95. 부분과 전체
	96. 엔트로피	97. 이기적 유전자
	98. 카오스	99. 객관성의 칼날
	100. 같기도 하고 아니 같기도 하고	

100권의 선정이 잘 되었는지 여부는 차치하고, 국내에서 특히 고교생들의 논술고사와 관련하여 이 책이 좋은 안내서 역할을 하는 것으로 평가되고 있다. 한편 한국에서는 고전에 대한 요약본인 '다이제스트 고전'들이 인기가 있어 정작 학생들이 고전의 오리지널 텍스트를 멀리하는 경향도 현실인 것 같다. 아무튼 권장도서가 100권으로 그쳐야 할 이유도 없으며 보다 광범하게 보완작업을

계속해 나아가야 할 것이다. 상설적으로 중지를 모아 가는 위원회 같은 것도 있으면 좋겠다.

교육의 면에서는 서울대에서는 인문대학에만 국한하여 '소그룹 고전 원전 읽기 강좌'가 있다. 2006년 1학기에 37개 강좌, 2학기에 40개 강좌, 2007년 1학기에 39개 강좌가 개설되었다. 내용적으로 보면 서양 고전과 동양 고전이 섞여 있는데, 서울대 '권장도서 100권'과는 거의 무관하게 담당 교수가 선택한 텍스트로 하는 것처럼 보인다. 언어도 다양하다. 상당히 심도 있어 교양교육이라기보다 전공교육의 일환으로서의 성격이 강한 듯 보인다. 매 학기마다 텍스트가 달라질 수 있고, 이런 강좌를 하는 교수만 계속하고, 인문대학에만 국한되어 있다는 점도 검토되어야 할 사안이라 하겠다. 무언가 서울대 교양교육으로서의 일관성이랄까 특징이 희박한 것처럼 보인다. 이런 방식 외에 무슨 형태의 고전교육이 필요할지 진지하게 검토할 필요가 있다고 생각된다.

3. 한국 고전의 세계화

컬럼비아 대학 고전 심포지엄에 참가하여 발견한 사실은 미국에서도 모든 대학이 핵심교양과목(core curriculum)으로 가르치는 것은 아니지만 컬럼비아, 하버드, 예일, 시카고, 스탠퍼드 등 일류 대학에서는 대체로 이렇게 가르친다는 점이다. 그중에서도 드 배리 교수의 권위와 헌신적 노력 때문에서인지 '컬럼비아 코어 커리큘럼'이 모델처럼 주목되고 있다는 사실이다. 그런데 이 커리큘럼에 따르면 서양 고전은 차치하고 동양 고전을 보면, 중국 고전이 21종,

일본 고전이 15종, 한국 고전이 5종이다. 본인은 한국 고전이 적어도 10종은 반영되어야 한다고 발언하였더니, 컬럼비아 대학의 담당 교수가 답하기를, 한국 고전이 영어로 번역된 것이 없어 더 넣고 싶어도 당장은 어렵다 한다. 부끄러워 더 토론할 수 없었고, 귀국하여 이렇게 보고 겸 토론을 해 보자는 자극도 여기서 받았다.

잘 아는 대로 한국에서 고전이라면 시간을 거슬러 올라갈수록 한문으로 되어 있고 '중국 고전'에 가까워진다. 그래서 오늘날 고전을 살리기 위해서는 무엇보다 현대 한국인을 위해 한글 번역 작업이 중요하다. 그래서 국가에서 그간의 민족문화추진위원회를 확대 개편하여 작년에 한국고전번역원(원장 박석무)을 개원하였다. 앞으로 더욱 많은 한글 번역의 성과를 기대한다.

그러나 한글로만 된다고 한국 고전의 생명을 되살리는 것은 아니고, 오늘날 '세계화'(Globalization)의 시대를 위해 싫든 좋든 영어로 번역되어야만 존재 가치를 주장할 수 있다.

해외에 나가면 일반적으로 한국문화는 중국문화와 일본문화의 혼합 정도로 알려져 있는데, 그것은 한국의 문화적 전통이 서양어로 널리 소개되어 있지 못한 데에 큰 책임이 있다. 예컨대 한국 유학이나 한국 불교의 독특함은 모르고 중국과 일본의 아류같이 인식되고 있다. 또 한 가지 분명히 알아야 할 일은 중국학, 일본학에 비해 한국학은 규모만 작은 것이 아니라 성격을 달리하는 현실이라는 점이다. 무슨 말이냐 하면 중국, 일본에 대하여는 서양의 학자 자신들의 이해(利害)가 걸려 스스로 혹은 중·일 학자들과 공동으로 번역, 연구, 공동 프로젝트를 많이 하는데, 한국학은 솔직히 우리 스스로 북 치고 장구 치지 않으면 돌보아 줄 외국인이 별로 없다는 사실이다. 이 사실을 분명히 모르기 때문에 정부와 학계의 대외 문화정책과 학술 교류가 여태까지 저조한 상태를 벗어나지 못하고 있다고 해도 과언이 아니다. 그러는 사이에 동아시아에 관한 국제적·학제적 프로젝트에서 한국은 사실상 제외, 외면당해 왔다. 출판물들에서 한국이 응당 언급되고 취급되어야 할 부분이 얼마나 소외되었느냐를 보면 부끄러운 일이다. 이런 현상은 조금 개선되어 가고 있지만 본질적으로는 여전하다고 보인다. 어느 면에서는 한국의 정치적 불안정과 분단 상황의 장기화로 한국학의 매력이 점점 줄고 있는 것 같기도 하다. 미국의 한 대학도서관 한국인 사서가 한 "도서관에서 보면 미국 학생들이 한국에 관심을 갖다가 책을 읽거나 조사해 보고 중국학, 일본학으로 바꾸는 현상을 눈앞에서 본다"는 얘기가 잊혀지지 않는다. 그리고 한국에 관한 책이 너무 적고, 나온 책들도 너무 꼬인 내용이 많아 오히려 정을 떼는 결과가 되고 만다는 얘기도 덧붙였다. 해외 현장에서의 소중한 증언이라 생각한다. 이러한 충고 위에서 우리는 정말 심각히 세계를 향한 학술연구와 문화정책을 수립해야 한다고 믿는다.

인간과 법: 철학적·실천적 문제

『현상과 본질』(2010) 수록

법은 인간을 대상으로 하는 규범이고, 법을 집행하는 주체도 인간이기 때문에 인간과 법을 논하려면 끝이 없을 것이다. 법학은 근본적으로 인간학이기 때문에 법철학에도 법인간학(Rechtsanthropologie)이란 장르가 있다.[1]

여기서는 법인간학의 이론을 간략히 소개한 후 실제로 인간이 법에서 어떻게 다루어지고, 이러한 인간을 판단하는 법률가라는 특수한 인간군에 대해 중점적으로 접근해 보고자 한다. 우리 사회에서 오늘날 법치주의와 민주주의가 문제되는 것은 단지 법과 제도의 문제만이 아니라 그것을 운영하는 사람, 즉 인간의 문제가 중요하다는 사실이 새삼 주목되고 있다. 특히 서양법을 수용한 지 1세기를 넘게 시험하여 온 결과, 그리고 20세기를 지나 21세기에

1 자세히는 이항녕, 『법철학적 인간학』, 1976 참조; 최종고, 『법과 종교와 인간』, 삼영사, 1975.

들어서서 새로운 문명의 공존과 인류의 과제 앞에서 우리는 새롭게 법과 제도의 운영을 인간 주체와 심도 깊게 연결시켜 추구하지 않으면 피상적으로 시행착오에만 겉돌고 만다는 자각을 하게 되었다. 법에 대한 이론도 다양하게 심화되고, 인간에 대하여도 새로운 눈으로 관찰하면서 천착하고 있다.

필자는 대학에서 학생들에게 법철학과 법사상, 그리고 법의 역사 속에서 인간의 역할에 대해 강의를 해 왔고, 금년부터 시행하는 로스쿨 교육의 첫 학기에 '한국의 법률가'라는 과목을 신설하여 가르치고 있다. 전공 배경이 다른 로스쿨 학생들이라서인지 한국의 선배 법률가들의 생애와 사상에 대해 많은 흥미를 갖고 공부하고 토론에 임하는 것을 보고 다행이라 생각하고 있다. 또한 필자는 2000년부터 한국인물전기학회(Korean Biographical Society)를 창립하여 매달 한 인물에 대해 연구자에게 발표의 기회를 제공하고 있다. 역사는 결국 인간의 역사이고, 인생은 전기에 담기는 것이다. 이러한 체험을 기초로 인간과 법의 문제를 법학자와 법률실무가들의 공통적 이해를 위해 되도록 쉽게 자유롭게 얘기해 보려 한다. 또한 인간과 법의 문제는 법률 전문가만의 문제가 아니라 오히려 일반인들이 법에 대해 그 긍정성과 신뢰성을 바라보는 가장 중요한 척도라는 사실도 명심해야 할 것이다.

1. 인간학으로서의 법학

철학자 칸트는 철학의 사명을, 우리는 무엇을 알 수 있는가, 우리는 무엇을 해야 하는가, 우리는 무엇을 바랄 수 있는가를 규명하는 학문인데, 궁극적으로는 인간은 무엇인가를 추구하는 것이라 하였다. 그렇다면 인간은 무엇인가? 이러한 질문을 던질 수 있는 것은 인간뿐이고, 그렇지 않다면 인간이 아닐 것이다. 그렇지만 인간이 무엇인지 한 마디로 답할 수 없는 것이 사실이다. 이에 대해 철학과 윤리학, 의학과 생물학, 신학과 종교학 등 분야마다 자기들의 설명 방식이 있다. 법학도 인간에 대해 다루는 방식이 민법, 형법, 소송법 등 각 실정법역마다 조금씩 차이가 있지만, 전체적으로 보면 살아 움직이는 개별 인간(Mensch)보다 인격(Person)을 주목한다는 사실이 큰 특징일 것이다. 그렇지만 자본주의 사회가 사회적 강자와 약자를 동일시하기에는 차별이 인정되어야 하므로, 라드브루흐(G. Radbruch) 같은 법철학자는 인격에서 인간에로의 접근을 강조하기도 하였다.[2] 그런데 인격이건 인간이건 자신이 고매한 인격이 되겠다고 아무리 발버둥친다고 이루어지는 것이 아니고, 오히려 자신을 잊어버리고 망아적(忘我的)으로 일과 과제를 성실히 완성하려고 노력하면 은연중 신이 내려주는 은총처럼 저절로 성취되는 것이라는 점에 신비한 진리가 있다고 라드브루흐는 설명한다. 아마도 이 점은 법률가 같은 직업인에게 더욱 타당한 말일 것이다.

프라이부르크 대학의 법철학자 에릭 볼프(Erik Wolf)는 법인간학의 대가로 알려져 있는데, 그는 법인간학(法人間學)의 기초

2 라드브루흐, 손지열·황우여 역,『법에 있어서 인간』, 육법사, 1981.

를 인격성(Personalität)과 연대성(Solidarität)에서 찾고 있다. 즉 인간은 신(神)과의 수직적 관계에서는 인격성에 충실해야 하고, 인간끼리의 수평적 관계에서는 연대성에 충실해야 한다는 것이다. 그런 의미에서 법인간학은 궁극적으로 신인간학(神人間學, Theanthropologie)에까지 연결된다고 주장하고 있다.

이것은 다분히 그리스도교적 색채를 띤 법인간학의 이론이지만, 동아시아의 유교문화권에서는 인간을 정명(正名)에 맞는 행동을 하는 존재, 그렇지 못할 때는 수치(羞恥)를 느끼는 존재로 설명하고 있다. 인류학자 베네딕트(Ruth Benedict)는 서양을 죄의 문화(sin culture), 동양을 수치의 문화(shame culture)로 구별하여 설명하였다.[3] 이러한 이분법에 대해 반론도 만만치 않지만, 동양의 유교 윤리의 수치심은 인간의 존엄(Menschenwürde)에 대한 소극적 표현으로 재해석하려는 학자들도 있다. 최근 스위스 바젤 대학에서 열린 '수치와 책임의 문화성'(Kulturalität der Scham, Schuld und Verantwortung)이란 심포지엄에 참석하여 세계의 학자들과 이런 논의를 한 바 있다.[4] 같은 황금률(Golden Rule)이라 해도 예수는 "남이 네게 해 주기를 바라는 대로 너도 행하라"고 하여 적극적 황금률을 말했고, 공자는 "남이 너에게 하지 말기를 바라는 것처럼 너도 남에게 행하지 말라"고 소극적 황금률을 말하였다. 표현

3 루스 베네딕트, 박규태 역, 『국화와 칼』, 문예, 2008.

4 필자의 발표는, Chongko Choi, Scham, Schuld und Verantwortung im Konfuzianismus, Sept. 29-30, 2009, Basel.

은 이렇게 다르지만 동서양이 모두 인간은 함부로 살 것이 아니라 해야 할 일을 하면서 권리의무를 잘 조화하여 살아야 한다는 것을 보여주고 있다.[5]

이러한 인간관에서부터 여러 가지 인간학적 이론들이 파생하였다. 인간은 자유의지(自由意志, Willensfreiheit)를 갖고 있기 때문에 다른 동물과는 구별된다고 설명하면서, 형법에서는 이런 자유의지를 갖고 잘못을 저지른 인간은 당연히 처벌되어야 한다고 설명되었다. 그러나 이러한 구파 형법이론에 대해 범죄인은 특별한 조건을 갖춘 인간이라고 보고 그러한 특수인간을 대처하는 것이 형법의 사명이라고 신파는 주장하였다. 형법은 인간관(Menschenbild)을 어떻게 갖느냐에 따라 구파, 신파의 이론으로 치열한 이론대립을 보여 온 것은 대학에서 가르치는 기본 지식이다. 뿐만 아니라 인간은 의식만이 아니라 무의식의 세계를 갖고 있고 그것이 행위로 나타는 측면을 잘 이해해야 한다고 프로이드(S. Freud) 이후 많은 심리학자들이 지적하였고, 법학의 이론도 이를 존중하고 있다. 한국의 저명한 형법학자 유기천 교수(전 서울대 총장)도 부인 실빙(Helen Silving) 교수와 함께 세계적 학자로 명성을 떨치기도 하였다.[6]

그런데 역사는 흘러 20세기 말에서 21세기로 들어서면서 인간에 대한 생명공학(Biotechnology)이 크게 발달하여 인간에 대한 근

---

5 최종고, 『법철학』 3판, 박영사, 2007, 521-525쪽.

6 자세히는 최종고, 『자유와 정의의 지성 유기천』, 한들, 2005 참조.

본적 질문들이 새삼 제기되었다. 무엇보다 세포와 유전자에 대한 연구 덕분으로 인간의 건강과 수명이 놀랍게 발전 연장되는가 하면, 인간 생명의 신비마저 밝혀질 듯한 단계로 육박하고 있다. 이것은 한편으로 인간 생명의 신비를 부정하거나 의문시하는 결과로 나아가 역설적으로 인간공학의 위협으로 나타나고 있기도 하다. 따라서 기술에만 의존해서는 아니 되고 생명윤리와 그에 입각한 법적 대응을 심각히 논하지 않으면 아니 되게 되었다. 이것은 남의 나라 얘기가 아니라 오늘날 한국사회에서도 중요한 이슈가 되어 있다. 뇌사, 안락사, 존엄사 등 인간의 삶과 죽음에 관한 법적·윤리적 문제가 큰 쟁점이 되어 있다. 이제는 법률가들도 인간의 생명공학을 이해하지 못하고 주장할 수도 없고, 의학자나 자연과학자들도 윤리적·법적 고려 없이 무작정 과학적 진실만을 추구하기도 어렵게 되었다. 특히 황우석 교수 사건 이후 연구윤리의 엄정성이 한국의 학계를 강타하고 있어 자칫하면 연구 의욕마저 침체되는 것 아니냐는 우려까지 나오고 있다.

이렇게 볼 때, 오늘날 우리는 원하든 원치 않든 법을 더욱 인간의 문제, 인간의 본질에 대한 물음에로 연결시켜 논의하지 않으면 아니 되게 되었다. 그리하여 은연중 법을 다루는 법률가, 법학자 자신도 인간의 측면에서 관찰되고 평가되는 면이 부각되고 있다.

2. 인간으로서의 법률가

한국에서는 10여 전까지만 해도 법률가가 되기만 하면 인간적으로 존경받는 명망가의 위치에 서게 되었다. 최소한 남보다 머리가 좋고 약간 성스럽기까지 한 권위를 지닌 인간으로 우러러 보였다. 그러나 어느 새인가 일반인들이 법률가를 보는 눈이 점점 비판적으로 바뀌게 되었다. 머리는 좋을지 모르나 이기적이고 돈을 밝히는 집단같이 비쳐진다. 판사, 검사들에 대하여는 세상을 알지 못하고 법만으로 남을 판단하려는 철부지처럼 보는 것 같다. 이것은 사법부, 법학계의 신뢰성에 직결된다. 도대체 법률가는 어떤 법률가가 훌륭한 법률가이고, 어떤 부류가 그렇지 못할까? 이제는 좋은 법률가, 나쁜 법률가의 구별을 부정할 수 없게 되었다.

『한국의 법률가』

한국인 법률가 중에 어떤 법률가가 모범적 법률가일까? 필자는 수년 전에 『한국의 법률가』(서울대학교출판부, 2007)라는 책을 출간하였다. 여기에 수록된 인물은 이준(1859-1907), 이시영(1869-1953), 홍재기(1873-1950), 함태영(1873-1964), 최진(1876-1950?), 석진형(1877-1946), 안병찬(1881-1921), 양대경(1885-1963), 허헌(1885-1950), 김병로(1887-1964), 조소앙(1887-납북), 이찬형(1888-1966), 변영만(1889-1954), 이인(1896-1979), 정구영(1899-1978), 백한성(1899-1971), 조진만(1903-1979), 엄상섭(1907-1960), 전봉덕(1910-1998), 장경근(1911-1978), 이병린(1911-1986), 이태희(1911-

1999), 홍남순(1912-2006), 고재호(1913-1991), 유병진(1914-1966), 이태영(1914-1998), 방순원(1914-2004), 김홍섭(1915-1965), 이영섭(1919-2000), 양준모(1922-1993), 김홍한(1924-2004), 안이준(1926-1995), 황인철(1940-1993), 조영래(1947-1990) 등 34인이다.

물론 여기에는 어떤 기준으로 선정했느냐는 질문이 있을 수 있고, 들어가야 할 인물이 빠진 분도 있을 것이다. 솔직히 말하여 인물 선정에는 객관적 기준이란 있을 수 없지만, 일생 행한 업적과 지명도 및 존경도를 고려하여 판단한 것이다. 아무튼 우리의 사법사에도 1세기 동안 적지 않은 모범적 법률가를 배출하였고, 학생들은 이들의 생애와 사상을 공부하면서 교훈과 각성을 얻게 된다고 고백한다. 한 학생의 분석에 따르면, 위의 법률가들은 평균 75세를 살았고, 비교적 안정적 삶을 영위하였다. 그렇지만 그들의 삶에는 국가와 민족의 복잡한 역사가 짙게 드리워져 있음도 부인할 수 없다. 개화와 친일, 좌우익 갈등과 민족전쟁, 자유와 정의, 민주화와 인권, 남성과 여성 등의 큰 문제와 과제들이 한국 법률가들의 생애와 사상을 점철하고 있다. 일제 강점기에는 법을 공부하여 보신을 할 수 있었을지 모르지만 친일이라는 암수가 도사리고 있었고, 좌익 이데올로기는 분단국가에서 납북 내지 월북의 앙금을 산출하기도 하였다. 독재정권과 군사정권은 한국 법률가들을 민주화와 인권의식에로 몰고 갔고, 여성 법률가들의 등장은 남녀평등과 여권신장으로 의식화시켰다. 우리는 홈즈(Oliver W. Holmes) 같은 위대한 외국 법률가들의 삶과 철학도 알아야 하지만,[7] 한국이라는 시간적·공간적 제약 속에서도 노력하면 얼마나 법률가가 큰 활동적·정신적 성취를 이룰 수 있는지를 알아야 한다. 이런 면에서 라드브루흐가 말하였듯이, 법학을 가장 잘 공부하는 방법은 위대한 법률가의 전기(biography)를 많이 읽는 것이다.

『한국의 법학자』

법학자도 마찬가지이다. 내가 쓴 『한국의 법학자』(서울대학교출판부, 2007)에는 다음과 같은 31인이 실려 있다. 유성준(1860-1934), 권병훈(1864-1940), 장헌식(1869-1950), 유치형(1877-1933), 최태영(1900-2005), 정광현(1902-1980), 유진오(1906-1987), 박원선(1907-1986), 박덕배(1908-1984), 고병국(1909-1976), 유기천(1915-1998), 황산덕(1917-1989), 이한기(1917-1995), 정희철(1919-2006), 김증한(1920-1988), 김기두(1920-1993), 고광림(1920-1989), 서돈각(1920-2004), 박관숙(1921-1978), 이태재(1921-2003), 김치선(1922-1996), 김도창(1922-2005), 손주찬(1923-2005), 전원배(1924-1974), 배재식(1929-1999), 서원우(1931-2005), 최종길(1931-1973), 함병춘(1932-1983), 갈봉근(1932-2002), 정종욱(1933-1982), 강구진(1942-1984). 이들은 전통적으로는 없던 서양법학을 공부하여 학자로서 개척자, 선구자로서 인간적으로 어려움을 겪으면서

7 자세히는 최종고, 『위대한 법사상가들』 I·II·III, 학연사, 1984-1985 참조.

도 학문적 업적을 쌓은 분들이다. 개척자로서의 난관과 고독을 면할 수 없는 삶이었고, 학문과 현실의 괴리에서 많은 번민과 좌절을 느꼈던 것이 사실이다. 법학이 현실과 직결되는 학문이기 때문에 정치권력과 혁명, 보수와 진보의 사이에서 고민하지 않을 수 없었다. 이들의 삶은 다른 분야에 비해 결코 화려한 것은 아니지만, 이들의 노력이 있었기에 오늘날 우리나라의 법치주의도 이론적·정신적 기초를 이만큼 쌓았다고 하겠다. 김증한 교수는 생전에, "학자는 스케일이 커야 한다. 편견을 가지면 안 된다"고 늘 말씀하셨다. 이런 인간적인 충고가 나의 학문생활에도 큰 힘이 된다.

그런데 솔직히 한국의 법률가와 법학자의 삶을 정리하는 작업이 잘 이루어지지 못하고 있다. 근년에 의학계에서는 인물의학사를 대대적으로 정리하여 훌륭한 책의 형태로 발간해 내고 있다. 이에 비하면 법조계에서는 이렇다 할 법조사(法曹史)의 정리를 하지 못하고 있다. 내가 법사상사를 담당하는 교수로서 개인적 저술로 위의 두 책을 내었지만 보다 종합적인 정리를 하는 기구나 단체가 있어야 할 것이다.[8] 대한변호사협회 같은 데서 '법조사'(法曹史)위원회를 상설적으로 두어 작고한 법률가의 생애를 정리하고 살아있는 원로 법률가를 인터뷰하여 계속 자료를 축적해 가는 작업을 추진하여야 할 것이다. 아니면 어떤 법률 관계 출판사나 법학연구소에서 이를 중점적으로 수행할 수도 있을 것이다. 법률가

---

8 그 밖의 책으로 이영근·김충식·황호택, 『법에 사는 사람들』, 삼민사, 1992; 김이조, 「한국법조인비전」, 『33인의 법조인상』, 법률출판사, 1999 등이 있다.

들이 스스로 위상을 높여 나가지 않으면 다른 사람들은 기대할 수 없다. 이미 인문사회과학계나 언론, 사전 등에서 한국 법률가와 법학자의 몫은 상당히 침식당한 것처럼 보인다. 일반인은 법률가를 필요하면 찾지만 돌아서면 외면하고 질시한다. 에릭 볼프 교수는 "없을 수는 없지만 사랑받지는 못하는 법률가"라고 불렀다. 법학도나 법률가가 사랑받을 수 있다고 착각하면 공연히 마음의 상처만 받는다.

또한 한국 법률가와 법학자는 아직 외국의 『법률가사전』(*Juristenlexikon*)에 올라가지 못하고 있다. 이것은 따지고 보면 우리 법률가들의 수준이 낮아서라기보다 서양어로 된 소개된 책이나 글이 없기 때문이다. 일본과 중국의 법률가와 법학자는 꽤 소개되어 있다.[9] 되도록 빨리 영어나 독일어로 한국의 법률가와 법학자의 생애와 사상을 서술하여 출간하여야 할 것이다. 한국이 법치주의가 이루어지는 나라라면 세계의 법학과 법문화의 대열에서 제외되거나 낙오되어서는 아니 될 것이다. 송상현 국제형사재판소 소장은, 이제 한국 법학도들도 국제사회에서 인류를 위해 어떤 공헌을 할 것인가를 생각하면서 공부할 때가 되었다고 누누이 강조하고 있다. 정말 한국 법률가들도 이제 국내 법질서에만 매달리는 것이 아니라 세계적 실존과 사명을 생각하면서 활동하여야 할 것이다.

---

9 Michael Stolleis hrsg., *Juristen: Ein biographisches Lexikon*, München, 2001.

3. 괴테와 다산이 본 인간과 법

괴테라 하면 한국에서는 대체로 『파우스트』의 저자인 문학가로만 생각하는데, 실은 법학을 공부한 법률가이다. 라이프치히 대학과 슈트라스부르크 대학에서 법학을 전공하여 법학박사 학위를 받았고, 변호사로서 활동하기도 하였다. 법률가로서 쓴 『젊은 베르테르의 고뇌』가 성공하는 바람에 바이마르의 아우구스트 공이 초빙하여 정치가로 변신하여 국무총리까지 역임하는 공인으로서의 커리어를 쌓는다. 『파우스트』는 이런 공직 생활 속에서 60년간에 걸쳐 무르익은 작품이기 때문에, 그리고 인간이라면 누구나 안고 있는 구원(救援)의 문제를 정면으로 다루는 내용이기 때문에 우리의 심금을 울리는 대작이 될 수밖에 없다. 나는 괴테를 좋아하여 독일에 갈 때마다 괴테 연구서들을 사 모아 왔는데, 그중에는 법학의 측면에서 법률가로서의 괴테에 관한 연구서도 적지 않다. 특별히 내 마음을 사로잡은 것은 내가 좋아하는 법철학자 라드브루흐의 법철학 배후에는 괴테가 서 있다는 사실을 발견한 것이고, 그래서 라드브루흐 법철학이 그렇게 인간적이고 풍부하다는 것을 이해할 수 있게 되었다.[10] 나의 친구 카스트너(B. Kastner) 교수가 쓴 『라드브루흐의 생애와 사상에서의 괴테』(*Goethe im Leben und Werke G. Radbruchs*, 1998)는 그것을 훌륭하게 분석해 준 압권의 연

10 자세히는 Chongko Choi, Gustav Radbruch und Ostasien, in: *Verfassung-Philosophie-Kirche: FS. f.* Alexander Hollerbach, Berlin, 2001, pp. 485-500 참조.

구서이다. 뿐만 아니라 파우쉬(Pausch)라는 부부 변호사가 편집한 『법률가를 위한 괴테 인용』(*Goethe-Zitate für Juristen*)이란 책을 보면, 200여 페이지에 걸쳐 법률가들에게 유익한 괴테의 어록을 담고 있다.

남의 나라 얘기만이 아니라 실은 우리나라도 다산(茶山) 정약용(丁若鏞)은 괴테보다 13세 연하로 문자 그대로 동시대를 산 인물인데, 『흠흠신서』(欽欽新書)와 『목민심서』(牧民心書) 등 법학서를 쓴 법학자 또는 법사상가이기도 하다. 나는 한국법사상사에서 전통시대의 법사상가로 두 인물을 꼽으라면 조선 초의 삼봉(三峰) 정도전(鄭道傳)과 조선 후기의 다산이라고 생각한다(자세히는 최종고, 『한국법사상사』 전정재판, 서울대학교출판부, 2004 참조). 그래서 이 두 위대한 인물의 생애와 사상을 비교하여 『괴테와 다산, 통하다』(추수밭, 2007)라는 책도 내었는데, 특히 법학도들이 이들 두 인간을 법률가와 법사상가로서 알게 된 것을 감사하는 반응을 보여 기쁘다. 괴테와 다산이 말하지 않은 것이 없을 정도로 어록(語錄)이 풍부하나 그중 법과 법률가에 대해 한 표현 몇 가지를 살펴보고자 한다. 이것은 나 자신이 뭐라 말하기보다 비교할 수 없는 권위를 가진 교훈이 될 수 있기 때문이다.

괴테는 이렇게 말한다. "법률은 힘이 세다. 그러나 궁핍은 더 힘이 세다", "배고픔은 법률을 인정하지 않는다", "법률이 도움이 되지 못하는 곳에는 현명(Klugheit)이 조언해 주어야 한다", "법률을 제정하는 자는 자기 시대의 의미를 숙고해야 한다", "자신의 의미에 따라 사는 것은 공통적이다. 고상한 사람은 질서와 법률을 지향한다", "의무란 사람이 스스로 명령하는 것을 사랑하는 것이다", "인간은 어떻게 자신을 알 수 있는가? 성찰을 통해서는 아니다. 어쩌면 행동을 통해서일 것이다. 너의 의무를 행하도록 노력하라. 그러면 너에게 내재해 있는 것을 바로 알게 될 것이다. 그러나 너의 의무가 무엇인가? 하루가 요구하는 것 그것이다". 더 많은 표현을 인용하지 않더라도 괴테가 얼마나 법과 인간을 밀도 있게 천착하고 있는가를 알 수 있을 것이다. 알다시피 괴테는 아버지도 법학을 공부했고, 아들에게도 법학을 공부시키기 위해 친히 하이델베르크 대학의 티보(A. Thibaut) 교수에게 추천장을 써 주었던 것이다.[11]

다산 또한 이렇게 얘기한다. "매우 엄정해야 할 학문이 실상을 조사하는 데는 언제나 엉성하고, 그래서 죄를 결정하는 데 언제나 잘못된다", "잘 정비된 수레를 잘 길들여진 말에다 멍에를 메우고도 좌우로 옹위하고 수백 보쯤 진전시켜 보아 그 장치가 잘 되었는지를 시험한 뒤에야 동여매고 달려가는 것이다. 법을 제정하여 세상을 끌어 가는 것이 이것과 같다". 다산은 당시로써는 진취적으로 경학(經學)에 못지않게 율학(律學)의 중요성을 역설한, 조선 전통시대의 유일한 법학자라 할 만한 인물이다.[12] 다만 괴테는 아우구스트 대공이 평생에 걸쳐 정치력으로 뒷받침해 주었기

---

11 자세히는 최종고, 「괴테의 법사상」, 『서울대 법학』 제42권 1호, 2001, 23-60쪽 참조; 최종고, 「법률가 괴테」, 『서울대 법학』 제42권 3호, 2001, 28-46쪽.

12 최종고, 『한국법사상사』 전정재판, 서울대학교출판부, 2004, 180-187쪽.

때문에 자신의 재능을 100퍼센트 발휘한 데 비해, 우리의 다산은 정치적 박해 속에서 법을 제대로 펴볼 수조차 없었던 것이 크게 차이가 나타난다. 어쩌면 동서양의 학문과 정치의 이러한 패러다임은 250년 전 과거에만 그랬던 것이 아니라 오늘날에도 계속되고 있다.

4. 인간의 권리와 의무

법의 관점에서 인간을 고찰할 때 가장 중요한 개념은 권리와 의무이다. 특히 오늘날의 법학은 한마디로 권리중심의 이론(rights-based theory)이 대종을 이루고 있어, 권리라는 말이 빠지면 법학이 무너질 정도라고 하겠다. 물론 이것은 서양에서의 법학의 발전상을 나타내는 것이지만, 요즘 서양 법철학에서도 지나친 권리 위주의 개인주의 혹은 자유주의(liberalism) 이론에 대한 반성과 비판이 일어나고 있는 것도 사실이다. 옥스퍼드 대학의 법철학자 요셉 라즈(Joseph Raz)는 권리보다 의무가 잘 실천되는 사회가 더욱 풍부한 사회라고 설명하고 있다.[13] 미국 노트르담 대학의 윤리학자 매킨타이어(A. McIntyre)가 잃어버린 덕(Virtue)의 윤리를 재건해야 한다고 주장하는 것도 그러한 맥락이다. 특히 미국에서 지나친 권리위주의 개인주의적 삶과 사고방식이 9·11 테러사태 이후 공동체주의(Communitarianism)에 대한 관심에로 기울어지게 한

13 Joseph Raz, Liberating Duties, *Law and Philosophy*, 8-3, 1989, pp. 4-5.

것은 알려진 사실이다. 하버드 로스쿨의 여교수 글랜든(Mary Ann Glendon)은 미국은 '권리의 나라'(land of rights)에서 벗어나 책임(responsibility)이라는 '잊어버린 언어'(forgotten Language)를 되찾아야 한다고 역설하고 있다.[14]

이러한 노력이 결실로 나타난 것이 1998년 세계인간책임선언(Universal Declaration of Human Responsibilty)의 기초(起草)이다. 이 해는 세계인권선언(Universal Declaration of Human Rights)의 50주년을 맞는 기념 해였는데, 인권선언이 인류의 진보와 각성에 큰 기여를 해 준 것은 사실이지만 권리에 대한 지나친 강조와 집착은 불필요한 소모와 갈등을 초래한 면도 있다는 사실을 지적하였다. 그리고 권리가 성숙하면 책임과 의무에로 발전한다는 사상에 입각하여 전문 19조에 이르는 선언문을 작성하여 유엔총회에서 채택하려 하였다. 그러나 몇 서양 국가들의 반대로 통과는 실패하였는데, 그것을 주도한 독일의 전 수상 헬무트 슈미트(Helmut Schmidt)는 인류의 책임의식에 대한 자각은 서서히 이루어지기 때문에 언젠가 다시 채택될 것이라고 미래의 과제로 남겼다.[15]

세계인간책임선언은 한국과 같은 동아시아의 철학과 윤리의 관점에서 보면 많은 공명점을 발견하게 된다. 권리(Rights)라는 말은 지금부터 약 1세기 반 전에 중국, 일본 학자들이 번역한 말인

---

14 Mary Ann Glendon, *Rights-Talk*, New York, 1991.

15 세계인간책임선언의 한글 텍스트는 최종고, 『법과 윤리』, 경세원, 2005, 73-75쪽 참조.

데, 본래의 바르다, 정당하다(right)는 뉘앙스를 살리지 못하고 권세를 부리고 이익을 챙긴다는 '권리'(權利)로 잘못 번역되었다고 학자들은 지적한다. 필자도 그렇게 생각하여, duty를 의무(義務)로 부른다면 rights를 의권(義權)이라 부르자고 동아시아법철학자회의에서 제의하여 긍정적 반응을 받은 바 있다. 언어란 사용하는 사람들이 있고 언론이나 일상생활에서 실제 통용되면 효력을 갖는 것이다. 인간권리(human rights)란 말을 인권(人權)이란 준말로 애용하듯이, 인간책임(human responsibility)이란 말도 인책(人責)이란 준말로 상용하는 것도 좋을 것이다.

얼마전 한국법사회학회에서 주최한 한국인의 법의식조사에 관한 심포지엄에 참석하여 들으니, 1963년에 함병춘, 양승두 교수 등에 의해 실시된 최초의 법의식조사와 최근 2007년 한국법제연구원에서 실시한 조사를 비교해 보면, 45년이란 세월이 흘러 한국사회도 많이 바뀌었는데 법의식은 '전통적 법의식'을 여전히 유지하는 모순성을 보여주고 다만 이기주의적 법의식으로 바뀐 점이 드러난다고 지적되었다.[16] 이기주의적 법의식에로 바뀐 데에는 권리라는 오역(誤譯)의 영향도 없지 않으리라고 생각하는데, 아무튼 우리는 이러한 심각한 근본적 문제 상황 속에 서 있다. 좀 적나라하게 말하면, 역사적으로 문화적으로 왜곡된 상황 속에서 우

16 황승흠, 「한국 법의식조사의 연혁과 성과」, 한국법제연구원·연세대 법학연구원·한국법사회학회 주최, 『한국 법의식조사의 연혁과 성과』, 2009. 6. 12, 1-13쪽.

리는 인간과 법을 논하고 있다는 사실이다.[17]

이제 우리는 서양 법철학의 영향 때문에 과도한 권리의식에 휩쓸려서도 아니 되고, 권리와 책임의 균형 있는 조화를 갖춘 인간상으로 성숙되어야 한다. 나는 학생 시절에는 권리를 위한 투쟁(Kampf ums Recht)은 도덕적 의무라는 예링(Rudolf von Jhering)의 말을 법학의 진수처럼 받아들였지만, 이제는 세계 학계에 나아가 동아시아법철학을 설명하면서 겸손의 미덕도 중요하다고 주장한다. 금년 9월에는 북경에서 세계법철학대회(IVR)가 열리는데, 동아시아법철학을 세계의 법철학자들에게 알릴 수 있는 좋은 기회이다. 주제가 '세계적 조화와 법의 지배'(Global Harmony and Rule of Law)라는 자체가 그런 의미와 과제를 시사해 주고 있다.[18] 지구의 법문화도 바뀌고 있고, 인간과 자연을 중요시해 온 동양적 가치관이 점점 주목되고 있다. 인간과 법의 문제를 심도 깊게 동아시아 법철학으로 설명하여 세계 법학계에 제시해 나아가야 할 것이다.

5. 법조윤리

법률가는 일반적으로 정의(正義)를 위해 인간의 분쟁을 해결해 주는 직업인으로 이해되고 있다. 정의를 직업으로 삼다 보니 은연중

---

17 Chongko Choi, *Law and Justice in Korea: South and North*, Seoul National University Press, 2006.

18 자세히는 Chongko Choi, *East Asian Jurisprudence*, Seoul National University Press, 2009 참조.

자신의 이익과 혼동하는 경향이 있다. 다시 말하면 정의는 구호이고 실속은 이익이란 것이다. 또 자신을 망각하고 남을 향해서만 정의광신자같이 되기도 한다. 이것을 일반인들도 모를 리 없고, 법률가는 오히려 싸움을 붙이고 이익을 챙겨 간다고 비판한다. 법률가를 '법률장사꾼'(law merchant)이라고 부르는 것은 비단 미국에서만이 아니다. 여기에 법률가가 인간으로서 안고 있는 원초적 고민이 있다. 그럼에도 불구하고 법을 통해 정의의 실현에 도움을 줄 수 있다면 상응한 수입을 받는 것은 정당할 것이다. 따라서 법률가에게 요구되는 직업책임(professional responsibility)이 있다.

미국에서는 법조윤리(legal ethics)라는 과목이 로스쿨에서 일찍부터 가르쳐졌는데, 시간이 지날수록 더욱 중요성을 띠고 있다. 한국에서는 1980년에 사법연수원에서 가재환 (당시) 판사에 의하여 '법률가의 책임과 윤리'라는 과목으로 가르치기 시작하여, 대학 레벨에서는 1989년에 필자에 의해 '법과 윤리'라는 과목으로 정착되었다.[19] 20년이 지나 이제 로스쿨이 되면서 이 과목이 필수과목으로 부과되고 있다.

법조윤리에서는 바람직한 법률가의 모습에 대하여 논의한다. 그러나 윤리만으로는 언제나 바람직한 법률가의 행동을 보장할 수 없기 때문에 윤리장전(ethical code)을 만들어 거의 강제규범으로 부과한다. 법률가를 포함하여 권한과 책임이 큰 지위에 있는

19 최종고, 『법과 윤리』, 경세원, 1992.

인간일수록 자세히 법으로 묶지 않으면 빠져나갈 위험이 있다. 그렇다고 모든 것이 법으로 해결될 수 있다고 생각하면 오산이다. 어떤 면에서는 법으로 할 수 없는 책임을 윤리로서 부과할 수 있다. 우리나라에는 분야마다 윤리장전(倫理章典) 혹은 윤리강령(倫理綱領)들이 제정되어 있다. 법관윤리강령, 검사윤리강령, 변호사윤리강령을 비롯하여 언론사윤리강령, 미용사윤리강령, 낚시인윤리강령 등 헤아릴 수 없이 많은 윤리강령이 있다. 내 '법과 윤리' 강의시간에 학생들과 한국의 윤리강령들을 모아 보니 법전만큼이나 될 듯하다.[20] 이러한 현상을 어떻게 이해해야 하나? 한국인은 법보다 윤리에 의해 더욱 직접 행동을 규제받고 있는 것일까? 아직도 법치주의보다 덕치(德治)주의가 힘을 발휘하고 있는 것일까? 사실 이런 면에서 한국인과 한국사회의 규범문화는 대단히 심도 있는 연구를 필요로 한다. 인간은 법만으로, 권리의무만으로 설명되는 존재는 결코 아니다. 더구나 괴테처럼 인간 구원의 문제와 결부하거나 하이데거(Martin Heidegger) 같은 실존철학적 관점에서 보면 법은 부차적이거나 무본질적인 것(Wesenlosigkeit) 혹은 기껏해야 '반쪽짜리'(Halbheiten)에 지나지 않을지도 모른다. 철저히 차안적(此岸的)인 것이기 때문에 자칫 속물근성으로 흐르기 쉽다. 나는 법대생들에게 이른바 3리(三理), 즉 논리(論理), 윤리(倫理), 심리(心理)를 잘 다듬어야 한다고 충고한다. 그리고 법대생은 속물근

20 최종고, 『한국의 윤리강령』, 프린트판, 2005.

성을 줄이고 생각을 고상하게 가질 것, 절도(節度) 있을 것, 겸손할 것을 당부한다. 이것은 내가 나 자신을 포함하여 30년간 법대생을 가르치면서 몸으로 얻은 교훈이다.[21]

인간과 법의 문제를 한국인과 한국법이란 보다 구체적인 각도에서 규명하고, 이를 이론화하는 작업은 법학과 인접 과학이 합동으로 해야 할 가장 중요한 과제이다. 이것은 단지 법조문의 해석만으로는 불가능하고, 학제적 연구로서 꾸준히 수행해 나가야 한다.

6. 로스쿨 시대의 새로운 과제

오늘날 법학이 요구하는 지식은 엄청난 분량이다. 법학은 개방적 학문이기 때문에 누구나 지적인 능력이 있으면 법률가가 될 수 있다. 이를 위해 한국도 금년부터 로스쿨을 시작하였다. 우리는 지금 많은 변수를 안고 로스쿨을 바라보고 있다. 로스쿨 제도가 논의되고 탄생되는 과정과 배경을 보면 앞으로도 적지 않은 우려를 안고 있는 것이 사실이다. 그렇지만 이왕에 시작했다면 거기서 행하는 법학교육은 전보다 나아져야 할 것만은 분명하다. 어떤 이들은 미국에서 성공한 로스쿨이 문화적 배경이 다른 한국에서도 성공하리라는 보장이 없다고 지적한다. 사실 이에 대해 미리 속단하는 것은 금물이다. 이미 주사위가 던져졌으니 최선을 다해야 한다.

---

21 최종고, 『법은 그러나 어두운 곳에서 빛난다』, 철학과 현실사, 1991.

하버드 로스쿨의 벽면에 쓰인 한 구절이 기억된다. “로스쿨의 사명은 단지 법을 가르치는 것만이 아니라 법을 멋있게 가르치는 것이다.”(The business of a law school is not merely to teach law, but to teach law in grand manner.) 법을 어떻게 가르치는가? 여기에는 분명 법을 기술적으로 가르치는 것만이 아니라 훌륭한 법률가를 양성한다는 뜻이 포함되어 있을 것이다. 로스쿨에서 졸장부 같은 법률기술자(legal technician)만 양산해 낸다면 그동안 15년간 그렇게 치열히 논의한 산고(産苦)가 사산(死産)되고 말 것이다. 이런 면에서 인간과 법의 문제는 어느 시대에나 그러했지만, 특히 오늘날 한국사회에 절실하고 심각한 과제로 부각되고 있다.

젠더법학회 심포지엄 축사

법대 근대법학교육100주년기념관(2010. 12. 4)

금년 가을은 유난히 학술행사도 많았던 것 같지만, 먼 곳에서 손님들이 오시는 행사에는 공식적으로 학장이 환영인사를 하는 것이 관례인데 유고 시에는 이른바 원로교수가 대행하는 것 같다. 그러나 학장식 공식 환영사는 아니고 개인적 회고를 바탕으로 몇 말씀 축하를 전하고 싶다.

사실 나는 1960년대 후반에 시내 동숭동에서 법대를 다닌 후 법대 주변에서만 어언 45년의 세월을 보내면서 여러 가지를 체험하고 느끼면서 살아왔지만, 그중에 중요한 하나는 '법대의 여성'이었다. 내가 공부하던 시절에는 '홍일점'이라 하여 여학생이 유일하게 있어 전 남학생들이 말 한 마디라도 걸어 보기가 졸업식 날까지의 소망이었다. 1969년엔가 미국의 얼 워렌(Earl Warren) 대법원장이 방한하여 대법원에서 강연을 하시는데, 유일하게 한 여성이 한복을 입고 우아하게 앉아 계시는데 바로 신화처럼 듣던 이태영 변호사라 해서 황홀하게 쳐다보았던 광경이 지금도 눈에 선하다.

그리고 그를 이끌어 주신 분이 법대의 정광현 교수로 대단한 페미니스트였다는 재미난 에피소드들도 있다.

그 후 1975년 이곳 관악으로 옮겨 와 1980년대 5공화국 때 데모도 많았지만 법대에는 여학생이 늘어나기 시작하였다. 그때까지 법대 여학생이란 매우 예외적 현상이 이제 당연한 현실로 정착되어 갔고, 여성은 남성보다 감성적이어서 법학이 맞지 않는다는 잘못된 편견은 여학생들의 우수한 시험답안지가 조용히 불식시켜 주었다. 나는 매년 20-30명씩 들어오는 법대 여학생들에게 이제 여성 교수를 채용해 달라, '여성과 법' 강의를 개설해 달라고 너희가 학교 당국에 요구하라고 약간 선동하였다. 그리고 선배 여학생들이 어떻게 공부했는지를 직접 들어보라고 여성 동창들을 소개해 주기도 하였다. 그러나 여학생들은 대체로 법대에 들어온 이상 남녀를 구별할 필요가 뭐가 있느냐는 반응이었고, 주어진 사법시험 공부에 쫓기어 이런 소리를 표현할 겨를이 없는 것같아 보였다. 그러다 2000년대에 들어와서야 양현아 교수가 부임하는 것을 보면서 이제 드디어 한국 법학도 한 지평 올라서는구나 하는 감회에 잠긴 바 있다. 그 후 젠더법학회에 자주 참석은 못했지만 연구결과물은 늘 받고, 꾸준히 잘하고 있구나 속으로만 느껴 왔다.

나는 딸만 가진 아버지이기 때문인지 여성의 문제에 관심을 뗄 수 없었다. 배경숙 교수님이 설립하신 아시아 여성법학회에도 다소 참여하여 왔고, 2005년에는 이화여대에서 개최된 세계여성학회에서 「동아시아 여성법학의 근본문제」(Basic Problems of East Asian Feminist Jurisprudence)라는 논문을 발표하기도 하였다. 이것은 20여 년간 세계법철학회(IVR)에 깊이 참여하면서 버지니아 헬드(Virginia Held), 메리 앤 그랜든(Mary Ann Glendon), 폴린 베스트만(Pauline Westermann) 같은 여성 법학자들과 대화하면서, 속으로 한국 혹은 아시아 여성 법학(Feminist Jurisprudence)을 어떻게 이론화해야 할 것인가 나름대로 늘 모색해 왔던 때문이다. 이런 관점에서 보면 남성 위주의 롤즈식 정의지상주의만이 아니라 배려와 사랑도 법학의 범위 안으로 들어오고, 메마른 논리만이 아니라 감성과 미학도 여성법학의 한 차원으로 떠오르는 것이다. 그만큼 폭 넓어지기도 하고, 어려워지기도 하는 것이다. 그러나 이것이 우리의 나아갈 길이라 생각한다.

오늘 나는 한 인상 깊은 여성 제자 김영란 전 대법관을 이렇게 만나는 기쁨을 나누고 있다. 33회로 1979년 봄에 졸업했으니 내가 갓 독일에서 돌아와 법대에서 아직 발령도 받지 않고 강사로 가르치던 때인데, 바쁜 법학공부의 틈에도 문학에 관한 관심을 말해 오던 기억이 지금도 생생하다. 어언 세월이 흘러 대법관이란 공직을 마치고 다시 옛 교정에서 만나니 인생의 순환을 말하는 것 같다. 많은 법조인과 국민들로부터 존경과 사랑을 받고 있는 모범적인 한국 여성법률가로 선 것을 충심으로 축하하며, 오늘 마음에 닿는 얘기를 우리는 기대하고 앞으로도 계속 아름다운 모습을 보여주기를 기원한다.

나는 요즘 새삼 괴테를 많이 생각하며 산다. 법학을 배워 변호사, 국무총리까지 공직을 살면서도 60년에 걸쳐 『파우스트』를 쓴 위인이요 천재이다. 그런데 파우스트가 누구인가? 법학박사에 의

학박사요 신학박사가 아니던가? 그런 최대의 지식인이 이 세상은 어떤 종합적 원리에 의해 돌아가나를 알기 위해 심지어 악마와의 계약도 감행하는 지적 용기를 보여준다. 이런 '남성적' 파우스트의 마지막은 결국 '영원히 여성적인 것'(das ewig Weibliche)에 의해 구원된다. 일견 남성적 법학은 언제나 유스티치아(justitia), 정의의 여신을 추구한다. 남성과 여성의 젠더, 정의와 사랑의 긴장과 조화는 우리의 삶과 사상을 끌고 가는 추진력이다. 학문적 통섭의 시대에 이런 쌍두마차를 끌고 가는 한국젠더법학회에서 우리는 많은 것을 기대하고, 그 소리를 경청하는 것이다. 무궁한 발전을 기원한다.

서울법대 역사관 특별기획전시회

월송 유기천(1915–1998)의 법학세계

서울법대 역사관(2011. 4. 19–5. 30)

2011년 4월 19일 오후 3시 서울법대 역사관에서는 특별한 기획전시의 오프닝 행사가 있었다. '월송 유기천의 법학세계'라는 이 전시회는 한국 법학계와 법조계에서 특정인물의 유품전으로서는 처음 있는 일이라 많은 관심을 끌고 있다. (이 전시회는 특히 로스쿨로 전환한 법과대학 학생들을 위해 오는 8월 말까지 한 학기 동안 오픈되며 일반인에게도 공개된다.)

월송(月松) 유기천(劉基天)은 지난 1940년대부터 1970년대까지 한국 법학의 기초를 놓는 데 중추적 역할을 한 법학자이다. 그는 1915년 7월 5일 평양에서 태어나 1943년에 동경제국대학 법학과를 졸업하였다. 귀국하여 경성법학전문학교 교수로 가르치다가, 서울대학교의 설립과 함께 법과대학 교수로서 그 기초를 놓는 데에 손길이 닿지 않는 곳이 없었다.

1952년에 하버드 로스쿨에 유학을 갔고, 다시 1954년에 도미하여 1958년까지 머물면서 예일대에서 「한국문화와 형사책임」

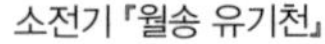

소전기 『월송 유기천』

월송기념강좌 초청장(2007)

(Korean Culture and Criminal Responsibility)이란 논문으로 한국인 최초로 법학박사(SJD) 학위를 받았다. 1959년 하와이 '동서철학자대회'(East-West Philosophers Conference)에 초청받아 한국을 대표하여 「문화이해에서의 장의 이론」(Field Theory in the Study of Culture)을 발표하여 큰 주목을 받았다.

유기천의 학문적 업적은 한국 법학의 세계화이다. 1960년 한국 형법을 영어로 번역 출간하였고, 1968년에 독일어로도 출간하였다. 또한 『국제비교법사전』(*International Encyclopedia of Comparative Law*)에도 한국법에 관한 장문의 논문을 실어 안내자 역할을 하였다. 이를 통하여 서양의 법학계에서는 그의 Paul K. Ryu라는 영어 이름이 유명하다.

월송은 박정희 대통령에 의해 1965년 8월에 서울대 총장으로 임명된다. 그것이 학생들과 일부 교수들로부터는 처음부터 '어용

총장'이란 레텔을 씌우게 하였다. 매일같이 일어나는 데모에 유 총장은 시간을 갖고 설득하려고 단과대학들을 순방하였다. 청와대에서 불러 들어가니 박 대통령이 "왜 데모를 못 잡느냐, 총장이 못하면 군대를 동원하겠다"고 진노하였다. 유 총장은 다 듣고 난 후 "대통령이면 대통령이지 대학을 총장보다 어찌 잘 안다고 그런 말을 하느냐"면서 일어서 나왔다. 이때부터 두 사람의 관계는 '총과 펜의 대결'로 달려갔다. 자연 총장직은 1년 3개월밖에 안 되었다. 유 총장은 법대 시간강사의 자격으로 머물렀다.

1971년 4월에 유 교수는 강의실에서 박 대통령이 대만식 총통제 비슷한 장기집권을 획책하고 있다는 발언을 하였다. 소위 '마지막 강의'이다. 그날 저녁 정보부원이 체포하러 사택으로 왔을 때 그는 제자 검사의 귀띔으로 뒷문으로 피신하였다. 그 후 2개월 10일 동안 피신하다 미국에 있는 유대인 부인 실빙(Helen Silving) 교수의 구출작전으로 간신히 탈출할 수 있었다. 실빙은 하버드대의 라이샤워(E. Reischauer) 교수로 하여금 김종필 총리에게 편지를 써서 세계적 학자인 유 교수를 미국으로 보내라고 압력을 가하였던 것이다. 법대생들은 유 교수의 신변 안전을 촉구하였다.

미국으로 망명한 후 처음에는 푸에르토리코 대학에서 부인과 함께 비교형법을 강의하였고, 1976년에 샌디에이고로 옮겼다. 재미 및 캐나다의 크리스천 학자들과 연락하면서 한국의 민주화운동에 참여하기도 하였다. 1984년 정년 후에는 독서와 집필로 보냈다. 만년에 저서 『세계혁명』(*The World Revolution*)을 출간하였고, 부인의 『헬렌 실빙 회고록』(*Helen Silving Memoirs*)에 한 장을 빌려 자신의 삶을 적기도 하였다. 아무튼 한국현대사는 그의 뜻대로 흐르지 않았고, 그는 망명의 길에서 여생을 보내야 하였다.

1979년 박 대통령의 죽음과 함께 1980년 이른바 '서울의 봄' 때 월송은 국민적 환영을 받으며 귀국하여 서울법대 강단에 다시 섰다. 첫 강의에서 서울대생들에게 용기 있는 인물이 되라고 역설하면서, 마르틴 루터(Martin Luther)의 전기를 읽으라고 권하였다. 언론에 크게 보도되었다. 그러나 이내 전두환 장군에 의한 신군부 세력의 집권을 보고 다시 미국으로 돌아갔다. 그 후 이따금 서울을 방문했지만 한국의 민주주의와 법치주의의 길은 아직 멀다고 비판적으로 관찰하였다.

월송은 1997년 김대중의 대통령 당선을 보면서 적십자병원에 입원하였다. 급히 샌디에이고로 돌아가 대학병원에서 심장판막 수술을 받았다. 1998년 6월 25일 아침, 식탁에 일어나다 현기증으로 쓰러졌다. 다시 대학병원에 입원했으나 6월 27일 운명하였다. 서울대병원에서 장례식이 거행되었고, 유해는 경기도 포천에 있는 산정현교회 묘지에 안장되었다. 거기 선친 부모님과 부인 실빙이 나란히 묻혀 있다.

월송의 타계 소식과 함께 제자들은 바로 유기천기념사업위원회(회장 노융희)를 조직하기 시작하였다. 우선 월송의 글들을 모아 『자유사회의 법과 정의』(지학사, 2003)를 내고, 제자들의 회상기들을 모아 『영원한 스승 유기천』(지학사, 2003)을 출간하였다. 전기 『자유와 정의의 지성 유기천』(최종고, 한들출판사, 2005)도 출간하였다. '유기천교수기념출판재단'은 2009년에 등기를 끝내었다. 현재

유훈 이사장의 취임 후 월송의 박사학위논문을 법문사에서 단행본으로 해제를 붙여 발간하였고, 연보 『월송회보』는 제5호를 발간하였다. 매년 가을에 '월송기념강좌'를 프레스센터에서 개최하여 금년에 제7회에 이르렀다.

무엇이 월송을 이렇게 추앙하도록 만드는가? 한마디로 그는 법학의 정신을 한몸으로 보여준 학자이기 때문이다. 그의 생애는 보기에 따라서는 좌절된 인생같이 보이기도 한다. 그렇게 추구하던 법치주의와 인권도 박정희 대통령의 개발독재에 밀려야 했고, 그에 맞서다가 망명의 신세가 되고 말았다. 그렇게 애착을 갖던 사법대학원도 법조계의 지역이기주의에 의해 사법연수원으로 바뀌고 말았다. 그렇게 염원하던 조국통일도 그의 표현에 따르면 "어린애들 장난하는 것 같은" 대통령과 청와대 참모들에 의해 이루어지지 못하였다. 이런 것은 모두 월송정신을 계승해야 할 후배들의 몫으로 돌아온다.

민족이 밀어주는 학문연구의 보람

3·1문화상 수상 인사말

서울가든호텔(2012. 3. 1)

오늘 민족독립정신이 꽃핀 역사적인 날에 3·1문화상의 영광스런 식전에서 연상이신 세 분을 두고 제가 말씀을 드리는 것을 대단히 송구스럽게 생각합니다. 그것은 그동안 인문사회과학 수상자가 맡아 온 전통을 따르는 것임을 양해 말씀 드립니다. 우리 네 수상자는 모두 수상의 영광을 안겨 주신 3·1문화재단에 깊이 감사하며, 심사위원 여러분에게도 경의를 느끼고 있습니다.

저는 실로 오늘 이 자리에서 무슨 말씀으로 감사와 감회를 적절히 표현할 수 있을지 오랫동안 심사숙고하였습니다. 그것은 대한민국을 사는 한 학자로서의 실존과 상념을 솔직하게 고백하는 증언이 되어야 할 것이기 때문입니다.

제가 전공한 법학이란 다소 특수하고 외진 학문같이 보여 그간 학계에서도 좀 소외되어 온 것이 사실입니다. 그런 면에서 처음으로 한국의 학술사에서 인정받은 것이 저 개인과 법학계에 가장 큰 기쁨이라 하겠습니다.

제가 연구하고 강의해 온 법사상사학이란 법이 인간을 통하여 역사 속에서 어떻게 생각되어 왔나를 총체적으로 접근하는 학문입니다. 법과 사상과 역사의 종합과학이라 할 수 있습니다. 원래 잘하면 돋보이고 못하면 어설프게 보이는 것이 학제적 연구입니다. 저는 법사상사학을 인문과학적 기초가 단단해야 한다고 생각해 왔습니다. 그러자니 자연히 인간과 문화의 중요성을 인정하지 않을 수 없고, 너무나 당연한 이것이 제 학문의 특징을 이루었다고 말할 수 있습니다. 이 점이 3·1 정신과도 통할 수 있다고 생각하면서, 한국에서 학문을 한다는 것을 민족정신의 힘으로 뒷받침해 주시는 3·1문화재단의 숭고한 의미를 새삼 숙고하게 됩니다.

법이 원래 그리 재미있는 학문은 아니지만, 요즘 사법부와 법학계가 일종의 신뢰위기같이 느껴질 정도로 도전에 직면해 있습니다. 어쩌면 너무 변화에 따르다 보니 인간의 근본적인 것을 소홀히 한 것이 아닌가 생각도 들고, 철저한 인간학으로서의 교육을 절감하게 됩니다. 좀 더 시야를 넓히면 학문을 한다는 학자들도 이데올로기에 의해 진보와 보수로 분열되고, 객관적 검증보다 자기주장을 앞세우는 학문 풍토로 변질되었습니다. 학문과 예술의 자율성이 정치화로 일몰되는 현상은 개탄스럽습니다. 인간을 좋은 점보다 자기 붓대롱 속에서 평가하고 흠잡는 풍조도 근본적인 문제입니다. 이런 한국적인 병리현상 속에서 학문을 한다는 것은 한마디로 고독한 길입니다. 때로는 알고도 속아 주어야 할 경우도 있습니다.

오늘 이 자리에는 60년 전 저를 국민학교에서 어린이 글짓기

3·1문화상 시상식을 마치고(2012. 3. 1)

를 가르쳐 주신 신현득 전 새싹회장님도 계십니다만, 저는 학생 시절부터 문학과 철학에 경도되어 법학을 포기하려고 한 적도 있었습니다. 그러다 라드브루흐(G. Radbruch)라는 독일 법철학자의 세계에 빠져들었고, 그 배후에는 괴테(Goethe)라는 법을 배우고 법학을 초월한 거목이 서 있다는 사실도 알게 되었습니다. 이런 주변을 학문적 과제로 생각하면서, 한편으론 서양에서는 그런 학문과 예술이 꽃피었는데 우리 아시아와 한국은 어떤가 하는 문제의식을 가졌습니다. 한편 세계법철학회(IVR)에 20여 년간 관여하면서 자의 반 타의 반으로 동아시아의 법사상을 세계 학계에 소개해야 할 책임을 지게 되었습니다. 다행히도 세계는 서구일변도에서 벗어나 문명의 공존, 학문의 대화 방향으로 나아가고, 이런 저의 관심이 알려졌는지 뜻밖에 미국 로스쿨에서 강의 요청이 왔습니다. 지금부터 10년 전 미국 산타클라라 대학에서 '동아시아법철학'(East Asian Jurisprudence)이란 제 스스로 이름 붙인 과목을 처음 가르치면서 언젠가는 미국 학생들에게 읽힐 교과서가 있어야겠다고 생각했습니다. 그래서 처음으로 한중일의 법사상이 어떻게 역사적으로 전개되어 왔는가를 시대 구분하여 저술하기 시작했습니다. 고대부터 현대까지 100명이 넘는 이른바 '동아시아 법사상가'들을 정리 소개하면서 이런 작업이 이제야 이루어지는 것이 부끄럽기도 하고, 서양 위주의 학문에 매달리다 보니 서양의 칸트와 몽테스큐는 알아도 한국의 법사상가 다산 정약용과 중국의 쉔자벤(沈家本)이나 우징슝(嗚經熊) 혹은 일본의 다나카 고타로(田中耕太郎)는 모르는 우리의 모습을 발견하게 되었습니다.

어쨌든 남이 안 한 새로운 시도를 한다는 기쁨으로 몇 년간 몰입해 작업을 하여 이왕이면 서양의 유수한 출판사에서 출판을 하려고 시도해 보니 거기에도 높은 벽이 있다는 것을 알게 되었습니다. 그들의 출판매커니즘이랄까 프로세스에 따라 오랜 원고심사를 받는데, 한마디로 서양적 개념의 틀에 들어가야만 통과된다는 것을 알게 되었습니다. 동아시아도 오랜 법사상의 전통을 가졌다고 주장한다면 그것의 이론이 뭐냐는 것입니다. 여기에 자칫하면 서양적 논리의 트릭에 빠질 위험을 알면서도, 다시 원점으로 돌아가 동아시아법철학의 중요한 논점 열 가지를 설명하고 동서양의 공통점과 차이점을 조명하는 작업을 했습니다. 그래서 마침 재작년 북경에서 열리는 세계법철학대회(IVR)에 내어놓으려고 서울대학교출판부에 넘겨 서둘러 출판하였습니다. 좀 더 기다렸다가 서양 출판사에서 낼 걸 하는 아쉬움도 없지 않습니다만, 달리 보면 이제는 우리의 학문과 사상은 가능하면 우리의 대학 출판부에서 출판하는 것이 바람직하고, 그래야 한국 학문의 성과가 되는 것이라는 생각도 듭니다. 이런 의미에서 영어로 된 이 책은 한국어나 일본어, 중국어로도 나와야 할 숙제를 남겨 두고 있습니다. 다른 한편 '세계화'(globalization)의 시대에 좋든 싫든 한국의 학자들도 영어로 출판하여 자기의 주장을 세계에 펼쳐 나아가야 할 것입니다. 세계 도처의 유대인들이 그러했듯 그러면서 노벨상 같은 열매도 자연스레 열릴 것이라 생각합니다.

아무튼 저는 법기술자, 법조문 해석자는 아니 되고 싶었습니다. 사상, 철학이란 것이 어렵지만 법사상, 법철학을 추구한 것이 30년 만에 동아시아법철학으로 결실되었다 하겠습니다. 저는 그동안 동아시아공동체, 동아시아보통법을 강조해 왔습니다만, 그러나 동아시아란 수식어는 미래적으로는 극복되어야 할 개념입니다. 사실 지난해 간디의 고향 구자라트국립법과대학에서 강의하면서 인도의 '자비의 법철학'(jurisprudence of compassion)에 충격에 가까운 강한 인상을 받고, '동아시아법철학'에서 '아시아법철학'으로 발전시켜 나아가야 한다는 각오를 했습니다. 인간만이 아니라 생명을 가진 모든 생명체를 위한 법철학이 어떻게 구성되어야 할까? 흔히 '아시아적 가치'(Asian values)라 불리는, 서양의 개념과 이론으로는 설명할 수 없는 그런 것을 이론화해야 한다는 생각을 갖고 있습니다. 겸손의 미덕을 우리는 부끄러워할 필요가 없다면, 권리의무만이 아닌 겸손과 양보의 법철학도 왜 불가능하겠습니까? 아직 가야 할 학문화의 길이 창창하다고 생각됩니다.

어차피 학자로서 내면적 만족에 살고 있습니다만, 더욱 심각한 것은 학문이란 무엇인가 하는 원초적 고민입니다. 파우스트 박사가 법학·의학·신학 박사가 되고 평생을 연구해도 '학문은 회색빛이고, 지식에 더 나아짐이 없음'을 한탄하던 심정을 느끼기도 합니다. 그러면서도 온갖 지식의 매연에서 벗어나 생명의 나무를 바라보며 세계의 궁극적인 것을 찾으려는 파우스트적 노력을 시늉이라도 내보려 합니다. 그러나 너무나 무력한 자화상을 보면서 좌절을 느끼는 때가 한두 번이 아닙니다. 솔직히 이런 고민에 둘러싸인 저에게 3·1문화상은 하나의 큰 자극이 된다고 고백합니다. 한국에서 외롭게 학문을 한다는 것도 역사적으로 뜻있고 민족적 사명이 있다는 무서운 경고가 3·1 정신의 이름으로 하늘에서 내려오는 것 같습니다. 더욱 겸손하면서 각고의 노력을 경주하라는 채찍으로 명심하겠습니다.

저는 오늘 이호철 선생님과 함께 이 자리에 서게 된 것을 또 하나 생의 기쁨으로 생각합니다. 이 선생님은 문학으로서만이 아니라 남북분단과 민주화의 과정에서 폭넓고 깊은 체험과 참여를 하신 어른으로 사실 오늘 이 답사를 하셔야 할 분입니다. 저는 수년 전 독일에 한국문학을 알리고 실러(Schiller) 상을 수상하러 오신 선생님을 우연히 만나 프랑크푸르트의 괴테 동상 앞에서 사진도 함께 찍고 마인 강변에서 늦도록 맥주를 마시며 문학과 인생에 관한 유익한 말씀을 들은 일을 귀한 추억으로 간직하고 있습니다. 분단을 극복하지 못하였기에 한 나라에서 학문을 하고 예술을 한다는 것이 피할 수 없는 제약을 받는다는 것을 알면서도, 자의 반 타의 반으로 함께 나누고 같이 걸어가야 할 몫이 크다는 것도 느끼게 됩니다. 다른 분야에서 수상하신 자연과학의 이익춘 선생님, 기술상의 이창건 선생님과도 이런 계기를 통해 인간적으로 가까워질 수 있을 것으로 기대합니다.

끝으로, 매년 이런 자리를 53년 동안이나 마련해 오신 3·1문화재단이 앞으로도 무궁히 한국의 학술사와 예술사, 기술사에 큰 공헌을 주시기를 충심으로 기원하고, 이 자리에 계신 모든 분에게 진심으로 감사를 드립니다. 감사합니다.

찾아보기

ㄱ
가재환 438, 615
가톨릭 사회이론 371
가톨릭학생회 216
간디 454
갈봉근 605
강광하 498
강구진 268, 274, 295, 605
강금실 314
강만수 204
강상훈 220
강성태 345, 346
강신호 449
강원용 246, 372
강윤옥 310
강정탁 128
강정혜 315
강창웅 210
강태승 7
강현배 590
개교 44, 156
개교일 43
개나리꽃 153
개학 44
건학이념 75
게르버(Hans Gerber) 5
겔다트(Geldart) 104
경맥법회 216
경무대 172
경법회 216
경성대학 43, 44, 68, 77, 118, 540
경성법학전문학교 47, 291, 343, 540, 551, 566, 623
경성전수학교 47
경성제국대학 13, 17, 22, 44, 49, 57, 67, 300, 343, 360, 380, 477, 540, 555, 567
경성제대 반제동맹사건 51
경일법회 216
경찰 34
경찰대학 388
『경향신문』 240
경희법회 216
계몽대 176
계몽운동 177
계법회 216
고갱 467
고광림 85, 418, 528, 605
고광만 138

고려대학교 47, 82, 207, 326
고방자 310
고병국 71, 77, 83, 85, 103, 122, 126, 133, 153, 154, 159, 161, 166, 195, 539, 541, 542, 543, 544, 545, 605
고병익 268, 271, 386, 389
고승제 180
고시낭인 326
고시촌 367
고윤석 388
고재천 571
고재호 604
고전교육 587
고종 45, 47, 550, 563
고찬주 310
고홍주(Harold Koh) 418
고황경 220
공동체주의(Communitarianism) 611
공락춘(共樂春) 369
공무원연금관리공단 530
공법학회 155, 215, 364
공산당 183, 184
공산주의자 95
공자 475, 504, 583
공화당 206
과학자동맹 88
곽수일 379
곽윤직 195, 265, 543, 545
곽철 296
곽희명 313, 572
관립법어학교 46
관악산 18, 23, 25, 26, 30, 277, 404
관악의 고시화 584
관악캠퍼스 29, 175, 270, 278, 279, 292, 462, 499, 513, 523, 578
광화문 45, 180
광화문포럼 505
괴테(Goethe) 29, 285, 435, 469, 475, 496, 502, 503, 529, 559, 564, 570, 573, 580, 608, 616, 621, 630
괴테를 사랑하는 모임 466, 505
교련철폐 236
교복 15, 155
교수 32, 184
교수관사 18
교수재임용 267
교수회관 26
교수회의 79, 176
교수회의록 79
교양 20
교양교육 542, 587
교육구국 230
교육이념 69, 76
구관도서 45, 294, 555
구름다리 156, 172, 216, 397
구상 407, 570
구자라트국립법학교 451, 454
국가배상소송 256
국가재건 187
국가재건최고회의 186, 187
국대안 70, 71, 73, 78, 79, 97, 98, 101
국립공업연구소 197, 213
국립도서관 18
국립서울대학교 26
국립중앙도서관 458
국산(菊山)법학도서관 25, 212, 215, 273, 274, 302, 329, 500, 538, 558
국정효 359

국제법 47
국제법외교학회 215
국제법학회 364
국회의사당 172
군사정부 284
군사통치 171
군사혁명 185
군정반대 35
군정청 70, 86
권광련 309
권덕주 564
권력 283
권리 612, 614
권병일 154
권병훈 45, 564, 605
권선각 572
권영성 268, 543, 545
권영숙 316
권오병 178, 208, 227
권이혁 275, 339, 388, 390, 548, 559
권종선 574
권중휘 198, 519
권태준 197, 265
권태환 382
권호장 572
귀중문서실 66, 244, 291, 302, 398, 400, 446, 477, 499, 503, 508, 509, 538, 546
규장각 144, 302, 489, 508, 579
규장각한국연구원 579
그랜든(Mary Ann Glendon) 621
그레이트하우스(Clarence R. Greathouse) 554
근대법학교육100주년기념관 256, 300, 350, 460, 463
금문자 309
금진호 147, 346
기독학생회 216, 364, 365
기싱(George Robert Gissing) 359
기초교육원 590
긴급조치 9호 372
김갑수 98
김갑현 306
김건식 274, 500, 509, 537, 558
김건중 382
김경동 382, 519
김경자 309
김경한 492, 493
김경희 307, 316
김계순 307
김광균 570
김광섭 407
김교 307
김구칠 210
김국영 128
김귀남 295
김규식 96, 425, 517
김규칠 208
김근태 257
김기두 139, 195, 274, 410, 415, 539, 541, 544, 545, 570, 572, 605
김기매 306
김기석 134
김기선 197, 209, 543, 545
김기승 367, 465
김기진 566
김기호 496
김길중 590
김길환 210

김나영 503
김남수 572
김남진 161
김대중 325
김대희 572
김도균 275, 492
김도창 195, 296, 345, 362, 375, 421, 517, 539, 543, 544, 545, 605
김도창기념재단 545
김동건 494
김동희 543, 546
김두헌 129
김록규 572
김만규 211
김명자 307
김미화 315
김박길 112
김병로 528, 603
김병화 111, 345
김봉수 572
김삼연 307
김상옥 365
김상태 389
김석조 265
김선기 138
김선옥 307
김선혜 314
김성수 86, 96, 346, 352
김성진 103
김성칠 117, 119, 128, 129, 139, 540, 551, 567
김성태 496
김성희 309
김세완 345
김세원 384, 519
김손빈 572
김수경 68
김수영 277
김수환 76, 372, 394
김순영 304
김승옥 364
김영 306
김영근 128
김영란 314, 621
김영배 558
김영삼 324, 483
김영선 309
김영수 572
김영식 590
김영주 111
김영진 574
김영택 465
김옥규 307
김옥길 268
김옥자 307
김완진 381
김용구 383
김용국 418
김용담 409
김용덕 490
김용래 167
김용인 306
김용직 381
김우중 350
김운진 307
김원용 519
김월하 575
김유미 314

김유성 544, 546
김윤정 307
김윤태 307
김인수 572
김인숙 306
김자선 374
김재규 233
김재원 411
김재임 307
김재혜 312
김재호 125
김정국 346
김정숙 306, 307
김정순 307
김정준 551
김정진 96, 387
김정희 306, 316
김종규 505
김종상 572
김종원 136
김종필 424, 625
김종한 270
김준기 371, 590
김준보 187
김준연 87, 97
김증한 6, 34, 66, 67, 72, 85, 97, 101, 120, 133, 146, 156, 182, 187, 254, 267, 274, 298, 300, 301, 302, 323, 362, 376, 387, 409, 411, 539, 543, 544, 545, 546, 548, 557, 559, 571, 582, 605
김지하 251
김진 195, 197
김진섭 128
김진홍 589
김진환 573
김창록 58
김채윤 6, 26, 382, 386, 514
김철수 66, 195, 218, 244, 267, 331, 336, 419, 543, 545
김철자 312
김춘방 309
김치선 112, 196, 245, 247, 272, 278, 365, 368, 406, 424, 506, 507, 539, 544, 545, 605
김태준 96
김태현 305
김태환 574
김택수 25, 273, 292, 346, 507, 558
김평우 572
김학동 415, 546
김학원 327
김현산 307
김현순 307
김현희 307
김형곤 187
김혜경 406, 409
김혜란 306
김홍섭 373, 528, 567, 604
김홍수 84, 110
김화산 566
김화숙 307
김활란 87
김홍한 604
김희준 590

ㄴ

나경애 315
나폴레옹 45, 301, 553

나현채 574
낙랑클럽 454
낙산 23, 153, 348, 354, 576
낙산다방 18, 21, 506
낙산문학회 215, 317, 364, 563, 567, 570, 571, 575
낙산장학회 351
낙산제 215, 216, 363
『낙산회보』 348
낙성대 27
난징대학 454
남녀평등 307
남북학도회담 182
남북학생회담 182
남재희 158
남효순 500
노무현 326, 331, 335
노성현 487
노소라 316
노융희 121, 139, 400
노태우 446
농촌법학회 189, 215, 318
니이버(Reinhold Niebuhr) 362, 406

ㄷ

다나카 고타로(田中耕太郎) 631
다산 29
다이시(A. Dicey) 396
단식투쟁 203, 318
달마이어(Fred Dallmayr) 589
대륙법체계 324
대명률 563
대법원조형물건립위원회 457, 462
대법회 216
대우재단 463
대통령 24, 284, 287
대학교수 162, 285
대학로 17, 18, 21, 153
대학로발전위원회 19
대학문화 18, 190
대학사 32
대학사편찬실 478
대학사포럼 29, 389, 481
『대학신문』 23, 35, 67, 121, 126, 145, 162, 173, 181, 185, 390, 440, 481, 484, 486, 519, 520, 571, 573
대학원 13, 43, 78, 252, 371, 399, 409, 424, 486
대학원동창회 377, 424, 479
대학원동창회장 425
대학원중심대학 513, 521
대학천 153
대학축전 26
대학행정 155
대한국제법학회 133
대한민국교수단 134
대한민국학술원 420
대한변호사협회 300, 390, 606
대한제국 554
대한학도의용대 141
대화 372
데모 26, 34, 36, 177, 260, 278, 412
도상록 96
도서관 34, 36, 58, 149, 158, 171, 211, 274, 459, 560
동경제국대학 48, 77, 623
동대파 540
동덕모 197, 434

동맹휴학 158, 160
동서센터(East-West Center) 409, 528
동성연애 440
동숭(東崇)학회 216
동숭클럽 21
동아리 364
동아시아대학출판협회 490
동아시아법철학 448, 451, 454, 549, 614, 631
동아시아연구출판기금 491
『동아일보』 72, 300, 301, 335, 461, 478, 560, 568, 570, 573
동암연구소(East Rock Institute) 418
동작빈(董作賓) 45, 564
동창문집 353
동창수상집 161
동창홀 461, 549
동창회보 283
듀이(John Dewey) 69
듀크 대학 451
드 배리(William Theodore de Bary) 528, 588, 594
등록거부운동 101
딜레탄티즘 465

ㄹ

라드브루흐(Gustav Radbruch) 370, 366, 367, 373, 456, 471, 554, 599, 608, 630
라 세느 13, 153, 212, 380
라이샤워(E. Reischauer) 241, 255, 625
라즈(Joseph Raz) 611
라커드(Earl N. Lockard) 68, 86
러취(Lerch) 74
로스쿨 4, 37, 193, 302, 324, 330, 335, 442, 499, 524, 538, 543, 544, 553, 562, 563, 575, 577, 598, 617, 623
로스쿨 논의 324
로스쿨법 327
로스쿨 323
루벵 대학 406
루터(Martin Luther) 272, 626
리츠메이칸(立命館) 453

ㅁ

마로니에 13, 22, 526
마아틴(Bernd Martin) 5
마이작(Petra Maisak) 466
마정숙 309
만국평화회의 47
매킨타이어(A. McIntyre) 611
매판자본 202
맥아더(Douglas McArthur) 78, 137
메논(K. P. S. Menon) 364, 454, 570
메디칼센터 173
메로트(E. Meroth) 450
명예교수 537, 546, 548
모교방문(Home Coming) 347
모어(Thomas More) 282
모윤숙 18, 310, 360, 364, 454, 480, 570
모의재판 156, 364
몸(Somerset Maugham) 359
몽테스큐(C. Montesquieu) 395, 631
묄렌도르프(P. G. von Möllendorff) 299, 387
문교부 71, 183, 241
문리대 13, 15, 156, 362, 377
문명공존 588
문미숙 315

문민정부 284
문상익 299
문서고(Archiv) 298, 560
문수생 574
문신 463
문영화 316
문정해 307
문학 566, 591, 621
문한 518
문현주 315
문홍주 133
문화예술진흥원 19
문화적 허기 167
문희상 210
문희석 188
물망초 425, 444
미군정 99
미네소타 프로그램 194
미라보다리 13
미술 583, 584
미술대 15, 26, 153, 154, 280, 309, 461
미조구치 유조(溝口雄三) 389
민립대학운동 49
민병수 444
민병태 180, 187, 519
민복기 346
민영방 306
민예순 310
민원기 204
민유숙 316
민족대학 231
민족문화추진위원회 595
민족사 148, 171, 551
민족주의 49, 69, 76
민족주체성 205
민족중흥 230
민족통일 전국학생연맹 182
민주열사 32
민주주의 34, 75, 96, 155, 176, 192, 336, 542, 552, 597, 626
민주화 32, 35, 191, 604

ㅂ

바둑동호회 348
바아더(Karl Bader) 254
박경순 306
박경식 574
박경애 309
박관숙 85, 103, 133, 605
박구하 355, 572, 573, 576
박극채 89, 92
박대운 172
박덕배 387, 605
박동서 123, 388, 519
박동훈 15, 156, 173, 174, 175, 228, 558, 574
박명진 493
박무경 314
박문규 96
박물관 560
박민환 572
박병호 6, 196, 275, 300, 362, 367, 383, 543, 545, 547
박봉식 275, 339
박삼규 307
박석무 595
박성애 364
박성창 590

박세일 274, 324
박수중 573
박수혁 572
박스터(Baxter) 255
박승철 388
박양운 365
박영자 309
박영희 312, 566, 572
박용순 307
박용철 388
박용현 574
박우희 386
박웅 19
박원선 605
박인각 345
박인우 574
박재란 363
박재섭 133
박재철 114
박정양 388
박정희 23, 24, 190, 191, 199, 208, 227, 267, 232, 241, 283, 375, 376, 378, 410, 452, 513, 521, 624, 627
박종우 572
박종철 274
박종홍 187, 378, 518
박주현 315
박준 574
박지향 511
박찬희 315
박충흡 463
박팔양 566
박헌자 381
반공민주주의 186
반공이념 69
반공포 125
방순원 604
방종현 134
방준경 566
방칼라식 55
배경숙 306, 620
배동순 307
배명인 346
배복석 434, 543, 544, 545
배선애 307
배성순 306
배성진 574
배재식 6, 177, 178, 190, 195, 198, 244, 272, 274, 293, 300, 306, 324, 325, 362, 431, 443, 445, 517, 539, 543, 544, 545, 547, 605
배정현 133, 171, 295, 346
백낙준 87, 89, 91, 100, 123, 132
백낙청 271
백남운 88, 89, 91, 92, 93, 94, 96
백두진 126
백삼출 139
백승령 315
백철 164
백충현 431, 543, 546
백태웅 274, 278, 528
백한성 603
버클리 대학 411, 444, 451, 455
벅(Pearl Buck) 567
법 282, 597
법과대학 58
법과 문학 562, 574
법과 문화 402

법과 미술 463
법과 윤리 438, 615
법관양성소 43, 44, 45, 77, 291, 294, 301, 343, 477, 492, 540, 550, 554, 558, 563
『법국율례』 553, 554
법대교수회의 161
법대기독학생회 317
법대동창홀 458
법대동창회 326, 343, 390
법대동창회고록 304
법대맨 155
법대문방구 15
법대문우회 194, 365, 562, 575
법대문학 566
법대문학회 317, 574, 575
법대문화 153, 165, 278, 303, 575
법대산악회 216
『법대신문』 166
법대여성동창회 306
법대여학생회 311
법대 역사관 45, 79, 248, 302, 318, 371, 396, 405, 477, 499, 508, 623
법대연극회 215
『법대학보』 67, 165
법대학생운동 161, 201
법대학생회 158
법대학제 323
법대화우회 575
법대 5년제안 275
법률도서관 201, 247, 362
『법률문헌색인』 297
법률토론대회 155
법문학부 51, 92
법미학 462
법불회 216
법사상사 37, 376, 410, 418, 540, 588, 606
법사상사학 4, 456, 511, 629
법상징학 462
법여성학 316
법의 지배 283, 553
법인간학 597, 599
법인화 37, 337, 524
법인화정책 520
법정 스님 372
법조문학 562
법조윤리 438, 615
법좌회 307
법철학 448, 597
법철학회 215, 317
법치주의 176, 238, 336, 423, 542, 552, 597, 606, 626
『법학』(*Seoul Law Journal*) 194
법학교 540
법학교육 45, 153, 193, 272, 291, 343, 542, 555, 564, 584
법학교육제도연구위원회 265
법학도서관 15, 25, 291, 329
법학연구관 298
법학연구소 272, 291
법학전문대학원 331, 553
법학전문대학원제도 336
베네딕트(Ruth Benedict) 600
베리타스 홀 522
베스트만(Pauline Westermann) 621
베이징 대학 454
베토벤 167
변광순 307
변문규 307

변영로 45, 565
변영만 564, 603
변영태 45
변정규 19, 20, 119
변종서 20
변종홍 20
변종화 20
변창구 590
변호사되기운동 280
병원문화센터 389
보건진료소 203, 205
보성전문학교 47, 86, 564
보직교수 35
보쿰 대학 25
보크(Derek Bok) 441, 521
볼프(Erik Wolf) 599, 607
뵐(Heinrich Böll) 323
북한법연구회 457
분신자살 35
브라이덴슈타인(Breidenstein) 246
브로켄(Brocken) 468
브룬너(Emil Brunner) 362
비르크마이어(Birkmeyer) 104
비일(Joseph Beale) 556
빈딩(K. Binding) 104

ㅅ

사관학교 157
사랑 622
사례식 방법(case method) 334
사료(史料) 65
사법개혁 327
사법개혁위원회 326
사법개혁추진위원회의 331
사법대학원 190, 194, 211, 292, 402, 403, 554, 627
사법부 191
사법시험 272, 278, 324, 373, 410
사법연수원 191, 328, 438, 463, 615, 627
사법학회 215, 364
『사상계』 543
사이토(齊藤實) 총독 48
사회법학회 215, 364
사회정의 32
사회주의 49, 371, 568
산둥대학 454
산타클라라 로스쿨 451, 631
삼성재벌 밀수규탄 198
샌디에이고 241, 244, 399, 404, 545
생명공학 601
생활쇄신운동 178
샤머니즘 140
서경숙 306
서광범 45, 550, 563
서광설 75
서대문교도소 202
서대숙 452
서돈각 112, 187, 248, 362, 419, 539, 543, 544, 546, 605
서돈각기념재단 545
서들랜드(Arthur E. Sutherland) 5
서암(瑞巖)법학관 244, 302, 329, 405, 500, 509, 537, 557, 560
서우석 518
서울대 가족 422
서울대 내란음모사건 257
서울대 대학원동창회 392
서울대문예동호회 38

서울대문예회　525
서울대 역사관　477
서울대유적지　22
서울대인　32
서울대인명록　480
서울대 중앙도서관　512, 555
서울대 총학생회　239
『서울대 트리비아』　487
서울대학교 기록관　229, 302
서울대학교대학원동창회　6
『서울대학교대학원동창회보』　382, 383, 384, 392
서울대학교 민족통일연맹　179
서울대학교 박물관　57
서울대학교법　337
서울대학교병원　389, 395, 530
서울대학교 뿌리찾기운동　43
서울대학교 아카데미즘　521
서울대학교 장기발전계획　265, 275
서울대학교 총동창회　43, 44, 477, 480
서울대학교출판문화원　451
서울대학교출판부　484, 456, 458, 489, 490, 539, 572
서울대학교 학술사　537
서울대 학생회　185
서울법대　153, 165
『서울법대100년사』　350, 540
서울법대 법학　543
서울법대사　78, 84, 294
서울법대시대　287, 534, 537, 553
서울법대여성사　317
서울법대 이상촌　180
『서울법대 학생운동사』　548
『서울신문』　162, 164, 240
서울여대 난입사건　219
서울역 회군　270
서울의 봄　241, 268, 269, 277
서원우　274, 446, 496, 539, 544, 545, 605
서재원　75, 89, 98, 139
서재현　572
서정갑　133
서정항　546
서종환　204, 210, 318
석진형　301, 565, 603
선과생　478, 480
선비학자　30
선우중호　339
설명자　312
성대파　540
성민경　296
성정옥　311
세계교회협의회(WCC)　373
세계법철학 및 사회철학회(IVR)　60, 403, 419, 448, 490, 614, 621, 630
세계 속의 서울대　579
세계인간책임선언　612
세계인권선언　612
세계화(Globalization)　588, 595
세계화추진위원회　325
셰익스피어　564
소광희　378, 518
손옥선　307
손일근　495
손장순　364
손정수　574
손주찬　605
손진태　89, 128
손춘조　307

손해목 401
송광준 572
송기호 29, 481
송병락 465
송상현 325, 449, 543, 546, 607
송쌍종 572
송영선 307
송우혜 215
송치홍 572
송헌숙 310
쇼(William Shaw) 555
수월성(秀越性) 513, 579
순국열사 160
숭실대 425
쉔자벤 631
쉬버(H. Schiewer) 450
슈미트(Helmut Schmidt) 612
슈트라스부르크 대학 48, 608
스즈키 게이후(鈴木敬夫) 394
스케치 31
스코필드(Frank William Schofield) 390, 408, 518
스피노자 503
시 286, 352, 407, 436, 459, 461, 465, 471, 483, 525, 526, 576
시나이(椎名悅三郎) 203
시화전 563, 574
신경선 307
신국조 384
신군부 241, 269, 270, 271, 272
신문대학원 211
신사훈 362, 385
신생활운동대회 179
신영무 346
신위 29
신익희 155
신준선 309
신채호 259
신태환 139, 161, 171, 175, 178, 193, 208, 209, 307, 383, 519, 541, 543, 544, 545
신학 372
신현득 630
실빙(Helen Silving) 241, 300, 399, 454, 545, 549, 554, 601, 625
실존주의 361
심상황 180
심석태 574
심인숙 315
심재권 257
심재기 380, 518
심헌섭 268, 544, 545
심훈 570

ㅇ

아나키즘 논쟁 566
아데나워재단 374
아스토리아 호텔 255
아시아 여성법학 620, 621
아시아재단 292
아이비클럽(Ivy Club) 216
아카이브 559
아카이브 포럼 389
아크로폴리스광장 34, 35, 270, 278
안경환 244, 274, 398, 557, 562, 574
안동원 75
안동일 571
안병욱 172, 221, 360, 367, 466
안병직 267

안병찬 603
안삼환 466
안상수 210
안성교 128
안스테드(Harry Bidwell Ansted) 71, 78, 96
안이준 156, 411, 604
안재홍 87, 96
안정효 167
안정희 307
안지선 574
안호상 18, 81, 88, 89, 385
안희옥 312
야나이하라 다다오(矢內原忠雄) 385
양건 572
양대경 603
양선숙 316
양승규 543, 545
양승두 613
양승태 325, 355
양준모 604
양창수 274
양현아 317, 620
양호민 196, 209
어용교수 178
어용학자 378
엄상섭 68, 603
엄영자 312
에코캠퍼스(Eco-Campus) 32
엘리트 56, 287, 479, 542
여성 교수 620
여성학 316
여운형 96
여자화장실 306
여정성 590
여학생 156, 619
여학생모임 307
역사 6
역사가 37
역사관 58, 350
역사의식 6
연구 36
연구실 27
연희대학교 132
열사 278
염인섭 493, 572
영락교회 245, 365, 424
영문출판위원회 489
『영서당기』 407
예거(Wolfgang Jäger) 449
예과교육 20
예링(Rudolf von Jhering) 104, 614
예일 대학 418, 623
오경미 574
오기평 166
오다카 도모오(尾高朝雄) 58, 555
오병선 572
오선영 162
오성식 218, 571
오연천 384, 481, 493, 523
오영신 574
오윤경 572
오윤덕 352
오재식 245
오정진 316
오천석 68, 70
오치룡 572
오학근 566

오학수 574
오현동창회 216
오홍식 572
옥정화 572
온고지신(溫故知新) 557
용법회 216
우면산 422
우병규 187
우병렬 574
우영진 307
우징숑(嗚經熊) 631
우찌무라 간조(內村鑑三) 385
워렌(Earl Warren) 190, 619
원로교수 36
원리연구회 216
원효 57
원희득 103
월북 90, 128, 139
『월송회보』 244, 402, 627
웨이밍(Tu Weiming) 589
웰만(Carl Wellmann) 61
위로부터의 민주주의 542
위수령 207, 257
유경린 112
유근원 572
유근준 519
유기천 23, 85, 103, 117, 122, 125, 138, 144, 146, 166, 176, 182, 190, 193, 194, 196, 208, 234, 237, 253, 256, 271, 298, 299, 300, 336, 361, 376, 384, 386, 398, 416, 454, 501, 506, 518, 528, 539, 542, 543, 544, 545, 549, 552, 559, 582, 601, 605, 623
유기천기념사업위원회 626
유기천교수기념사업출판재단 218, 244, 331, 399, 401, 545
유기천 세미나실 244, 405
유길준 21, 395, 396
유대인 399, 403, 454, 549, 554, 556, 625
유문환 301
유민상 295
유병덕 396
유병진 604
유석진 517
유성준 301, 605
유순현 306, 571
유신체제 233, 257, 283, 372
유신헌법 266, 268
유억겸 69
유영란 307
유완 396
유자효 573
유재성 75
유적기념비 19
유진오 56, 57, 67, 82, 85, 87, 88, 96, 115, 133, 135, 273, 298, 301, 323, 345, 364, 393, 478, 528, 540, 567, 605
유치형 394, 605
유필선 312
유홍림 590
유훈 400
육군사관학교 282
육법당 282, 553
육사 221, 284, 553
육조 566
윤경희 572
윤금중 306
윤기정 566

윤기학 566
윤대석 574
윤덕렬 310
윤동직 128, 139
윤두식 307, 493
윤리 281, 440, 612
윤리장전 615
윤보선 246
윤석분 572
윤세영 509
윤수경 316
윤수금 295
윤승욱 128
윤영미 315
윤영신 315
윤용길 306
윤일선 71, 87, 101, 135, 159, 176, 519
윤종수 165
윤종혜 309
윤천주 208
윤태남 572
윤행중 89, 92
윤혜숙 306
을사늑약 203
음선필 244
음악대학 583
의상 57
의학교 44
의학문학회 563
의학전문대학원 337
이갑수 128
이강국 93, 94, 96
이강복 293
이강석 157, 159, 171
이강혁 158
이건호 83, 133
이경준 518
이경호 133
이계영 306
이광로 388, 517
이광수 18, 360, 477, 479, 480, 570
이귀남 307
이규오 166, 351
이규장 572
이균삼 187
이극로 87, 355
이근식 112
이기붕 157, 171
이기수 211
이기준 339
이난희 306
이능식 128
이대순 161, 346
이대원 349, 350, 352, 457, 581
이덕희 309, 572
이데올로기 552, 566
이도영 346
이동민 574
이동원 203
이동진 562, 572, 573
이동하 574
이두영 431
이림 315
이만갑 187, 382
이말선 307
이면우 301
이명구 394
이명박 336

이명선 68
이문한 392, 493, 517
이미현 314
이법록 310
이병도 87, 89, 135, 519
이병린 528, 603
이병주 222
이부영 390
이사회 74
이삼열 392
이상국 572
이상규 266
이상백 381, 382, 386, 519
이상복 390
이상재 49, 50
이상조 193, 434, 543, 545
이상혁 6, 66, 293, 346, 349, 350, 352, 500, 508, 558
이상화 382
이석범 346, 351
이석희 346, 572
이선근 109
이선준 492
이소라 312
이소선 245
이수성 269, 284, 285, 339, 384, 475, 545, 547
이수영 293, 310, 311, 352
이순 415
이순형 390
이숭녕 16, 380
이스라엘 468, 549
이승금 316
이승기 519
이승만 46, 78, 113, 126, 153, 157, 161, 171, 176, 364, 454, 565, 570
이승종 590
이승진 572
이승훈 49, 386
이시영 603
이시윤 196, 197
이신덕 304, 305
이신범 257, 318
이애주 527
이어령 372
이영록 396
이영섭 604
이영숙 314
이영애 313
이영희 204, 205, 208, 210, 316
이오봉 309
이용익 47
이용재 394
이용훈 75, 462
이용희 383, 519
이우성 389
이은신 316
이은영 313, 325, 410
이은자 311
이의식 75
이인 528, 603
이인기 71
이인수 88
이인영 128
이인제 245
이인평 436
이장무 44, 338, 339
이재연 487

이재윤 314
이재후 346, 501, 557
이정규 134
이정수 572
이정숙 310
이정식 187
이정우 278
이정원 519
이정인 574
이정화 502
이종갑 139
이종걸 409
이종상 463
이종성 346, 351
이준 46, 432, 492, 502, 550, 603
이준구 590
이증자 312
이지수 315
이지연 314
이진용 139
이찬욱 572
이찬형 603
이창식 210, 572
이철규 572
이춘호 75
이태규 71, 100, 519
이태로 196, 294, 544, 545
이태섭 186, 187
이태수 590
이태영 299, 303, 528, 604, 619
이태재 605
이태진 29, 139, 389
이태희 603
이하우 149, 180, 187
이한기 83, 133, 136, 139, 145, 195, 222, 267, 275, 383, 390, 405, 431, 506, 539, 541, 543, 544, 545, 570, 605
이항녕 435, 501, 528, 555, 557
이현자 307
이현재 339
이협 208, 210
이호정 543, 545
이호철 364
이홍구 325
이홍훈 572
이화동 로터리 202
이화여대 218, 397, 431, 620
이화장 15
이회영 187
이회창 284
이흥배 295, 300, 301, 557
이흥재 386, 572
이희승 19, 20, 379, 518
인간 6, 38, 192, 281, 287, 370, 371, 470, 504, 534, 576, 597, 610, 614, 618
인간학 629
인권 177, 239, 440, 459, 613
인권변호사 280
인문대학 29, 32, 594
인문학 498
인물 47
인물전기학회 384, 386, 419, 431
인법회 216
인생 5, 285
인영환 434, 543, 544, 545
일법회 216
일본 57
일본형 로스쿨 328

일석기념관 380
임경재 310
임광수 44, 479, 522
임도빈 204
임숙경 313
임옥기 311
임원택 195, 361, 384, 434, 507, 543, 544, 545
임은옥 574
임정숙 306
임종률 202, 210
임학언 572
임현근 307
임현진 590
임홍배 590
임화 566

ㅈ

자랑스런 서울법대인 47, 350, 353, 364, 396, 582
자본주의 371
자서전 512, 544
자유 177, 239, 402, 559
「자유부인」 162, 543
자유와 정의 244
자유의 여신상 165
『자유의 종』 558
자유인 534
자유주의 69, 611
자하동 26, 29
자하연 29, 31
장경근 133, 603
장경학 133
장기표 245, 246, 250, 257
장덕수 88
장로교신학대학 372
장리욱 71
장면 88, 126, 176, 183
장명봉 201, 206, 208, 209, 392
장박 550
장석만 103, 128, 139
장석화 210
장윤식 566
장태연 162
장택상 74
장헌식 301, 605
전경수 58
전경애 316
전국 남녀 중고등학생 웅변대회 155, 156
전국법과대학장협의회 324, 326
전기 512, 544, 605
전두환 626
전뢰진 292
전문가바보 30
전법회 216
전봉덕 133, 300, 411, 557, 603
전선옥 306
전성희 314
전수안 314
전수철 572
전시연합대학 119, 134, 139
전시학생증 141
전원배 197, 605
전인교육 282
전쟁 55, 128, 136, 147, 148, 306
전종익 493
전태일 244, 251, 252, 256, 276

전하숙 312
전학연 139
전혜린 307, 571
전혜성 418
정경수 306
정광현 197, 216, 298, 300, 302, 397, 539, 543, 544, 545, 547, 605, 620
정구영 346, 603
정긍식 58
정년퇴임 4, 34, 98, 468, 530
정대위 401
정대철 210
정도전 609
정명섭 301
정범모 187
정병휴 384
정비석 162, 164, 165
정상조 333, 500, 505, 509
정상학 155
정석해 88
정선숙 312
정순택 128
정순희 314
정승원 316
정약용 466, 503, 580, 609
정영목 590
정영일 572
정옥자 507
정운찬 339, 392, 431, 489, 590
정의 123, 156, 165, 177, 214, 218, 260, 277, 292, 348, 354, 402, 412, 458, 462, 542, 548, 552, 558, 559, 576, 614, 622
정의구현사제단 253, 255
정의의 종 156, 350
정인숙 315
정인홍 178
정일영 195, 406
정재근 572
정정길 218
정종섭 493, 503, 509
정종욱 605
정종택 293, 351
정진성 487
정치교수 196, 209, 234
정치권력 283
정치방학 206
정치사 32, 44
정치행정학회 215
정치화 185, 189, 285
정태식 72
정태웅 397
정한경 96
정해창 346, 505
정형근 210
정형기 574
정혜경 316
정희채 114
정희철 195, 198, 274, 295, 539, 543, 544, 545, 605
제국주의 390, 565
제섭(P. Jessup) 136, 145
제일법회 216
제1공화국 153
제2공화국 176
제5공화국 278
젠더법학회 317, 620
조경란 314
조경제 572

조동일 458
조림행 103, 139
조미경 311
조배숙 314
조백현 87
조병옥 88
조병윤 204, 210
조봉남 307
조상숙 309
조상원 300
조선공산당 72
조선교육심의회 69, 75
조선교육회 49
조선민립대학기성회 49
『조선일보』 240
조선제국대학 49
조선총독부 48
조성기 573
조소앙 603
조수정 315
조순 386
조시 422, 426, 435
조영래 204, 245, 246, 249, 251, 252, 256, 257, 285, 296, 558, 604
조영숙 307
조옥자 307
조완규 271, 275, 339
조용상 572
조용순 345
조윤제 89, 91
조준희 326
조진만 190, 603
조행숙 306
조현욱 316
조홍식 590
종교습합 402
종합화 23, 25, 227, 265
주경숙 314
주근원 228, 390
주유순 128, 139
주재황 68, 98
중앙공업연구소 153
중앙도서관 13, 32, 59, 156, 292, 294, 296, 362, 511
중앙도서관장 382
『중앙일보』 419, 479
중앙정보부 233, 240, 256, 257
중앙청 112, 172
지명관 365, 383, 519
지명렬 476
지성만 572
지식인 55
지재근 390, 519
『진단학보』 387
진단학회 100
진리는 나의 빛(Veritas Lux Mea) 28, 32, 76
『진리는 나의 빛』 66, 348, 354
진리탐구 76
진승록 110, 122

ㅊ

차귀희 307
차이콥스키 167
참여정부 284
창경원 218
천하제일 서울법대 553
청담 스님 365

청리(青里) 367
청조법회 216
총장 18, 51, 68, 90, 154, 157, 175, 195, 234, 285, 335, 338, 383, 405, 431, 441, 447, 485, 489, 624
총장실 44, 159, 339
총통 335
총통제 240, 625
최경달 128
최경원 572
최고지도자과정 458, 509
최광준 546
최규남 87, 126, 154, 166
최규동 75, 111, 128, 129
최기선 208, 210
최기원 543, 545
최남선 90
최달곤 395
최대권 543, 546
최두선 87
최루탄 26, 34, 36, 275, 445, 548
최명 149
최명숙 314
최명애 364
최문경 133
최문환 180, 227
최병조 66, 274
최성재 489
최송화 271, 543, 546, 547
최완 304, 305
최완진 379
최용달 96
최원식 565
최윤희 315
최은신 314
최인수 493
최인훈 352, 364, 571
최일숙 316
최재구 293
최재희 379
최종고 66, 244, 245, 246, 272, 301, 302, 316, 394, 436, 493, 502, 545, 569, 571, 572, 573, 609, 626
최종기 343
최종길 196, 211, 253, 256, 362, 546, 558, 605
최종선 255
최종영 462
최진 603
최칠복 365
최태영 539, 542, 543, 544, 545, 605
최학송 246
최한숙 314
최혜리 316
최회원 237
최희숙 307
최희준 363, 581
추광태 220
추모비 32
춘원연구학회 381
취리히 대학 456
치텔만(Ernst Zittelmann) 60, 555

ㅋ

카스트너(B. Kastner) 608
카우프만(Andrew Kaufmann) 166
카우프만(Angelika Kaufmann) 468
칸트 598, 631

캠퍼스 24, 25
컬럼비아 코어 커리큘럼 594
케겔(Gerhard Kegel) 254
켈젠(Hans Kelsen) 145, 554
코베 대학 559
코헨(Jerome Cohen) 255
크니이프(Ferdinand Kniep) 59, 555
크레마지(Laurent Crémazy) 45, 554
크로프츠(Alfred Crofts) 68, 89
크리스찬 아카데미 372
키신저(Henry Kiessinger) 241

ㅌ

타고르(R. Tagore) 22, 504
타히티 467
태완선 346
테츠너(Friedrich Tezner) 60
텔아비브 대학 405, 451, 454, 510, 549
톨스토이 504
통일문제 184
통일학 489
투 웨이밍 389
틸리히(Paul Tillich) 362

ㅍ

『파우스트』 413, 466, 504, 592, 608, 621
파운드(Roscoe Pound) 556
판문점 182
평의원회 44, 338, 491
평화선 201
평화시장 244, 248
표계학 310
푸에르토리코(Puerto Rico) 241
풀러(Lon Fuller) 556
풍류 575
프라이부르크 378, 399, 404, 464, 599
프라이부르크 대학 330, 374, 449, 469
『프라이부르크대학사』 5
프랭켈(Ernst Fraenkel) 554
피난살이 153, 154
피닉스클럽(Phoenix Club) 216, 297
피틴거(Aubrey O. Pittinger) 70

ㅎ

하경남 306
하나무라(花村美樹) 86
하다노 세츠코(波野節子) 502
하두봉 388, 517
하버드 대학 5, 21, 255, 441, 446, 451, 487, 555, 580, 594
하버드 로스쿨 166, 298, 324, 438, 554, 556, 618, 623
하와이 388, 409, 465, 467, 528, 585
하와이 대학 404, 451
하이데거(Martin Heidegger) 378, 616
하이델베르크 대학 610
하지(John R. Hodge) 78
학도국가재건단 187
학도호국단 81, 112, 120, 160, 303
학림다방 17, 21
학문 17, 44, 99, 127, 387, 419, 497, 591
학문공동체 519
학문의 자유 543
학문의 통섭 30
학문후속세대 544
학생생활 155
학생운동 199, 274, 318
학생총회 160, 178

학생혁명 185, 189
학수부(學修簿) 155
학술사 45
학원민주화 258
학원자유 268
학자사(Wissenschaftsgeschichte) 5, 392
학칙 185
한격만 566
한경직 245
한국고전번역원 595
한국교육위원회 87, 100
한국문화 623
한국법사학회 448
한국법센터 448
한국법학교수회 541
한국법학사 294, 537, 539
한국법학연구소 194
한국법학원 424
한국법학회 133
한국인 399
한국인물전기학회 5, 356, 382, 387, 390, 479, 505, 598
한국정신문화연구원 387
한국출판문화상 455
한국학 489, 579
한국학센터 452
한국학연구소 528
한규설 49
한기태 147
한독법률학회 376, 410
한독법학심포지엄 410
한동섭 362
한동우 282
한만년 396
한미행정협정 201
한설야 566
한성사범학교 44
한수웅 546
한순기 306
한승헌 373, 439
한심석 23, 229, 230
한영숙 306
한영우 519
한완상 253, 267, 271
한을출 187
한인섭 7, 448
한일협정 199
한일회담 196
한일회담 반대운동 199, 201
한정길 204, 210, 572
한태연 114, 161, 195, 543, 545, 546, 582
한환진 133
함병춘 46, 528, 605, 613
함석헌 246, 259
함재봉 47
함재학 47
함정민 316
함춘원 187
함태영 46, 550, 603
핫토리 우노기치(服部宇之吉) 51
해태상 350, 463
핵심교양과목 588, 594
행정대학원 155, 193, 211
향토개척운동 189
허남진 378, 590
허헌 603
헤세(Hermann Hesse) 529
헬드(Virginia Held) 621

헬렌 실빙·류 박사 추모회 241
혁명 171, 184, 259
현경대 424, 506
현동화 364
현상윤 87, 101
현수길 103
현승종 6
현신규 187
현영학 245
현옥순 307
현제명 518
형법학회 364
형사법학회 215
혜화동 로터리 223
호문혁 274, 500
호암교수회관 339, 481, 488
호즈미 노부시게(穗積陳重) 48
홀러바흐(Alexander Hollerbach) 374, 375, 449
홈즈(Oliver W. Holmes) 556, 604
홍기원 487
홍기현 386
홍남순 604
홍남표 296
홍명희 90, 91, 96
홍봉진 351
홍사중 361
홍성욱 590
홍성유 571
홍순엽 164
홍영희 310
홍익인간 69, 75
홍일점 312, 359, 619
홍재기 300, 301, 603
홍재선 346
홍정표 210, 572
홍종철 227
홍준형 276
홍진기 111, 133, 171
환경대학원 446, 496, 508
황경식 498
황병기 352, 581
황보영 316
황산덕 83, 133, 139, 145, 161, 162, 165, 176, 180, 209, 268, 539, 541, 543, 544, 545, 555, 570, 605
황산성 205, 210, 312
황성수 133
황영옥 312
황영자 306
황영채 312
황우석 602
황우여 572
황윤석 305
황인철 604
황인행 572
황재성 219, 221
황적인 6, 197, 297, 318, 397, 400, 449, 511, 543, 545, 571, 573
황종헌 187
회갑연 458, 460
회고록 544
효령대군 286
후나다 교지(船田享二) 58, 555
훔볼트 재단 254
휴머니스트회 379
휴머니즘 361
휴전회담 125, 153

히브리 대학 454
히포크라테스 13

3·1문화상 490
3·1문화재단 628
3·1 운동 49
3·1 정신 629
4·19 세대 210
4·19탑 26
4·19 학생혁명 153, 156, 171, 176, 197, 542, 553
5·16 군사쿠데타 185, 187, 189, 199, 542
5·17 270, 272
6·3 세대 210
6·3 학생데모 195
6·25 사변 83
10·26 사태 241
5년제 개선안 323
6년제 법학교육 개선안 324
71동지회 258

BK사업 448
Fides 67, 166, 194, 211, 214, 315, 348, 365, 367, 571, 573, 575
Iris회 156
Larchiveum 560